中國學術思想 研究輯刊

二十編

林慶彰 主編

第13冊

朱子《詩》《書》學義理思想研究（下）

姜龍翔 著

花木蘭文化出版社

國家圖書館出版品預行編目資料

朱子《詩》《書》學義理思想研究（下）／姜龍翔 著一初
版 — 新北市：花木蘭文化出版社，2015〔民 104〕
目 4+304 面；19×26 公分
（中國學術思想研究輯刊 二十編；第 13 冊）
ISBN 978-986-404-002-5（精裝）
1. 詩經 2. 書經 3. 研究考訂
030.8   103026838

中國學術思想研究輯刊
二十編　第十三冊　　　　　ISBN：978-986-404-002-5

朱子《詩》《書》學義理思想研究（下）

作　　者　姜龍翔
主　　編　林慶彰
總 編 輯　杜潔祥
副總編輯　楊嘉樂
編　　輯　許郁翎
出　　版　花木蘭文化出版社
社　　長　高小娟
聯絡地址　235 新北市中和區中安街七二號十三樓
　　　　　電話：02-2923-1455／傳真：02-2923-1452
網　　址　http://www.huamulan.tw 信箱 hml810518@gmail.com
印　　刷　普羅文化出版廣告事業
封面設計　劉開工作室
初　　版　2015 年 3 月
定　　價　二十編 21 冊（精裝）台幣 38,000 元　　　版權所有　請勿翻印

朱子《詩》《書》學義理思想研究（下）

姜龍翔　著

第五章　朱子《尚書》學義理思想探微

第一節　朱子所取宋代《尚書》學者義理思想概述

今存朱子《尚書》註解篇章不多，較難看出是否有任何承襲源流，然明人何喬新（1427～1502）《椒邱文集》卻認爲朱子於北宋《尚書》有取四家參考：

> 自漢以來，傳者非一，安國之註，類多穿鑿，穎達之疏，惟詳制度，
> 近世之註，朱子所取者四家，而王安石傷於鑿，呂祖儉傷於巧，〔註1〕
> 蘇軾傷於略，林之奇傷於繁。〔註2〕

何喬新此論蓋據朱子〈答蔡仲默〉曾云：「諸說此間亦有之，但蘇氏傷於簡，林氏傷於繁，王氏傷於鑿，呂氏傷於巧。」（《續集》，卷3，頁4969）而發揮。朱子確實多次批評此四家《書》學得失，當可視爲對朱子《尚書》學構成有直接影響者，但影響朱子應不只於此四家而已，〈學校貢舉私議〉曾云：

> 《書》則兼取劉敞、王安石、蘇軾、程頤、楊時、晁說之、葉夢得、
> 吳棫、薛季宣、呂祖謙。（《文集》，卷69，頁3482）

朱子提議改革科舉考試內容，除傳統注疏外，《尚書》尚須參考上述北宋諸家，可見朱子對這幾人之《書》學當亦有精深研究，那麼總結這些學者的《尚書》

〔註 1〕　《經義考》引此文作呂祖謙，見朱彝尊：《經義考》，卷82，頁456。據《朱子語類》亦云：「伯恭卻是傷於巧。」（《語類》，卷78，頁1988）故此處當以呂祖謙爲是。

〔註 2〕　〔明〕何喬新：《椒邱文集》，收入《景印文淵閣四庫全書》第1249冊，卷1，頁6上～6下／5。

義理要點，亦可略見朱子所注重之脈絡及所受之影響，故以下茲依各家《尚書》學於義理思想方面的闡述要義分析之。

一、劉敞

劉敞《七經小傳》乃雜論經義之語，七經者，《毛詩》、《尚書》、《公羊傳》（《國語》附）、《周禮》、《儀禮》、《禮記》、《論語》也，其中尤以《尚書》之部為重。《七經小傳》頗受後儒稱道，王應麟《困學紀聞》云：「自漢儒至於慶曆間，談經者守訓故而不鑿，《七經小傳》出而稍尚新奇矣。」〔註3〕可見此書對學風轉變有一定貢獻，但也招來穿鑿說經之諷，《四庫全書總目》即云：

> 今觀其書，如謂《尚書》「愿而恭」當作「愿而荼」，「此厥不聽」當作「此厥不德」。謂《毛詩》「烝也無戎」當作「烝也無戍」……皆改易經字，以就己說。……其說亦往往穿鑿，與安石相同，故流俗傳聞，致遭斯謗。然考所著《弟子記》，排斥安石，不一而足，實與新學介然異趣。且安石剛愎，亦非肯步趨於敞者。謂敞之說經，開南宋臆斷之弊，敞不得辭；謂安石之學由於敞，則竊鈇之疑矣。且略其厄詞，採其粹語，疏通剔抉，精鑿者多，又何可以末流之失，併廢敞書歟！〔註4〕

《總目》的評語還算公正，《七經小傳》對於宋儒以己意說經之風氣確有開啓之助，但後世流於過度穿鑿者不可一概算到劉敞頭上。而劉敞之所以用己意說經，其目的是為闡述聖人之意，劉敞曾自道其解經立場：

> 凡說經者，宜以逆順深淺為義。得其義，是得聖人之意。得聖人之意者，雖有餘說，勿聽可也；不得其意，則牽於眾說，牽於眾說，而逆順深淺，失義之中，是有功于眾說，而非求合於聖人也。故吾求合於聖人，而不敢曲隨於眾說。聖人之意可求也，求在義而已矣。
>
> 〔註5〕

可見劉敞說經主旨仍在探究聖人之意，這是宋儒說經的普遍特色。所謂探聖人本意，其實也就是對漢唐注疏之學的反彈，反映在《七經小傳》便是其強調反推聖人思維以解經的義理取向，如《七經小傳》批評漢唐注疏解釋武王

〔註3〕樂保群等校：《困學紀聞全校本》，卷8，頁1094。

〔註4〕紀昀等：《欽定四庫全書總目》，頁33，頁8下～9下／674～675。

〔註5〕〔宋〕劉敞：《春秋權衡》，收入納蘭性德輯：《通志堂經解》第8冊，卷？，頁390。

伐紂時進兵神速為「赴敵宜速」之說云：

> 「戊午，師逾孟津，癸亥，陳于商郊。甲子，俟天休命。」孔氏曰：
> 「自河至朝歌出，四百里，五日而至。赴敵宜速。」非也。《傳》曰
> 紂使膠鬲問師期。武王告以甲子。武王恐失期而膠鬲死，於是亟行
> 軍。吏曰：請少緩。武王不可，曰：膠鬲，賢者也。吾以此傳雖不
> 見經，而以此解經為合。夫王者之師，正而不奇，不乘人以險，不
> 掩人以不備者也。何以赴敵宜速哉！〔註6〕

劉敞認為武王之所以迅速赴敵，乃是因為他曾約膠鬲以甲子之期，為免膠鬲
受罰，遂星夜趕路。此說乃孔穎達引《帝王世紀》之說，另《呂氏春秋》〈慎
大覽〉亦有相關論述〔註7〕。由此可以看出，劉敞將武王視為聖王，故其舉動
必以仁義為重，而說經時若能探求得聖人之心，便可闡明經典所載事跡之義
理，故最後所得結論則是：「王者之師，正而不奇，不乘人以險，不掩人以不
備也。」完全一派正大光明，純依義理標準行事。

又如論湯伐桀時「升自陑」之意：

> 〈湯誓〉曰：「伊尹相湯伐桀，升自陑。」陑者，桀恃險也。升之者，
> 言其易也。著此者，言桀雖據險，亦不能拒湯，所謂地利不如人和。
>
> 孔氏注乃曰：「出其不意。」孫吳之師，非湯與伊尹之義也。〔註8〕

「出其不意」乃用兵之謀，但商湯乃聖王，豈會淪於與孫吳之師相同，故劉
敞認為桀據於陑者乃為恃險，而商湯則是採取硬碰硬戰法，不用謀略計策取
勝。最後湯得以取勝者，則是因為湯乃仁義之師，即使桀佔地利之和，仍無
法抵擋具人和優勢的湯。又如論武王觀兵孟津之本意云：

> 〈泰誓〉曰：「惟十有一年，武王伐殷。」孔氏曰：「觀兵孟津以上，
> 諸侯伐紂之心。諸侯僉同乃退，以示弱。」非也。《詩》云：「匪棘其

〔註6〕 劉敞：《公是先生七經小傳》，卷上，頁514。

〔註7〕 《呂氏春秋》〈慎大覽〉載云：「武王至鮪水。殷使膠鬲候周師，武王見之。
膠鬲曰：『西伯將何之？無欺我也。』武王曰：『不子欺，將之殷也。』膠鬲
曰：『曷至？』武王曰：『將以甲子至殷郊，子以是報矣。』膠鬲行。天雨，
日夜不休，武王疾行不輟。軍師皆諫曰：『卒病，請休之。』武王曰：『吾已
令膠鬲以甲子之期報其主矣。今甲子不至，是令膠鬲不信也。膠鬲不信也，
其主必殺之。吾疾行以救膠鬲之死也。』武王果以甲子至殷郊。殷已先陳矣。
至殷，因戰大克之。此武王之義也。人為人之所欲，己為人之所惡，先陳何
益？適令武王不耕而穫。」見畢沅校：《呂氏春秋新校正》，卷15，頁175。

〔註8〕 劉敞：《公是先生七經小傳》，頁514。

欲，聿追來孝。」聖人豈有私天下之心哉。觀兵孟津者，所以憚紂也。
欲其畏威悔過，反善自修也。如紂遂能改者，武王亦北面事之而已矣。
然則進非示強也，退非示弱也。進所以警其可畏，退所以待其可改。
及其終不畏，終不改，然後取之。此篇稱紂「罔有悛心，乃夷居，弗
事上帝神祇」，足以知武王之退，非示弱而襲之明矣。〔註9〕

劉敞認為武王觀兵目的並非為了示弱，而是憚紂，而之所以要讓紂王驚懼則
是期望他能改過，若如此武王亦將北面事之。從這些論說內容可知，劉敞主
張聖人之心光明正大，絕非如後儒所解說那樣運用智謀取勝。

　　除以己意反推聖人之心說經外，劉敞亦常據經以發揮義理，如他根據〈大
禹謨〉內容發揮云：

〈皋陶謨〉曰：「都！亦行有九德，亦言其人有德。」此說性善也。
行有九德者，言人之性固有九德也。寬柔愿亂擾直簡剛彊是也。亦
言其人有德者，言性雖有德，猶待其人之有德，乃成德也。栗立恭
敬毅溫廉塞義是也。……於九德之中能一德有常，則可謂士矣。三
德可以為卿大夫，六德可以為諸侯，九德咸事，可以王天下。然則
有常所謂有恆，三德所謂善人，六德所謂君子，九德所謂聖人。惟
聖人為能王天下，君子可以為諸侯，善人可以為卿大夫，有恆者可
以為士。以孔子之徒論之，顏淵問為邦，子曰：「行夏之時，乘殷之
輅，服周之冕。」此王天下之任，聖人之德也。又曰：「雍也，可使
南面。先有司，赦小過，舉賢才。」此君一國之任，君子之德也。
又曰：「由也，千乘之國可使治其賦也。升堂，未入室也。」此卿大
夫之任，善人之德也。又曰：「不得中行而與之，必也狂狷乎！狂者
進取，狷者有所不為。」此吉士之任也，有恆之德也。物之性未有
能兼剛柔者也，謂聖人備九德，然則聖人之性，剛且柔乎？曰：聖
人神矣。其性無所不備。無所不備者，或不可得而聞矣。不可得而
聞，則所聞者常聞其接於事為之跡爾。皋陶稱舜曰：「臨下以簡，御
眾以寬。」此九德之二也。極此言之意，故當曰：事親以柔，行己
以愿，臨事以亂，任賢以擾，秉德以直，斷謀以剛，敷政以彊。此
所謂大備之人也。〔註10〕

〔註9〕劉敞：《公是先生七經小傳》，頁514。
〔註10〕劉敞：《公是先生七經小傳》，頁513。

劉敞據〈皐陶謨〉九德之說闡述其中的義理價值，並將孔子之徒分類，以明恆德、三德、六德、九德之差別，以大力提倡重德的思想，並據之申述「臨下以簡，御眾以寬」於治國安民之理。可見劉敞說經重視義理的程度，故《七經小傳》雖多新奇之說，但並未受到當代學者強烈攻擊。蔡師根祥亦敘劉敞《尚書》學之評價云：

> 劉原父雖亦非以《尚書》名家，然其解《尚書》，不守傳注，時用鄭、馬之說，更或出於己意，以冀逆求聖人之意，凡此者，皆打破傳統，開風氣之先聲；而其所發新意，雖未必盡合經旨，然較之孔《傳》，勝者為多，非穿空虛構者所能致，斯亦學有根柢者也。〔註11〕

劉敞說經學有根柢，絕非穿鑿附會之倫，大致乃以聖人本意為探求重點，這與朱子學術認知相同，也無怪乎朱子列其為學校貢舉必讀書目。

　　朱子現存注說《尚書》文字中，引有兩條劉敞之說，如注〈堯典〉「宅南爻」云：「劉氏曰：『當云宅南曰交趾。』」（《文集》，卷65，頁3257）劉氏即劉敞，《七經小傳》云：「宅南，曰交趾。後人傳寫脫兩字故爾。」〔註12〕不過朱子並非採用其說，在引劉氏之後，又引陳氏曰：「交下當有『曰明都』三字。」（《文集》，卷65，頁3257）陳氏乃陳鵬飛（1099～1148），朱子兩存其說，並未作出判定，蓋因其皆推測之詞，雖符合文理，但遽難論斷。朱子注〈舜典〉「如五器」又引劉敞之說：「劉侍講曰『如同也』。」（《文集》，卷65，頁3267）《七經小傳》云：「如者，同也。五器者，吉凶禮樂及戎器。同之，一制度也。」〔註13〕朱子於此則用其訓詁解經。

二、王安石

　　王安石說經向有穿鑿之弊，原因在於過度深求義理所致，如王安石多不遵循舊注，但注〈牧誓〉「王左杖黃鉞，右秉白旄以麾」云：

> 鉞，所以誅；旄，所以教。黃者，信也，白者，義也。誅以信，故黃鉞；教以義，故白旄。無事於誅，故左杖黃鉞；有事於教，故右秉白旄。〔註14〕

〔註11〕蔡師根祥：《宋代尚書學案》，頁81。
〔註12〕劉敞：《公是先生七經小傳》，頁513。
〔註13〕劉敞：《公是先生七經小傳》，頁513。
〔註14〕程元敏：《三經新義輯考彙評（一）——尚書》（臺北：國立編譯館，1986年7月），頁105。

王安石之說乃直接承襲自《孔傳》及孔《疏》，《孔傳》曰：「鉞以黃金飾斧，
左手杖鉞，示無事於誅；右手把旄，示有事於教。」〔註15〕孔穎達《正義》
亦依之解釋。而王安石本喜破注疏，以己意說經，但於此處則全然接受古注
觀點，林之奇即諷曰：

> 王氏之說經，未嘗肯從先儒之說，而於此說則從；非徒從之，又從
> 而推廣之，惟其喜鑿故也。〔註16〕

充分說明王安石過度講求義理所導致的弊病。不過王安石於《尚書新義》所
展示的義理觀點，多數仍是為配合新法施行，以之作為推動依據。王安石新
法主要規模多本於《周禮》而成，而《尚書》中又多聖王治國之法，因此他
特別重視對這兩部經典的詮釋，《尚書新義》中即充分顯露王安石獨特的政治
思想。如王安石解〈君奭〉篇「召公不說」之因云：

> 召公不悅，何也？曰：成王可與為善，可與為惡也。周公既復辟，
> 成王既即位，蓋懼王之不能終，而廢先王之業也，是以不悅焉。夫
> 周之先王，非聖人即仁人也；積德累行，數世而後受命，以周公繼
> 之，累年而後太平，民之習俗久矣。成王以中才承其後，則其不得
> 罪於天下之民，而無負於先王之烈也，不亦難乎！如此則責任之臣，
> 不得不以為憂也。〔註17〕

〈君奭〉乃記錄周公告召公之語，《書序》以為「召公不說」，故周公向其表
明心志。至於召公為何不悅，則眾說紛紜，《史記》以為周公曾當國踐祚，故
使召公疑之而不悅，〔註18〕孔穎達則認為周公嘗攝王政，卻於歸政後又復列
臣位，故召公不悅。〔註19〕朱子、蔡沈認為經文之中並無召公不悅之意，此

〔註15〕阮元校勘：《尚書正義》，卷11，頁15上／388。
〔註16〕林之奇：《尚書全解》，卷23，頁452。
〔註17〕程元敏：《三經新義輯考彙評（一）——尚書》，頁191。
〔註18〕《史記》〈燕召公世家〉云：「成王既幼，周公攝政，當國踐祚，召公疑之，
作〈君奭〉。君奭不說周公，周公乃稱：湯時有伊尹，假于皇天；在太戊，時
則有若伊陟、臣扈，假于上帝，巫咸治王家；在祖乙，時則有若巫賢；在武
丁，時則有若甘般，率維茲有陳保乂有殷，於是召公乃說。」見司馬遷：《史
記》，卷34，頁1上～1下／493。
〔註19〕孔穎達云：「成王即政之初，召公為保，周公為師，輔相成王為左右大臣。召
公以周公嘗攝王之政，今復在臣位，其意不說。周公陳己意以告召公，史敘
其事，作〈君奭〉之篇也。……案經周公之言，皆說己留在王朝之意，則召
公不說周公之留也，故鄭、王皆云：周公既攝王政，不宜復列於臣職，故不
說。」見阮元校勘：《尚書正義》，卷16，頁17下～18上／474。

文純粹是召公欲告老歸隱，周公留之之作。〔註20〕總之在王安石之前，眾說皆環繞於周公與召公兩人之間曾有誤會產生，故召公不悅的對象均指向周公。〔註21〕但王安石自出新說，卻將召公不悅對象歸於成王，認為他恐怕無法擔負國政重責，故使召公不悅。王安石之說可謂別出心裁，王安石大概欲藉此勉勵神宗（1048～1085）直以文武乃至堯舜為效法學習典範。然而這種思維也表現出余英時在《朱熹的歷史世界──宋代士大夫政治文化的研究》一書中所談到宋代「士大夫的政治主體意識的顯現。王安石則是推動這一意識的一股最重要的力量。」〔註22〕宋代士大夫雖自我意識高漲，但他們更高層的理想是欲與君王共治天下。然能否實現這樣的理想，重點仍在於君王態度，如王安石釋〈皋陶謨〉「無教逸欲有邦」，便強調君主率身以為天下之榜樣：

> 天子當以勤儉率天下，諸侯不當以逸欲教有邦。蓋天子逸欲于上，
> 則諸侯化之，亦將肆其逸欲以盤樂怠傲于下，使有邦者皆肆其逸欲，
> 則生民之受其禍，可勝計哉！而其源則自夫上之人以逸樂導之也。
> 誠使為天子者澹然無營，清心寡欲，舉天下之聲色貨利曾不足以動
> 其心，彼諸侯者其敢肆其逸欲于下哉。〔註23〕

天子的作為會導致臣民效法，因此君王必須以身作則，故王安石在《尚書新義》中提出許多人主所應遵循的規範，如王安石解〈洪範〉「皇極之敷言」云：

> 我取正於天，則民取正於我。道之本出於天，其在我為德；皇極，
> 我與庶民所同然也，故我訓于帝，則民訓于我矣。〔註24〕

王安石解皇為君，極為中，故君須建其有中，使萬物得所。王安石一方面承認君臣關係，但另一方面卻又從天人關係限制君權的擴張，「有極之所在，吾

〔註20〕蔡沈《書集傳》云：「召公告老而去，周公留之，史氏錄其告語為篇，亦誥體也。」見蔡沈：《朱子全書外編‧書集傳》，卷5，頁208。

〔註21〕郭店楚墓出土竹簡中有一篇〈成之聞之〉，其中第二十九簡、第三十簡引有〈君奭〉之文，其云：「〈君奭〉曰：『襄我二人，毋又合才音』害？道不說之司也。君子曰：『唯又其互而可能終之為難。』」見荊門市博物館編：《郭店楚墓竹簡》（北京：文物出版社，2005年4月），頁168。對照今本〈君奭〉文本「襄我二人，汝有合哉言。」則竹簡之文可確定今本乃文化訛誤之後所形成，以致於文中並無君奭不悅之說，但若照簡文來看，周公確實曾說道兩人曾有不愉快的過往，也間接證實君奭不悅周公是正確的背景。

〔註22〕余英時：《朱熹的歷史世界》，頁99。

〔註23〕程元敏：《三經新義輯考彙評（一）──尚書》，頁36。

〔註24〕程元敏：《三經新義輯考彙評（一）──尚書》，頁116。

安所取正？取于天而已。」〔註25〕主張君臣皆須法天。王安石原爲神宗進講《尚書》，後又將之列爲科舉程式，因此《尚書新義》中其實存在有對君王及對士人的兩種角度，故其說往往亦介於兩者之間，一方面強調君主應遵循的規範，另一方面又主張士大夫應有的從政態度。

　　王安石《尚書》學特重〈洪範〉，他曾撰有〈洪範傳〉。〈洪範〉乃箕子爲武王陳治國大法，是聖王治典的藍圖，故王安石每喜用之開展其政治思想，〈進洪範表〉便云：

> 天命聖人以敍之，而聖人必考古成己，然後以所嘗學，措之事業，爲天下利。苟非其時，道不虛行。伏惟皇帝陛下，德義之高，術智之明，足以黜天下之蒐瑣，而興其豪傑，以圖堯禹大平之治。而朝廷未化，海內未服，綱紀憲令，尚或紛如。意者殆當考箕子之所述，以深發獨智，趣時應物故也。〔註26〕

王安石治經強調「通其意」，注重經世致用的實踐，故王安石解〈洪範〉乃冀其有補於政憲也。王安石〈禮樂論〉又言：「是以《書》言天人之道，莫大於〈洪範〉，〈洪範〉之言天人之道，莫大於貌言視聽思。大哉聖人獨見之理傳心之言乎，儲精晦息而通神明。」〔註27〕從這段文字可以看出王安石重視〈洪範〉的兩個方向，一是天人關係，一是洪範五事。王安石的天命觀較爲特別，他一方面反對天具有主宰能力，一方面又採用陰陽五行解經。《宋史》本傳載其曾言「天變不足畏」，強調人事的重要性，但一方面卻又保留災異對人君警懼的效果，〈洪範傳〉云：

> 今或以爲天是有變，必由我有是罪以致之，或以爲災異自天理耳，何豫於我。我知修人事而已。蓋由前之說，則蔽而葸，由後之說，則固而怠。不蔽不葸、不固不怠者，亦以天變爲己懼。不曰天之有某變，必以我爲某事而至也，亦以天下之正理，考吾之失而已矣。〔註28〕

據此來看，王安石所謂天變不足畏，非眞不足畏，可畏者在不知以之爲惕也。至於陰陽五行之說，《尚書新義》頗多用以解經之例，如注〈堯典〉「乃命羲和」云：

〔註25〕 程元敏：《三經新義輯考彙評（一）——尚書》，頁116。
〔註26〕 王安石：《臨川先生文集》，卷56，頁609。
〔註27〕 王安石：《臨川先生文集》，卷66，頁704。
〔註28〕 王安石：《臨川先生文集》，卷65，頁695。

散義氣以爲義，歛仁氣以爲和。日出之氣爲義，義者，陽也；利物
之謂和，和者，陰也。〔註29〕

注〈大禹謨〉「六府」則云：

以惟序爲六府三事之序，故以土治水，以水治火，然後水、火爲用；
以火治金，以金治木，然後金、木爲器；以木治土，以土治穀，然
後土、穀爲例。〔註30〕

王安石擺脫漢人將陰陽五行與天命災異思想合併的思維，其所以取於陰陽五
行者，是一種體現自然法則的觀點。至於〈洪範〉五事的重要性，王安石認
爲此乃聖人傳心之言，有別於宋儒以虞廷十六字爲道統心傳之說。〈洪範〉五
事乃貌、言、視、聽、思五感，〈洪範〉云：「貌曰恭，言曰從，視曰明，聽
曰聰，思曰睿。恭作肅，從作乂，明作哲，聰作謀，睿作聖。」在〈洪範〉
本文中，強調這五事該有的表現，並由此以達聖賢之境，而王安石便以之解
釋〈堯典〉序「聰明文思」云：「〈洪範〉言貌‧言‧視‧聽‧思五事，可以
解此聰明文思。」〔註31〕相對於虞廷十六字心傳從心性論的觀點闡述，王安
石強調〈洪範〉五事的重要性，則落實在實際人事作爲之中。

王安石說經喜歡每字務爲訓釋，葉大慶《考古質疑》曰：

近世王文公，其說經亦多解字。如曰「人爲之謂僞」，曰「位者人之
所立」，曰「訟者言之于公」，與夫「五人爲伍」，「十人爲什」，「歃
血自明而爲盟」，「二戶相合爲門」，「以兆鼓則曰龘」，「與邑交則曰
郊」，「同田爲富」，「分貝爲貧」之類，無所穿鑿，至理自明。〔註32〕

王安石晚年著有《字說》，更是這種傾向的集大成之作。不過早年解經時，便
常以這種方法解釋，如注〈太甲〉「不惠於阿衡」云：「保其君如阿，平其國
如衡」〔註33〕，阿衡乃推尊伊尹之稱，王安石則隨字立義，強加命名之旨。
又如釋〈洪範〉「衍忒」云：

衍者，吉之謂也；忒者，凶之謂也。吉言衍，則凶之爲耗可知也。
凶言忒，則吉之爲當亦可知也。此言之法也，蓋自始造書，則固如

〔註29〕 程元敏：《三經新義輯考彙評（一）——尚書》，頁7。
〔註30〕 程元敏：《三經新義輯考彙評（一）——尚書》，頁31。
〔註31〕 程元敏：《三經新義輯考彙評（一）——尚書》，頁5。
〔註32〕 〔宋〕葉大慶：《考古質疑》（上海：上海古籍出版社，1985年8月，與〔宋〕
袁文《甕牖閒評》合刊本），卷3，頁29。
〔註33〕 程元敏：《三經新義輯考彙評（一）——尚書》，頁82。

　　此矣。福之所以爲福者，於文從畐，畐則衍之謂也。禍所以爲禍者，

　　於文從咼，咼則忒之謂也。〔註34〕

對於福、禍之意，拆解字形，原本應作形聲之偏旁，卻視爲會意之法，由此可見王安石喜以形聲作會意穿鑿說字的方式。

　　王安石學說雖因靖康之禍而爲眾矢之的，但《三經新義》在南宋初年仍是官方流行的學術主體，故朱子引王安石《尚書新義》之說甚多，有贊成亦有反對者，並不因人廢言。如《語類》載朱子論〈堯典〉「庸命」、「方命」的差異時，引王安石之言曰：「圓則行，方則止，猶今言廢閣詔令也。」（《語類》，卷78，頁1995）即採安石之說。又如注〈召誥〉序引王安石之言云：

　　成王欲宅洛者，以天事言之，則日東景夕多風，日西景朝多陰，日

　　南景短多暑，日北景長多寒。洛，天地之中，風雨之所會，陰陽之

　　所和也。以人事言，則四方朝聘貢賦，道里均焉。（《文集》，卷65，

　　頁3288）

王安石從地理位置及氣候環境論成王之所以選擇建都洛邑的原因，朱子從其說，並補充云：「非特如此而已，懲三監之難，愍殷頑民，遷以自近，洛距妹邦爲近，則易使之遷，作王都焉，則易以鎮服也。」（《文集》，卷65，頁3288）朱子則從殷周關係分析，認爲設都洛邑更有政治上的考量，其說實較王安石更爲穩當。至於朱子反對王安石之說，則有論〈大禹謨〉「文命敷于四海」引其說，以爲「文命」乃禹號，但朱子並不贊同其說從而《孔傳》「文德教命」之解。朱子另推許王安石對〈洛誥〉採闕疑的作法，《語類》云：

　　荊公不解〈洛誥〉，但云：「其間煞有不可強通處，今姑擇其可曉者

　　釋之。」今人多說荊公穿鑿，他卻有如此處。若後來人解《書》，又

　　卻須要解盡。（《語類》，卷78，頁1987）

這條語錄乃輔廣所記，但嚴格說來，記錄內容有所錯誤，王安石並非不解〈洛誥〉，應是對〈洛誥〉難解之處不強加解說，朱子引王安石之說云：「此誥有不可知者，當闕之，而擇其有可知者。」（《文集》，卷65，頁3294）另王安石亦曾自言：「〈大誥〉疑有脫誤，其不可知者，輒闕之，而釋其可知者。」〔註35〕如此似顯示王安石對於《尚書》難解之篇多採闕疑作法，然考朱子所注〈洛誥〉中，便引有王安石之說計達六條之多，足見王安石亦解〈洛誥〉，

〔註34〕 王安石：《臨川文集》，卷65，頁693。

〔註35〕 程元敏：《三經新義輯考彙評（一）——尚書》，頁147。

然其所以對某些部分闕而不解，恐怕另有意圖，蔡師根祥則針對王安石不解〈大誥〉某些語句，提出或與新法之推行有關：

> 按〈大誥〉之文，誠有詰屈難通者焉，然王氏所舉當闕疑者，則未必不可解；若「越天棐忱，爾時罔敢易法」一段，文句義理明白，其言天不常於人，惟能守法度者能得天之祐，故爾不可妄自改易祖宗法度也；王氏以此為不可知者，或此文於新法有齟齬者，故特以為不可知而堙之；學者多以為王氏注經以為新法地，此或亦其一例也。〔註36〕

王安石說經務求字字都解，但於這些篇章卻採闕疑作法，恐怕有較為深刻的政治動機，而這與朱子不強解《尚書》的態度並不相同。

三、蘇軾

蘇軾，字子瞻，號東坡，眉州眉山人。生於北宋仁宗景祐四年，卒於徽宗建中靖國元年，年六十六。十歲時，其母程氏讀《後漢書》〈范滂傳〉，慨然太息，蘇軾問曰：「軾若為滂，夫人亦許之否乎？」其母曰：「汝能為滂，吾顧不能為滂母耶！」遂奮勵有當世志。軾博通經史，屬文日數千言，好賈誼、陸贄書，既而讀《莊子》，則有得吾心之歎。嘉祐二年，蘇軾試禮部，以〈刑賞忠厚論〉一文深受歐陽修賞識，謂：「老夫當避此人，放出一頭地。」蘇軾後參加制舉考試，優入三等，〔註37〕除大理評事，簽書鳳翔府判官。治平二年，得直史館。蘇軾原本平步青雲，然時值王安石推動新法，蘇軾上書論其不便，忤安石，遂請外調通判杭州，歷任密州、湖州。時新法日下，軾屢托以詩諷喻，神宗初薄其過，而浸潤不止。後御史摭其表語，以為訕謗之證，既而付獄，鍛鍊久不決，遂以黃州團練副使安置。神宗每欲復用，均為人所沮，後量移汝州。哲宗即位，司馬光執政，盡復舊黨人士，召軾為禮部郎中，遷起居舍人，後除翰林學士，兼侍讀。每至治亂興衰，得失邪正之際，無不反覆開導。後不見容，請外，拜龍圖閣學士復知杭州，吏民習軾舊政，不勞而治。軾治西湖水患，浚湖取葑泥為堤，人稱蘇公堤。後又召為吏部尚書，歷知潁州、揚州，尋遷禮部，復兼端明殿、翰林侍讀二學士。哲宗親政後，乞補外出知定州。哲宗對舊黨積怨甚深，盡逐黨人，時御史以軾所作詞

〔註36〕 蔡師根祥：《宋代尚書學案》，頁113。

〔註37〕 《石林燕語》云：「故事，制科分五等，上二等皆虛，惟以下三等取人，然中選者亦皆第四等。」見〔宋〕葉夢得：《石林燕語》，收入朱易安等編：《全宋筆記》第2編第10冊（鄭州：大象出版社，2006年1月），卷2，頁33。

命譏刺先朝,遂貶寧遠軍節度副使,安置惠州。居之三年,大臣以流竄者爲未足,復以瓊州別駕,安置昌化。昌化非人所居,飲食不具,藥石無有,人不堪其憂,軾則食芋飲水,著書以爲樂。《東坡書傳》即成於此時。元符三年,大赦北還,卒於常州。

　　蘇軾一生顛沛起伏,歷三次在朝,三次外任,三次流放。蘇軾思想複雜,任職時期,多以儒家爲主;貶居時期,則以佛老爲主,思想型態隨生活境遇而交替使用,以「超然」自許,〈自題金山畫象〉曾自嘲:「問汝平生功業,黃州惠州儋州。」蘇軾爲文渾涵光芒,雄視百代。著有《東坡集》四十卷,《後集》二十卷,奏議十五卷,內制十卷,外制三卷,和陶詩四卷,詞一卷。經學著述則有《易傳》九卷、《書傳》十三卷、《論語說》五卷。

　　《東坡書傳》草成於流放儋耳之時,一般認爲蘇軾蓋有感於屢遭王安石黨迫害,乃專門針對批判《尚書新義》而作。張建民則以爲依蘇軾當時在海南的條件,雖極困乏,但由於《三經新義》已再度取得科場統治地位,蘇軾當能取得《尚書新義》閱讀,故而乃據之批判,但非專對《尚書新義》而發。〔註38〕考蘇軾在黃州獲赦,量移汝州之時,曾過金陵拜訪安石,兩人時皆喪子,雖會面對話頗有保留,但甚有相惜之感,王安石寫下詩句「無人語與劉玄德,問舍求田意最高」,勸蘇軾於當地定居,蘇東坡則回以「騎驢渺渺入荒陂,想見先生未病時。勸我試求三畝宅,從公已覺十年遲。」依蘇軾的性格來看,這並非應酬之言,應是兩人歷經滄桑之後的真摯表現。且二年後,王安石便過世,蘇軾與王安石再無交集,後來雖屢遭小人迫害,不必皆以王安石黨視之,不過蘇軾確實對《尚書新義》頗多不滿之說,邵博(?～1158)《聞見後錄》云:

　　　東坡倅錢塘日,〈答劉道原書〉云:「道原要刻印七史固善,方新學經解紛然,日夜摹刻不暇,何力及此。近見京師經義題:『國異政,家殊俗』,國何以言異?家何以言殊?又有『其善喪厥善』,其厥不同何也?又說《易》〈觀卦〉本是老鸛,《詩》大、小〈雅〉本是老鴉。似此類甚眾,大可痛駭。」時熙寧初,王氏之學,務爲穿穴至此。〔註39〕

〔註38〕　張建民:《宋代《尚書》學研究》,頁112～113。
〔註39〕　〔宋〕邵博撰,劉德權、李劍雄點校:《邵氏聞見後錄》(北京:中華書局,1983年8月),卷20,頁160。

李燾亦指出：

> 當安石萌芽，唯光、軾能逆折之。見於所述文字，不一而足。軾著
> 《書傳》，與安石辯者凡十八、九條，尤爲切近深遠，其用功不在決
> 洪水，闢楊墨下。〔註40〕

觀《東坡書傳》中多處長篇論說者，多有感而發，東坡且自云：「近世學者喜
異而巧於鑿」〔註41〕，「鑿」乃王安石學術所公認之特質，那麼《東坡書傳》
確實有相當程度是爲批判《尚書新義》而作。但若說因受迫害遂發憤而作，
則與東坡晚年超然心境不合。《尚書新義》爲王安石改革科舉，取代經義的統
一意識之作，但其中論說或有不盡人意者，蘇軾則從文學家眼光出發，看出
其中許多不盡人情，背逆經意之處，因此在作《書傳》時便不免批評一番，
蘇軾〈與王定國〉云：

> 軾自謫居以來，可了得《易傳》九卷、《論語說》五卷，今又下手作
> 《書傳》。迂拙之學，聊以娛老，且以爲子孫藏耳。子由亦了得《詩
> 傳》，又成《春秋集傳》。〔註42〕

由此可見，蘇軾兄弟是有計畫撰作關於經學的著述，並非專爲受迫害而發，
那麼《尚書新義》之所以成爲批評對象，應是受到「典範」作用的影響。王
安石主政後，說《書》最流行觀點乃《尚書新義》，注解者很自然會局限於其
中視域，或採納，或批判，而蘇軾與王安石自始即是不同陣營，政治態度不
同，在批評其說時，不免會導向對新法的批評，如蘇軾注〈盤庚〉「盤庚斅于
民，由乃在位，以常舊服，正法度，曰無或敢伏小人之攸箴」云：

> 矇誦工諫，士傳言，庶人謗于市，此先王之舊服正法也；今民敢相
> 聚怨誹，疑當立新法，行權政，以一切之威治之。盤庚，仁人也，
> 其下教于民者，乃以常舊事而已，言不造新令也；以正法度而已，
> 言不立權政也。曰無或敢伏小人之攸箴者，憂百官有司以逆探其意
> 而禁民言也。盤庚遷而殷復興，用此道歟？〔註43〕

〔註40〕　不題撰人：《愛日齋叢鈔》，收入《叢書集成初編》（上海：商務印書館，1936
　　　　年12月），卷2，頁78。

〔註41〕　〔宋〕蘇軾：《書傳》，收入《景印文淵閣四庫全書》第54冊，卷4，頁3上
　　　　／511。

〔註42〕　〔宋〕蘇軾：《東坡全集》，收入《景印文淵閣四庫全書》第1108冊，卷75，
　　　　頁27下／1219。

〔註43〕　蘇軾：《書傳》，卷8，頁2下～3上／1553。

蘇軾論盤庚遷殷民，使殷商復興，主要在於用先王之法，而非新令權政，對新法針對性十足。

《東坡書傳》除暗藏對新法的批判外，也寓含自己的義理見解，如他認為君王必須安於仁義之性，蘇軾釋〈湯誥〉「惟皇上帝，降衷于下民，若有恆性，克綏厥猷惟後」云：

> 仁義之性，人所咸有，故天言降也。順其有常之性，其無常者，喜怒哀樂之變，非性也，能安此道乃君也。〔註44〕

釋〈湯誓〉「天乃賜王勇智」又云：

> 凡聖人之德，仁義孝弟忠信禮樂之類皆可以學至，惟勇也、智也必天予而後能，非天予而欲以學求之，則智勇皆凶德也。漢高祖識三傑於眾人之中，知周勃、陳平於一世之後，此天所予智也。光武平生畏怯，見大敵勇，此天所予勇也，豈可學哉？若漢武帝、唐德宗之流，則古之學勇智者也，足以敝其國，殘其民而已矣，故天不予是德，則君子不敢言智勇，短於智勇而厚於仁，不害其為令德之主也。周公亦曰：「今天其命哲，命吉凶，命歷年。」哲者，知人之謂也。知人與不知人，乃與吉凶歷年同出於天命，蓋教成王不強其所無也。〔註45〕

蘇軾理想中的君王，必須具備仁義之德，至於智與勇，乃天賦之能，不能藉學習而得，故逐之無用，而仁義之性乃人所共有，端看能不能順此德性而發揮。蘇軾早年所撰〈刑賞忠厚之至論〉便把堯刻畫為一位極具不忍之心的仁義君王，面對皋陶將殺犯人，一再為之請求寬恕，其文云：

> 先王知天下之善不勝賞，而爵祿不足以勸也。知天下之惡不勝刑，而刀鋸不足以裁也，是故疑則舉而歸之於仁，以君子長者之道待天下，使天下相率而歸於君子長者之道，故曰忠厚之至也。〔註46〕

蘇軾認為仁義之君不濫施刑罰，「與其殺不辜，寧失不經」，因此蘇軾不主嚴刑殺戮，如論〈召誥〉「其惟王勿以小民淫用非彝，亦敢殄戮；用乂民，若有功。其惟王位在德元，小民乃惟刑，用於天下，越王顯」便云：

> 古今說者皆謂召公戒成王過用非常之法，又勸王亦須果敢殄滅殺戮

〔註44〕蘇軾：《書傳》，卷7，頁8上／543。

〔註45〕蘇軾：《書傳》，卷7，頁4下～5上／541。

〔註46〕蘇軾：《東坡全集》，卷40，頁2上～2下／548。

以爲治。嗚呼！殄滅殺戮，桀紂之事，桀紂猶有所不果，而召公乃勸王，使果於殄戮而無疑！嗚呼！儒者之叛道，一至于此哉！皋陶曰：「與其殺不辜，寧失不經。」人主之用刑，憂其不愼，不憂其不果也，憂其殺不辜，不憂其失不經也。今召公方戒王以愼罰，言未終而又勸王以果於殺戮，則皋陶不當戒舜以寧失不經乎？季康子問孔子曰：「如殺無道以就有道，何如？」孔子曰：「子爲政，焉用殺！子欲善而民善矣。君子之德，風；小人之德，草，草上之風，必偃。」夫殺無道以就有道，爲政者之所不免，其言蓋未爲過也，而孔子惡之如此，惡其恃殺以爲政也。今予詳考召公之言，本不如說者之意，蓋曰：王勿以小民過用非法之故，亦敢於法外殄戮以治之。民自用非法，我自用法；民自過，我自不過，稱罪作刑而已。民之有過，罪實在我，及其有功，則王亦有德，何也？王之位，民德之先倡也。如此則法用于天下，王亦顯矣。兵固不可弭也，而佳兵者必亂；刑固不可廢也，而恃刑者必亡。痛召公之意爲俗儒所誣，以啓後世之虐政，故具論之。〔註47〕

對於〈召誥〉這段文字之意涵，歷來說《書》者多從以刑止刑解說召公之用意，如孔穎達《正義》便云：「聖人作法，以刑止刑，以殺止殺。若直犯罪之人，亦當果敢致罪之，以此絕刑戮之道。」〔註48〕王安石亦云：「不敢慢小民而淫用非彝，亦當敢於殄戮有罪以乂民也。」〔註49〕這些說法都是將「敢」作果敢解，指向當政者須果敢用刑。但蘇軾不取此說，他從先王刑賞忠厚的原則理解，認爲此段文意當爲「王勿以小民過用非法之故，亦敢于法外殄戮以治之」，認爲召公本意應該是告誡成王當以德治民，不可恃刑以啓虐政。故嚴格說來，蘇軾是主張輕刑，強調寬緩之政，這與王安石以法治之，威權並用的新法政策確實不同，但蘇軾在未行新法前便已有這種觀念，並不可指爲專針對王安石而發，只是王安石立場與之相反，便藉之以闡述自己的思想。

蘇軾反對嚴刑酷罰，因此政治思想便強調不可過度憑恃刑法，他認爲以法治國，則法令必多，如此徒增民擾，因此他主張任人唯賢才是爲政根本之

〔註47〕　蘇軾：《書傳》，卷13，頁12上～13上／610。
〔註48〕　阮元校勘：《尚書正義》，卷15，頁12下／453。
〔註49〕　程元敏：《三經新義輯考彙評（一）——尚書》，頁176。

道，《東坡書傳》注〈周官〉「唐虞稽古，建官惟百，內有百揆四岳，外有州牧侯伯，庶政惟和，萬國咸寧。夏商官倍，亦克用乂」云：

> 唐虞官百而天下治，夏商曷爲倍之，德衰而政卑也。堯舜官天下，無患失之憂，故任人而不任法；人得自盡也，故法簡官少而事省。夏商家天下，惟恐失之，不敢以付人，人與法相持而行，故法煩官多而事冗。後世德愈衰，政愈卑，人愈不信，而一付之法，吏不敢任事，相倚以苟免，故法愈亂，官愈多而事不舉。〔註50〕

朱子論《論語》〈堯曰〉「舜有臣五人而天下治。武王曰：予有亂臣十人。」便一反前人之說，認爲人才當以唐虞之際爲盛，而蘇軾亦由相同角度解說〈周官〉此文，他認爲唐虞之際，官百而天下治，是由於任人而不任法。夏商之後，法漸取得超越於人的優勢，於是專講法而不信人，如此反而將導致政事不彰，這也隱含對新法的批評。

蘇軾眼光敏銳，往往採用較符合一般人情的說法解釋經文，故朱子對《東坡書傳》給予極高評價，他認爲《東坡書傳》雖簡，卻是諸家最好的，《語類》載：

> 或問：「《書》解誰者最好？莫是東坡書爲上否？」曰：「然。」又問：「但若失之簡。」曰：「亦有只消如此解者。」（《語類》，卷78，頁1986）

朱子解經一向要求簡易明白，故對東坡《書傳》雖評其失之簡，但「簡」亦符合朱子的認可。而且蘇軾往往能夠看破古注之失，故朱子引用其說甚多，如〈舜典〉載堯使舜「納于大麓，烈風雷雨弗迷」，《孔傳》注云：「麓，錄也。納舜使大錄萬幾之政，陰陽和，風雨時，各以其節，不有迷錯愆伏。」〔註51〕說實牽強，蘇軾則採《史記》所錄，純粹順文句解說：

> 堯之所以試舜者亦多方矣。洪水爲患，使舜入山林，相視原隰，雷雨大至，眾懼失常，而舜不迷，其度量有絕人者，而天地鬼神亦或有以相之歟？〔註52〕

堯欲禪舜位，必定多方試鍊，故蘇軾不採過度迂曲的說法，而認爲這是堯對舜的考驗之一。蘇軾之說明白簡易，且符合文理及事理，故朱子修訂〈舜典〉

〔註50〕 蘇軾：《書傳》，卷16，頁10下～11上／636。
〔註51〕 阮元校勘：《尚書正義》，卷3，頁2下／264。
〔註52〕 蘇軾：《書傳》，卷2，頁2下～3上／492。

即引蘇軾之說作為此段註解。又如蘇軾往往能看出經文文意上的缺陷，從而判斷可能有錯簡的問題，如〈舜典〉載：「夔曰：『於！予擊石拊石，百獸率舞。』」蘇軾認為此段有問題：

> 此舜命九官之際也，無緣夔於此獨稱其功，此〈益稷〉之文也。簡編脫誤，復見於此。〔註53〕

相同文句亦見於〈益稷〉之文，而蘇軾以為就當時的語境來看，夔之言語乃自誇行為，蘇軾認為不可能是對舜之應答，故認定此乃錯簡，而朱子亦認同蘇軾之說。

四、程頤

程頤學術著述，以《易傳》為主，其餘經論俱見《程氏經說》，其中《書解》一卷，所論僅《書序》、〈堯典〉及〈舜典〉部分，另有更定次序而無說之〈改正武成〉。程頤雖無專門解《書》之作，但在以義理說《書》方面卻有重大突破。程頤曰：「看《書》，須要見二帝、三王之道。」〔註54〕實際作法便是要察識聖人之用心，這對朱子要求讀《尚書》「不若求聖人之心」當有直接影響。三代聖人俱為程朱尊崇的形象，而在程頤的刻畫下，聖人成為人化的天理典範，程頤釋〈堯典〉「允恭克讓，光被四表，格于上下」便云：

> 聖人至公無我，故雖功高天下而不自有，無所累於心。一介存於心，乃私心也，則有矜滿之氣矣。……聖人之公心，如天地之造化，生養萬物，而孰尸其功？故應物而允于彼，復何存於此也？故不害欽慎之神能，亦由乎理而已，故無居有之私。天下見其至當而恭，能高而讓，所以中心悅而誠服之也，蓋一出於公誠而已。〔註55〕

聖人毫無私心，純是義理，因此表現在行事上必定是至公至正。而《尚書》乃載三代之事，是聖人之實際行跡，故程頤對這些聖人的言語行事皆悉心維護，如程頤論堯欲禪舜，卻先詢於四岳之舉曰：

> 四岳，堯之輔臣，固賢者也。堯將禪帝位，固宜先四岳，不能當，復使之明在下之能當者，宜其得聖人也。後世多疑以為岳可授，則盍授之？不可授，則何命之也？夫將以天下之公器授人，堯其宜獨為之乎？故先命之大臣百官，以至天下，有聖過於己者，必見推矣。

〔註53〕　蘇軾：《書傳》，卷2，頁15下～16上／498～499。
〔註54〕　王孝魚點校：《二程集・河南程氏遺書》，卷24，頁312。
〔註55〕　王孝魚點校：《二程集・河南程氏經說》，卷2，頁1034～1035。

遞相推讓，卒當得最賢者矣。事之次序，理自當然。〔註56〕

據〈堯典〉所載，堯在禪讓帝位時，曾先詢問過四岳的意願，四岳婉拒並推舉舜。歷來儒者對堯這一舉動爭議頗多，如夏僎《尙書詳解》便曾記此舉有可能導致的質疑：「聖人之作事，直己而行，無事私曲，使其果欲禪舜，則直禪舜矣，又何必先以禮讓四岳而爲此不情之舉乎？」〔註57〕對於堯先詢四岳再及舜的程序，程頤則認爲這本是事理之常，言下之意，認爲聖人之心必不作任何詭情之舉，欲以天下禪人，本就該先詢問近側之臣，然後再詢及足堪其任者，故這樣的詢問次序，何足怪哉！程頤如此直截的說法，頗能切合實情，林之奇便採納其說，並稱其「足以補先儒之失」〔註58〕。

舜繼堯位之後，首要之舉便是誅四凶，然這也引發後人議論。四凶皆堯之舊臣，何以堯不知其惡，而舜則能明其奸？孫復（992～1057）〈堯權議〉以爲堯是故留凶惡，好讓舜藉由誅四凶而固其位，〔註59〕但這樣的說法實在太過曲折。程頤則認爲堯時四凶善惡未顯，故不得藉口誅之，舜時惡行已著，故誅之，全是應乎天理，順乎人心，並未有任何矯情或行權之舉，故程頤便由聖人之心評論舜云：

> 如舜之誅四凶，怒在四凶，舜何與焉？蓋因是人有可怒之事而怒之，聖人之心本無怒也。譬如明鏡，好物來時便見是好，惡物來時便見是惡，鏡何嘗有好惡也！世之人固有怒於室而色於市。且如怒一人，對那人說話，能無怒色否？有能怒一人而不怒別人者，能忍得如此，已是煞知理義。若聖人，因物而未嘗有怒，此莫是甚難。君子役物，小人役於物。今人見有可喜可怒之事，自家著一分陪奉他，此亦勞矣。聖人心如止水。〔註60〕

聖人之心如止水，但非無情意，當怒則怒，且不遷怒，而四凶確有可怒之事，故舜誅之，但怒止於四凶之身，舜自己實無任何好惡也。藉由程頤的刻畫，堯舜等聖人成爲一奉行天理的典範，並無任何刻意造作之舉，一切順乎理，蔣秋華即認爲程頤這種義理經解態度是將事理與道德混而爲一，其云：

〔註56〕 王孝魚點校：《二程集‧河南程氏經說》，卷2，頁1038。

〔註57〕 〔宋〕夏僎：《夏氏尚書詳解》，收入《景印文淵閣四庫全書》第56冊，卷1，頁37下～38上／424。

〔註58〕 林之奇：《尚書全解》，卷1，頁317。

〔註59〕 〔宋〕孫復：《孫明復小集》，收入《景印文淵閣四庫全書》第1090冊，頁1上～2下／158～159。

〔註60〕 王孝魚點校：《二程集‧河南程氏經說》，卷18，頁210～211。

所謂義理，實有事理與道德之別，事理爲史事之成敗因果，其間眞
僞，可據事而證驗，而與價值判斷無涉；道德爲後人論事所持之理
念，隨時隨人而異，故所有之評價，未免歸一。二程混事理與道德
爲一，甚且以道德爲主，作爲橫量之矩繩，故難免操之太過，致有
昧於事理之論。後人若別持一品評之準的，同論一事，自有相左處，
遂啓駁議。〔註61〕。

程頤以義理解釋聖人之跡，雖有混事理與義理的傾向，甚至只以義理爲主要
考量，但在某些必要狀況，程頤並不認爲聖人會不知變通的死守義理，如論
「湯升自陑」的用兵之策時便云：

用兵須要勝，不成要敗？既要勝，須求所以勝之之道。但湯、武之
兵，自不煩如此，「罔有敵于我師」，自可見。然湯亦嘗升自陑，陑
亦閒道。且如兩軍相向，必擇地可攻處攻之，右實則攻左，左實則
攻右，不成道我不用計也？且如漢、楚既約分鴻溝，乃復還襲之，
此則不可。如韓信囊沙壅水之類，何害？他師眾非我敵，決水使他
一半不得渡，自合如此，有甚不得處？〔註62〕

前引劉敞曾論湯升自陑乃「言桀雖據險，亦不能拒湯，所謂地利不如人和」，
劉敞認爲陑乃桀所恃之險，但湯純爲聖人之心，不爲詭謀之舉，故與他硬碰
硬，然而所以能輕易取勝者，乃因人和之故。程頤則反對這種論點，聖人之
心雖至公無私，但亦非全不變通，他認爲用兵本就是要取勝，敵方若左軍實
力較強，則應避其鋒而攻右軍，若全不用計，將如宋襄公臨陣大講仁義，落
得重傷而卒的下場，程頤便譏曰：「此愚也。既與他戰，又卻不鼓不成列，必
待成列，圖箇甚？」〔註63〕然而若違反義理而求勝，如漢高祖背信追擊項羽，
則聖人必不爲之。

程頤以義理解《書》的特質除表現在闡述古代聖王的義理形象外，他對
〈大禹謨〉「人心惟危，道心惟微，惟精惟一，允執厥中」的解釋，亦影響理
學甚深。二程以人欲、天理區分人心、道心：「人心，人欲；道心，天理。」
〔註64〕蔣秋華認爲這是「二子之創見」〔註65〕，程頤云：

〔註61〕蔣秋華：《二程詩書義理求》，頁221。
〔註62〕王孝魚點校：《二程集‧河南程氏遺書》，卷18，頁217。
〔註63〕王孝魚點校：《二程集‧河南程氏遺書》，卷18，頁217。
〔註64〕王孝魚點校：《二程集‧河南程氏外書》，卷2，頁365。
〔註65〕蔣秋華：《二程詩書義理求》，頁226。

「人心」，私欲也；「道心」，正心也。「危」言不安，「微」言精微，
惟其如此，所以要精一。「惟精惟一」者，專要精一之也。精之一之，
始能「允執厥中」。中是極至處。〔註66〕

人心、道心之說，前儒並未從理欲善惡論的觀點闡述，《孔傳》僅云：「危則
難安，微則難明。」〔註67〕《正義》則曰：「民心惟甚危險，道心惟甚幽微，
危則難安，微則難明。」〔註68〕視人心爲民心，即喜怒哀樂之情。認爲對民
心若未加以疏導，則有流於危險難安之弊。而道心當亦即指人民百姓向善之
心，但難以使之顯明，則是從政治教化的角度強調道心的作用。而程頤雖吸
收這種說法，但從更爲根本的心性觀點論述人心、道心之關係，並以人心爲
私欲，道心爲天理，他又云：

心，道之所在；微，道之體也。心與道，渾然一也。對放其良心者
言之，則謂之道心；放其良心則危矣。「惟精惟一」，所以行道也。
〔註69〕

心是道之所在，這是天賦性理於人心的心性理論觀點，朱子亦認同程頤之說：

程子曰：「人心人欲，故危殆；道心天理，故精微。惟精以致之，惟
一以守之，如此方能執中。」此言盡之矣。（《語類》，卷78，頁2014）

但程頤尚未明確說明何以性理既賦於人心，卻又會有私欲的產生，此則需待
朱子補充才使人心、道心建立更完整的體系。

朱子雖推崇程頤，但對於程頤解經過度講求義理則不表認同，《語類》載：
「『允恭克讓』，程先生說得義理亦好，只恐《書》意不如此。」（《語類》，卷
78，頁 1989）朱子眼光較爲實際，他既不喜過度穿鑿說經，亦不喜過分深求
義理，他認爲有時雖將義理說得好，但恐已非本文之意。如朱子論《書序》
載孔子何以刪除三皇五帝之書時，曾引程頤之說云：

程氏曰：「所謂大道，若性與天道之說，聖人豈得而去之哉？若言陰
陽、四時、七政、五行之道，亦必至要之理，非如後世之繁衍末術
也，固亦常道，聖人所以不去也。或者所謂羲、農之書，乃後人稱
述當時之事，失其義理，如許行爲神農之言，及陰陽權變醫方稱黃
帝之說耳。此聖人所以去之也。《五典》既皆常道，又去其三，蓋上

〔註66〕 王孝魚點校：《二程集・河南程氏遺書》，卷 19，頁 257。
〔註67〕 阮元校勘：《尚書正義》，卷 4，頁 8 下～9 上／285～286。
〔註68〕 阮元校勘：《尚書正義》，卷 4，頁 9 下／286。
〔註69〕 王孝魚點校：《二程集・河南程氏遺書》，卷 21 下，頁 276。

古雖已有文字，而制立法度，爲治有迹，得以紀載，有史官以識其
事，自堯始耳。」（《文集》，卷65，頁3249）

程頤據《書序》所言，推測孔子刪《書》之因，他認爲堯舜之前的聖典蓋爲後
人追述，且失其義理，而堯舜之時，始有史官以識其事，故孔子由此刪去所謂
《三墳》、《五典》。而朱子雖引程頤之言，但他卻不信《書序》之說，認爲孔子
不可能刪去這些聖典，「或其簡編脫落，不可通曉；或是孔子所見，上自唐、虞，
以下不可知耳。」（《文集》，卷65，頁3249～3250）顯對程頤過度推測未表認
可。不過朱子對程頤之說亦頗有取之者，如朱子注〈舜典〉「敷奏以言，明試以
功，車服以庸」便引程頤之說云：「敷奏以言者，使各陳其爲治之說。言之善，
則明考其功，有功則賜車服，以旌其功也；其言不善，則亦有以告飭之也。」
（《文集》，卷65，頁3268）程頤之說較《孔傳》、《正義》更爲明確，故朱子取
之。程頤說經或有深求義理之弊，但這種風氣影響後學甚巨，蔡師根祥即曰：

伊川先生繼濂溪、安定之後，開洛學之宗，起義理之學，上契聖賢，
下悅吾心，於北宋義理五子之中，最重經學，勸人讀經，爲入道之
康莊，其說經雖重在《易》，然其言說解義，遍及諸經，實廣以義理
說經之路也。復彼以洛學宗師之尊，其後學生徒，無不受其影響而
以義理解經，復依經以說義理也。〔註70〕

程頤之學後來既成大宗，後學門徒無不受其影響，可見程頤對推動宋代以義
理說經風氣的形成有相當重要的影響。

五、楊時

楊時著《書義辨疑》一書，專門針對《尚書新義》而發，《郡齋讀書志》
云：「其書專攻王雱之失。」〔註71〕楊時以闢王安石學術爲職志，惜其書已佚，
無由見其內容。而《龜山集》中則存有四篇論《書》之文，乃經筵講義，由
此亦可略見其《尚書》思想。

〈經筵講義〉既爲進講帝王而作，故所論亦多圍繞在要求君主的立場而
言，如論「吉人爲善」云：

舜爲法於天下，可傳於後世；孔子於禹無間然。人君所當法者，舜、
禹而已。夫世之亂亡之君，非盡無欲善之心，而天下卒至於不治者，
以其見善不明而所謂善者未必善故也。古之欲明明德於天下者，必

〔註70〕　蔡師根祥：《宋代尚書學案》，上冊，頁161。
〔註71〕　晁公武：《郡齋讀書志》，卷1上，頁15上。

先於致知，致知所以明善也。欲致其知，非學不能，故傅說之告其

君曰：「念終始典于學」以此。〔註72〕

強調人君須以舜、禹爲法，這是儒者對三代聖王崇拜觀念的基本反映，至於在實際作爲上該如何效法聖王，楊時則以《大學》脈絡提示君主修德明善所應注意的進程，強調學的重要性，由學以致知，而明德，如此則天下當治。另外，楊時亦主張君王必須任用老成人，論「播棄犁老」一節指出君王若親近小人，遠離賢者的後果云：

夫下之化上，猶影之隨形也。播棄犁老，昵比罪人，故臣下化而爲朋；淫湎肆虐，故臣下化而相滅，上下相比爲惡，則無辜陷刑者，

無所赴愬，籲天而已。〔註73〕

人是爲萬物之靈，而君王又爲其中之聰明者，故能作元后。而以君王作元后之目的，主要在於子養人民，而上天則依此以定其命祚，「惟天惠民」一節云：「夏王弗克若天，流毒下國，則自絕于天矣，天所以祐命成湯，降黜夏命也。」〔註74〕楊時這些思想主要是站在勸諷帝王的角度所提出來的，在這些理學家的意識中，未必眞有天命論的思想。

從楊時這些言論可略其見《尙書》思想，惜其書全佚，朱子現存說《書》資料也未見引用者，難以見出受其影響處。然要之，以反對王安石經說爲楊時撰作主要目的。而朱子之所以以楊時爲參考者，蓋因其爲理學大師，當有許多義理見解可取。

六、晁說之

晁說之（1059～1129），字以道，一字伯以，巨野人，或說檀州人。生於宋仁宗嘉祐四年，卒於高宗建炎三年，年七十一。因慕司馬光爲人，遂號景迁生。元豐五年，進士及第，時朝廷設十科舉士，說之以第七科「文章典麗，可備著述」科荐舉。元符三年，知無極縣，應詔上言祇德、法祖宗、辨國疑、歸利於民、復民之職、不用兵、士得自致於學、廣言路、貴多士、無欲速無好名等十事，〔註75〕指斥王安石新政之非。後知成州，與轉運使衝突，遂致

〔註72〕 楊時：《龜山集》，卷5，頁1下／137。

〔註73〕 楊時：《龜山集》，卷5，頁2上／137。

〔註74〕 楊時：《龜山集》，卷5，頁2下／137。

〔註75〕 〔宋〕晁說之：《景迁生集》，收入《景印文淵閣四庫全書》第1118冊，卷1，頁3上／3。

仕。欽宗時，召至京，力諫欽宗不可棄汴京出狩。晁說之守司馬光疑孟之說，
力請去孟子於講筵，學士譁然。《語類》有記：

> 晁以道在經筵講《論語》畢，合當解《孟子》，他說要莫講。高宗問
> 他如何。曰：「孟子與孔子之道不同，孔子尊王，孟子却教諸侯行王
> 道。」由此遭論去國。（《語類》，卷119，頁2867）

朱子此記語意不清，從其內容來看，晁說之似乎乃於高宗時講論經筵主張廢
除《孟子》，但《宋史》〈胡舜陟傳〉則載上奏內容云：

> 向者晁說之乞皇太子講《孝經》，讀《論語》，間日讀《爾雅》，而廢
> 《孟子》。夫孔子之後深知聖人之道者，孟子而已。願詔東宮官遵舊
> 制，先讀《論語》，次讀《孟子》。〔註76〕

胡舜陟（1083～1143）此奏乃上欽宗，故晁說之廢講《孟子》應是欽宗在位時
的主張。但爲何卻是高宗問之？《欽定四庫全書總目》有云：「建炎初，擢徽
猷閣待制。高宗惡其作書非孟子，勒令致仕。」〔註77〕晁說之廢講《孟子》
的主張曾行於欽宗之時，但高宗繼位後，惡其論，遂令致仕。不過晁說之所
以排斥《孟子》，可能是因爲王安石尊崇孟子的關係，他亦曾奏請不應將王安
石配享神宗及孔子，因此晁說之對孟子的態度有可能是激於意氣所致。晚年
頗信佛學，日誦《法華經》，呂祖謙謂「其學固雜，然質厚而少穿鑿，可取者
固多也。」〔註78〕宋室南渡後，高宗有意再度召赴行在，病甚，卒於舟中。

　　晁說之博極群書，然其說頗雜，不專一師，尤精《易傳》，並承張載之
說，強調聞見之知非德性之知。晁說之著述甚多，凡三十二種，《易》、《詩》、
《書》、《春秋》、《中庸》、《論語》、《孝經》、曆譜皆有之，然多已亡佚。解
《書》之作原有《書晁氏傳》、《書論》兩種，爲兵燹所毀，無法見其《尚書》
學思想全貌。今所存著述有《儒言》一卷、《晁氏客語》一卷及《景迂生集》
二十卷。

　　晁說之精於〈堯典〉及〈洪範〉之學。其論〈堯典〉多就星象之術糾正，
《經義考》有著錄曰〈堯典星日歲考〉，由名可想其內容。其於〈洪範〉，本
撰有《洪範傳》一書，因戰亂散佚，後因故舊門人筆記而作〈洪範小傳〉，今
存於《景迂生集》中，雖篇幅頗短，亦可見其特色，如論〈洪範〉第五疇「皇

〔註76〕　脫脫等：《宋史》，卷378，頁10上／4601。
〔註77〕　紀昀等：《欽定四庫全書總目》，卷92，頁13下～14上／1825。
〔註78〕　呂祖謙：《東萊集》，別集卷16，頁11下／355。

極」云：「言人君人臣所以作極之術如此也。人君之極，極於上帝；庶民之極，極於吾君也。」〔註79〕雖然晁說之未申述其所論「極」為何意？但就其文脈來看，已不同於《孔傳》以極為中之解，頗帶有朱子「至極」、「標準」之意。

晁氏《尚書》學著述不傳，今可見者多為零散資料，如其論撰作《書傳》之原因云：

> 召公之不說，類乎無上；〔註80〕太甲以不順伊尹之政而放；羣叔纔有流言而誅；啓行孥戮之刑，以誓不用命；盤庚行劓殄之刑以遷國；周人飲酒而死；魯人不禎幹而屋誅；敢於殄戮而刑足以服人心。股肱不喜而有刑以俟之；先時不及時而殺無赦，為政事之典。民或可咈之，言或可伏之；太史、內史以為君之友，而威不可訛，老不足敬，禍不足畏，凶德不足忌，其政之苛，致於屬婦，紛不可概，予竊懼焉。於是稽考古文，錯綜殘編，博於訓詁，謹諸時而明其本，為之作傳。〔註81〕

從此段文字可以見出，晁說之對《尚書》所載內容頗多質疑，其對象包括《書序》及經文內容，但主要是集中於對事件之不合理處而發，因此他所採取的方法是博於訓詁，並詳細考察時世，依其言，蓋認為《尚書》大意由於錯簡、訓詁不確及時世未明等諸多原因而造成對內容的誤解，故其又曰：

> 安國分〈堯典〉為〈舜典〉，分〈皋陶謨〉為〈益稷〉，以〈立政〉先乎〈周官〉，〈無逸〉後乎〈多士〉，謂〈旅獒〉為武之史，其失著矣，曾未之省也。〈高宗肜日〉、〈盤庚〉、〈微子〉非全經，〈洛誥〉之史敘存於〈康誥〉，而召公之年見於〈洛誥〉，泯亂隱晦，尚復有省之者矣？〔註82〕

由此可見，晁說之蓋深覺《尚書》屢訛錯亂，已難再復見其實，故對當時強作《書》解者亦有不滿之批評：「有幽都而曰明都，既命哲則命愚，於成周說

〔註79〕 晁說之：《景迁生集》，卷11，頁26下／219。
〔註80〕 洪邁《容齋三筆》〈晁景迁經說〉論晁說之《尚書》說於此句之上尚有他文，其云：「其論《書》曰：「予於〈堯典〉見天文矣，而言四時者不知中星。〈禹貢〉敷土治水，而言九州者不知經水。〈洪範〉性命之原，而言九疇者不知數。舜於四凶，以堯庭之舊而流放竄殛之。穆王將善其祥刑，而先醜其耄荒。湯之伐桀，出不意而奪農時。文王受命為僭王。」見〔宋〕洪邁：《容齋隨筆·三筆》，（上海：上海古籍出版社，1998年3月），頁420。
〔註81〕 晁說之：《景迁生集》，卷17，頁2上～2下／322。
〔註82〕 晁說之：《景迁生集》，卷17，頁13上～13下／327。

洛邑事,雖曰窮經,而類侮聖人之言者。」〔註83〕可見晁說之雖質疑甚多,但其重點並非在於疑古,依舊是採取儒者維護聖人之觀點而說《書》。

朱子今存說《書》資料引用晁說之者不多,論〈禹貢〉略引「晁以道謂九江在湖口,謂有九江來此合。」(《語類》,卷 79,頁 2027)然朱子不表認同,謂「今以大江數之,則無許多。小數之,則又甚多。」(《語類》,卷 79,頁 2027)又朱子論〈金縢〉云:

> 「若爾三王是有丕子之責於天,以旦代某之身。」此一段,先儒都解錯了,只有晁以道說得好。他解「丕子之責」如史傳中「責其侍子」之「責」。蓋云上帝責三王之侍子。侍子,指武王也。上帝責其來服事左右,故周公乞代其死云:「以旦代某之身。」言三王若有侍子之責於天,則不如以我代之。(《語類》,卷 3,頁 48)

《正義》解「丕子之責」為「若爾三王,是有太子之責於天,謂負天太子責。」〔註84〕說頗迂曲,朱子則認同晁說之以「責其侍子」之責解丕子之責,意謂上帝要求武王前來服事。

七、葉夢得

葉夢得(1077～1148),字少蘊,蘇州吳縣人。生於北宋神宗熙寧十年,卒於高宗紹興十八年,年七十二。嗜書早成,多識前言往行,談論亹亹不窮。紹聖四年進士,徽宗時官翰林學士,並與蔡京(1047～1126)交往密切。高宗時授戶部尚書,遷尚書左丞,後曾歷知建康、福州,致力於抗金防備及軍餉勤務。晚年隱居於湖州卞山石林谷,自號石林居士,藏書數萬卷,以讀書吟咏自樂。葉夢得善於詩詞文學,毛晉(1599～1659)為《石林詞》作跋評其詞曰:「與蘇、柳並傳,綽有林下風,不作柔語殢人,真詞家逸品也。」〔註85〕翁方綱(1733～1818)則評其詩曰:「深厚清雋,不失元祐諸賢矩矱。」〔註86〕葉夢得今存著述有《春秋三傳讞》二十二卷、《葉氏春秋傳》三十卷、《春秋考》十六卷、《建康集》八卷,另有《石林燕語》、《避暑錄話》、《巖下放言》等。葉夢得曾撰有《葉氏書傳》,陳振孫《直齋書錄解題》錄為《石林書傳》十卷,但《文獻通考》

〔註83〕 晁說之:《景迂生集》,卷 17,頁 3 下╱322。
〔註84〕 阮元校勘:《尚書正義》,卷 13,頁 8 下╱416。
〔註85〕 〔宋〕葉夢得:《石林詞》,影印宣統辛亥仲秋葉氏觀古堂刊本,跋,頁 1 上。
〔註86〕 〔清〕翁方綱:《石洲詩話》(北京:人民文學出版社,1981 年 1 月,與〔清〕趙執信:《談龍錄》合刊本),卷 4,頁 125。

則錄爲二十卷,《授經圖義例》則錄爲十一卷。不過《文獻通考》引有葉氏自序,言爲書二十卷,則二十卷者當爲確數。

《石林書傳》已佚,無由見其《尚書》思想體系,《文獻通考》引其自序云:

> 自世尚經術,博士業書者十常三四,然第守一說,莫能自致其思,余竊悲之。因參總數家,推原帝王之治,論其世,察其人,以質其所言,更相研究,折衷其是非,頗自紀輯爲書二十卷,十二萬有餘言。〔註87〕

由序言可見葉夢得不滿於專守一家說《書》之法,遂參考眾家,《中興藝文傳》亦云:「其爲書頗採諸家之說,而折衷其是非。」葉夢得解《書》重點在於推原帝王之治,並用《孟子》知人論世之法,考察《尚書》相關是非原委,然《尚書》所錄人世多難考其實,不知葉夢得如何論世察人?陳振孫則評曰:「少蘊博極群書,強記絕人,《書》與《春秋》之學視諸儒爲最精。」〔註88〕對其《石林書傳》稱許有加。

《石林書傳》雖已不存,但朱子引用其文句次數甚多,如《書稿》改本有引其說云:

> 括蒼葉夢得曰:「《尚書》文皆奇澀,非作文者故欲如此,蓋當時語自爾也。」(《文集》,卷65,頁3252～3253)

葉夢得的說法較爲籠統,朱子則補充云:

> 今按,此說是也。大抵《書》文〈訓〉、〈誥〉多奇澀,而〈誓〉、〈命〉多平易,蓋〈訓〉、〈誥〉皆是記錄當時號令於眾之本語,故其間多有方言及古語。在當時則人所共曉,而於今世反爲難知;〈誓〉、〈命〉則是當時史官所撰,隳括潤色,粗有體製,故在今日亦不難曉耳。(《文集》,卷65,頁3253)

朱子認同葉夢得以《尚書》乃記當時口語,故致奇澀的說法,而又補充此應指〈訓〉、〈誥〉之文。又如朱子注〈召誥〉「太保乃以庶邦冢君出取幣,乃復入,錫周公」引葉夢得之言曰:

> 《禮》:「諸侯朝于廟,既畢出,復束帛加璧入享,謂之幣。」既致于王,復奉束帛以請覿,大夫之私相見也,亦謂之「幣」,君臣不同

〔註87〕 馬端臨:《文獻通考》,卷177,頁27下。
〔註88〕 朱彝尊:《經義考》,卷79,頁440。

時，今旅王及公，非常禮也。(《文集》，卷65，頁3289～3290)

〈召誥〉中未見周成王，《孔傳》以爲成王無事故略之，但朱子不認同，他舉陳鵬飛《書解》以爲成王在鎬，周公在洛，之所以陳於周公者，因周公攝行王事之故也。並引葉夢得之說補充此非常禮之制度。

〈洛誥〉之文頗有不可解之處，朱子論「周公曰：王肇稱殷禮，祀于新邑」一段時云：「自此以下，漸不可曉，蓋不知是何時所言。」(《文集》，卷65，頁3295)朱子雖以爲不可曉，但又舉葉夢得之言曰：

> 葉氏以爲王得卜而至洛，既祭復歸鎬，因留周公居守，而周公有此言，皆不可考。然葉氏說後數章貫穿，今從之。(《文集》，卷65，頁3295～3296)

朱子認爲葉夢得之說可貫穿後面數章，遂從其說。

八、吳棫

吳棫，字才老，建安人。約生於徽宗元符三年，卒於高宗紹興二十四年。徽宗宣和六年進士及第，召試館職，不就。高宗時除太常丞，忤秦檜（1090～1155），出爲泉州通判。吳棫精音韻及訓詁之學，分古韻爲九部，著《韻補》五卷，爲古音研究先鋒，朱子《詩集傳》叶音頗有取自吳棫之說。吳棫著有《論語續解》十卷、《說例》一卷，於《尚書》則有《書裨傳》十三卷，提出《尚書》今古文文體存在異差的現象，故閻若璩（1636～1704）認爲疑《古文尚書》者始自吳棫。《尚書古文疏證》第一百十三條引吳棫之言曰：

> 伏生傳於既耄之時，而安國爲隸古，又特定其所可知者，而一篇之中，一簡之內，其不可知者蓋不無矣。乃欲以是盡求作《書》之本意，與夫本末先後之義，其亦可謂難矣。而安國所增多之《書》，今書目具在，皆文從字順，非若伏生之《書》，屈曲聱牙，至有不可讀者。夫四代之《書》，作者不一，乃至二人之手而遂定爲二體乎？其亦難言矣。〔註89〕

吳棫指出四代之《書》，作者非一，卻在伏生及孔安國手中分爲兩種體裁，這是相當奇怪的現象。吳棫的說法對於朱子區別今文難、古文易的說法，頗有啓發。

〔註89〕　〔清〕閻若璩：《尚書古文疏證》(上海：上海古籍出版社，1987年12月，影印乾隆十年眷西堂刻本)，卷8，頁1上～1下／1113～1114。

　　吳棫《書裨傳》已佚，朱子〈答或人〉第四通曾云：「聞新安有吳材老《裨傳》，頗有發明，卻未曾見。」（《文集》，卷 64，頁 3232）朱子始雖未見其書，但後來亦得之，如〈答呂伯恭〉第三十通云：

　　　　近看吳才老說〈胤征〉、〈康誥〉、〈梓材〉等篇，辨證極好，但已看破《小序》之失而不敢勇決，復爲序文所牽，亦殊覺費力耳。（《文集》，卷 34，頁 1363）

朱子由期待得其書，到後來論吳棫破《小序》不夠勇決，一般學者遂因此認爲朱子疑《小序》乃受吳棫影響，然事實上恐未必然。〈答呂伯恭〉第三十通作於淳熙七年（1180），則朱子至遲於五十歲得吳棫《書裨傳》閱讀。但〈答或人〉第四通仍未見到《裨傳》，當可視爲朱子受吳棫影響的下限，只是〈答或人〉並無詳細資料可以確認繫年，但其中有云：「《大學》等書，近復刊訂，體製比舊亦已不同。恨未有人可錄寄耳。」（《文集》，卷 64，頁 3232）關於朱子在五十歲前考訂《大學》等書的情況，束景南曾云：「大抵朱熹於乾道八年初定《大學》、《中庸》經傳章次，經與張栻討論，至淳熙元年遂正式編定《大學》、《中庸》新本，印刻於建陽。」〔註 90〕這是朱子正式刊刻《大學》等書，時間爲淳熙元年，朱子四十五歲時。此次編定重點是刊訂經文的部分，並非《章句》內容。然問題是〈答或人〉第四通說「恨未有人可錄寄耳」，表示朱子鑒於無人抄錄，故無法寄送，但〈答呂伯恭〉第三十三通云：「《大學》、《中庸》墨刻各二本。……并以伴書，幸留之。」（《文集》，卷 33，頁 1311）又顯示朱子有此次的刻印本可送予呂祖謙，那麼對照〈答或人〉第四通未有人錄寄的說法便不相合，故〈答或人〉第四通應非此年所作。而除此次刻印外，朱子又於淳熙四年（1177）序定《四書章句集注》等相關書籍，這是所謂的丁酉本，那麼〈答或人〉第四通若非淳熙二年所作，便當以此年爲是，且觀〈答呂伯恭〉言「近看」，則當淳熙四年以後得書較爲可靠。然朱子疑《小序》言論在此之前已略有論及，朱子與陳淳通信時，陳淳曾以《大學或問》之疑提問，其云：「『作新民』，是成王封康叔之語，而《或問》中曰『武王』何也？」（《文集》，卷 57，頁 2769）陳淳依據《小序》所載成王以殷餘民封康叔，遂認爲此乃成王封康叔之誥文，但《大學或問》卻載此爲武王封康叔，其辭曰：

　　　　〈康誥〉之言「作新民」，何也？曰：武王之封康叔也，以商之餘民，

―――――――――――
〔註 90〕　束景南：《朱熹年譜長編》，頁 512。

染紂汙俗而失其本心也，故作〈康誥〉之書而告之以此。〔註91〕

對此，朱子則答云：

> 此《書序》之誤，五峯先生嘗言之，舊有一段辨此，後以非所急而
> 去之。但看此與〈酒誥〉兩篇，只說文王，而不及武王，又曰：「朕
> 其弟，小子封。」又曰：「乃寡兄勗。」則可見矣。（《文集》，卷 57，
> 頁 2769）

這封信作於光宗紹熙二年（1191），此時朱子對《書序》的疑辨思想已趨成熟，但問題在於《大學或問》已直接否定《小序》之說，朱子並自言曾有一段考證文字論此，惜其已刪去。但《大學或問》成於淳熙四年，文字的撰成當更早一些，而朱子是在淳熙四年之後，才有可能得到吳棫《書裨傳》，那麼就時間點來看，朱子疑《小序》的思想並非受吳棫影響，反而應該說是受胡宏所啓發，胡宏《皇王大紀論》〈載書之敍〉云：

> 〈康誥〉序曰：「成王既伐管叔、蔡叔，以殷餘民封康叔。」謹按：
> 康叔者，成王之叔父也，不應稱之曰「朕其弟」。成王者，康叔之猶
> 子也，不應稱曰「乃寡兄」。其曰「兄」曰「弟」者，蓋武王命康叔
> 之辭也。〔註92〕

因此朱子疑《書序》的思想並不可視爲全受吳棫啓發者，相反，他對《小序》的質疑應已有相當定見，因此在閱讀吳棫對〈胤征〉、〈康誥〉等序的質疑時，既贊其看破《小序》之失，卻又怪其不夠勇決，則朱子當時應早已確認對《小序》之疑。

《語類》云：「才老於考究上極有功夫，只是義理上自是看得有不子細。其《書解》，徽州刻之。」（《語類》，卷 78，頁 1988）朱子對吳棫考證功夫頗爲推崇，卻以義理不足爲嫌，甚至有懼學者喜其新奇而受害者，〈答張欽夫〉云：

> 昨所惠吳才老諸書，近方得暇一觀。始謂不過淺陋無取，未必能壞
> 人心術如張子韶之甚。今乃不然。蓋其設意，專以世俗猜狹怨懟之
> 心窺聖人，學者苟以其新奇而悅之，其害亦有不勝言者。（《文集》，
> 卷 24，頁 928）

〔註91〕朱熹：《朱子全書・大學或問》，頁 518。
〔註92〕〔宋〕胡宏：《胡宏集・皇王大紀論》（北京：中華書局，2009 年 2 月），頁
　　　　262。

此書作於 1169 年，是時朱子尚未取得《書裨傳》，故張栻所予吳棫諸書並不包含《書裨傳》，然新奇是吳棫著述的共同特色，可見朱子並不甚喜吳棫之說，但又建議貢舉可取之作爲參考，基本上應是傾向於認同他的考證工夫以及批判《書序》的精神。如《語類》載：

> 道夫問：「吳氏《裨傳》謂《書序》是後人傅會，不足信。」曰：「亦不必《序》，只《經》文謂『祖伊恐，奔告于王曰：天子，天既訖我殷命！』則是已交手爭競了。紂固無道，然亦是武王事勢不相安，住不得了。仲虺告成湯曰：『肇我邦于有夏，若苗之有莠，若粟之有秕，小大戰戰，罔不懼于非辜。』則仲虺分明言事勢不容住，我不誅彼，則彼將圖我矣。後人多曲爲之說以諱之。要之，自是避不得。」
>
> （《語類》，卷 25，頁 636～637）

朱子藉由吳棫批判《書序》，亦引發其對經文內容的重新省思，雖然吳棫的說法仍不夠明確，但經由朱子的闡述，亦在《尚書》史上占有相當重要的開創地位。

九、林之奇

　　林之奇，字少穎，號拙齋，福州侯官人。生於北宋徽宗政和二年，卒於孝宗淳熙三年，年六十五。林之奇曾從呂本中學。呂本中曾從楊時、游酢、尹焞游，親承理學，故對林之奇思想有重大影響。紹興二十一年甫進士及第，時年已四十。後調蒲田簿，改長汀尉，遷校書郎。時朝廷欲學者參用王安石《三經新義》，林之奇上言王氏三經如清談家不務實際，危害之大，深於桀紂，且必須爲靖康之禍負起端倪之責。又當時南宋政府面對金人強大壓力，多主張屈辱求和，林之奇則上書當路：

> 久和畏戰，人之常情，故必以和爲重。敵知吾重於和，故常以虛聲喝我，而示我以欲戰之意，非果欲戰，所以堅吾和也，欲與之和，宜無憚於戰，以戰而和，其權在我。〔註93〕

主張能戰然後能和，是南宋政權中積極主戰派分子。紹興二十九年，林之奇以痺疾請求外放，後遭落職返鄉，以宗祠爲家居而終。

　　林之奇撰有《尚書全解》、《春秋論》、《尚書論》、《孟子講義》、《論語注》、

〔註93〕　〔宋〕林之奇：《拙齋文集》〈附錄・行實〉，《景印文淵閣四庫全書》第 1140 冊，頁 3 上～3 下／536。

《揚子集義》、《道山義聞》、《拙齋文集》二十卷等，今唯《尚書全解》及《拙齋文集》行世。關於《尚書全解》，《宋史》〈藝文志〉載作林之奇《集解》五十八卷，不名《全解》。然今本僅四十卷，乃其孫林畊所訂，其序云：

> 先拙齋《書》解今傳於世者，自〈洛誥〉以後，皆訛，蓋是書初成，門人東萊呂祖謙伯恭取其全本以歸，諸生傳錄，十無二三，書坊急於鋟梓，不復參訂，訛以傳訛，非一日矣。〔註94〕

朱子曾謂林之奇書解自〈洛誥〉以下非其所作，而呂祖謙亦自〈洛誥〉以下作解，有續作之意，則林之奇蓋只注於〈洛誥〉而止，然林畊所訂之本，全書皆有解，那麼自〈洛誥〉之後究竟是否爲林之奇所注，便頗有疑問。蔡師根祥云：

> 考今本「尚書全解」，〈洛誥〉以前與〈洛誥〉以後，就觀點評釋之間，相當一致，並無矛盾，所謂「合人心之所同然，以義爲主，無適無莫」是也。然就其文言之，〈洛誥〉以前引他人之說，與〈洛誥〉以後者，稍有不同，如〈洪範〉嘗引「范內翰」云云，而〈顧命〉引則曰「范純夫內翰」；又〈洛誥〉以前，引蘇東坡《書傳》曰「蘇氏曰」，〈洛誥〉以後，則除「蘇氏曰」外，亦有用「蘇東坡」者；且〈立政〉篇於「三宅三俊」解，有「又一說」者，可見〈洛誥〉以後之解，與其前文少異，而「又一說」之文，亦知此非原有之完本也。《四庫》提要所言近之。蓋林少穎《書解》本止於〈洛誥〉，而其平時授生徒時，嘗及〈洛誥〉以後諸篇，亦其生徒亦各有所記，故有宇文氏、葉氏之本，及後林畊多方搜尋，集而彙理之，以續其後，較諸麻沙本，亦得其正解矣。而畊〈序〉詳言集得之甚詳且巧，或務取信於人者也。雖然，其續作亦當有所本，不失林少穎之初衷，庶幾等觀之可也。〔註95〕

根據朱子、呂祖謙等人的說法，林之奇當僅注解至〈召誥〉爲止，其後之注當爲林畊搜集林之奇生前資料編集而成，亦爲林說，只是未經其修訂，然亦大致不失林之奇初衷也。

　　林之奇師承理學一派，故解經亦多以義理爲標準，〈尚書全解序〉便強調說經以必義理爲依歸，其云：

〔註94〕　林之奇：《尚書全解》，序，309。
〔註95〕　蔡師根祥：《宋代尚書學案》，冊中，頁337。

理義者，人心之所同然也。聖人之於經，所以關百聖而不慙，蔽天地而無恥者，蓋出於人心之所同然而已。苟不出於人心之所同然，則異論曲說，非吾聖人之所謂道也。孔子曰：「君子之於天下也，無適也，無莫也，義之與比。」竊謂學者之於經，苟不知義之與比，先立適莫於胸中，或以甲之說爲可從，以乙之說爲不可從；以乙之說爲可從，以甲之說爲不可從，如此則私議鋒起，好惡闖然，將不勝其惑矣，安能合人心之所同然哉。苟欲合人心之所同然，以義爲主，無適無莫，平心定氣，博採諸儒之說而去取之，苟合於義，雖近世學者之說亦在所取，苟不合於義，雖先儒之說亦所不取。如此則將卓然不牽於好惡，而聖人之經旨將煥然而明矣。〔註96〕

林之奇認爲義理是人心所同的，故欲領悟聖人之義理，只要先去除心中偏見，平心定氣，無適無莫，對於前人之說，合於義理則取之，不合於義者則不取，如此便能使聖人經旨煥然而明。由於林之奇相信人心有相同之處，故他論人性思想亦接受理學家所強調的天命之性，但他也接受氣質之性的影響，其云：

人之生也，同稟此天命之性，初未嘗有智愚賢不肖之分，然其所稟受則有氣質之性存焉，故論天命之性，則凡受中於天者，均一性也。而論其氣質之性，則有上智焉，有下愚焉，而於上智下愚之間乃有中人之性焉。〔註97〕

然林之奇不同於朱子以天命之性及氣質之性來解釋人性善惡的問題，而是作爲智、愚、賢、不肖的區別原則，並結合性三品說，認爲有上智、下愚及中人之性。不過氣質之性應不能掩蔽天命之性的存在，氣質之性雖造成人性有智愚賢不肖的差別，但良心的陷溺則是由於受到外物的遷引，林之奇釋〈君陳〉「惟民生厚，因物有遷」時云：

蓋人之性，始生之初，萬物皆備，固皆厚矣，惟其內爲血氣之所使，外爲風俗之所移，故至於陷溺其良心，放僻邪侈，靡所不爲，非性本然也，因物有遷故耳。〔註98〕

於是林之奇又強調要去除習俗之染，以復固有之性。由於林之奇已具備從心性觀點討論《尚書》的基礎，故論〈大禹謨〉「危微精一」之說時，便已開展

〔註96〕 林之奇：《尚書全解》，序，頁309。
〔註97〕 林之奇：《尚書全解》，卷24，頁466。
〔註98〕 林之奇：《尚書全解》，卷36，頁560。

出不同於傳統注疏的說法，他並援引《中庸》之意輔助解釋：

> 《中庸》曰：「喜怒哀樂之未發謂之中，發而皆中節謂之和。」苟於
> 其既發而爲私欲所勝，則將發而不中節矣。夫所發者既危而不安，
> 則未發者亦將微而難明，誠能惟精惟一，以安其危，則喜怒哀樂中
> 節而和矣，所發者既和，則未發之中，亦將卓然而獨存矣，故能允
> 執厥中。此蓋與《中庸》之言相爲表裡。自堯舜禹以至孔孟所以相
> 傳者，舉不出此，學者不可以不深意而精思之也。〔註99〕

他藉《中庸》已發、未發的觀點闡述人心與道心的關係，人心乃屬已發，若
爲私欲所制，便不中節，故危而不安，亦將使道心微而難明，故只有藉由惟
精惟一，才能使喜怒哀樂中節。

除主體自身的修養外，林之奇亦強調教化的作用，其解〈舜典〉「汝作司
徒，敬敷五教，在寬」云：

> 汝作司徒者，言汝爲司徒之職，謹布五教於民，其有不率教者，又
> 當寬以待之也。《詩》云：「天生烝民，有物有則，民之秉彝，好是
> 懿德。」秉彝之性，人之所同有也，其有至於喪其秉彝而亂人倫之
> 性者，未必其中心之誠然也，良由教化有所未明，習俗有所未成，
> 則其固有之性，逐物而喪矣。惟教化已明，習俗已成，將見復其固
> 有之性矣。〔註100〕

《尚書》本是由執政者角度所寫的記錄，因此林之奇也認爲執政者需負起藉
教化以復人民固有本性的功能，故他特別強調人君治國，必本於此而施政，
而君主態度更是政治教化得以實施的重要關鍵，林之奇論〈洪範〉「皇建其有
極」時云：

> 聖人建皇極以教民，而民之趨於皇極者，必有其序焉。惟皇上帝，
> 降衷于民，民之所以稟受於天者，莫不有皇極之道，惟其因物有遷，
> 梏於蕞爾形體之微，故小己自私，至於偏陂反側，而失其所以固有
> 之中，流於物欲而不能自反。人君既已建皇極於上，使民皆知大中
> 之道，本於天性之所固有，而去其所謂偏陂反側者，則大中之道，
> 將卓爾而自存矣。〔註101〕

〔註99〕　林之奇：《尚書全解》，卷4，頁337。

〔註100〕　林之奇：《尚書全解》，卷3，頁327。

〔註101〕　林之奇：《尚書全解》，卷24，頁467。

林之奇主張人君必須建立一大中之皇極，以作爲人民遵從之標準，如此人民始能去其偏頗反側者，而復其固有之中的本性。在這種要求下，林之奇認爲人君必須向堯舜等聖人取法，其又云：

> 蓋人君之學與匹夫異，其所宅者至廣，其所御者至眾，則其所學固不在乎區區章句訓詁之間，如學士大夫之一藝也，其所學者不過學爲堯舜而已。〔註102〕

人君必須要求自己藉修身以達於聖人之境，由己身修養做起，由此再教化人民，則天下便可大治也。

另外，林之奇也注意到《尚書》今、古文文體存在差異的現象，其辭云：

> 蓋有伏生之《書》，有孔壁續出之《書》。夫五十八篇皆帝王所定之書，有坦然明白而易曉者，有艱深聱牙而難曉者，……此二十五篇，皆孔壁續出，其文易曉；餘乃伏生之《書》，多艱深聱牙，不可易通。伏生之《書》所以艱深不可通者，伏生齊人也，齊人之語多艱深難曉。〔註103〕

面對這種現象，林之奇從語言角度推測，他以爲伏生乃齊人，齊人之語多艱深難曉，而伏生在傳《今文尚書》時曾予以潤飾，遂使齊語入《尚書》，從而使《今文尚書》聱牙難解，影響其閱讀。林之奇如此解釋實爲特殊，朱子基本上並未從其說，而閻若璩更批評云：「伏生語縱難曉，何至以己之方言錯雜入經文。」〔註104〕閻氏所評亦算有理。據史書所載，伏生乃暗誦經文，而非自作新說，當不致以方言入經文。

朱子對林之奇評價甚高，〈答謝成之〉有云：「三山林少穎說亦多可取。」（《文集》，卷58，頁2797）〈答或人〉第四通云：「林少穎說〈召誥〉，已前亦詳備。」（《文集》，卷64，頁3232）朱子稱其詳備，這確實是林之奇《尚書全解》的特色，林氏每立一說，多旁徵博引，態度雖大抵客觀，但解說繁瑣，卻也招來朱子「傷于繁」之譏。不過整體而言，朱子亦頗有取於林之奇之說，如林之奇解〈召誥序〉有一段極詳細論述周朝起源的文字：

> 周自后稷在唐虞之際，以播種百穀，教民稼穡之故，始封於邰，〈生民〉之詩曰「即有邰家室。」是也。稷之子不窋，當夏后政衰，去

〔註102〕 林之奇：《尚書全解》，卷20，頁439。
〔註103〕 林之奇：《尚書全解》，序，頁309。
〔註104〕 閻若璩：《尚書古文疏證》，卷8，頁10下／1132。

稷不務，以故失其官。自邰出奔於戎狄之閒。公劉者，不窋之孫也。雖竄於戎狄之閒，能修后稷之業，勤恤愛民，民咸歸之。於是始立國於豳。〈公劉〉詩曰「豳居允荒。」是也。太史公曰：「公劉子慶節，立國於豳。」誤矣。公劉雖立國於豳，然其地西近戎，北近狄，故其十世孫太王嗣立，狄人侵之，太王不忍殘其民以自存，於是去豳，踰梁山而邑於岐山之下，〈緜〉之詩曰「至于岐下，聿來胥宇。」是也。文王之立，初由居岐，及其既已，克崇而有之，於是自岐而遷于豐，〈文王有聲〉之詩曰「作邑于豐。」是也。武王之立，又自豐而遷于鎬，〈文王有聲〉詩曰「宅是鎬京。」是也。邰即漢之右扶風斄縣。豳者，漢之右扶風栒邑縣豳鄉是也。岐者，漢右扶風美陽縣岐山是也，即〈禹貢〉所謂「導岍及岐」，其邑在岐山之下。豐者，漢右扶風鄠縣酆水是也，即〈禹貢〉所謂「東會于灃」，其邑在酆水之西。鎬者，漢長安西南有昆明池北鎬陂是也。岐在邰之西北無百里，豳又在岐西北四百里餘，是公劉自邰而西徙於豳，太王自豳而東徙於岐也。豐在岐山東南二百餘里，鎬去豐二十五里，皆是自西而東也。〔註105〕

林之奇所論甚詳，而朱子雖取其說，卻只略引其文，如朱子僅云：

> 林曰：「周自后稷，始封於邰，夏后政衰，稷之子不窋出奔於戎狄之間，至孫公劉始立國於豳。十世至大王，避狄人之難於岐山之下，文王遷于豐，武王遷于鎬。邰在漢右扶風斄縣，豳在栒邑縣豳鄉，岐在美陽縣岐山，豐在鄠縣東豐水，鎬在長安西南昆明池，所謂『鎬波』也。岐在邰西北無百里，豳又在岐西北四百餘里，豐在岐水東南二百餘里，鎬在豐東二十五里。」（《文集》，卷65，頁3287～3288）

林氏之說頗有傷於繁之弊，而朱子向來主張簡易，故面對林之奇長篇大論，則往往刪繁就簡。如解〈堯典〉「放勳」亦簡括林氏之語云：「林少穎解『放勳』之『放』，作『推而放之四海』之『放』，比之程氏說為優。」（《語類》，卷78，頁1989）關於「放勳」之意，歷來有兩種說法，一則以為此乃堯名，所據乃《孟子》〈萬章上〉有云：「〈堯典〉曰：『二十有八載，放勳乃徂落。』」又〈滕文公上〉亦有：「放勳曰：『勞之來之、匡之直之、輔之翼之，使自得之；又從而振德之。』」乃將「放勳」作堯之名，馬融（79～166）、皇甫謐（215

〔註105〕　林之奇：《尚書全解》，卷30，頁511。

～282）等人持此說。但亦有另一種說法，認爲放勳與「欽明文思安安」相同，乃是形容堯之功德的敘述用語，《孔傳》便解勳爲功，〔註106〕孔穎達《正義》亦曰：「帝堯能放效上世之功而施其教化。」〔註107〕而程朱皆不以「放勳」爲堯名，程頤便云：

> 放勳非堯號，蓋史稱堯之道也。謂三皇以上以神道設教，不言而化，至堯方見於事功也。後人以放勳爲堯號，故記《孟子》者遂以堯曰爲放勳曰也。若以堯號放勳，則皋陶當號允迪，禹曰文命，下言敷於四海有甚義。〔註108〕

程頤認爲以放勳爲堯之名號者，乃後人據其功德所加之號，堯實無此名，故程頤解爲堯之道。朱子基本上雖同意放勳非堯之名號，但對於程頤過度深求則不表贊同，故他吸取林之奇之說，林氏云：「推而放諸東海而準，推而放諸西海而準，推而放諸南海而準，推而放諸北海而準。」〔註109〕朱子則解爲「放，至也。孟子言『放乎四海』是也。勳，功也，言堯之功大而無所不至。」（《文集》，卷65，頁3255）乃從林之奇之說，將放勳解作形容堯之功德的描述語。又朱子於〈大禹謨〉題解引林之奇說法，解釋三〈謨〉的作用：

> 林氏曰：「虞史既述二〈典〉，而其所載有未盡者，於是又敘其君臣之間嘉言善政，以〈大禹〉、〈皋陶謨〉、〈益稷〉三篇，所以備二〈典〉之未備者。」（《文集》，卷65，頁3277）

二〈典〉、三〈謨〉歷來便是儒者奉爲圭臬，詳載帝王之道的聖典，而林之奇則建立其外在連結，以爲三〈謨〉乃爲補充二〈典〉之資料，建立〈虞夏書〉各篇的連結脈絡。

十、薛季宣

薛季宣（1134～1173），字士龍，號艮齋，學者稱常州先生，永嘉人。生於南宋高宗紹興四年，卒於孝宗乾道九年，年四十。薛季宣爲永嘉學派創始者，早年隨伯父薛弼（1088～1150）宦游四方，後師從程頤弟子袁溉，於古封建、井田、鄉遂、司馬法之制，靡不研究。時金兵未至，薛季宣力諫武昌令劉錡（1098～1162）宜早爲準備，錡不聽。金兵趨江，江淮仕者聞訊皆繫馬以

〔註106〕阮元校勘：《尚書正義》，卷2，頁6下／249。
〔註107〕阮元校勘：《尚書正義》，卷2，頁6下／249。
〔註108〕王孝魚點校：《二程集·河南程氏遺書》，卷18，頁228。
〔註109〕林之奇：《尚書全解》，卷1，頁311。

待，隨時準備出走。薛季宣獨留家中，與民期曰：「吾家即汝家，即有急，吾與汝偕死。」縣多盜，薛季宣行保伍法，勸民習射武，縣遂大治。薛季宣曾上言孝宗，稱朝廷咎根在於左右近侍，託正行邪，偽直售佞，陽稱正士而陰擠之。帝稱善，恨得之太晚。後知湖州，又改常州，未上任而卒。

　　薛季宣著書甚豐，《宋史》本傳稱其「於《詩》、《書》、《春秋》、《中庸》、《大學》、《論語》皆有訓義，藏于家」〔註110〕，今傳世者則有《浪語集》三十五卷、《書古文訓》十六卷。《四庫全書總目》列《書古文訓》爲存目，並謂：

> 季宣此本又以古文筆畫改爲今體，奇形怪態，不可辨識。較篆書之本，尤爲駭俗。其訓義亦無甚發明。朱子語錄謂其惟於地名上用功，頗中其病，故雖宋人舊帙，今亦無取焉。〔註111〕

唐天寶年間，詔令衛包改《尚書》隸古文爲楷體，遂爲今本型態。然改字之間，容有錯謬，故段玉裁（1735~1815）稱其爲《尚書》第六厄。薛季宣則有志於恢復隸古定本古文，遂參考《說文》、《汗簡》、《釋文》舊本，復徵引字書所載古代遺文，摭合補綴而成。《四庫總目》謂《書古文訓》之古文奇形怪態，故不取之，然蔡師根祥則云：「薛氏所引，亦多有來歷，其摭輯之工夫，自不可盡棄，且亦足以示其一家一學也。」〔註112〕仍有其價值存在。朱子曾有志於利用古文字識讀《尚書》，或因此而有以取之。且查《語類》有云：「薛士龍《書解》，其學問多於地名上有功夫。」（《語類》，卷 78，頁1989）而《總目》所引乃謂「惟」於地名上用功，實誤解朱子之意。朱子既取其書爲學校貢舉書目，當有其價值。考朱子所引薛氏之說，僅見一條論〈禹貢〉「三江」：

> 因說「三江」之說多不同，銖問：「東坡之說如何？」曰：「東坡不曾親見東南水勢，只是意想硬說。且江漢之水到漢陽軍已合爲一，不應至揚州復言『三江』。薛士龍說震澤下有三江入海。疑它曾見東南水勢，說得恐是。」（《語類》，卷 79，頁 2025）

查薛季宣書，於地名山川河岳之事，訓釋頗詳。而朱子嘗論〈禹貢〉地理詳於北，略於南之故，蓋因記者但述大略，且未曾親歷，而朱子信從薛季宣考

〔註110〕脫脫等：《宋史》，卷 434，頁 16 下／5206。
〔註111〕紀昀等：《欽定四庫全書總目》，卷 13，頁 3 下／302。
〔註112〕蔡師根祥：《宋代尚書學案》，頁 264。

證成果，主要便在於薛氏可能是據實地考查而成。呂祖謙《書說》亦引有多條薛氏論地理之文，可證朱子所言爲實。

薛季宣雖醉心古文，所解詳於地理，且不若朱子專談心性，而兼重事功，然其論《尚書》則頗以《四書》爲準，如說〈太甲〉「虞機張」云：

> 虞人張機，必先求己，視矢之括，當弩之度，然後釋放，罔不中物。
> 人君之道亦由此也。《大學》之道，在知止，在止於至善。人之有止，
> 猶機之有度，於止知其所止，無往而不善矣。〔註113〕

此乃引《大學》解釋其義理。又如其〈皇極解〉說〈洪範〉「凡厥庶民，無有淫朋，人無有比德，惟皇作極；凡厥庶民，有猷，有爲，有守，汝則念之」云：

> 子言之：「可與共學，未可與適道，可與適道，未可與立，可與立，
> 未可與權。君子之於天下也，無適也，無莫也，義之與比。」孟軻
> 有言，所謂「大人者，言不必信，行不必果，惟義所在。」「執中無
> 權，猶執一也。」是故識輕重之爲貴，識輕重則知權矣，君子之時
> 中，時中爲權。「君子所過者化，所存者神，上下與天地同流。」大
> 受者不可以小知也。〔註114〕

此則引《論語》、《孟子》之文解釋《尚書》，是以《四書》解經的一種方式，亦可由此看出薛季宣所重視之義理傾向。

十一、呂祖謙

呂祖謙《尚書》著述今見於由其弟子時瀾（1156～1222）所增修之《增修東萊書說》，之所以名爲增修者，《四庫全書總目》云：「原書始〈洛誥〉，終〈秦誓〉，其〈召誥〉以前，〈堯典〉以後，則門人雜記之語錄，頗多俚俗，瀾始刪潤其文成二十二卷。」〔註115〕則所謂增修者，乃增修〈洛誥〉以前之篇章。然而歷來皆謂呂祖謙《書說》非其自作，乃門人弟子雜錄而成，時瀾〈增修東萊書說序〉云：

> 東萊夫子講道于金華，首撼是書之蘊，門人寶之，片言隻字，退而
> 識錄，見者恐後，亟以板行，家藏人誦，不可禁禦。夫子謂俚辭閒

〔註113〕〔宋〕薛季宣：《書古文訓》，收入《續修四庫全書》，卷5，頁15下／274。
〔註114〕〔宋〕薛季宣：《浪語集》，收入《景印文淵閣四庫全書》第1159冊，卷27，頁2上～2下／412。
〔註115〕紀昀等：《欽定四庫全書總目》，卷11，頁14下～15上／268～269。

之，繁亂複雜，義其隱乎！修而定之。瀾執經左右，面承修定之旨。
〔註116〕

考朱子曾云：「向在鵝湖，見伯恭欲解《書》，云：且自後面解起，今解至〈洛誥〉。」（《語類》，卷78，頁1988）鵝湖之會在淳熙二年，距呂祖謙辭世尚有六年，則〈洛誥〉以後乃呂祖謙自撰，呂祖謙之所以解〈洛誥〉至〈秦誓〉，蓋有續其師林之奇《尚書全解》解至〈洛誥〉而止的意圖。然呂祖謙既解《尚書》，對門人弟子講解時必兼及前面諸篇，而弟子遂集語錄成書，但未經修訂，未免繁雜錯亂，時瀾遂有請修之舉，故《增修東萊書說》可分為兩部分，自〈洛誥〉之後當為呂祖謙自撰，之前則為為時瀾執筆，再由呂祖謙修定。

　　呂祖謙長於史學，故其解《書》往往舉史以證，如〈文侯之命〉泎云：

　　　平王之失，大抵所求於人者重，而不思自反以進彊君德。燕昭王，
　　　小國之君也，慨然有復讎之心，而士爭趨燕；樂毅自魏往，劇辛自
　　　趙往。燕始未嘗有一士也，苟有是心，則千里之外應之，平王豈可
　　　以罔或耆壽俊在厥服而但已哉！〔註117〕

呂祖謙本欲論平王之失，卻援引後世史事反證，然這種引史證經之風，不只見於《尚書》，宋人說經本自有此種風氣，無論是解《易》或說《詩》，均有這種傾向。只是呂祖謙長於史學，故表現更為嫻熟。另呂祖謙與朱子、陸九淵等理學家交往密切，故於其說經中亦帶有理學談論心性之色彩，如他論「人心」、「道心」云：

　　　人心，私心也，私則膠膠擾擾自不能安。道心，善心也，乃本然之
　　　心，微妙而難見也，此乃心之定體。一則不雜，精則不差，此又下
　　　工夫處。〔註118〕

呂祖謙從程頤以人心為人欲，以道心為天理之說出發，定義人心為私心，道心則為善心，並指其為心之定體，頗有區別體用的意涵。但呂氏之說畢竟與程頤不同，程頤以道心為天理，而天理內賦於人心之中而為性，故程頤其實是以道心為性，而呂祖謙指道心為善心，且為下功夫處。既能下功夫，則此道心並非性，而仍屬於心的範圍，是心能夠知覺性的能力，其說與朱子頗為類似，很可能是受到朱子的影響。

─────────────

〔註116〕〔宋〕呂祖謙撰，時瀾增修：《增修東萊書說》，收入《通志堂經解》第6冊，頁36。
〔註117〕時瀾增修：《增修東萊書說》，卷35，頁147。
〔註118〕時瀾增修：《增修東萊書說》，卷3，頁51。

呂祖謙說經，又以闡述聖人之義理為依歸，相當強調聖人的地位，他云：「聖人之心，即天之心；聖人之所推，即天所命也。故舜之命禹，天之歷數已在汝躬矣。舜謂禹德之懋如此，績之丕如此，此心此理，蓋純于天也。」〔註119〕《尚書》所載皆三代聖王行事之跡，而聖人之心等同天地之心，亦即天理之圓滿呈現。從這種觀點出發，呂祖謙對《尚書》中所載某些聖人行事亦以無私之心解之，如論〈甘誓〉「啓伐有扈」云：

> 方有扈弃侮之時，天已絕其命，至是而恭行天罰而已，非有私意於
> 其間也。〔註120〕

又如論〈胤征〉「以爾有眾，奉將天罰」亦云：

> 王者但知奉天討，上下相承，不敢稍出私意，認爲已權。則人君安
> 敢輕兵，人臣安敢專命，士卒亦安敢犯命哉！〔註121〕

聖人與天地混然一體，其心絕無私意，表現在行爲舉止上亦同，呂祖謙甚至將此心推至啓，蓋其意識中對《尚書》帝王均有極高評價。

朱子對呂祖謙《書說》評價頗高，亦曾爲其《書說》作跋，〈跋呂伯恭書說〉有云：

> 予往年送伯恭父於鵝湖，知其有此書而未及見也。因問其間得無亦
> 有闕文疑義者乎？而伯恭父曰「無有」，予心固竊怪之。後數年，再
> 會於衢州，伯恭父始謂予曰：「《書》之文誠有不可解者，甚悔前日
> 之不能闕所疑也。」予乃歎伯恭父之學已精而其進猶未已，然其後
> 竟未及有所刊訂而遽不起疾，則其微詞奧義，無所更索，而此書不
> 可廢矣。（《文集》，卷83，頁4097）

朱子多次談到他早先對於呂祖謙解《書》毫無置疑處，感到奇怪，這反映朱子自己對《尚書》的態度。雖然呂祖謙亦曾後悔不能闕疑的作法，但已不及修訂其《書說》，故朱子批評爲「巧」，當是就這種務爲說盡，不能闕疑的作法而論。《語類》載陳淳所問一條：

> 問：「東萊《書說》如何？」曰：「說得巧了。向嘗問他有疑處否？
> 曰：『都解得通。』到兩三年後再相見，曰：『儘有可疑者。』」（《語
> 類》，卷79，頁2057～2058）

〔註119〕 時瀾增修：《增修東萊書說》，卷3，頁50～51。
〔註120〕 時瀾增修：《增修東萊書說》，卷6，頁60。
〔註121〕 時瀾增修：《增修東萊書說》，卷6，頁63。

另有一條林道夫所記：

> 呂伯恭解《書》自〈洛誥〉始。某問之曰：「有解不去處否？」曰：
> 「也無。」及數日後，謂某曰：「《書》也是有難說處，今只是強解
> 將去爾。」要之，伯恭卻是傷於巧。（《語類》，卷78，頁1988）

可見「巧」就是指強解的作法。《尚書》不可解處甚多，若強為解去，必多穿鑿，那麼就會變成王安石「傷於鑿」的特色，但若能以義理彌縫得當，雖有穿鑿之嫌，但訓詁或義理可行，便可稱之為巧，然觀《語類》載呂祖謙解〈益稷〉「惟幾惟康」云：

> 張元德問：「『惟幾惟康，其弼直』，東萊解『幾』作『動』，『康』作
> 『靜』，如何？」曰：「理會不得。伯恭說經多巧。」良久，云：「恐
> 難如此說。」（《語類》，卷78，頁2021）

查《增修東萊書說》乃云：「將以安汝心之所止，必於動之微及靜而無事之時常致省察之工。」〔註122〕正確說法是將幾解作「動之微」，康則作「靜」。《孔傳》解幾為「念慮幾微」，康則為「保其安」，就上下文意來講，是頗為合適的解釋，但呂祖謙以動靜解之，雖帶有理學色彩，實非原意，朱子便批評恐難如此說。

《語類》又載呂祖謙解〈無逸〉「君子所其無逸」的獨特之處：

> 柳兄言：「東萊解〈無逸〉一篇極好。」曰：「伯恭如何解『君子所
> 其無逸』？」柳曰：「東萊解『所』字為『居』字。」曰：「若某則
> 不敢如此說。」諸友問：「先生如何說？」曰：「恐有脫字，則不可
> 知。若說不行而必強立一說，雖若可觀，只恐道理不如此。」（《語
> 類》，卷79，頁2058）

〈無逸〉此段原文為「周公曰：『嗚呼！君子所其無逸。先知稼穡之艱難，乃逸；則知小人之依。相小人，厥父母勤勞稼穡，厥子乃不知稼穡之艱難，乃逸乃諺既誕。否則侮厥父母曰：昔之人，無聞知！』從原文來看，「君子所其無逸」有帶出下列句子的作用，《孔傳》解云：「嘆美君子之道所在，念德其無逸豫。」〔註123〕釋「所」為所在，那麼便是君子之道在於念德而無逸豫。《孔傳》的說法已是強解，而呂祖謙則由此延伸，遂解云：

> 無逸者，天德也，亦君德也。君子所其無逸者，凡人乍勤乍惰，蓋

〔註122〕時瀾增修：《增修東萊書說》，卷4，頁55。
〔註123〕阮元校勘：《尚書正義》，卷16，頁9上／470。

> 亦有無逸之時矣，然能暫而不能居，非所其無逸者也。惟君子以無
> 逸爲所，如魚之於水，獸之於林，有不可得而離者焉。或利而爲之，
> 或勉而行之，皆非所其無逸。〔註124〕

呂祖謙據《孔傳》得所之說發揮，認爲君子以無逸爲所，但這種無逸與所謂
乍勤乍惰之無逸不同，君子必須能眞得無逸之所，便必須知稼穡之艱難。呂
祖謙的解說其實還頗符合上下文意，只是這樣的拆解並無什麼標準，故朱子
稱自己便不敢如此說，深怕說得雖好雖巧，但道理恐非如此。然而儘管朱子
非之，呂祖謙之說仍廣被接受，甚至蔡沈竟採其說：

> 所，猶處所也。君子以無逸爲所，動靜食息，無不在是焉。〔註125〕

陳櫟（1252～1334）亦云呂說可喜：

> 愚按：「所其無逸」與「王敬作所，不可不敬德」，朱子皆不以處所
> 安居之意釋之，懼其巧也。然呂說儘可喜，外此則孔註之說、林氏
> 亦本之，此外則無說矣。呂說，朱子非之，蔡氏仍本之。〔註126〕

朱子乃採闕疑態度處理此句，但注《書》者往往欲盡釋其文，遂不免對呂祖
謙之說採接受態度。

第二節　朱子晚年從事《尚書》之學術活動蠡析

朱子雖強調經學對於人格養成教育的重要性，但並未對《尚書》及《春
秋》發表註解著作。《春秋》乃朱子《五經》研讀次序最後一經，就程序而言，
未注此經尚可理解，然《尚書》與《詩經》並列，俱爲《五經》優先讀物，
朱子尚有《詩集傳》傳世，卻未親自撰作《書集傳》，其中必有緣故。而由現
存資料來看，朱子似曾有過撰作《書傳》的準備，何以最後選擇託予門人蔡
沈完成？故朱子未注《尚書》的原因也是朱子《尚書》學值得釐清的議題。
但由於資料頗爲零碎，故本論文雖試圖由客觀現實因素釐清原因，但受限於
文獻難徵，必須再由朱子主觀心理推測著手，以期能對朱子爲何未注《尚書》
提供較全面兼顧的說法，再由此導入並釐清朱子晚年處理《書集傳》的相關
問題。

〔註124〕 時瀾增修：《增修東萊書說》，卷25，頁116。
〔註125〕 蔡沈：《朱子全書外編・書集傳》，卷5，頁205。
〔註126〕 〔元〕陳櫟：《書集傳纂疏》（長春：吉林出版集團有限責任公司，2005年5
　　　　　月，影印摛藻堂《欽定四庫全書薈要》本），卷5，頁34上／628。

一、朱子遲未注《尚書》原因分析

　　陳良中《朱子《尚書》學研究》提出三點關於朱子未能於晚年完成注解《尚書》的原因：第一，朱子晚年著述相當豐富，曾對《楚辭》、韓文、《參同契》、《陰符經》等著作進行考證注解，並專注於修《禮》，耗去他大量精力，故無力再注解《尚書》，陳良中云：

> 朱子晚年著述非常豐富，牽涉諸多領域。尤其是修《禮》成爲了他晚年最重要的工作，耗去了他大量精力，朱門親舊門人最優秀的學者均參與其中，他實無暇他顧。〔註127〕

第二，朱子晚年最主要工作乃修纂《禮》書，並動用大匹可以支配的優秀人才，故《尚書》集注工作遲遲未能開展；第三，慶元年間僞學之禁，令朱子學徒四散，朱子失去可與講論，教學相長的優秀人才，從而延宕了《尚書》集注的工作。另一方面，僞學之禁限制朱子的學術自由，使他不敢輕易注經，遂改從事於《禮》書修纂及《楚辭》、韓文等考證工作，陳良中又云：

> 黨禁嚴重限制了朱子學術研究的正常進行，動輒得咎並牽連門生舊故，迫使他不得不放棄一些正常的學術活動，而把所有的精力放在整頓現實人生的禮學上。《書集傳》未能完成與黨禁緊密相關。〔註128〕

陳良中從客觀現實層面分析，指出朱子在晚年時由於投注大量心力修《禮》，加上慶元黨禁影響，使朱子並無太多精力可再用功於《書集傳》之撰著，故只得將集注工作託付蔡沈。

　　從朱子晚年的際遇來看，陳良中的分析不爲無據，但也留下部分問題尚待解答。首先，朱子雖於晚年未能完成《書集傳》，只留下部分手稿，其中除修訂蔡沈的稿件外，《文集》中尚有零碎見解，甚至傳說還有約百餘段的文稿，〔註129〕這也顯示朱子若非已經開始著手《書集傳》的撰寫，便是曾於晚年時

〔註127〕陳良中：《朱子《尚書》學研究》，頁131。

〔註128〕陳良中：《朱子《尚書》學研究》，頁140。

〔註129〕董鼎《書傳輯錄纂註》云：「朱子親集《書傳》，自孔〈序〉止此，其他大義悉口授蔡氏，并親槁百餘段，俾足成之。」見〔元〕董鼎：《書傳輯錄纂注》（長春：吉林出版集團有限責任公司，2005年5月，影印摛藻堂《欽定四庫全書薈要》本），卷1，頁21上／70。然王懋竑《朱子年譜考異》則認爲並沒有所謂親稿百餘段，其云：「其二〈典〉、〈禹謨〉，據《文集》乃改定蔡《傳》。至〈金縢〉、〈召誥〉、〈洛誥〉、〈武成〉諸說，皆早年作。親稿百餘段，則《文集》無之。蔡〈序〉言引用師說，不復識別，亦不言別有親稿百餘段也。」見王懋竑：《朱熹年譜・朱子年譜考異》，卷之4，頁406。游均晶亦言：「從《書集傳》的著成時間來看，《書集傳》成書於朱子歿後十年，朱子不可能訂

興起注解《尚書》的念頭，《語類》記李唐咨勸朱子之言云：「《書解》乞且放緩，願早成《禮書》，以幸萬世。」（《語類》，卷117，頁2832）這段話應記於慶元六年（1200）正月間，照這段文字來看，朱子在《禮書》尚未完成之際，確實又動起撰作《書解》的想法，因此若如陳良中所言，《禮書》讓朱子無多餘心力關注《尚書》，何以會在《禮書》未成之前，便開始集解《尚書》？再者，朱子欲注《尚書》的念頭其實盤繞於心已久，〈答潘文叔〉第二通云：

> 《尚書》亦無他說，只是虛心平氣，闕其所疑，隨力量看教浹洽，便自有得力處，不須預爲較計，必求赫赫之近功也。近亦整頓諸家說，欲放伯恭《詩說》作一書，但鄙性褊狹，不能兼容曲狥，恐又不免少紛紜耳。（《文集》，卷50，頁2261）

〈答謝成之〉則云：

> 只邵武一朋友，見編《書說》未備，近又遭喪，俟其稍定，當招來講究，亦放《詩傳》作一書。（《文集》，卷58，頁2797）

前書作於淳熙十三年（1186），後書則作於慶元四年（1198），可見在這十餘年間，朱子並未放棄撰作《書集傳》的計畫，以至於在辭世前兩年付諸於積極動作。因此，在這麼長的時間內，若說純因修《禮》而擔誤注解《尚書》的進行，恐怕仍有值得商榷之處。

至於《禮書》的修纂，確實公認是朱子晚年最重要工作，王汎森即云：

> 朱子一生最大事業之一，厥爲《儀禮經傳通解》的計畫，這部書在他的理學系統中有現實的意義，即前面所說的將理學落實爲日常生活的行爲依據。《通解》一書並未完成，但我們知道「其書大要以《儀禮》爲本，分章附疏，而以小戴諸義各綴其後」，也就是以《儀禮》

定全本。」見游均晶：《蔡沈《書集傳》研究》（臺北縣：花木蘭文化出版社，2010年3月），頁27。首先，親稿百餘段並不等於全本，游均晶將之連結，恐誤。若依章句畫分解說，親稿百餘段恐怕所佔比例也未必很大。而程元敏則以董鼎的說法應該是有來源的，他云：「殆未察董書，遂疑其出處。夫董鼎族兄夢程，黃榦、董銖之弟子也。於晦庵爲再傳，鼎因夢程而私淑朱學，可謂淵源有自，時代又甚近，朱子予蔡之親稿，或嘗寓目，乃記於此也。」見程元敏：〈朱熹蔡沈弟子書序辨說版本微孚〉，《經學研究論叢》第4輯（臺北：臺灣學生書局，1995年10月），頁67。董夢程爲董銖從子，又爲黃榦門人，而董鼎爲董夢程族弟。董銖曾與朱子討論《尚書》，董夢程亦著有《尚書毛詩訓釋》，則《尚書》學可能是董氏所關注的家學傳統。董鼎亦云：「鼎生也晚，於道未聞，賴族兄介軒夢程親受學於勉齋黃氏、槃澗董氏，故再傳而鼎獲私淑焉。」見董鼎：《書傳輯錄纂注》，序，頁3下～4上／200～201。

爲經，而取《禮記》及諸經史雜書中有關禮的記載，附於其下，確
立了以《儀禮》統攝古代諸禮的規範。朱子又說，前賢常說《儀禮》
難懂，其實「以今觀之，只是經不分章，記不隨經，而注疏各爲一
書，故使讀者不能遽曉。」所以他也計畫如《大學》分經一章傳十
章的辦法重新整理《儀禮》。〔註130〕

朱子所修禮書即今存之《儀禮經傳通解》，其中僅前二十三卷乃朱子親自審
定，包括〈家禮〉、〈鄉禮〉、〈學禮〉、〈邦國禮〉，另外有〈王朝禮〉十四卷
雖經朱子整理，但屬未定稿本。《儀禮經傳通解》牽涉範圍甚廣，資料來源
分散，不同一般集解工作選定某些底本進行參照校對即可，故修纂《禮書》
確實需消極大心力及人力，〈答李時可〉第七通便云：「《書說》，緣此間《禮
書》未了，日逐更無餘功可及他事，只略看得〈禹貢〉。」（《文集》，卷55，
頁2635）依朱子與李時可通信的內容來看，《禮書》的修纂似乎讓朱子無力
分心於其他事務。但朱子乃於慶元二年夏召黃榦、吳必大、呂祖儉（？～
1196）及李如圭等人編修《禮書》，慶元三年三月，便已草成，定名《儀禮
集傳集注》。之後雖一直到朱子辭世仍在進行修訂，但朱子當尚有餘力從事
其他著述，如《楚辭集注》由慶元二年修至四年成，《周易參同契考異》於
慶元三年七月草成，而慶元四年八月又再予修訂，慶元五年又完成《陰符
經考異》。而從前引〈答李時可〉也可以看出，朱子似有意先後完成修《禮》
及注《書》的工作，故雖說無餘功可及他事，但仍舊發表閱讀〈禹貢〉的
心得。那麼若說修《禮》耗去太多時間，朱子又那來這些餘力可從事上列
著述？修《禮》固然會排擠朱子大部分時間，但從這些著述撰成時間來看，
朱子當有多餘心力，因此，修《禮》的客觀問題應非限制朱子撰作《書集
傳》的主要因素。

　　除修《禮》問題外，陳良中認爲慶元黨禁也是剝奪朱子撰作《書傳》動
機的重要原因，黃榦〈朝奉大夫文華閣待制贈寶謨閣直學士通議大夫謚文朱
先生行狀〉曾敘述此段時期對於經學研究的排擠：

科舉取士，稍涉經訓者悉見排黜，文章議論根於理義者，並行除毀，
《六經》、《語》、《孟》，悉爲世之大禁。〔註131〕

〔註130〕 王汎森：《中國近代思想與學術的系譜》（臺北：聯經出版事業股份有限公司，
　　　　　2003年8月），頁26。
〔註131〕 黃榦：《黃勉齋先生文集》，卷8，頁181。

慶元時期，道學被禁爲僞學，而道學最重要的闡釋依據經典乃《四書》及《五經》，故連帶受到影響，只要是科舉考試稍涉經訓，便加黜落；而研討儒家經典亦爲大禁，故朱子不得不將學術轉向，暫時放棄對經學的相關研究，〈答鄭子上〉第十七通云：

> 病中不敢勞心看經書，閒取《楚詞》遮眼，亦便有無限合整理處，
> 但恐犯忌，不敢形紙墨耳。(《文集》，卷56，頁2727)

風聲鶴唳的局勢，確實不得不令朱子警懼，故陳良中認爲：「動輒得咎的氛圍使他三緘其口，未免授人口實，是以朱子不敢輕易注經。」〔註132〕但慶元黨禁的影響層面究竟是否涉及對經學的禁錮？是否包括剝奪朱子學術研究的自主性？恐值得再商榷。

黨禁主要起於慶元二年（1196）年八月，約是朱子死前三、四年所發生的事件，一直到朱子死後才有鬆綁的現象。相對於朱子在十多年前便有注《書》計畫，慶元黨禁只能解釋最後三年無法成書的原因。但前面大段光陰，朱子果眞無餘力費心於《尙書》，實也令人質疑。況且若說朱子此時轉移心力於經學之外，是因黨禁限制其學術自由，那難道《禮書》不算經學嗎？而所謂「但恐犯忌，不敢形紙墨」是指朱子擔心會遭到文字獄的迫害。然慶元黨禁主要目的在於禁道學，而非禁經學，何澹（1146～1219）於慶元元年七月奏章中提到：

> 高宗皇帝親灑宸翰，有曰：「學者當以孔、孟爲師。」臣願陛下以高
> 宗之言風勵天下，使天下皆師孔、孟，有志於學者不必自相標榜，
> 使眾人得而指目。〔註133〕

何澹主在攻擊道學家，從他的言論中也可看出，他是萬不敢連孔孟一併批評，故他承認有所謂「眞聖賢之道學」，其又云：

> 有人於此，行乎閨門，達乎鄉黨，其踐履可觀而不爲偏行，其學術
> 有用而不爲空言，其見于事也，正直而不私，廉潔而無玷；既不矯
> 激以爲異，亦不詭隨以爲同，則眞聖賢之道學也，豈不可尊尚哉？
> 〔註134〕

〔註132〕陳良中：《朱子《尚書》學研究》，頁140。

〔註133〕〔明〕陳邦瞻：《宋史紀事本末》（北京：中華書局，1977年5月），卷80，頁873。

〔註134〕〔清〕畢沅：《續資治通鑑》第6冊（臺北：洪氏出版社，1987年5月），卷154，頁4132。

何澹的觀點認爲眞正的道學應該是以孔孟儒行爲主，而不同於以朱子爲代表的道學集團，那麼僞學很明顯是只針對南宋道學家而已，並不包含孔孟及其經典。又如《宋會要輯稿》〈刑法二〉載慶元二年六月十五日之文曰：

> 國子監言：「已降指揮，風諭士子，專以《語》、《孟》爲師，以《六經》、子、史爲習，毋得復傳語錄，以滋盜名欺世之僞。所有進卷待遇，并近時妄傳語錄之類，並行毀版。」〔註135〕

這也是針對朱子等道學家所發的禁令，強調不得再傳習這些道學學者的語錄，至於習經，則未見限制，那麼黃榦所言「《六經》、《語》、《孟》悉爲世之大禁」，恐怕只是朱子門人自己的感受，因爲朱子的教學即是以這些經典爲主要內容，毀其語錄，便等於是毀去朱子關於經典的解說，在朱子門人的觀念中，這兩者是有關連的，但就韓侂胄（1152～1207）黨而言，他們應是不敢連經學都禁。而且據許華峰的考證，現存朱子《文集》第六十五卷中的《尚書》手稿多數作於朱子辭世前兩年內，〔註136〕可見朱子還是照樣注經，並不受影

〔註135〕〔清〕徐松：《宋會要輯稿》第166冊（北京：中華書局，1957年11月，影印民國北平圖書館校勘本），卷19392，頁127／6559。

〔註136〕關於朱子《尚書》手稿的撰作時間，學界目前有兩種看法，一是認爲這可能是朱子早年所寫，一直保留身邊未加修改的手稿，如王懋竑《朱子年譜考異》云：「蔡氏〈書傳序〉云：『慶元己未冬，先生命沈作《書傳》。』《年譜》載集《書傳》於戊午，意朱子先自爲《書傳》，未成，而後命蔡足成之。其二〈典〉、〈禹謨〉，據《文集》乃改訂蔡《傳》。至〈金縢〉、〈召誥〉、〈洛誥〉、〈武成〉諸說，皆早年作。親稿百餘段，則《文集》無之，蔡〈序〉言『引用師說，不復識別』，亦不言別有親稿百餘段也。凡此皆所未詳。」見王懋竑：《朱子年譜》，頁406。王懋竑認爲二〈典〉、〈大禹謨〉篇乃朱子晚年的「改本」，而〈金縢〉以下材料則是朱子早年之作。承此說者有程元敏，他指出〈召誥序〉、〈召誥解〉、〈洛誥解〉爲朱子「稍早之作」。（見程元敏：《書序通考》，頁221。而另一種看法則認爲朱子這些手稿均爲晚年所作，如錢穆《朱子新學案》云：「《年譜》繫集《書傳》於戊午，覈之〈與謝成之書〉，是年蔡沈遭父喪，尚未來考亭。《年譜》所云，必是親手自爲之稿，或即是今《文集》〈金縢〉、〈召誥〉、〈洛誥〉、〈武成〉諸篇，僅以示例，以待蔡氏來詳定。又謂親稿百餘段，蓋略如〈武成日月譜〉、〈考定武成次序〉之類，皆未成篇，故不錄入《文集》。然今《文集》諸篇中，亦多可分段，未必皆是成篇也。王氏《年譜考異》謂〈金縢〉以下諸篇乃朱子早年作，此非有據，並無以解於李氏勸朱子『《書解》乞且放緩』之云，而朱子告李氏則曰：『《書解》甚易，只待蔡三哥來。』蓋朱子本非立意欲竟體自成此書，且草創以付仲默也。」見錢穆：《朱子新學案》，冊4，頁91。束景南亦同意這些手稿均作於慶元四年至五年間，《朱子大傳》云：「此數篇注稿作年向來無考，或以爲其中有朱熹早年所作，乃非是。按：『黎本』《語類》卷一百十七陳淳錄云：『臨行拜別……李文

響。又據束景南《朱熹年譜長編》所考，慶元二年春，朱子便約方士繇（？
～1199）作《韓文考異》，並有《修韓文舉正例》，且與蔡元定（1135～1198）
作《周易參同契考異》初稿，是時黨禁尙未正式啓動，在慶元元年雖已有學
禁之提議，朱子當不致因預見風聲便立刻改變學術方向，〈答蔡季通〉有云：

> 時論又大變，旦夕必見及，其兆已見矣。《星經》、《參同》甚願早見
> 之，只恐竄謫，不得共講評耳。（《續集》，卷 2，頁 4924）

與蔡元定的通信可以看出，兩人對《星經》、《參同契》早已感興趣，學禁起
時，朱子反而擔心難有機會再討論，而非因為學禁之起，促使朱子改變研究
方向。慶元黨禁的影響，確實使朱子立言更加謹慎，〔註 137〕但恐怕不至於妨
礙朱子整理經學的意願，也並非使朱子改變研究方向的主因。慶元黨禁雖對
朱子造成極大的壓力，但他也不斷提醒自己要樂天安命，保持鎮定，如《語
類》載：

> 或勸先生散了學徒，閉戶省事以避禍者。先生曰：「禍福之來，命也。」
> （《語類》，卷 107，頁 2671）
>
> 先生曰：「如某輩皆不能保，只是做將去，事到則盡付之。人欲避禍，
> 終不能避。」（《語類》，卷 107，頁 2671）
>
> 今為辟禍之說者，固出於相愛。然得某壁立萬仞，豈不益為吾道之
> 光！（《語類》，卷 107，頁 2671）

可見朱子對自己的要求甚高，當不可能屈服於黨禁而改變自己的志向。而且
無論是修《禮》或黨禁，都是朱子晚年之事，影響所及亦只限於這段時間，
但在這之前為何不從事注《書》工作，非得要拖到如此緊湊的時程，方啓注

稟云曰：「《書解》乞且放緩。願早成《禮書》……」』陳淳錄在慶元五年己未
（1199），此所謂作《書解》，即作此數篇注。又卷七十九沈僩錄云：『問：「〈武
成〉一篇，編簡錯亂。」曰：「新有定本，以程先生、王介甫、劉貢父、李叔
易諸本，推究甚詳。」』沈僩錄在慶元四年（1198）以後。又《文集》卷五十
五〈答李時可〉六云：『所寄〈堯典〉，以目視頗艱，又有他冗，未暇計究。
已付諸朋友看，俟其看了，卻商量也。』是書作於慶元四年（1198），知其時
〈堯典〉等注尚未作。故參以《年譜》，可知此數篇注寫於慶元四（1198）至
五年（1199）間。」見束景南：《朱子大傳》（福州：福建教育出版社，2000
年 11 月），頁 1026。而許華峰則認為朱子《書》稿改本除〈金縢說〉、〈召誥
序〉、〈召誥〉、〈洛誥〉應是慶元五年以前，甚至是早年之作。見許華峰：〈「朱
熹集」卷六十五中與「尚書」相關諸篇之寫作時間考〉，頁 131～157。

〔註 137〕 如王晉輔曾求朱子為其尊人寫銘文，經一再登門相求，朱子不得已之下乃以
數字附於行狀之末，並告以「切告勿以示人。」（《文集》，卷 62，頁 3079）

《書》之念，恐怕除客觀因素外，主觀心理層面也是必須探討的原因。

朱子對《尚書》的重視程度較其他經典而言，可以說是較爲不足的，他認爲《尚書》有些篇章過難，不能無疑，早年呂祖謙欲作《書傳》時，朱子便表達質疑的立場，前引〈跋呂伯恭書說〉即錄有朱子「竊怪」呂祖謙解《書》無疑義之說法，《語類》亦載：

> 呂伯恭解《書》自〈洛誥〉始。某問之曰：「有解不去處否？」曰：
> 「也無。」及數日後，謂某曰：「《書》也是有難說處，今只是強解
> 將去爾。」要之，伯恭卻是傷於巧。（《語類》，卷78，頁1988）

「傷於巧」便是批評呂祖謙強作解人，將難說處硬自解去，這也顯示朱子對於自己是否能夠完成《尚書》全解有一定程度的疑慮。那麼朱子之所以遲作《書傳》，便不完全是客觀環境因素所造成的限制，朱子主觀上對《尚書》的態度也是必須探討的層面，以下茲分兩點討論之：

（一）朱子認為《尚書》有費解可疑處

《尚書》之難讀，自古即有共識，但朱子則特別指出其中有不可曉之處，《語類》載：

> 伯豐問「《尚書》未有解」。曰：「便是有費力處。其間用字亦有不可
> 曉處。」（《語類》，卷78，頁1975）
>
> 《尚書》中〈盤庚〉、五〈誥〉之類，實是難曉。若要添減字硬說將
> 去，儘得。然只是穿鑿，終恐無益耳。（《語類》，卷78，頁1981）
>
> 且如歐陽公說「文王未嘗稱王」，不知「九年大統未集」，是自甚年
> 數起。且如武王初伐紂之時，曰：「惟有道曾孫周王發」，又未如何
> 又便稱王？假謂史筆之記，何以未即位之前便書爲「王」？且如太
> 祖未即位前，史官只書「殿前都點檢」，安得便稱「帝」耶！是皆不
> 可曉。（《語類》，卷78，頁1977）

《尚書》雖爲朱子爲學進程中次於《四書》及《詩經》的經典，但這專指《尚書》中幾篇講究義理且文理較爲簡易的篇章。然就《尚書》本身的性質而言，包含有上古以口語記載的文字以及經過後人潤飾增修的記錄，故表現出兩種不同的文體風格，朱子本身亦有此種認知，他認爲《古文尚書》中多數篇章乃經過史官潤飾，故文字較以口語直接詔告百姓的今文〈盤〉、〈誥〉更爲易懂。〈盤〉、〈誥〉雖爲當時的口語，由於時空的限制，後人已難以理解其內容，在失去詮釋的基礎後，朱子認爲若硬說解去，恐怕只是穿鑿，故只需讀其易

解處，〈書臨漳所刊四經後〉云：「反復乎其所易，而不必穿鑿傅會於其所難者云。」（《文集》，卷 82，頁 4071）對於強作《書》解者，朱子均抱持懷疑態度：「近世解《書》者甚眾，往往皆是穿鑿。如呂伯恭，亦未免此也。」（《語類》，卷 78，頁 1988）朱門弟子大概也知道朱子不欲注《書》，但本著《尚書》乃聖人經典的思維，仍強烈要求朱子必須在此經典上有所作爲以指引後學，《語類》載楊道夫所錄云：

> 道夫請先生點《尚書》以幸後學。曰：「某今無工夫。」曰：「先生於《書》既無解，若更不點，則句讀不分，後人承舛聽訛，卒不足以見帝王之淵懿。」曰：「公豈可如此説？焉知後來無人！」道夫再三請之。曰：「《書》亦難點。如〈大誥〉語句甚長，今人卻都碎讀了，所以曉不得。某嘗欲作《書説》，竟不曾成。如制度之屬，祇以《疏》文爲本。若其他未穩處，更與挑剔令分明，便得。」（《語類》，卷 78，頁 1981）

這段語錄記於朱子五十九歲以後，而據前文所舉淳熙十三年，朱子約五十六歲時，在〈答潘文叔〉中曾言欲作《書傳》的內容來看，至少三年後，朱子便暫時放棄撰作計畫。且據楊道夫所言「先生於《書》既無解」，可知朱子大概也曾向學生表明不欲注《書》的念頭，但楊道夫轉個方向，請朱子至少點斷《尚書》文句，俾令弟子有所遵循。而朱子本以無功夫答覆請點《尚書》之請，但禁不住楊道夫一再請求，遂改口稱《尚書》亦難點。朱子並舉〈大誥〉爲例，指出今人斷句過於零碎，故曉不得其文意。其實對於如何正確解讀《尚書》文句，朱子亦苦心思索過，他還曾欲借用古文字識讀，〈答李守約〉第六通云：

> 向見傅漕處本中，有一〈跋古鍾鼎帖銘〉載翟伯壽説，或分一字作兩三字，或合兩三字爲一字者，甚有理。後來見尤延之説常州有萬子平推此説以讀《尚書》，甚有功，以是常欲得之，而悔當時不及傳錄。（《文集》，卷 55，頁 2623）

可惜朱子未得之，否則當有大精進。故朱子自言亦曾企圖作《書説》，竟不得成。可見朱子雖曾經欲用心於《尚書》，但未能突破難解之處，遂使他放棄注《書》念頭。

《尚書》不可曉的問題，除文句理解的困難外，斷簡殘章以及被僞作《書序》擾亂篇章大旨，也是朱子關切的重要問題。《尚書》自秦火之後，歷經劫

難，段玉裁乃有所謂「《尚書》七厄」之說。〔註138〕南宋時，七厄已備，遂使判讀《尚書》內容更感艱難，《語類》載：

> 蘇氏傳中於「乃洪大誥治」之下，略考得些小。胡氏《皇王大紀》考究得〈康誥〉非周公成王時，乃武王時。蓋有「孟侯，朕其弟，小子封」之語，若成王，則康叔爲叔父矣。又其中首尾只稱「文考」，成王周公必不只稱「文王」。又有「寡兄」之語，亦是武王與康叔無疑，如今人稱「劣兄」之類。又唐叔得禾，傳記所載，成王先封唐叔，後封康叔，決無姪先叔之理。吳才老又考究〈梓材〉只前面是告戒，其後都稱「王」，恐自是一篇。不應王告臣下，不稱「朕」而自稱「王」耳。兼〈酒誥〉亦是武王之時。如此，則是斷簡殘編，不無遺漏。今亦無從考正，只得於言語句讀中有不可曉者闕之。（《語類》，卷78，頁1979）

又有：

> 徐彥章問：「先生卻除《書序》，不以冠篇首者，豈非有所疑於其間耶？」曰：「誠有可疑。且如〈康誥〉第述文王，不曾說及武王，只有『乃寡兄』是說武王，又是自稱之詞。然則〈康誥〉是武王誥康叔明矣。但緣其中有錯說『周公初基』處，遂使序者以爲成王時事，此豈可信？」徐曰：「然則殷地，武王既以封武庚，而使三叔監之矣，又以何處封康叔？」曰：「既言『以殷餘民封康叔』，豈非封武庚之外，將以封之乎？又曾見吳才老辨〈梓材〉一篇云，後半截不是〈梓材〉，緣其中多是勉君，乃臣告君之詞，未嘗如前一截稱『王曰』，又稱『汝』，爲上告下之詞。亦自有理。」（《語類》，卷78，頁1986）

朱子認爲《尚書》有斷簡，且疑所謂《孔傳》、《書序》亦皆爲假，朱子之所以會有這些看法，可能原本欲計畫撰作《書集傳》，卻因深入閱讀，從而發現許多疑而未決的問題，逼使他不得不暫時放棄。

然而朱子注《書》失敗之後，並不妨害他對《尚書》的閱讀與認同，反

〔註138〕段玉裁《古文尚書撰異》云：「經惟《尚書》最尊，《尚書》之離厄最甚，秦之火，一也；漢博士之抑古文，二也；馬、鄭不注古文逸篇，三也；魏晉之有僞古文，四也；唐《正義》不用馬、鄭，用僞孔，五也；天寶之改字，六也；宋開寶之改《釋文》，七也。七者備而古文幾亡矣。」見〔清〕段玉裁：《古文尚書撰異》，收入《段玉裁遺書》上冊（臺北：大化書局，1977年5月，影印經韻樓叢書刊本），頁3。

而另外開導出一條閱讀之法。朱子強調若要求《尚書》本文句句義理相通，勢必無法符合實際內容，必致穿鑿，那麼讀《尚書》就不須過度執著於這些難解之處，《語類》載：

> 知《尚書》收拾於殘闕之餘，卻必要句句義理相通，必至穿鑿。不若且看他分明處，其他難曉者姑闕之可也。（《語類》，卷78，頁1982）
>
> 問：「《書》當如何看？」曰：「且看易曉處。其他不可曉者，不要強說；縱說得出，恐未必是當時本意。」（《語類》，卷78，頁1988）

對於《尚書》難讀之篇究竟該如何處置？朱子提出「闕之」的作法，強調不必刻意鑽研這些難解之篇，只要看分明易曉處。他甚至稱許王安石不解〈洛誥〉的作為：

> 「荊公不解〈洛誥〉，但云：『其間煞有不可強通處，今姑擇其可曉者釋之。』今人多說荊公穿鑿，他卻有如此處。若後來人解《書》，又卻須要解盡。」（《語類》，卷78，頁1987）

在這種觀念趨使下，注《書》計畫便不得不擱淺。

（二）朱子認為即使解明《尚書》難曉處亦無作用

朱子對於難曉處採取闕之的作法，但這樣的作法未免有避重就輕之嫌，於是朱子進一步說明他之所以採取「闕之」的態度，是因為這些難曉處即使明白其真正文意，也無用處，《語類》載：

> 《書》中易曉者直易曉，其不可曉處，且闕之。如〈盤庚〉之類，非特不可曉，便曉了，亦要何用？如〈周誥〉諸篇，周公不過是說周所以合代商之意。是他當時說話，其間多有不可解者，亦且觀其大意所在而已。（《語類》，卷78，頁1984）

《尚書》難曉處以〈盤〉、〈誥〉為多，而這些多是當時統治者訓誡臣民的言辭，其中部分內容是以貴族之尊直訓臣屬，且頗有權威恐嚇口吻，如〈盤庚〉即為商王盤庚欲遷都時，對臣民軟硬兼施的告誡言語，雖然其中頗多難懂文字，但朱子認為即使搞懂了，也無太大幫助。而〈周誥〉中諸篇也只是周公申訴周朝之所以取代殷商的理由，有濃厚的天命轉移思想。雖然後人認為周公已由重天命改變為重德，但在告誡殷屬臣民時，仍不免有較為嚴屬的語氣。而這些都被朱子認為並不須仔細研讀，但觀大意即可。

除這些告誡用語外，《尚書》中尚有一些與義理較無關的考證部分，朱子同樣以為非學者所急，不須特別關注。如《書序》載：「成湯既沒，太甲元年，

伊尹作〈伊訓〉、〈肆命〉、〈徂后〉。」〔註139〕依《書序》所言，商湯崩殂之後，太甲似即繼位改元，但《孟子》〈萬章上〉卻載：「湯崩，太丁未立，外丙二年，仲壬四年，太甲顛覆湯之典刑。」依孟子的說法，太甲之前尚有兩位殷王外丙、仲壬。朱子認爲《書序》與《孟子》明顯有異，〔註140〕他則傾向認爲《書序》有誤，《語類》載：

> 問：「『外丙二年，仲壬四年』，二說孰是？」曰：「今亦如何知得？
> 然觀外丙、仲壬，必是立二年、四年，不曾不立。如今人都被《書
> 序》誤。《書序》云『成湯既沒，太甲元年』，故以爲外丙、仲壬不
> 曾立。殊不知《書序》是後人所作，豈可憑也！」（《語類》，卷58，
> 頁1361）

對於朱子這樣的看法，弟子董銖（1152～1214）提出否定之說，他引伊川之言，認爲孟子所謂「外丙二年，仲壬四年」是指外丙時方兩歲，而仲壬只四歲，乃立太子之子太甲，並認爲《書序》所言甚合文理：「玩其語意，則是成湯沒，而太甲立。太甲既立，不明，伊尹放諸桐三年，則是太甲服湯之喪，既不明，伊尹遂使居於湯之墓廬三年，而克終允德也。」（《文集》，卷51，頁2341）面對董銖洋洋灑灑的長篇大論，朱子卻只輕描淡寫地回說：

> 成湯、太甲年次，尤不可考，不必妄爲之說。讀書且求義理，以爲
> 反身自修之具，此等殊非所急。（《文集》，卷51，頁2341）

朱子在與友朋門人以書信討論問題時，往往一針見血地指出錯誤之處，若遇朱子認爲沒有必要討論的事情，更是很直截地採取否定之論。因此在答覆董銖此條時，只道無須妄爲之說，此等殊非所急。朱子認爲就算釐清太甲繼位年次，對於義理亦無助益，故朱子強調讀書且求義理：

> 某嘗患《尚書》難讀，後來先將文義分明者讀之，聲訛者且未讀。
> 如二〈典〉、三〈謨〉等篇，義理明白，句句是實理。堯之所以爲君，
> 舜之所以爲臣，皋陶、稷、契、伊、傅輩所言所行，最好紬繹玩味，
> 體貼向自家身上來，其味自別。（《語類》，卷78，頁1982）

《尚書》難讀篇章姑且置之，只需用功於義理明白之處，並將義理所得作爲自身修養之用，對於歷史事件中某些不重要的細節，則不必深論，《語類》又載：

〔註139〕阮元校勘：《尚書正義》，卷8，頁12下／343。
〔註140〕屈萬里認爲「序言『成湯既沒，太甲元年。』蓋略言之。」見屈萬里：《尚書集釋》（臺北：聯經出版事業公司，2001年3月），頁294。

讀《尚書》，只揀其中易曉底讀，如「期三百有六旬有六日，以閏月
定四時成歲」，此樣雖未曉，亦不緊要。(《語類》，卷 78，頁 1983)

這些古代帝王的年歲或當時的制度，雖然是經典內容所載，但對於後人心性
修養卻無甚益處，故朱子認爲根本不須留意這些枝微末節。〔註141〕歸究其因，
朱子並不把《尚書》當作史看，而是作爲義理講究之書，故對於《尚書》中
某些典章制度若無義理內涵或已不適用於今世者，則不予關注，朱子暫時放
棄注《書》計畫，這種觀念應也是原因之一。

綜合上述所言，朱子對於《尚書》的態度可用《語類》中一段文字作爲
註腳：

大抵《尚書》有不必解者，有須著意解者。不必解者，如〈仲虺之
誥〉、〈太甲〉諸篇，只是熟讀，義理自分明，何俟於解？如〈洪範〉
則須著意解。如〈典〉、〈謨〉諸篇，辭稍雅奧，亦須略解。若如〈盤
庚〉諸篇已難解，而〈康誥〉之屬，則已不可解矣。昔日伯恭相見，
語之以此。渠云：「亦無可闕處。」因語之云：「若如此，則是讀之
未熟。」後二年相見，云：「誠如所説。」(《語類》，卷 78，頁 1983
〜1984)

《尚書》備載聖王之道，自然不可不讀，但其中亦摻雜有側重於瑣碎細節處，
故朱子將之分爲「不必解」、「須著意解」及「不可解」三類。所謂「不必解
者」指《尚書》中義理分明，文理並無窒礙之篇，朱子舉〈仲虺之誥〉及〈太
甲〉爲例，認爲這些篇章並無難曉之處，故只須熟讀。而「須著意解者」則
以〈洪範〉爲首，〈洪範〉乃箕子爲武王陳治國大法，有所謂「洪範九疇」之
說，故歷來備受重視，宋代尤甚，常爲帝王經筵講習的重要內容。朱子更曾
針對其中的皇極之說撰〈皇極辨〉，故朱子認爲這是須要著意解的。另外如二
〈典〉、三〈謨〉文辭稍嫌雅奧，但義理精深，故亦須解。至於〈盤庚〉、〈康

〔註141〕朱子晚年時態度似有變化，朱子《書》稿改本即強調設置閏月的重要性，朱
子注〈堯典〉即云：「十有九歲七閏，則氣朔分齊，是爲一章也。故積之三年
而不置閏，則春之一月入于夏，而時漸不定矣，予之一月入于丑，而歲漸不
成矣。積之之久，至於三失閏，則春皆入夏，而時全不定矣。十二失閏，則
子皆入丑，而歲全不成矣。蓋其名實乖戾，寒暑反易，既爲可笑，而農桑庶
務，皆失其時，爲害尤甚。故必以餘置閏，而後四時不差，而歲功得成，以
此信治百官，而眾功皆廣也。」(《文集》，卷 65，頁 3259)朱子於晚年蓋體
認到《尚書》中某些制度儀節的仍有研討之必要，故一改先前闕之作法，詳
爲解釋。這也可視爲朱子晚年突破心防，願重新注《書》的轉圜之一。

誥〉等，若非難解，便是已不可解，此則不須過度耗費精神。朱子正是出於
這樣的態度，故他認爲歷代解《書》之作以《東坡書傳》爲最好：

> 或問：「《書》解誰者最好？莫是東坡書爲上否？」曰：「然。」又問：
> 「但若失之簡。」曰：「亦有只消如此解者。」（《語類》，卷 78，頁
> 1986）

《東坡書傳》最好的原因並不是解得詳細透徹，而是簡明易懂，著實反映出
朱子對《尚書》處於可解不可解之間的看法。但《東坡書傳》尚非朱子最理
想的著述，〈答或人〉第四通云：

> 《尚書》頃嘗讀之，苦其難而不能竟也；注疏，程、張之外，蘇氏
> 之說亦有可觀，但終是不純粹。（《文集》，卷 64，頁 3232）

《語類》亦載：

> 東坡《書解》文義得處較多。尚有粘滯，是未盡透徹。（《語類》，卷
> 78，頁 1986）

或許由於朱子並未發現滿意的解《書》著作，雖暫時放棄撰作計畫，但最終
仍不得不面對之。

二、朱子晚年編修《書傳》情形蠡測

朱子雖一直存有撰作《書傳》的念頭，最後卻選擇託付蔡沈。就現在學
界的認知而言，蔡沈等於是朱子遺命的《尚書》傳人。而據蔡沈所言，《書集
傳》是依朱子之意而成，董鼎也認爲朱子「既嘗親訂定之，則猶其自著也。」
〔註142〕但《四庫全書總目》卻指出：

> 蔡沈《書傳》雖源出朱子，而自用己意者多。當其初行，已多異論。
> 宋末元初，張葆舒作《尚書蔡傳訂誤》、黃景昌作《尚書蔡氏傳正誤》、
> 程直方作《蔡傳辨疑》、余苞舒作《讀蔡傳疑》，遞相詰難。〔註143〕

《書集傳》初出時便曾引來異論，其中最大質疑者便是朱子重要傳人之一的
陳淳。陳淳於朱子辭世前三個月方離開考亭，若朱子視蔡沈爲《尚書》傳人，
何以不見陳淳有認同之語。而且依朱子晚年編修《禮書》及曾囑託多名弟子
撰作《書傳》的情況來看，朱子託付蔡沈究竟是視蔡沈爲召集修纂的門人之
一？還是全意託於蔡沈，任其自由發揮？此則必須再深入推敲。《語類》有載：

〔註142〕董鼎：《書傳輯錄纂註》，序，頁 1 下／200。
〔註143〕紀昀等：《欽定四庫全書總目》，卷 12，頁 11 上～11 下／283。

> 臨行拜別，先生曰：「安卿今年已許人書會，冬間更須出行一遭。」
> 李丈稟曰：「《書解》乞且放緩，願早成《禮書》，以幸萬世。」曰：
> 「《書解》甚易，只等蔡三哥來便了。」（《語類》，卷117，頁2832
> ～2833）

陳淳於慶元六年正月離開，朱子原與他相約冬間再見，未料三月即辭世。李丈即陳淳岳父李堯卿。而從朱子與李堯卿的這段對話可以看出，朱子此時頗有急切於完成《書解》的意思，故李堯卿乞其放緩。李堯卿大概怕朱子分心於《書解》，因而擔誤《禮書》的工作。朱子編集《禮書》，召集大批弟子，各依任務，分頭纂編，並由朱子進行總校定。那麼在《禮書》編集如火如荼的時候，若再歧出心力於《書解》，恐怕會妨礙《禮書》的完成。而朱子面對李堯卿的憂慮時，卻道：「《書解》甚易，只等蔡三哥來便了。」這句話與朱子平常質疑《尚書》全書有不可曉之處相當矛盾。若朱子認為注《書》是甚易的工作，自己何以不注，又何以必待蔡沈而成？因此這句話的重點當非就《尚書》的難易度而言。朱子計畫注《書》十餘年而未竟其功，重點便在於《尚書》中有些難度甚高的篇章，實在難以詮釋，而且朱子自己也不主張作全解，故所謂「《書解》甚易」當非指注解《尚書》是容易之事，而是對照《禮書》編集動用大量人力的情況，《書解》則不須如此，蔡沈一人即可完成。故所謂「甚易」，是說欲解決此書甚易，只要囑託蔡沈即可，由他一人負責編修，並不須再耗費其他人力，故而亦不會妨礙《禮書》之完成。

但我們必須注意，朱子囑咐蔡沈撰作《書傳》的性質，應該與召集門人弟子編修《禮書》相同，若朱子確定自己不注《尚書》，全權交由蔡沈自行編集處理，那麼李堯卿當不致請求朱子暫停《書解》工作，可見朱子此時必也積極從事於集注《尚書》的準備工作，而不是決定交付蔡沈，靜候其來而已。故朱子之命蔡沈撰作《書集傳》，其性質應與早年編修《四書》與晚年編修《禮書》相同，這是將工作分配於門人子弟，但最後總訂定的工作仍必須由朱子完成。《文集》今存數篇注解《尚書》文字，即朱子修訂蔡沈之稿，那麼便表示朱子並非交代完蔡沈後便任其自由寫作，不再關注其進度，今人過度將囑託蔡沈的時間與朱子辭世之年作連結，似乎朱子預知死期，遂作遺言式的交代，會造成這種印象，其實應該是出於蔡沈及其子蔡抗的建構，蔡沈在〈書集傳序〉言：「慶元己未冬，先生文公令沈作《書集傳》。」〔註144〕蔡抗〈進

〔註144〕蔡沈：《朱子全書外編・書集傳》，頁1。

書集傳表〉則云：

> 先臣沈從游最久，見道已深，俾加探索之功，以遂發揮之志。微辭
> 奧旨，既得於講貫之餘；大要宏綱，盡授以述作之意。往復之織具
> 在，刪潤之墨如新。〔註145〕

〈面對延和殿所得聖語〉又言：

> 先臣此書，皆是朱熹之意。朱熹晚年訓傳諸經略備，獨《書》未有
> 訓解。以臣從游最久，遂授以大意，令具藁而自訂正之。今朱熹刪
> 改親筆，一一具存。〔註146〕

蔡沈自言朱子命其作《書集傳》，而蔡抗則於表中提及由於蔡沈與朱子從游最
久，遂得以受朱子付託，令其具稿而自訂正之。但這恐怕只是蔡沈片面灌輸
於蔡抗的認知。朱子辭世時，蔡沈年僅三十三，雖少年時曾與蔡元定一同從
學於朱子，但若論從游最久，實屬言過其實。而且蔡抗強調《書集傳》全是
朱子意，這也與實際不符，前引《總目》之說即有諸多著作專門考證朱、蔡
之異同，證明蔡書絕非全是朱子意。而且若朱子確有任蔡沈為《書傳》傳人
的遺命，何以陳淳會在〈奠侍講待制朱先生〉中提到：「《禮經》脩矣而未具，
將誰有制作之才可以紹其業？《書傳》纂矣而未就，將誰有帝王之學可以畢
其章？」〔註147〕蔡沈自道朱子是於慶元五年冬命其作《書傳》，時陳淳人亦在
考亭，若朱子確有此命，何以陳淳會置若罔聞，而感嘆朱子《書傳》將無人
可傳？且據陳淳所言，朱子已開始纂修《書傳》，且與《禮經》並舉，可見《禮》、
《書》均被朱子視為晚年欲完成的經學整頓重點。

　　朱子對於《尚書》注解的工作並非僅召蔡沈一人獨作《書集傳》而已，
朱子在慶元四年〈答謝成之〉提到：

> 只邵武一朋友，見編《書說》未備，近又遭喪，俟其稍定，當招來
> 講究，亦放《詩傳》作一書。（《文集》，卷58，頁2797）

此所謂「邵武一朋友」，一般多認為乃指蔡沈，如錢穆云：「此謂邵武一朋友，
當即指蔡沈。邵武為建陽鄰縣，時方遭黨錮之禍，朱子蓋不欲明言也。戊午
蔡季通死於貶所，故謂其遭喪。」〔註148〕若此邵武一朋友真為蔡沈，那麼朱
子便屬意蔡沈已久，託其作《書集傳》當無太大問題。但蔡沈非邵武人，何

〔註145〕蔡沈：《朱子全書外編・書集傳》，頁270。
〔註146〕蔡沈：《朱子全書外編・書集傳》，頁271。
〔註147〕陳淳：《北溪大全集》，卷49，頁8上／887。
〔註148〕錢穆：《朱子新學案》第4冊，頁90。

－521－

以稱其爲邵武一朋友？故學界頗有雜音，認爲此邵武一朋友非指蔡沈，束景南便以爲應是李方子，其云：

> 李方子是邵武人，這裡說的「邵武一朋友」便應是指李方子。這表明在慶元四年朱熹著手仿照自己的《詩集傳》而作《書集傳》時，他倚重的主要弟子是李方子，還不是蔡沈。值得注意的是這裡還道出了一個事實：朱熹最初作《書集傳》，是把前半部委任給李方子，把後半部委任給謝誠之，證明朱熹命弟子集《書傳》是作了具體分工的，而這些弟子主要還是輯集眾家之說，編成資料性的集解（如李方子的〈禹貢集解〉），供朱熹注解《尚書》之用。〔註149〕

程元敏則認爲束景南未考慮「遭喪」這一問題，遂疑曰：

> 疑此「邵武一朋友編書」云云，謂李方子，惜「近又遭喪」無從考實（朱子大傳頁1017謂「此邵武一朋友，便應是指李方子」，遭喪一點未慮及），姑志疑於此。〔註150〕

而陳來則以爲「邵武一朋友」乃李相祖（時可），其云：

> 按此書言今年絕無來學者，乃在戊午春夏間，時蔡沈隨季通在貶所，且蔡氏非邵武人。又按《文集》五十五答李時可五、六、七書皆論編《書》說，李相祖（時可）即邵武人，答其論《書》說者亦作于丁巳戊午，故此處指李時可。〔註151〕

關於「邵武一朋友」所指，眾說紛紜，但由於這牽涉到朱子是否早已確認蔡沈爲傳人，因此必須詳細考察一番。

李相祖與李方子乃叔侄關係，李方子父李紹祖早逝，祖父李呂（1122～1198）與朱子爲講學友，李方子則與叔父李閎祖、李相祖、李壯祖及弟李文子，相繼投於朱子門下。據周必大（1126～1204）〈李濱老墓誌銘〉所記，李呂死於慶元四年（1198）六月，〔註152〕故李方子及李相祖此時皆算遭喪。巧合的是蔡元定亦於是年八月死於道州貶所，故就遭喪來看，蔡沈亦符合條件。然李相祖與李方子皆邵武軍光澤縣人，而蔡沈則爲建州建陽人，那麼就邵武人

〔註149〕束景南：《朱子大傳》，頁1017。
〔註150〕程元敏：《書序通考》，頁232。
〔註151〕陳來：《朱子書信編年考證》（上海：生活‧讀書‧新知三聯書店，2007年9月），頁473。
〔註152〕〔宋〕李呂：《澹軒集》，收入《景印文淵閣四庫全書》第1152冊，卷8，頁15下／261。

條件而言，蔡沈並不符合。且據朱子語氣來看，邵武若非此一朋友之鄉里，便是其目前居住所在地。蔡元定乃於是年八月死於舂陵貶所，蔡沈千里扶柩，據劉爚（1144～1216）〈西山先生蔡公墓誌銘〉所記，蔡沈於十一月六日奉父靈歸葬於建陽縣崇泰里，〔註153〕又據朱子〈祭蔡季通文〉所載，朱子至遲於十月二十九日確認蔡元定亡故訊息，並於十二月六日遣朱埜奠祭，〔註154〕則從八月至十二月間，蔡沈均在處理喪事，人一整年均不在邵武，恐不得以邵武一朋友稱之。且蔡季通死於非命，頗令朱子愧疚傷痛，與李呂壽終正寢不同，而〈答謝成之〉並未見惋惜之意，「俟其稍定，當招來講究」，這種口吻實不像對蔡季通及蔡沈而發。而李相祖一大家子人均與朱子有所往來，朱子對其爲邵武人定有深刻印象。據《光澤縣志》所載，李呂乃死於家中，〔註155〕此時李相祖及李方子必回故里奔喪，人也定在邵武。

　　綜合以上判斷，此「邵武一朋友」無論就鄉里或所在地皆指向李相祖及李方子，而非蔡沈。然明人凌迪知（1529～1600）《萬姓統譜》載李相祖：「嘗以熹命，編《書說》三十餘卷。」〔註156〕所說雖不知何據。《文集》中載朱子〈答李時可〉書信七封，其中有三封均論及《尚書》，略可見出端倪，如〈答李時可〉第五通云：

> 諸家說見，今方尋檢，元祐〈說命〉、〈無逸講義〉及晁以道、萬子平、程泰之、吳仁傑數書，先附去，可便參訂序次，當以注疏爲先，疏節其要者，以後只以時世爲先後可也。西山間有發明經旨處，固當附本文之下，其統論，即附篇末也。記得其數條理會點句及正，〈多方〉、〈多士〉兩篇可併考之。（《文集》，卷55，頁2634）

從這封書信來看，朱子除提供李相祖參考資料外，亦指導編定《書說》之綱目。又如〈答李時可〉第六通云：

> 所寄〈堯典〉，以目視頗艱，又有他冗，已付諸朋友看，俟其看了，却商量也。《書序》不須引冠篇首，但諸家所解，却有相接續處，恐

〔註153〕 劉爚〈西山先生蔡公墓誌銘〉云：「十一月六日始克葬于建陽崇泰里翠嵐之源。」見〔宋〕蔡元定：《西山公集》，收入《蔡氏九儒書》，影印同治戊春重鑴三餘書屋藏板，卷2，頁113下。

〔註154〕 參〈又祭蔡季通文〉（《文集》，卷87，頁4316）。

〔註155〕 光澤縣地方志編纂委員會編：《光澤縣志》（北京：群眾出版社，1994年9月），頁747。

〔註156〕 〔明〕凌迪知：《萬姓統譜》，收入《景印文淵閣四庫全書》第957冊，卷72，頁32下／77。

當作「注」字附于篇目之下，或低一字作傳寫。而於首篇明著其繆
亦可，但恐諸家元無此說，即且闕之，以俟書成，別加訂正也。王
氏〈書義序〉中，明言是雱說，然荆公〈奏議〉却云「一一皆經臣
手」，今但以〈序〉爲正可也。（《文集》，卷55，頁2635）

在這封書信中，李相祖已完成〈堯典〉注解，這大概是初下手的部分，而朱
子則不認同李相祖將《書序》冠於篇首的作法，並指點他體例的寫作方式。
但到了第七封時，情況則有些改變：

《書說》，緣此間《禮書》未了，日逐更無餘功可及他事，只略看得
〈禹貢〉，如「冀州」分爲三段，頗有條理，易照管，而諸州皆只作
一段，則太闊遠而叢雜矣。恐皆合依冀州例，而逐句之下，夾注「某
人曰：某地在某州某縣」，其古今州縣名不同，有復見者，亦並存之，
以備參考。（《文集》，卷55，頁2635～2636）

朱子明確告知李相祖，由於當時正值《禮書》編修之時，實無暇再多看其
所撰作之《書說》，只能略看得〈禹貢〉。那麼前封書信中朱子已因無暇看
〈堯典〉而交付朋友，今番又直言無餘功可及他事，對於李相祖而言，大
概也不好意思再打擾朱子，於是兩人通信於此而止，未再見李相祖以《書
說》內容請教朱子。而陳來將這三封書信繫年於慶元三年至四年間，他的
理由是：

此三書皆論集注《尚書》事，相承在一時先後。又七書中言：「風色
如此，……《書說》緣此間《禮書》未了，日逐更無餘功更及也。」
風色如此指僞學禁嚴，禮書未了，當在修禮中。禮書自丙辰始動手，
然終朱子之卒亦未成，此言未了，似在丁巳戊午間。〔註157〕

如此一來，對照寫於慶元四年的〈答謝成之〉，其中所提到的「只邵武一朋友
見編《書說》未備」便有了其時空背景。大概李相祖本有意於集注《尚書》，
遂向朱子請教，然幾番受限於朱子無法抽出多餘時間討論，大概便未敢再來
函。而朱子自己可能也頗感在意，故仍有招其修訂《書說》的想法，但不知
因何作罷，遂改爲囑託蔡沈。但朱子可能曾喻知李相祖繼續《書說》之作，
遂有奉朱子命，編《書說》三十餘卷之傳言。

至於李方子與朱子通信現存五封，並未有討論《尚書》之例，而朱子在
給黃榦的信中則提到：「李公晦《禹貢集解》編得稍詳，今附去試看。」（《續

〔註157〕陳來：《朱子書信編年考證》，頁441。

集》，卷 1，頁 4910）而束景南以爲李方子於慶元五年前來考亭，便是受朱子所召。但若朱子已屬意李方子，且李方子應朱子之請而來討論撰作《書傳》，那麼何以朱子最後會捨棄李方子作爲《尚書》傳人而再另尋他人。觀朱子對李方子《禹貢集解》評價應不惡，當非由於觀念上的歧異而捨之。合理的推測應是朱子原本所召者乃李相祖，但相祖或因守喪，或有他故而不得前來，遂遣李方子拜見朱子。而李方子大概知道朱子本有意召李相祖編修《書集傳》，遂趁這個機會奉上自己所著《禹貢集解》讓朱子參考。《經義考》引《邵武府志》云：「寶慶二年，眞德秀、袁甫取所著《禹貢解》以進，特授朝奉郎。」〔註158〕此即李方子之《禹貢集解》，那麼李方子所解《尚書》似僅〈禹貢〉一篇，並未再多有著述。若朱子曾授命於他，不應止於此而已。且〈禹貢〉乃地理之書，李方子特解此篇，可能僅是長於此學之故。總之，就李方子與李相祖兩人對《尚書》的精研廣度來看，當以李相祖爲此「邵武一朋友」最合適人選。

　　由此可見，朱子並非不著意於注《書》工作，大概《禮書》修纂在具備初步規模之後，亦開始萌發撰作《書集傳》的念頭，而《禮書》由眾弟子合力完成的方式，省力不少，這可能使朱子也想循這種模式，完成《書集傳》的工作。黃聞然〈南宋淳祐十年呂遇龍上饒郡學刻本跋〉云：「始《書》未有傳，分命門人纂集，莫可其意，乃專屬之九峰。」〔註159〕眞德秀（1178～1235）〈九峰先生蔡君墓表〉亦云：「文公晚年訓傳諸經略備，獨《書》未及爲，環睨門下生，求可付者，遂以屬君。」〔註160〕束景南亦云：

　　　　朱子最早有意指點弟子作《尚書》注書是在慶元三年，臨海弟子潘
　　　　時舉（子善）是他第一個有意付托的學者，這一年兩人在《尚書》
　　　　上進行了深入的討論，朱熹終覺他太疏淺，便在慶元四年開始親自
　　　　動手作《尚書》注。按照他一貫的寫作辦法，他同時又分命一些長
　　　　於《尚書》的弟子各撰注說，供他綜合取用，除了潘時舉外，還有
　　　　李方子（公晦）、李相祖（時可）、陳埴（器之）、林夔孫（子武）、
　　　　謝誠之、黃榦。朱熹對他們主要進行具體指導，讓他們各自成書，
　　　　以便他參合各人所長而成己注，這同他後來專門把觀點材料交給蔡

〔註158〕朱彝尊：《經義考》，卷 94，頁 509。

〔註159〕朱傑人編：《朱子全書外編》第 1 冊，頁 286。

〔註160〕〔宋〕眞德秀：《西山文集》，收入《景印文淵閣四庫全書》第 1174 冊，卷
　　　　42，頁 7 下／661。

沈作《書經集傳》，按照他的意願著書是不同的。〔註161〕

這些資料均指出，朱子曾篩選門生注《書》，雖然最後囑託蔡沈，但這應該與修《禮》分配工作的性質相同，〈答蔡仲默〉云：

> 謝誠之《書》說六卷，陳器之《書》說二卷，今謾附去，想未暇看，
> 且煩爲收起，鄉後商量也。（《續集》，卷3，頁4968）

陳埴作《書說》二卷，已佚，《宋元學案》〈木鐘學案〉載：「陳埴，字器之，永嘉人，少師水心，後從文公學。……著〈禹貢辯〉、〈洪範解〉。」則二卷即解〈禹貢〉及〈洪範〉之說。謝誠之一作成之，生平不詳，其所編《書說》六卷已佚，朱子〈答謝成之〉中曾與其討論《書說》得失，並要求謝成之將《書說》後篇陸續寄來。可見朱子曾命諸門生各自纂修《尚書》，並由他修訂。又〈答潘子善〉第九通亦云：「《書說》今且報去，去歲卷子，八月間已寄往黃巖矣。」（《文集》，卷60，頁2991）而朱子在命蔡沈撰作時，可能便將這些資料一併送予參考。我們也發現，除蔡沈外，李相祖亦曾受朱子寄送參考資料，朱子讓這些資料在弟子之間相互流傳，大概欲讓弟子有更多參考文件。朱子晚年疾病纏身，〈答李季章〉第二通云「左目全盲，右目昏甚，又脾泄時作，頗妨應接耳。」（《文集》，卷29，頁1112）左支右絀的情況下，不得不藉助弟子之力，完成重新注修經籍的工作。然雖屬意由蔡沈負責編撰《書集傳》，但最終必須仍由朱子審定，一如《四書章句集注》的成書，最後必須是掛朱子之名。只是未料朱子隨即辭世，遂使蔡沈變成獨立撰寫。而由於朱子屬纊時，蔡沈亦隨侍在側，朱子很可能是在病亟之時，囑託蔡沈繼續《書集傳》的注解工作。臨終遺言很有可能逐漸與去歲冬季朱子欲其前來商訂編修《書集傳》的師命相結合，從而造成後人以爲朱子並無注《書》計畫，而將這項工作全交給蔡沈的印象。然而由於《書集傳》大多數篇章並未經過朱子修訂，原意與朱子實有落差，也引起討論，陳淳〈答郭子從〉第一通即云：

> 蓋《書》之爲經，最爲切于人事日用之常，惜先師只解得三篇，不
> 及全解，竟爲千古之恨。自先師去後，學者又多專門，蔡仲默、林
> 子武皆有《書解》，聞皆各自爲一家。〔註162〕

從陳淳的口吻可知，他蓋亦未見蔡沈《書集傳》全文，故言「聞」其自爲一家。然蔡沈自言朱子命其作《書傳》的時間爲慶元五年冬，這時陳淳也在考

〔註161〕束景南：《朱子大傳》，頁1016。

〔註162〕陳淳：《北溪大全集》，卷25，頁4上／697。

亭，若朱子作出這樣的決定，陳淳無由不知，那麼在他未曾見過《書集傳》原文時，遂視其與林子武等同為歧出於朱子的專門之學，若蔡沈乃朱子認定之傳人，陳淳當會為其稍作辨駁，不至於如此評斷。

由此可見，朱子當非一早就選定蔡沈為《書傳》唯一傳人，然由於文獻不足徵，現只能根據可見資料拼湊出當時的情形。首先，真德秀〈九峰先生蔡君墓表〉有云：

> 文公晚年訓傳諸經略備，獨《書》未及為，環眠門下生，求可付者，遂以屬君。〈洪範〉之數，學者久失其傳，聘君獨心得之，然未及論著，亦曰：「成吾書者，沉也。」君既受父師之託，廩廩焉常若有負，蓋沉潛反復者數十年，然後克就。〔註163〕

蔡沈受父師之命，遂開始進行《尚書》注釋，然而真德秀所敘次序當以蔡元定託蔡沈撰〈洪範〉之作為先，朱子命蔡沈作《書集傳》為後。蔡沈應該是先依父命而作〈洪範傳〉，此應即《洪範皇極內篇》的原本，而當他移靈回鄉後，便即以此書寄付朱子，請求審定。今《續集》第三卷中錄有朱子答蔡沈書數通，據陳來編年第一通「周純臣書」乃早年書信，自第二通起皆為慶元五年往來之書信。依其次序來看，可以發現朱子對蔡沈要求有漸進式的改變，如〈答蔡仲默〉第二通云：

> 〈洪範傳〉已領，俟更詳看，然不敢率易改動，如餘子書。一面寫，後日早來取。（《續集》，卷3，頁4695）

蔡沈於慶元四年十二月左右處理完蔡元定喪事之後，必定先以父親囑託〈洪範傳〉為優先處理事務，因此即以〈洪範傳〉寄朱子，冀其審定，但朱子尚未詳看。在第三封中朱子則寄了謝誠之《書說》及陳埴《書說》予蔡沈，此時可能已有納蔡沈修《書傳》的考量，但仍未確定，故僅言：「今謾附去，想未暇看，且煩為收起，鄉後商量也。漳州陳安卿在此，其學甚進。」（《續集》，卷3，頁4968）陳淳乃於慶元五年十一月中旬來到考亭，故此通書信當在此時。然書中僅要求蔡沈將所寄《書說》收訖，以待日後再行商量，行文之間，尚未見有急迫之意，若朱子已有意欲其撰《書集傳》，當不至於要其有暇再看。但蔡沈既受朱子寄書，豈敢怠慢，想他當即閱讀，發表諸多意見寄予朱子，並要求更多資料參閱，故朱子第四通便與蔡沈開始討論：「『星室』之說，俟更詳看。但云『天繞地左旋，一日一周』，此句下恐欠一兩字。說地處，却似

〔註163〕真德秀：《西山文集》，卷42，頁7下～8上／661～662。

亦說得有病。……『岐、梁』恐須兼存眾說，而以晁氏爲斷。但梁山證據不甚明白耳。」（《續集》，卷 3，頁 4969）朱子此書與蔡沈所論蓋涉及〈堯典〉及〈禹貢〉，這已非先前所寄〈洪範傳〉的內容，可見蔡沈已開始對朱子發表解《書》意見。到了第五通書信，朱子說法有了轉變：

> 年來病勢交攻，困悴日甚，要是根本已衰，不復能與病爲敵，看此氣象，豈是久於人世者。諸書且隨分如此整頓一番，《禮書》大段未了，最是《書說》未有分付處，因思向日喻及《尚書》文義猶是第二義，直須見得二帝三王之心而通其所可通，毋強通其所難通。即此數語，便已參到七八分。千萬便撥置來此，議定綱領，早與下手爲佳。（《續集》卷 3，頁 4969）

朱子先向蔡沈道出《書說》未有分付處的苦惱，朱子於慶元四年曾蒐集弟子集注《尚書》作品，便已表明撰作《書集傳》的意圖，但審視諸弟子說法之後，可能遲遲無法決定交付者，此時則因蔡沈曾向其說明解《書》的原則：「見得二帝三王之心」及「毋強通其所難通」，這兩項原則與朱子的認知非常相合，故朱子讚其已悟到七八分，遂要求蔡沈千萬要來一趟，以商議綱領，方便下手。且據蔡沈自云乃慶元五年多天朱子方命其作《書集傳》，然蔡沈直到慶元六年三月初二方來考亭面見朱子，那麼慶元五年多天朱子之命蔡沈，當是以書信告知，且應該就是《續集》中〈答蔡仲默〉第五通書信之時決定。但第三封尚只是要蔡沈收迄資料，日後再商量。考亭、建陽距離不遠，故往來兩書後，尚在多間，然朱子卻突然改變態度，催促蔡沈立刻前來，此時應已決定讓蔡沈負責《書傳》集解編纂的工作，然書信及《語類》中卻仍載有對蔡沈《書》說的批評，顯示蔡沈之說仍未盡完善，朱子亦不太可能遂任其自行處理，《語類》中即存有數條朱子批評蔡沈《書》說之記錄：

> 仲默集注《尚書》，至「肇十有二州」，因云：「禹即位後，又并作九州。」曰：「也見不得。但後面皆只說『帝命式於九圍』，『以有九有之師』。不知是甚時，又復并作九州。」（《語類》，卷 78，頁 2000）
> 仲默論五刑不贖之意。曰：「是穆王方有贖刑。嘗見蕭望之言 古不贖刑，某甚疑之，後來方省得贖刑不是古。」因取〈望之傳〉看畢，曰：「說得也無引證。」因論望之云：「想見望之也是拗。」（《語類》，卷 79，頁 2062）

第 則爲朱子明確批評蔡沈之說，而第二則中朱子立場與蔡沈相同，均主張

五刑不贖，但朱子突對《漢書》〈蕭望之傳〉內容批評爲「拗」，對照蔡沈《書集傳》援引蕭望之（約前 114～前 47）所說爲例，可見蔡沈此時當是以蕭望之所說作爲五刑不贖之證。漢宣帝時，張敞（？～前 48）與蕭望之辯論入穀贖罪是否可行，蕭望之主張不可行，《漢書》載蕭望之之論云：

> 民函陰陽之氣，有好義欲利之心，在教化之所助。堯在上不能去民欲利之心，而能令其欲利不勝其好義也。……道民不可不慎也。今欲令民量粟以贖罪，如此則富者得生，貧者獨死，而貧富異刑而法不壹也。〔註 164〕

蕭望之並未明確提到堯舜之時無五刑之贖，其文雖似有此意，但並未詳說，故朱子評其說得也無引證。雖然朱子最後仍採取蕭望之說法爲證，〔註 165〕蔡沈蓋因此遂仍採用其說，但在此條語錄記錄時，朱子則確實表現出存疑態度，這兩則記錄均顯示朱子對蔡沈某些說法仍存有疑義，程元敏便云：「體其語氣，時亦尙未屬意蔡氏編撰《書集傳》。」〔註 166〕那麼這裡便牽扯出一項問題，在朱子尙未確認蔡沈爲《書傳》傳人前，蔡沈自己似已有部分撰作，遂一再請示朱子。上述兩條記錄乃黃義剛所錄，據〈語類姓氏〉所記乃光宗紹熙四年（1193）以後，而據陳榮捷引日人田中謙二〈朱門弟子師事年考續〉所考，黃義剛分別師事朱子兩次，第一次爲紹熙四年，第二次則爲慶元三年至五年。〔註 167〕那麼據上文所分析，朱子與蔡沈再次就學術問題連絡應是慶元五年冬季左右，故黃義剛所錄這兩條，大致可以確認是慶元五年冬季。且朱子與蔡沈通信中，亦對其說有諸多建議，如〈答蔡仲默〉第四通云：

> 「星室」之說，俟更詳看，但云「天繞地左旋，一日一周」，此句下恐欠一兩字。說地處，却似亦說得有病，蓋天繞一周了，更過一度，日之繞地比天雖退，然却一日只一周，而無餘也。（《續集》，卷 3，頁 4969）

〈答蔡仲默〉第六通云：

〔註 164〕班固：《漢書》，卷 78，頁 4 下／966。
〔註 165〕〈舜典象刑說〉有云：「蕭望之等，猶以爲如此，則富者得生，貧者獨死，恐開利路，以傷治化。曾謂三代之隆，而以是爲得哉！」（《文集》，卷 67，頁 3368）蔡沈則全據朱子而說而改三代爲唐虞，其云：蕭望之等猶以爲如此，則富者得生，貧者獨死，恐開利路，以傷治化。曾謂唐虞之世，而有是贖法哉？」見蔡沈：《朱子全書外編・書集傳》，卷 6，頁 255。
〔註 166〕程元敏：《書序通考》，頁 233。
〔註 167〕陳榮捷：《朱子門人》，頁 180。

> 示諭《書》說數條皆是，但〈康誥〉「外事」與「肆汝小子封」等處，
> 自不可曉，只合闕疑。(《續集》，卷 3，頁 4969)

朱子在〈答蔡仲默〉第五書中稱許蔡沈「通其所可通，毋強其所難通」之語，
但蔡沈隨而寄來之說，卻依舊犯有此病，強作解說，故朱子再次申明《尚書》
有不可解者，意欲其勿強作解人。然這等於犯了朱子說經的忌諱，何以仍會
堅持蔡沈作爲傳人，這與蔡元定當有莫大關係。據蔡元定遺囑，他一方面在
〈臨終囑仲默書〉交待蔡沈回鄉後必須事奉朱子，「先生老矣，汝歸終事之。」
〔註168〕一方面委託朱子收蔡沈爲徒，「沈子歸，可收而教之，幸甚！」〔註169〕
基於朱子與蔡元定的情誼，他對蔡沈必有特殊情感，黃榦〈又跋〉即云：「今
年春，先生以書一通示幹，咨嗟太息者久矣！曰：『此季通與其子書也。子爲
我掇其要語，繕寫以來。』未及反命而先生歿。」〔註170〕慶元六年春天，朱
子突然對黃榦提起蔡元定的遺書，而此時朱子正欲召蔡沈前來，想是故人情
誼令朱子難以釋懷，加上蔡沈自有集注意圖，因此對蔡沈遂有令其擔負編修
《書傳》工作的指示，並與朱子通信請示。朱子此時除準備資料外，也對蔡
沈指導實際內容。而從蔡抗所上佐證書信來看，〔註171〕即爲《續集》所存這
些書信，並未再有多餘資料，可見就是這幾封書信讓蔡沈認定朱子欲其撰作
《書傳》。朱子強烈傳召蔡沈必須前來考亭，應該是要確認他在撰作《書傳》
方面的想法，並指導他如何進行編集工作及相關體例，但並非一開始就決定
要蔡沈自行接手。朱子原先應是預定兩人合作。而蔡沈之所以一再延遲到慶
元六年才面見朱子，大概爲準備相關資料以與朱子討論，蔡沈〈朱文公夢奠
記〉云：

> 是夜，先生看沈《書集傳》說書數十條及時事甚悉，精舍諸生皆在。
> 四更方退，止沈宿樓下書院，且三日。先生在樓下改《書傳》兩章，
> 又貼脩《稽古錄》一段，是夜，說《書》數十條。〔註172〕

此時《書集傳》已有數十條之說，又爲朱子修正兩章，應即今存《文集》中
的二〈典〉、〈禹謨〉。蔡沈〈書集傳序〉又云：「二〈典〉、〈禹謨〉，先生蓋嘗

〔註168〕蔡元定：《西山公集》，卷 2，頁 140 下。
〔註169〕蔡元定：《西山公集》，卷 2，頁 137 下。
〔註170〕蔡元定：《西山公集》，卷 2，頁 141 下。
〔註171〕朱傑人編：《朱子全書外編》第 1 冊，頁 273～275。
〔註172〕〔宋〕蔡沈：《九峰公集》，收入《蔡氏九儒書》，影印同治戊春重鑴三餘書屋
　　　　藏板，卷 6，頁 58 下。

是正。」〔註173〕並自注云：「先生改本已附《文集》中，其間亦有經承先生口授指畫，而未及盡改者，今悉更定。」〔註174〕那麼朱子原本預設給予蔡沈的工作，應只是類似編修《禮書》門人一樣，蓋經由書信的往來，得知蔡沈對《尚書》集解工作極有興趣，且其觀念又與朱子不謀而合，遂欲令其擔當編修的主要工作，負責集注資料蒐集，再由朱子纂定。然而就在蔡沈拜訪時，朱子溘然長逝，在死前必定有所付託，此乃人之常情，但恐不得據此而以為朱子初不欲注《尚書》，而有意將全部工作交予蔡沈一人進行。因此，吾人可以說，《書傳》計畫存於朱子心中甚久，或因主觀心理，或由於客觀限制，使朱子遲未展開。而當朱子下定決心確實欲著手進行時，無奈未及成書而逝。而蔡沈適逢親侍病榻，朱子當有言語託付，遂令蔡沈由此而成為朱子《尚書》傳人。

第三節　朱子疑《書》之義理思維

　　《尚書》的問題除了字句聱牙難解外，其各別篇章的真實性亦頗有爭議。早在漢代便曾出現多種偽書版本。而傳世《古文尚書》乃東晉梅賾所獻，前此無人見過，相較於其他諸經，《尚書》真假問題實有過之而無不及。晉唐文獻多已不存，難以窺知當時學者對《尚書》真偽是否有任何建設性意見。而宋代疑經改經風氣興盛，影響所及，儒者亦開始省思《尚書》的問題，據目前可見資料顯示，吳棫是最早對《尚書》今古文文體差異發表看法者，而朱子接於其後，更對《尚書》進行批判，指出《書序》及《孔傳》絕非先秦、漢代文字，乃魏晉時人之偽作，並對經文文本提出許多質疑，一新學界耳目，也使朱子在《尚書》辨偽史上佔有相當重要的啟蒙地位。然而近人卻逐漸有另一種聲音出現，認為朱子雖對《書》有二體提出說明，但其實並未懷疑《古文尚書》為偽作，故本論文在審析朱子《尚書》義理思想前，有必要先就朱子疑《書》等問題進行分析，以明白朱子對《尚書》的真正關懷。

　　朱子對《尚書》的看法頗異於前儒，他雖看重其中部分篇章，但嚴格說來，他對《尚書》質疑甚多，雖然未至於如清儒徹底釐清其中偽作的部分，但他卻在許多重要細節處，啟發後人辨偽的思維，也由此顯示朱子讀書的敏

〔註173〕蔡沈：《朱子全書外編・書集傳》，頁 1～2。
〔註174〕蔡沈：《朱子全書外編・書集傳》，頁 2。

銳度。就今人的認知，朱子對《尚書》之疑可概括為三部分，分別針對《書序》、《孔傳》及今《古文尚書》，依下茲依此三項討論：

一、對《書序》的懷疑

　　《尚書》今傳篇章共五十八篇，每篇皆附有一序文，此即《書序》，《書序》總數除傳世篇章外，另有書佚而序存者，兩者合計共六十七則。《書序》性質與《詩序》雷同，均是總括經文之文字，每則約僅十餘字，另有一篇總序，一般稱作〈大序〉，篇前之序則稱《小序》，不過今一般通言之《書序》乃指《小序》。〈大序〉舊題為孔安國所作，而《小序》相傳則為孔子親撰，《漢書》〈藝文志〉云：「《書》之所起遠矣，至孔子纂焉。上斷於堯，下訖于秦，凡百篇，而為之序，言其作意。」〔註175〕而朱子所言之《書序》，有時指〈大序〉，有時則指《小序》，須視其上下文意而定。《書序》的時代及作者一直是個重大爭議，今人程元敏透過層層推論，逼顯出《小序》大約成於秦漢之際。〔註176〕程元敏的研究大概可作為《書序》產生時代之定論，然而朱子在八百年前便有類似看法：「某看得《書小序》不是孔子自作，只是周秦間低手人作。」（《語類》，卷78，頁1983）早已作出《小序》非孔子作，〈大序〉非孔安國作的推論，朱子眼光的精準，不得不令人服佩，〈答董叔重〉第五通云：

　　　　《書序》恐只是經師所作。然亦無證可考，但決非夫子之言耳。（《文
　　　　集》，卷51，頁2341）

〈答孫季和〉第二通則云：

〔註175〕班固：《漢書》，卷30，頁3下／437。

〔註176〕程元敏《書序通考》第十一章〈論書序之著成年歲〉共列出十二綱目，分別逐漸逼顯出《書序》的成書年代，這十二綱目分別為：（一）書序據詩雅，見其著成不得早至周宣王之前。（二）書序之著成，當左傳國語成書（戰國初葉）之後。（三）書序之著成，後於孟子七篇之成書（戰國中葉）。（四）考書序之用資料，知其成書晚於公羊傳（戰國中葉）荀卿書（戰國晚葉）之流傳。（五）書序之著成，必在逸周書成編（戰國晚葉）之後。（六）書序之衍成，必在詩序、易序撰作（戰國晚葉）之下。（七）書序之著成，必次後於禮戴記各篇成撰（戰國晚葉）之下。（八）由尚書二十九篇之著成時代定書序戰國晚年以後著作。（九）書序記事出呂覽，見其著成當在秦政六年之後。（十）書序據韓非子定殷周之際史事，必不早於秦政十四年。（十一）書序造「訓夏贖刑」特依世本，見其著成可晚至嬴政十九年之後。（十二）題「書序」而不題「尚書序」，其著成必在張生、歐陽容（漢文景世人）之前。見程元敏：《書序通考》，頁445～523。

> 《小序》絕非孔門之舊，安國〈序〉亦決非西漢文章。向來語人，
> 人多不解，惟陳同父聞之不疑。要是渠識得文字體製意度耳。讀書
> 玩理外，考據又是一種工夫，所得無幾而費力不少。向來偶自好之，
> 固是一病，然亦不可謂無助也。(《文集》，卷 54，頁 2546)

朱子並不喜歡從事考據工作，他認為這種功夫費力多，得益少，但對於《書序》的眞僞，他卻堅持指其為僞，因為他認為《書序》之文會誤導讀者正確理解經文主旨，為害甚深，絕非聖人之言，與〈劉德脩〉云：

> 嘗患今世學者不見古經，而《詩》、《書‧小序》之害為尤甚。(《別
> 集》，卷 5，頁 5203)

《詩序》、《書序》既非聖人親撰，朱子便擔心學者會因曲解而誤讀經文，如：

> 呂伯恭《大事紀》亦是如此，盡是編排《詩序》《書序》在上面。他
> 們讀書，盡是如此草草。以言事，則不實；以立辭，則害意。(《語
> 類》，卷 116，頁 2802)

因此，朱子疑《書序》的目的便是破除儒者盲目的信從態度，〈答呂伯恭〉第三十通云：

> 近看吳才老說〈胤征〉、〈康誥〉、〈梓材〉等篇，辨證極好，但已看
> 破《小序》之失而不敢勇決，復為序文所牽，亦殊覺費力耳。(《文
> 集》，卷 34，頁 1363)

他甚至認為已對《書序》提出質疑的吳棫尚不夠勇決，未能完全擺脫序文影響，相形之下，朱子是以勇決破序自許，故以下就他對《書序》的批評分析之：

（一）不信〈大序〉為孔安國作

相傳古有《尚書》三千餘篇，孔子刪定為百有二篇，斷自唐虞，迄秦穆公，鄭玄作《書論》依《尚書緯》有云：

> 孔子求《書》，得黃帝玄孫帝魁之《書》，迄於秦穆公，凡三千二百
> 四十篇。斷遠取近，定可以為世法者百二十篇，以百二篇為《尚書》，
> 十八篇為《中候》，以為去三千一百二十篇。〔註177〕

然此乃緯書之說，現一般學者多不取信，尤其以孔子刪《書》三千餘篇而成百二篇，較之孔子自言於文獻難徵之言來看，尤屬妄說。而〈大序〉則僅採刪《書》之段云：

〔註177〕阮元校勘：《尚書正義》，卷 1，頁 9 下／239。

> 先君孔子，生於周末，觀史籍之煩文，懼覽之者不一，遂乃定禮
> 樂，明舊章，刪《詩》爲三百篇，約史記而修《春秋》，讚《易》
> 道以黜《八索》，述〈職方〉以除《九丘》，討論《墳》、《典》，斷
> 自唐虞，以下訖於周，芟夷煩亂，剪截浮華，舉其宏綱，撮其機
> 要，足以垂世立教，〈典〉、〈謨〉、〈訓〉、〈誥〉、〈誓〉、〈命〉之文，
> 凡百篇。

相較於緯書之論，〈大序〉僅言孔子整頓《三墳》、《五典》，取自唐虞以下，
迄於周代之篇章而成《尚書》。〈大序〉的說法基本上已去除緯書過於誇張的
數目，但內容仍有令人無法信服之處，如朱子便據《周禮》〈春官宗伯〉載外
史掌三皇五帝之書，認爲《春秋》時當仍存有〈大序〉中所言《三墳》、《五
典》、《八索》、《九丘》等書，且根據儒者的崇古意識，這些書籍所載皆往古
聖王治道之事，基於好古心態，孔子豈會輕易刪去，故朱子便質疑孔子刪《三
墳》、《五典》之說，《語類》載：

> 至之問：「《書》斷自唐虞以下，須是孔子意？」曰：「也不可知。且
> 如三皇之書言大道，有何不可！便刪去。五帝之書言常道，有何不
> 可！便刪去。皆未可曉。」(《語類》，卷78，頁1977)

〈大序〉言《三墳》所論乃大道，《五典》所載則爲常道。既爲道，則孔子爲
何刪之，僅留唐虞以下之書？朱子認爲理由不可曉，不可曉當可視爲朱子較
保守的說法，實際上他是懷疑〈大序〉真僞問題的，《書》稿改本則云：

> 春秋時《三墳》、《五典》、《八索》、《九丘》之書猶有存者，若果全
> 備，孔子亦不應悉刪去之，或其簡編脫落，不可通曉；或是孔子所
> 見，上自唐、虞，以下不可知耳，今亦不必深究其說也。(《文集》，
> 卷65，頁3249～3250)

朱子雖謂不必深究其說，但從他對孔子刪《書》之說的質疑來看，他其實並
不認同在古代有所謂《尚書》三千餘篇之說，而《三墳》、《五典》蓋殘簡居
多，已不可讀，又或則孔子根本未曾見到這些書籍，否則孔子不應盡爲刪去。
然其所以採不深究的原因，是知道治絲益棼，多論無益，傳世《尚書》既定
爲這些篇章，即使考究出孔子刪改之因，也無法改變什麼，因此在朱子表明
不須深究的態度後，這個問題也就不需爭議。但朱子既對〈大序〉內容質疑，
便很容易導向作者之疑，遂提出〈大序〉非孔安國所撰的可能，朱子所訂〈大
序〉注文便云：

今按此〈序〉不類西漢文字，疑或後人所託，然無所據，未敢必也。
（《文集》，卷 65，頁 3252）

《語類》則云：

《書序》恐不是孔安國做，漢文粗枝大葉，今《書序》細膩，只似
六朝時文字。（《語類》，卷 78，頁 1984）

至如〈書大序〉亦疑不是孔安國文字。大抵西漢文章渾厚近古，雖
董仲舒劉向之徒，言語自別。讀〈書大序〉，便覺軟慢無氣，未必不
是後人所作也。（《語類》，卷 80，頁 2075～2076）

然而從這些說法來看，朱子不敢採取必然態度，他只說「疑或後人所託」、「恐
不是孔安國做」，朱子否定〈大序〉之所以不敢如批評《小序》那般勇決，可
能是因爲他自覺掌握到的證據尚不夠充分。

朱子認爲〈大序〉非孔安國所作是根據文章寫作風格的差異性立論，如
《語類》載：

大抵古今文字皆可考驗。古文自是莊重，至如孔安國〈書序〉并注
中語，多非安國所作。蓋西漢文章，雖粗亦勁。今〈書序〉只是六
朝軟慢文體。漢人文字也不喚做好，卻是麤枝大葉。〈書序〉細弱，
只是魏晉人文字。陳同父亦如此說。（《語類》，卷 137，頁 3269）

由於時代的差異，文章寫作風格表現亦會有不同，大體而言，文學自覺興盛
的時代是魏晉六朝之時，這時期的文學作品所表現出之風格，與漢代以上文
章有顯著差異，朱子便有這種感受，他指出古文莊重，雖粗亦勁，雖不喚作
好，但麤枝大葉，較爲樸實，而〈大序〉文字卻甚細膩軟弱，與六朝文字非
常類似，《語類》又有云：

〈尚書序〉不似孔安國作，其文軟弱，不似西漢人文，西漢文粗豪；
也不似東漢人文，東漢人文有骨肋；也不似東晉人文，東晉如孔坦
《疏》也自得。他文是大段弱，讀來卻宛順，是做《孔叢子》底人
一手做。看《孔叢子》撰許多說話，極是陋。只看他撰造說陳涉，
那得許多說話正史都無之？他卻說道自好，陳涉不能從之。看他文
卑弱，說到後面，都無合殺。（《語類》，卷 125，頁 2993）

朱子認爲〈大序〉文字卑弱，不類漢人風格。關於漢代以降文章風格差異所
在，朱子《語類》中略有論及：

漢初賈誼之文質實。晁錯說利害處好，答制策便道亂。董仲舒之文

緩弱，其〈答賢良策〉，不答所問切處；至無緊要處，又累數百言。
東漢文章尤更不如，漸漸趨於對偶。如楊震輩皆尚讖緯，張平子非
之。然平子之意，又卻理會風角、鳥占，何愈於纖緯！陵夷至於三
國兩晉，則文氣日卑矣。（《語類》，卷 139，頁 3299）

觀〈大序〉文字多有排偶句法，如「芟夷煩亂，剪截浮辭，舉其宏綱，撮其
機要，足人垂世立教」、「研精覃思，博考精籍，採摭群言，以立訓傳，約文
申義，敷暢厥旨，庶幾有補於將來」，這些文句均與六朝文風相似，故朱子疑
之：「『傳之子孫，以貽後代。』漢時無這般文章。」（《語類》，卷 78，頁 1985）
但這種僅從文章風格所作的推論，事實上尚缺乏一針見血的證據，於是吳必
大便曾提出疑問：

「孔氏〈書序〉不類漢文，似李陵〈答蘇武書〉。」因問：「董仲舒
〈三策〉文氣亦弱，與鼂賈諸人文章殊不同，何也？」曰：「仲舒爲
人寬緩，其文亦如其人。大抵漢自武帝後，文字要入細，皆與漢初
不同。」（《語類》，卷 78，頁 1985）

朱子曾說〈大序〉文弱，西漢無此風格，卻又論董仲舒文氣緩弱，如此豈非
矛盾。吳必大雖未直接質疑朱子，而僅問爲何董仲舒文弱？朱子也未將之連
結，卻從人格特質解釋。然而，就現實面來說，董仲舒的緩弱文風代表西漢
也可能有這些文章風格的例子，如此便顯示朱子的區別是有例外的可能，實
無明確的可信度。朱子大概僅因學術的敏銳度，遂疑〈大序〉非孔安國作，
但並無實證，況且可能存在例外狀況，影響所及，朱子對〈大序〉所出時代
的推測，便舉棋不定，如《語類》載：

今觀〈序〉文亦不類漢文章。如《孔叢子》亦然，皆是那一時人所
爲。（《語類》，卷 78，頁 1984～1985）

此則認爲〈大序〉作與僞作《孔叢子》者同，皆一時人所作。《孔叢子》出於
後漢，朱子於此蓋認爲〈大序〉當爲後漢時人所僞作，但另一則《語類》卻
記：

孔安國〈尚書序〉，只是唐人文字。前漢文字甚次第。司馬遷亦不曾
從安國受《尚書》，不應有一文字軟郎當地。後漢人作《孔叢子》者，
好作僞書。然此序亦非後漢時文字，後漢文字亦好。（《語類》，卷
78，頁 1985）

前面《語類》說法中，朱子已有指〈大序〉非東晉時人所作，至此則把時代

往後延至唐代，不過唐人《尚書正義》已將〈大序〉冠於書首，並有陸德明《音義》作訓，且據清人劉毓崧《尚書舊疏考正》考察，〈尚書序〉之疏文有來自六朝之舊疏者，〔註178〕則〈大序〉不可能爲唐人所作。朱子此說若非一時思慮未精，便是記者之誤。

（二）質疑《小序》說明有不合義理之處

《尚書》各篇之前的《小序》，基本上提供閱讀《尚書》篇章主旨的理解基礎，孔穎達《正義》云：「《書序》雖名爲序，不是總陳書意、泛論，乃篇篇各序作意。」〔註179〕《小序》既陳各篇作者之意，由此理解內容，當可收事半功倍之效。但問題在於《小序》所序作者之意是否可靠？漢人相傳《小序》乃孔子親作，《尚書正義》云：「此〈序〉，鄭玄、馬融、王肅並云孔子所作。」〔註180〕在聖人典範的影響下，後儒對於《小序》所撰作內容便無條件信從，即使有出入處，亦會爲之彌縫。而宋代在懷疑風氣帶領下，逐漸對《書序》產生質疑，程元敏認爲現存宋人言《小序》非孔子作者當以吳棫最早，〔註181〕王應麟《漢藝文志考證》引吳棫之說云：

> 先序者，孔子之序，猶《詩》之〈大序〉；再序者，當時之序，猶《詩》之《小序》。〔註182〕

程元敏認爲吳棫所言再序，即指《小序》，而吳棫既言先序爲孔子作，則再序便非孔子所作。但是吳棫這段話相當奇怪，《書序》只有〈大序〉及《小序》，〈大序〉文中已敘明乃由孔安國角度所寫，故絕不可能再認作孔子所作，那麼吳棫所說「先序」定非〈大序〉。但如此僅餘《小序》，又何來「先序」及「再序」的差別？王應麟此條若非引錯，便是吳棫有意倣效蘇轍將《詩》之《小序》切割爲發端第一句及部面補充說明兩部分。但《詩序》的構成有很明顯的這種傾向，至於《書序》，則很難再切割爲兩部分。況且吳棫仍言「先序」爲孔子所作，其意當認爲《書序》之中仍存有孔子之文，等於是否定了一半而已，而所謂「再序」乃當時之序，似指成《書》時的序文，是在孔子

〔註178〕〔清〕劉毓崧：《尚書舊疏考正》，收入《續經解尚書類彙編》（臺北：藝文印書館，1986 年 6 月），影印《皇清經解續編》本），頁 1 上～6 上。
〔註179〕阮元校勘：《尚書正義》，卷 1，頁 16 上／242。
〔註180〕阮元校勘：《尚書正義》，卷 2，頁 4 上／248。
〔註181〕程元敏：《書序通考》，頁 392。
〔註182〕〔宋〕王應麟：《漢藝文志考證》，收入《景印文淵閣四庫全書》第 675 冊，卷 1，頁 31 上／17。

之前，那麼便是經孔子編集，如此與孔子所作何異？總之，吳棫的說法矛盾甚多，無怪乎朱子怪其不夠勇決，那麼吳棫是否眞的直接宣稱《小序》非孔子所作，似仍有疑問。再者，前文已論述朱子在尚未看過吳棫《書裨傳》前便已對《小序》提出質疑，且朱子也認爲他復爲序文所牽，則吳棫蓋不敢作如此大膽宣稱，如此來看，宋人第一位敢稱《小序》非孔子所作當屬朱子，而非吳棫。

在朱子的認知中，這些《小序》並非孔子所作，過於信從，難免會遭誤導而無法正確理解《尚書》本義，而他所提出的理由約可歸納爲以下幾點：

1.《小序》與《尚書》經文有相戾處

朱子最早對《小序》起疑者便是〈康誥〉中稱謂與序文所言不符，《小序》認爲〈康誥〉是成王封康叔之誥文，《小序》的說法源自《左傳》，《左傳》〈定公四年〉載子魚之言曰：

> 以先王觀之，則尚德也。昔武王克商，成王定之，選建明德，以蕃屏周。故周公相王室，以尹天下，於周爲睦。……分康叔以大路、少帛、綪茷、旃旌、大呂，殷民七族，陶氏、施氏、繁氏、錡氏、樊氏、饑氏、終葵氏；封畛土略，自武父以南及圃田之北竟，取於有閻之土以共王職；取於相土之東都以會王之東蒐。聃季授土，陶叔授民，命以〈康誥〉而封於殷虛。〔註183〕

如據《左傳》所載，分封康叔乃成王時事。但觀〈康誥〉經文卻有：「王若曰：孟侯，朕其弟，小子封」之語。康叔名封，乃武王之弟，成王叔父，照理講成王不該稱其爲弟及小子，故《孔傳》認爲此乃「周公稱成王命」〔註184〕，《東坡書傳》則謂：「此豈成王之言，蓋周公雖以王命命康叔，而其實訓誥皆周公之言也。」〔註185〕這些說法都是從《小序》的角度立論，以爲周公代成王立言，故稱康叔爲弟。

但朱子卻不接受這些說法，他云：

> 又《書》亦多可疑者，如〈康誥〉、〈酒誥〉二篇，必是武王時書。人只被作洛事在前惑之。如武王稱「寡兄」、「朕其弟」，卻甚正。〈梓材〉一篇又不知何處錄得來，此與他人言皆不領。嘗與陳同甫言。

〔註183〕阮元校勘：《春秋左傳正義》，卷54，頁15上～18下／4633～4634。

〔註184〕阮元校勘：《尚書正義》，卷14，頁3上／431。

〔註185〕蘇軾：《書傳》，卷12，頁2下／593。

陳曰：「每常讀，亦不覺。今思之誠然。」（《語類》，卷78，頁1986）
朱子認爲據經文來看，以武王自敘更能符合所謂「寡兄」、「朕其弟」的用法，故他強烈認爲〈康誥〉、〈酒誥〉當爲武王時書。朱子並將此論告知陳亮，得其認同，然觀陳亮所言，平時讀之，亦不自覺，何以陳亮會不自覺？因爲《孔傳》設定爲周公傳王命，就周公的角度來看，所謂「寡兄」、「朕其弟」亦符合周公的口吻。然而朱子的證據不只於此，〈答李堯卿〉第四通則云：

> 〈康誥〉，《小序》以爲成王封康叔之書，今考其詞，謂康叔爲弟而自稱「寡兄」，又多述文王之德而無一字及武王者，計乃是武王時書，而序者失之。向來於《或問》中曾有此一段，後覺其非急，遂刪去之，今亦不必添也。但存此一句，讀者須自疑著，別去推尋也。（《文集》，卷57，頁2742～2743）

與〈孫季和〉第五通亦云：

> 如〈康誥〉等篇，決是武王時書，却因「周公初基」以下錯出數簡，遂誤以爲成王時書，然其詞以康叔爲弟，而自稱「寡兄」，追誦文王而不及武王，其非周公、成王時語的甚。至於〈梓材〉半篇，全是臣下告君之詞，而亦誤以爲周公誥康叔而不之正也。其可疑處，類此非一。（《別集》，卷3，頁5155）

朱子認爲就〈康誥〉來看，無一字述及武王，僅追誦文王而不及武王，這是不合理的，因此經文當是從武王立場出發論述，朱子另在《語類》中又補充：

> 又唐叔得禾，傳記所載，成王先封唐叔，後封康叔，決無姪先叔之理。（《語類》，卷78，頁1979）

唐叔乃成王所封，然唐叔爲成王弟，就事理而言，當無先封姪再封叔的道理。朱子雖然沒有考慮到例外的可能，但其說法確實啓迪後人對康叔分封的問題再深入思索，今人便據出土文物及傳世文獻對照考證出康叔當有兩次分封，一次在武王，封於康，一次在成王，封於衛。但對於〈康誥〉之作仍意見紛歧，如朱廷獻即分別列出主周公誥者十則意見及主武王誥者四則意見，〔註186〕而其意乃主由周公誥康叔，而屈萬里則認爲〈康誥〉乃初封於康時武王所告，其云：

〔註186〕詳見朱廷獻：〈康誥康叔衛君考〉，《尚書研究》（臺北：臺灣商務印書館，1987年1月），頁355～356。

> 諸家以本篇為武王告康叔之書，良是；惟仍以為康叔封於衞時之誥
> 辭，則非。蓋康叔封於衞，在武庚之亂平後，其時武王已歿也。今
> 既知康叔初封於康，後徙封於衞；則封於康時，自當在武庚之亂以
> 前，亦即當武王之世。本篇題曰康誥，而時王稱康叔曰弟；可知此
> 乃康叔封於康時武王告之之辭也。〔註187〕

據屈萬里所言，康乃封號，而非諡號，稱康叔是因先前已封於康，而〈康誥〉
即是當時武王分封時的誥語，雖然兩派意見仍無定論，但由此亦可見朱子啓
迪之功。

又如朱子對〈君奭〉序看法亦從經文內容分析，認為《小序》實與經文
不符，《小序》云：「召公為保，周公為師，相成王為左右；召公不說，周公
作〈君奭〉。」〔註188〕《小序》以為召公不悅周公，故周公撰文表明心志，但
朱子卻從文本分析著手，他強調〈君奭〉本文並未可見出召公有不悅之意，〈答
徐元聘〉第一通云：

> 召公不說，蓋以為周公歸政之後不當復留，而己亦老而當去，故周
> 公言二人不可不留之意。（《文集》，卷39，頁1651）

《語類》則載：

> 顯道問「召公不悅」之意。曰：「召公不悅，只是《小序》恁地說，
> 裏面卻無此意。這只是召公要去後，周公留他，說道朝廷不可無老
> 臣。」（《語類》，卷79，頁2059）

朱子分析文本語言後，認為《小序》之說並不符合文本所呈現的內容，遂否
定《小序》的可靠性，而《小序》既與經文存在出入，就不可能是孔子所撰，
故朱子認定其為後出。

2.《小序》與《孟子》內容不符

《小序》有云：「成湯既沒，太甲元年，伊尹作〈伊訓〉、〈肆命〉、〈徂后〉。」
〔註189〕此則序文牽涉商初帝王繼位的問題，據《小序》次序來看，成湯死後
即由太甲繼位，但《孟子》〈萬章上〉卻記孟子之言曰：

> 伊尹相湯以王於天下，湯崩，太丁未立，外丙二年，仲壬四年。太
> 甲顛覆湯之典刑，伊尹放之於桐三年。

〔註187〕屈萬里：《尚書集釋》，頁145。
〔註188〕阮元校勘：《尚書正義》，卷16，頁17下／474。
〔註189〕阮元校勘：《尚書正義》，卷16，頁12下／343。

依孟子論述，成湯死後曾立過外丙及仲壬，之後才是太甲。對於這兩種記載的差異，朱子傾向於孟子，《語類》載：

> 問：「『外丙二年，仲壬四年』，二說孰是？」曰：「今亦如何知得？然觀外丙、仲壬，必是立二年、四年，不曾不立。如今人都被《書序》誤。《書序》云『成湯既沒，太甲元年』，故以爲外丙、仲壬不曾立。殊不知《書序》是後人所作，豈可憑也！」（《語類》，卷58，頁1361）

《孟子》乃朱子所重視核心經典之一，而其所載既與《小序》不同，他採取《孟子》之說而否定《小序》，那麼由此當亦加深朱子認定《小序》乃後人所作的看法。

3.《小序》與事理不符

〈泰誓〉序文云：「惟十有一年，武王伐殷。一月戊午，師渡孟津，作〈泰誓〉三篇。」〔註190〕此序所牽涉之問題，乃武王伐紂之年的確認，《小序》云「惟十有一年」，似以武王十一年時克殷，然此數亦見於《漢書》〈律歷書〉所引，但說法卻不同：

> 文王受命，九年而崩，再期，在大祥而伐紂，故《書序》曰：「惟十有一年，武王伐紂，〈太誓〉。」八百諸侯會，還歸二年，乃遂伐紂克殷，以箕子歸，十三年也。故《書序》曰：「武王克殷，以箕子歸，作〈洪範〉。」〈洪範〉篇曰：「惟十有三祀，王訪于箕子。」自文王受命而至此十三年。〔註191〕

依班固所言，十一年時乃觀兵於孟津，並未發動戰爭，需再待二年，至十三年時方伐紂，並俘箕子而歸。而僞〈泰誓〉經文亦言十三年伐紂，朱子便從〈泰誓〉及《漢書》之說，《語類》載：

> 柯國材言：「〈序〉稱『十有一年』，史辭稱十有三年。《書序》不足憑。至〈洪範〉謂『十有三祀』，則是十三年明矣。使武王十一年伐殷，到十三年方訪箕子，不應如是之緩。」此說有理。（《語類》，卷79，頁2038）

柯國材的說法其實就是由《漢書》而來，他認爲若依《小序》所言十一年時伐紂，不當待至十三年時再訪箕子，朱子認爲其說有理，則是從事理角度論

〔註190〕阮元校勘：《尚書正義》，卷11，頁1上／381。
〔註191〕班固：《漢書》，卷21，頁20上～20下／213。

斷《小序》不可信。

　　不過前儒亦看出此處有不合理之嫌，遂創造出十一年觀兵，十三年伐紂之說，朱子亦不認同，《語類》云：

> 〈泰誓序〉「十有一年，武王伐殷」，經云「十有三年春，大會于孟
> 津」，〈序〉必差悞。說者乃以十一年爲觀兵，尤無義理。舊有人引
> 〈洪範〉「十有三祀，王訪于箕子」，則十一年之誤可知矣。（《語類》，
> 卷79，頁2039）

朱子認爲所謂十一年觀兵之後，再過兩年始伐紂，此無義理，朱子否定武王有觀兵的可能，認爲非聖人作爲。既無觀兵之理，則不會有兩年之差距，又再依訪箕子之年斷定爲十三年伐紂。但《小序》之說亦非無所佐證，《史記》〈魯周公世家〉所載年數便與《小序》合，太史公云：「武王九年，東伐至盟津，周公輔行。十一年，伐紂，至牧野，周公佐武王，作〈牧誓〉。」〔註192〕至於爲何會有九年、十一年、十三年的差異，皮錫瑞認爲這是由於對文王崩逝之年看法不一致的結果，其〈觀兵伐紂年月考〉云：

> 觀兵伐紂年月，兩漢今、古文說不同，以爲文王受命七年而崩，武
> 王再期觀兵爲九年，後二年伐紂爲十一年者，《史記》今文說也。以
> 爲文王受命九年而崩，武王再期觀兵爲十一年，後二年伐紂爲十三
> 年者，劉歆古文說也。文王七年而崩從今文，而十一年觀兵、十三
> 年伐紂又從古文者，鄭君兼採今古文之說也。合伏生《大傳》、今古
> 文《書序》攷之，當以《史記》之說爲正。〔註193〕

事實上，伐殷與訪箕子未必可作連結，且殷商方敗，箕子遂爲武王陳治國大法，亦未必合情理，故柯國材及朱子所持論證仍嫌不足。而黃彰健經多方考證，即認定：「武王十一年一月癸巳出師，二月甲子咸劉商王紂。但武王於天下未寧時即崩，其崩年即在武王十三年。」〔註194〕至於訪箕子亦在十三年，亦不以伐紂與訪箕子爲同一年。

　　4.《小序》不符儒家聖人義理作爲

　　朱子認爲《小序》有些論述篇章作意並不符合儒家聖人該有之作爲，即

〔註192〕司馬遷：《史記》，卷33，頁1上／481。
〔註193〕見〔清〕皮錫瑞：《經訓書院自課文》，收入《師伏堂叢書》，影印光緒癸巳師
　　　　伏堂刊本，卷1，頁4下。
〔註194〕黃彰健：〈論武王伐紂年各家異說〉，《武王伐紂年新考並論《殷曆譜》的修訂》
　　　　（臺北：中央研究歷史語言研究所，1999年5月），頁96。

使其說有據，也不認同，如〈洪範〉序云：「武王勝殷殺受，立武庚，以箕子歸，作〈洪範〉。」〔註195〕據其序所言，紂王乃爲武王所殺，朱子無法接受這種說法，《語類》載：

> 問：「『勝殷殺受』之文是如何？」曰：「看《史記》載紂赴火死，武王斬其首以懸于旌，恐未必如此。《書序》，某看來煞有疑。相傳都說道夫子作，未知如何。」（《語類》，卷 79，頁 2040）

朱子不信武王殺紂王，但對於《史記》所載紂王自焚後，武王斬其首以懸於旌的作爲卻無法作出確定判斷，上則語類雖載朱子不信此說，但在其他記錄中卻傾向於接受，如：

> 江彝叟疇問：「〈洪範〉載武王勝殷殺紂，不知有這事否？」曰：「據《史記》所載，雖不是武王自殺，然說斬其頭懸之，亦是有這事。」（《語類》，卷 79，頁 2040）

朱子一方面無法否定《史記》之說，另一方面卻又深感聖王不當有此作爲，於是他選擇從孔子的話來理解：

> 堯舜之禪授，湯武之放伐，分明有優劣不同，卻要都回護教一般，少間便說不行。且如孔子謂「〈韶〉盡美矣，又盡善也；〈武〉盡美矣，未盡善也」，分明是武王不及舜。文王「三分天下有其二，以服事殷」，武王勝殷殺紂，分明是不及文王。（《語類》，卷 58，頁 1365）

朱子據孔子論〈武〉樂未盡善，遂認定武王確實有些值得疑慮的作爲，因此又有傾向認同《史記》所載斬首之事，但對於《小序》所言「勝殷殺受」則不取之。

不過，朱子也指出武王伐殷及商湯伐桀乃時勢使然，《語類》載：

> 問：「征伐固武王之不幸。使舜當之，不知如何？」曰：「只看舜是生知之聖，其德盛，人自歸之，不必征伐耳。不然，事到頭，也住不得。如文王亦然。且如『殷始咎周，周人乘黎。祖伊恐，奔告于受』。這事勢便自是住不得。若曰『奔告于受』，則商之忠臣義士，何嘗一日忘周。自是紂昏迷爾。」道夫問：「吳氏《稗傳》謂《書序》是後人傅會，不足信。」曰：「亦不必《序》，只經文謂『祖伊恐，奔告于王曰：「天子，天既訖我殷命！」』則是已交手爭競了。紂固無道，然亦是武王事勢不相安，住不得了。仲虺告成湯曰：『肇我邦于

〔註195〕阮元校勘：《尚書正義》，卷 12，頁 1 上／397。

> 有夏，若苗之有莠，若粟之有秕，小大戰戰，罔不懼于非辜。』則
> 仲虺分明言事勢不容住，我不誅彼，則彼將圖我矣。後人多曲爲之
> 說以諱之。要之，自是避不得。」（《語類》，卷25，頁636～637）

朱子從當時局勢立論，他認爲天下大勢既如此，湯武不得避之，即使舜處當
時，亦只能順勢而爲。言下之意，仍是爲聖人回護。

5.《小序》未能盡申經文內容

《小序》每篇約僅十餘言，欲由如此少之文字概括整篇之意，有時未免
疏漏，而朱子則據此認爲《小序》未能盡申經文意旨，當非孔子所撰，《語類》
載：

> 《書小序》亦未是。只如〈堯典〉〈舜典〉便不能通貫一篇之意。〈堯
> 典〉不獨爲遜舜一事。〈舜典〉到「歷試諸艱」之外，便不該通了，
> 其他〈書序〉亦然。（《語類》，卷80，頁2075）

〈堯典〉序云：「昔在帝堯，聰明文思，光宅天下。將遜于位，讓于虞舜，作
〈堯典〉。」〔註196〕朱子認爲〈堯典〉序之重點在於申述堯將禪位之事，但據
整篇內容來看，實不只於此。又〈舜典〉序云：「虞舜側微，堯聞之聰明，將
使嗣位，歷試諸難，作〈舜典〉。」〔註197〕朱子認爲〈舜典〉序不應該敘及「歷
試諸難」便結束，觀〈舜典〉之文，其後尚有巡守及咨詢眾臣之事，《小序》
皆未言及，故序文並不能通貫一篇之意。朱子並認爲其他序亦有這種傾向，
如《小序》又載：「皋陶矢厥謨，禹成厥功，帝舜申之，作〈大禹〉、〈皋陶謨〉。」
〔註198〕朱子認爲這段序文其實牽合三篇經文，〈答潘子善〉云：

> 此是三篇之敘，第一句說〈皋陶謨〉，第二句說〈大禹謨〉，第三句
> 說〈益稷〉。所謂「申之」，即所謂「汝亦昌言」者也。此《書》伏
> 生本只是二篇，〈皋陶謨〉、〈益稷〉之間，語勢亦相連，孔壁中析爲
> 三篇，故其序如此，亦不足據，而說者又多失之，甚可笑也。（《文
> 集》，卷60，頁2979）

朱子蓋認爲一篇《小序》竟牽合三篇經文，當然無法充分闡述意旨，且所謂
帝舜申之，乃命禹申其昌言，而非帝舜自申之，文意實有不足，《語類》便云：
「今《書序》固不能得《書》意，後來說《書》者又不曉序者之意，只管穿

〔註196〕阮元校勘：《尚書正義》，卷2，頁4上／248。
〔註197〕阮元校勘：《尚書正義》，卷3，頁1上／264。
〔註198〕阮元校勘：《尚書正義》，卷4，頁1上／282。

鑿求巧妙爾。」(《語類》,卷78,頁2007)《小序》不能完整表達篇章主旨,其害便是導致說《書》者弊病百出,故朱子認爲《小序》既有此咎,自非孔子手筆。

朱子對《小序》既有如此多之疑難,遂堅定他疑《小序》非孔子所作的決心,但基本上朱子仍不敢廢除《小序》,朱子《書》稿改本有云:

> 今按此百篇之《序》出孔氏壁中,《漢書》〈藝文志〉以爲孔子纂書而爲之序,言其作意,然以今考之,其於見存之篇,雖頗依文立義,而亦無所發明。其間如〈康誥〉、〈酒誥〉、〈梓材〉之屬,則與經文又有自相戾者。其於已亡之篇,則伊阿簡略,尤無所補。其非孔子所作明甚,然相承已久,今亦未敢輕議,且據安國此序復合爲一,以附經後。(《文集》,卷65,頁3252)

〈刊四經成告先聖文〉則云:

> 熹不敏,又嘗考之《詩》、《書》,而得其《小序》之失。參稽本末,皆有明驗。私竊以爲不當引之以冠本經聖言之上,是以不量鄙淺,輒加緒正,刊刻布流,以曉當世。(《文集》,卷86,頁4261)

〈書臨漳所刊四經後〉亦云:

> 諸《序》之文,或頗與經不合,如〈康誥〉、〈酒誥〉、〈梓材〉之類,而安國之《序》,又絕不類西京文字,亦皆可疑。獨諸《序》之本不先經,則賴安國之《序》而可見。故今別定此本,一以諸篇本文爲經,而復合《序》篇於後,使覽者得見聖經之舊,而不亂乎諸儒之說。(《文集》,卷82,頁4070～4071)

從朱子的處理方法可見,朱子對《小序》的質疑是憂慮學者受其引導,因而誤解《尚書》各篇章之本意。但朱子相信《小序》出自孔壁,亦是先秦人手筆,故不敢輕易廢去,而其所採取的折衷作法,便是將各篇序文復合爲一,不再分篇冠於經文之前,而是將之列於全經之末,其目的是使讀者可覽聖經之舊,又不亂乎諸儒之說,其意即是要讀者由經文自見其意,而非先入爲主受《小序》影響。

二、對《孔傳》的懷疑

對《書序》的否定,朱子說得明確勇決,甚至由此亦擴及至對孔安國《尚書傳》的懷疑。朱子對《孔傳》的質疑,前此未見有人提出,朱子亦自許無

人言及，乃其獨疑，則其廓清之功實不可沒。〈記尙書三義〉云：

> 嘗疑今《孔傳》并《序》，皆不類西京文字氣象，未必眞安國所作，
> 只與《孔叢子》同是一手僞書，蓋其言多相表裏，而訓詁亦多出《小
> 爾雅》也。此事先儒所未言，而予獨疑之，未敢必其然也，姑識其
> 說，以俟知者。（《文集》，卷71，頁3556）

孔安國《傳》出自魏晉，前此無人論及。漢人常引用《小序》文字，故朱子只
疑其不是孔子所作，然未見漢人有任何轉引《孔傳》資料者，故朱子對之大表
懷疑，強調可能非孔安國所撰，直接點名此乃魏晉間人托名所作，《語類》載：

> 《尙書》孔安國《傳》，此恐是魏晉間人所作，托安國爲名，與毛公
> 《詩傳》大段不同。（《語類》，卷78，頁1984）

朱子將《孔傳》與《毛傳》相比，發現大段不同，遂指其爲僞。朱子雖未直
接探討可能僞作者的身分，但卻把時間限制在魏晉之間，意即獻書者很可能
便是作僞者，而其所提出之證據有三。

（一）《孔傳》文章風格不類漢人文字

魯迅曾稱魏晉時期爲「文學的自覺時代」，此時期由於儒學中衰，文學不
再作爲政治附庸，審美意識抬頭，文人往往有意識追求語言風格之美，因此
魏晉文章表現出不同於漢代文章的特色，較重堆積、辭藻，講究聲音之美，
這是時代差異所造成的，而朱子亦有此感受，便據此論斷孔安國《尙書傳》
非漢人文字，《語類》有記：

> 《尙書注》并〈序〉，某疑非孔安國所作。蓋文字善困，不類西漢人
> 文章，亦非後漢之文。（《語類》，卷78，頁1984）

《尙書》決非孔安國所注，蓋文字困善，不是西漢人文章。安國，武帝時，
文章豈如此！但有太麤處，決不如此困善也。（《語類》，卷78，頁1984）

朱子認爲漢人文章較麤，麤也就是樸實之意，而《孔傳》文字則「善困」，
照理說，孔安國乃西漢武帝時人，其文字表現應符合當時特色，不應如此困
善，故《孔傳》當非孔安國手筆，乃魏晉時人僞作托名也。

（二）《孔傳》說解內容亂道

朱子批評孔安國《傳》亂道，《語類》云：

> 孔安國解經，最亂道，看得只是《孔叢子》等做出來。（《語類》，卷
> 78，頁1985）

《孔傳》如何亂道？朱子並未詳細說明，然觀朱子《書》稿改本，仍可略見大概，如《孔傳》注〈舜典〉「五服三就」云：「既從五刑，謂服罪也。行刑當就三處：大罪於原野，大夫於朝，士於市。」〔註199〕朱子不滿其說，遂批評云：

> 不知何據？竊恐惟大辟棄之於市，宮辟則下蠶室，餘刑亦就屏處，蓋非死刑，不欲使風中其瘡，誤而至死，聖人之仁也。（《文集》，卷65，頁3273）

朱子以聖人之心推論經文之說，據朱子尚古意識來看，聖人必充滿義理，其心乃以仁義爲準，因此朱子推斷經義亦以此爲據，而《孔傳》沒有尊崇聖人之意，說解時未必遵循此理，遂爲朱子批評亂道。

又如《孔傳》注〈皋陶謨〉「同寅協恭和衷哉」之衷爲「善」〔註200〕，朱子則云：「孔安國以『衷』爲『善』，便無意思。『衷』只是『中』，便與『民受天地之中』一般。」（《語類》，卷79，頁2030）朱子慣以中訓衷，如〈湯誥〉「惟皇上帝，降衷於下民」之衷便訓中，而《孔傳》以衷爲善，於義理發揮不盡理想，朱子不取之，並曾申述以中解衷之意，《語類》有一段論此甚詳：

> 德元問：「《詩》所謂秉彝，《書》所謂降衷一段，其名雖異，要之皆是一理。」曰：「誠是一理，豈可無分別！且如何謂之降衷？」曰：「衷是善也。」曰：「若然，何不言降善而言降衷？『衷』字，看來只是箇無過不及，恰好底道理。天之生人物，箇箇有一副當恰好、無過不及底道理降與你。與程子所謂天然自有之中，劉子所謂民受天地之中相似；與《詩》所謂秉彝，張子所謂萬物之一原又不同。須各曉其名字訓義之所以異，方見其所謂同。衷，只是中；今人言折衷者，以中爲準則而取正也。『天生烝民，有物有則』，『則』字卻似『衷』字。天之生此物，必有箇當然之則，故民執之以爲常道，所以無不好此懿德。物物有則，蓋君有君之則，臣有臣之則：『爲人君，止於仁』，君之則也；『爲人臣，止於敬』，臣之則也。如耳有耳之則，目有目之則：『視遠惟明』，目之則也；『聽德惟聰』，耳之則也。『從作乂』，言之則也；『恭作肅』，貌之則也。四肢百骸，萬物萬事，莫不各有當然之則，子細推之，皆可見。」（《語類》，卷18，頁409～410）

〔註199〕阮元校勘：《尚書正義》，卷3，頁23上／275。
〔註200〕阮元校勘：《尚書正義》，卷4，頁22上／274。

朱子蓋認爲訓衷爲善，不足以突顯其超越意義。善惡之別乃此心發於情之後所產生而出的，至於天命之理降賦於人而爲性，此乃未發時的狀態，是爲純善，而朱子則取《中庸》「未發之謂中」來解釋性理的性質，「思慮未萌，事物未至之時，爲喜怒哀樂之未發。當此之時，即是心體流行，寂然不動之處，而天生之性體段具焉，以其無過不及，不偏不倚，故謂之中。」中乃此降衷之理恰好，無過不及的最佳形容，故朱子取之。由此亦可見朱子不苟於訓詁，且往往帶有深刻的理學色彩。

（三）《孔傳》援用《小爾雅》訓詁

朱子疑《孔傳》訓詁多出自《小爾雅》，〈記尙書三義〉云：

> 棐，本木名，而借爲「匪」字。顏師古註《漢書》云：「棐，古『匪』字通用」是也。「天畏棐忱」，猶曰「天難諶爾」。《孔傳》訓作「輔」字，殊無義理。嘗疑今《孔傳》並《序》皆不類西京文字氣象，未必眞安國所作，只與《孔叢子》同是一手僞書，蓋其言多相表裏，而訓詁亦多出《小爾雅》也。此事先儒所未言，而予獨疑之，未敢必其然也，姑識其說，以俟知者。（《文集》，卷71，頁3555～3556）

《小爾雅》已佚，今所存之本乃自《孔叢子》第十一篇抄出別行。關於《小爾雅》作者歷來有三種說法，有以爲乃後人纂輯而成，有以爲王肅僞造，有以爲乃古小學之遺書。而今人黃懷信則考證以爲《小爾雅》乃西漢孔安國後人孔驩、孔子立父子所編。〔註201〕朱子既疑《孔叢子》爲僞書，自然亦疑《小爾雅》，他認爲此書乃後人纂輯造作，非古之遺書也。朱子並認爲《孔傳》訓詁多出自《小爾雅》，那麼《孔傳》自非西漢孔安國所親撰。然考今《孔傳》雖多有採用《小爾雅》之說者，但其注並非一無可取，甚至朱子訓詁亦多本之。朱子雖舉《孔傳》訓棐爲輔，殊無義理，但這並非取自《小爾雅》訓詁。以下且依朱子刪訂《書》稿爲準，略析〈堯典〉、〈舜典〉、〈大禹謨〉三文中《孔傳》訓詁、《小爾雅》和朱子所注比較如下：

〈舜典〉「敷奏以言」，《孔傳》訓奏爲進，《小爾雅》〈廣詁〉及朱子所訓皆同。〈堯典〉「宅西曰昧谷」，《孔傳》訓昧曰冥，《小爾雅》〈廣詁〉亦訓爲冥，朱子則曰：「曰昧谷，以曰所入而名之也。」（《文集》，卷65，頁3257）未採《孔傳》之訓，但意涵大致相同。〈堯典〉「胤子朱啓明」，《孔傳》訓啓

〔註201〕參黃懷信：〈《小爾雅》的源流〉，《古文獻與古史考論》（濟南：齊魯書社，2003年6月），頁47～49。

為開，與《小爾雅》〈廣詁〉同，而朱子亦訓啓為開。〈舜典〉「乃言氏可績」，《孔傳》訓乃為汝，《小爾雅》〈廣詁〉及朱子所訓皆同。〈舜典〉「卒乃復」，《孔傳》訓復為還，與《小爾雅》〈廣言〉同。《孔傳》以為禮終之後，五器仍還諸侯，朱子則不採孔說，他以為卒乃復者指舜事畢之後復歸，而非以贊為復也。〈舜典〉「蠻夷猾夏」，《孔傳》訓猾為亂，《小爾雅》〈廣言〉與朱子所訓皆同。〈舜典〉「肆類于上帝」，《孔傳》訓肆為遂，《小爾雅》〈廣言〉與朱子所訓皆同。〈堯典〉「曰若稽古」，《孔傳》訓稽為考，《小爾雅》〈廣言〉與朱子所訓皆同。〈大禹謨〉「惟先蔽志」，《孔傳》訓蔽為斷，《小爾雅》〈廣言〉與朱子所訓皆同。

從上述這些例子來看，《孔傳》訓詁與《小爾雅》相同者甚多，而朱子注《尚書》篇章亦多取之，那麼朱子雖疑《孔傳》訓詁出自《小爾雅》，但並不否定其訓詁成就也。

（四）《孔傳》盡釋經文，非漢人手法

朱子又將孔安國《尚書傳》與《毛詩詁訓傳》相比，指出兩者差異，《語類》云：

> 某嘗疑孔安國《書》是假書。比毛公《詩》如此高簡，大段爭事。
> 漢儒訓釋文字，多是如此，有疑則闕。今此卻盡釋之。（《語類》，卷
> 78，頁 1985）

朱子認為與同為西漢解經作品《毛傳》相比後，發現《毛傳》大致高簡，訓釋文字往往但求簡明，則有疑則闕，不復盡釋，但《孔傳》卻盡釋之，同時代注解風格不應有如此差異，故據此亦疑《孔傳》非孔安國手筆。

三、疑《尚書》今、古文難易之差異

現今學者論朱子對《尚書》學最大貢獻，莫不指向他疑辨今古文差異之啓發，劉起釪云：「朱熹是在疑偽古文一事中影響極大的一家。」〔註202〕蔡方鹿則言：「朱熹在治《尚書》上，不僅疑傳注，疑〈孔序〉、《書序》，而且進一步對當時居正統地位的《古文尚書》亦提出質疑，這充分體現了不同於前代經學的宋學之疑經惑傳的特點和學風。」〔註203〕朱子擴大指出《尚書》今、古文差異的現象，確實提供後人再深入思索的契機，然而學界卻有另一種看

〔註202〕劉起釪：《尚書學史》，頁 281。
〔註203〕蔡方鹿：《朱熹經學與中國經學》，頁 391。

法，認爲朱子並不曾懷疑過《古文尚書》爲僞作，劉人鵬便云：

> 元代以來，學者多認爲朱子是疑《古文尚書》僞作的先聲。他們認
> 爲，朱子首先由文體的難易上懷疑古文僞作。也就是說，朱子感覺
> 到今文皆艱難而古文反平易，從而懷疑平易的古文是晚出的僞作。
> 本文認爲，這是以後代辨僞的觀念，離開朱子的脈絡而誤讀的結果。
> 在朱子的脈絡中，「平易」與「艱澀」另有其意義，是在「讀書能不
> 能領會道理」的關懷下，所產生的問題，與辨僞並不相干。因此，
> 朱子每每在質疑何以今文皆艱澀而古文皆平易之後，要學生「只揀
> 其中易曉底讀」，並要人「沈潛反復其乎其所易」，他所看重的反而
> 是平易的古文。再就宋代的《尚書》學環境而言，本文舉出朱子同
> 時及稍前稍後的學者，對於今、古難易問題的思索，證明從當時對
> 今、古文《尚書》的背景知識以及解決問題的思考方向看，宋代學
> 者並沒有懷疑《古文尚書》僞作，當時學者在區分今、古難易二體
> 之後，比較不滿意的反而是艱澀的今文，他們致力於解釋何以今文
> 艱澀的問題，而不是懷疑平易的古文爲晚出僞作。〔註204〕

劉人鵬認爲宋代疑《尚書》爲僞作的風氣尚不成熟，無以提供朱子這樣的環
境，而且他考察朱子疑《書》的言語文字，發現朱子反而較不滿意於《今文
尚書》，他所重視的篇章多爲僞古文的部分。劉人鵬的論點提供我們重新省視
朱子疑《書》問題的新視野，其實從其論文題選便可看出其問題意識在於朱
子未嘗疑《古文尚書》爲「僞作」，亦即由清儒斷《古文尚書》爲僞作的命題
上，考察朱子所疑並未具有這種傾向，但劉人鵬在申述論點後，卻漸產生將
問題意識導成爲朱子對《古文尚書》未曾起疑，他說：

> 筆者研讀《朱子語類》、《朱文公文集》，並朱子同時代稍早與稍晚學
> 者對於這個問題的討論，認爲朱子雖然反覆於《尚書》今、古文文
> 體的難易致疑，但朱子的疑點却毫不牽涉古文可能爲僞作的想法，
> 他是在「讀書能不能理會道理」的關懷下提出這個問題的，而他質
> 疑的重點在於艱澀難讀的今文，對於平易易曉的古文，則勸人要「沈
> 潛反復」。〔註205〕

劉人鵬認爲朱子之疑「毫不牽涉古文可能爲僞作」的問題，然而疑古文爲僞

〔註204〕 劉人鵬：〈論朱子未嘗疑《古文尚書》僞作〉，頁399。
〔註205〕 劉人鵬：〈論朱子未嘗疑《古文尚書》僞作〉，頁401。

作與疑古文應該仍有交集之處，正如朱子雖疑今文，但亦未曾說過今文爲僞的言論，那麼過度強調朱子未曾疑古文爲僞便逐漸導向以爲朱子未曾疑過古文，正如梅廣據其論點而倡朱子未嘗對《古文尚書》有疑：

> 理學家的讀書態度影響到經典詮釋者的判斷能力，即使頂尖學者如朱子也不能免。朱子對於今古文《尚書》文體差異之大感到非常迷惑，《語類》有多處記錄他對此問題的討論。由於他的觀察正確，而且還很認眞的對此問題做過一番研究，因而後世多相信朱子是懷疑過古文《尚書》的——這自然才是像朱子這樣的學者所應當做出的結論。可是劉人鵬卻正確的指出，儘管朱子對今文艱澀古文平易的現象反復研判，並提出不只一個理由來解釋，他其實從來沒有懷疑過古文《尚書》的可靠性。朱子並非不從事辨僞，只是他認爲有些古書的問題是解決不了的，如果二者必有一假，他寧願相信今文是假的。他有一個二重的辨僞標準：「一則以其義理之所當否而知之，一則以其左驗之異同而質之。」義理指心中的義理尺度，恐怕這個才是首要標準，第二個是次要標準。古文《尚書》明白易曉，不煩訓詁可通，正是學者所當留意而沈潛玩味的，他找不到懷疑古文《尚書》是假的理由。〔註206〕

觀點已逐漸由未嘗疑《古文尚書》僞作發展爲朱子並未疑過《古文尚書》的可靠性，這正是過度放大後的結果。而劉人鵬甚至也指出，早在清代便有許多類似看法，如閻若璩評朱子之疑云：「其於古文似猶爲調停之說。」〔註207〕陸隴其（1630～1692）則云：「朱子于《古文尚書》，固終信之，而不敢疑也。」〔註208〕張崇蘭也說：「朱子雖疑古文，只疑其與今文難易不侔耳……是朱子已自解之矣，安得有安國僞書之說。」〔註209〕這些說法均指出朱子所提出「今文難，古文易」之說並未可導向爲朱子疑《古文尚書》爲僞作。但問題不一定要指向疑《古文尚書》爲僞作才算疑，懷疑其來源

〔註206〕 見梅廣：〈語言科學與經典詮釋〉，收錄於葉國良編：《文獻及語言知識與經典詮釋的關係》（臺北：國立臺灣大學出版中心，2004 年 6 月），頁 68～69。

〔註207〕 閻若璩：《尚書古文疏證》，卷8，頁 4 上／1119。

〔註208〕 〔清〕陸隴其：《古文尚書考》，收入《叢書集成初編》（上海：商務印書館，1936 年 12 月），頁 3。

〔註209〕 〔清〕張崇蘭：《古文尚書私議》，收入杜松柏編：《尚書類聚初集》（臺北：新文豐出版公司，1984 年 10 月，影印清光緒二十三年陳克劬刻本），頁 187。

也是疑，劉人鵬以僞作爲題，論述朱子未曾疑《尙書》爲僞作，據其論述
來看，似可成立，但以「未嘗」爲題便顯示爲一個邏輯概括的問題，基本
上只要找出一個例子足以顯示朱子涉及對《古文尙書》起疑的可能，那麼
「未嘗」便會被破解，因此必須再仔細審視朱子對《古文尙書》的評論說
法究竟是否牽涉僞作的問題。

（一）朱子涉及《古文尚書》為偽之言論

詳考朱子論辯《古文尙書》可能爲僞的說法約有兩則，均見於《朱子語
類》，第一條是：

> 《書》中可疑諸篇，若一齊不信，恐倒了《六經》。如〈金縢〉亦有
> 非人情者，「雨，反風，禾盡起」，也是差異。成王如何又恰限去啓
> 〈金縢〉之書？然當周公納策於匱中，豈但二公知之？〈盤庚〉更
> 沒道理。從古相傳來，如經傳所引用，皆此書之文，但不知是何故
> 說得都無頭。且如今告諭民間一二事，做得幾句如此，他曉得曉不
> 得？只說道要遷，更不說道自家如何要遷，如何不可以不遷。萬民
> 因甚不要遷？要得人遷，也須說出利害，今更不說。〈呂刑〉一篇，
> 如何穆王說得散漫，直從苗民蚩尤爲始作亂說起？若說道都是古人
> 元文，如何出於孔氏者多分明易曉，出於伏生者都難理會？（《語
> 類》，卷79，頁2052～2053）

朱子於此條語錄一開頭便直說《尙書》中有許多可疑之篇，若不予採信，恐
會影響到整個《六經》的存在地位，由此來看，朱子之所以不敢疑《尙書》，
便是怕「倒了六經」，劉起釪便據此認爲這是朱子不敢明確疑古文爲僞的原
因。但朱子於此句之後所舉諸例，卻沒有一篇是《古文尙書》，反而都是今文，
且所疑並非是文字眞僞，而是義理問題，故此條似不足以顯示朱子疑《古文
尙書》爲僞，而只能說朱子認爲《尙書》中有可疑之篇。

《語類》中另一條更常爲人引用證朱子疑《古文尙書》爲僞的記錄是：

> 某嘗疑孔安國《書》是假書。比毛公《詩》如此高簡，大段爭事。
> 漢儒訓釋文字，多是如此，有疑則闕。今此卻盡釋之，豈有千百年
> 前人說底話，收拾於灰燼屋壁中與口傳之餘，更無一字訛舛！理會
> 不得。兼《小序》皆可疑。〈堯典〉一篇自說堯一代爲治之次序，至
> 讓於舜方止。今卻說是讓於舜後方作。〈舜典〉亦是見一代政事之終
> 始，卻說「歷試諸艱」，是爲要受讓時作也。至後諸篇皆然。況先漢

文章，重厚有力量。今〈大序〉格致極輕，疑是晉宋間文章。況孔
《書》至東晉方出，前此諸儒皆不曾見，可疑之甚！（《語類》，卷
78，頁 1985）

這條記錄也是學者認定朱子曾疑《尚書》爲僞作的主要證據，如蔡方鹿便據
此條云：

朱熹從文字訓釋的角度，以及僞古文出現的年代，表明自己的懷疑。
他指出，漢儒訓解文字，有疑則闕，不必強解，而標榜爲孔安國作
傳的《孔傳》本《古文尚書》對古文都作了訓釋，這不合《尚書》
流傳歷經磨難而遭損壞的實情，使人不可理解。並以《孔傳》之《書》
至東晉才出現，而在此之前的諸儒都未見過它爲由，對托名西漢孔
安國傳此《書》表示懷疑。朱熹揭示僞《古文尚書》爲東晉晚出之
書，此書可疑，這對後世辨僞影響啓發很大。〔註210〕

從此條語錄第一句直言「某嘗疑孔安國《書》是假書」來看，這確實是相當
確定的口吻。但觀其後所敘，這所謂「孔安國《書》」所指向的對象卻頗爲含
糊，到底該指經文，還是傳文？劉人鵬認爲「整段讀來，『孔安國《書》』指
《孔傳》，而不涉及經文，是十分明顯的。」〔註211〕王春林亦說：「結合上下
文，很明顯是指疑《孔傳》。」〔註212〕兩人均說得直截，遂簡單帶過，但這段
話眞的很明顯專指《孔傳》嗎？朱子一會說「漢儒訓釋文字，多是如此，有
疑則闕。」此指《孔傳》無疑，但又突然轉向言「豈有千百年前人說底話，
收拾於灰燼屋壁中與口傳之餘，更無一字訛舛！理會不得。」這又似乎指向
《尚書》文本。「灰燼屋壁」乃指《古文尚書》，「口傳之餘」則指《今文尚書》。
但朱子此言亦甚奇怪，他分明認爲《尚書》訛舛甚多，又怎麼會說無一字訛
舛！如此則又似指向於傳文而言，但觀其語序：「千百年前人說底話」排於「收
拾於灰燼口傳之餘」前，那麼這千百年前人說底話應該是指《尚書》經文，
但訛舛至極的經文又是如何會被朱子認爲「無一字訛舛」？單就此條記錄恐
已無法尋出答案，必須另尋其他線索。

　　（二）朱子曾疑《古文尚書》何以無一字訛損

　　疑孔安國《書》爲「假書」這條語錄的記錄者乃余大雅，而余大雅記《尚

〔註210〕蔡方鹿：《朱熹經學與中國經學》，頁 392。
〔註211〕劉人鵬：〈論朱子未嘗疑《古文尚書》僞作〉頁 411。
〔註212〕王春林：〈「朱熹疑僞《古文尚書》」一說考辨〉，頁 42。

書》語錄尚有一條，且與此條所錄頗有重覆之處：

> 問：「林少穎說，〈盤〉〈誥〉之類皆出伏生，如何？」曰：「此亦可
> 疑。蓋《書》有古文，有今文。今文乃伏生口傳，古文乃壁中之《書》。
> 〈禹謨〉、〈說命〉、〈高宗肜日〉、〈西伯戡黎〉、〈泰誓〉等篇，凡易
> 讀者皆古文，況又是科斗書，以伏生《書》字文考之，方讀得。豈
> 有數百年壁中之物，安得不訛損一字？又卻是伏生記得者難讀，此
> 尤可疑。今人作全書解，必不是。」（《語類》，卷78，頁1978）

由此條記錄可見，余大雅乃據林之奇《尚書全解》的論點提問朱子，《尚書全
解》認為「伏生編此《書》，往往雜齊人語於其中，故有難曉者。」〔註213〕
甚至提出今古文俱已遭潤飾：「某嘗疑此二者必有所增損潤色於其間。」〔註
214〕則林之奇認為伏生自己便已潤飾過《尚書》，且因其參雜齊語方言，故致
《今文尚書》難曉。但朱子並不認同林之奇的說法，他說：「今古書傳中所引
《書》語，已皆如此，不可曉。」（《語類》，卷78，頁1978）若已遭潤飾，
又怎會與其他古籍所引相同。那麼余大雅這條記錄大概是延續對林之奇說法
的討論。但我們必須注意朱子所言：「豈有數百年壁中之物，安得不訛損一字？
又卻是伏生記得者難讀，此尤可疑。」朱子的意思是說《尚書》有古今文之
分，而古文乃出壁中，且為蝌蚪文，初出土時無人識得，必須再以伏生之文
字對照才能識讀。在如此層層限制下，怎麼會沒有一字訛損？且又以為伏生
《書》較為難讀，言下之意，便是以難讀之經文去識讀蝌蚪文，又怎麼會解
釋得如此文從字順，無一字訛損？朱子在此明確提及《古文尚書》既藏於壁
中百年，豈會沒有文字訛損，結合余大雅前一條語錄來看，所謂「無一字訛
損」的對象便指向《古文尚書》。如此一來，分明是朱子曾疑《古文尚書》有
問題。那麼再回到余大雅前一條語錄所載「某嘗疑孔安國《書》是假書」，這
段文字便包含《孔傳》、經文及《書序》三部分，那麼便不可說朱子疑假書單
指《孔傳》。

（三）朱子未再對假書議題深入分析

然而朱子對《古文尚書》之疑並未繼續深化，「假書」的命題前此無人道
及，吳棫也只是對今古文差異感到不解，林之奇則從齊人方言摻雜入經文的
角度解釋難讀之因。而據〈語類姓氏〉所記，余大雅所記乃戊戌（1178）以後

〔註213〕林之奇：《尚書全解》，序，頁309。
〔註214〕林之奇：《尚書全解》，卷22，頁449。

所聞，朱子時約四十八歲，則余大雅所錄當可視爲朱子對《尚書》較早期的
看法，此時朱子可能由於本身學術的敏銳度而導致對《尚書》起重重之疑，
甚至一度疑起《古文尚書》的來源。但以《古文尚書》爲「假書」的議題並
未繼續發展，朱子後來很可能改變說法。否則朱子若敢於提出「假書」這樣
的命題，必定會引起軒然大波。對照朱子改造「思無邪」一語詮釋的角度，
弟子們便大量提問，《語類》中所載者達數十條之多，那麼若朱子眞提出「假
書」的說法，弟子們不應該視若無聞，而不再深入請示。故此條記錄若非余
大雅誤記，便是朱子改變說法，但余大雅所記兩條語錄又可互相補充，誤記
可能性較低，大概朱子並無任何實證可以繼續發展《古文尚書》無訛損文字
的疑問，遂不再深究。觀朱子之疑《書序》，有認定序文之言與經文衝突者，
而疑《孔傳》則對其文字風格提出否定，至於疑今文諸篇，則多就義理立論，
然而《古文尚書》經文均無上述弊病，且質之古籍皆有依據。僅憑其無文字
訛損的問題，是無法再深入下去，〈答孫季和〉第二通云：

> 古今書文雜見先秦古記，古有證驗，豈容廢絀，不能無可疑處，只
> 當玩其所可知，而闕其所不可知耳。（《文集》，卷 54，頁 2546）

今、古文皆有可疑處，但又不容廢絀，故只得選擇闕疑方式。如〈答潘子善〉
第七通中，潘子善舉林之奇解古文〈胤征〉「先時者，殺無赦；不及時者，殺
無赦。」之說提問朱子，朱子回以：「此篇自可疑，當闕之。」（《文集》，卷
60，頁 2981）則是朱子很明確曾對《古文尚書》篇章採取疑而闕之的作法。
又如《語類》有載朱子對〈旅獒〉之疑云：

> 近諸孫將〈旅獒〉來讀。是時武王已八十餘歲矣。太保此書諄諄如
> 教小兒相似。若自後世言之，則爲非所宜言，不尊君矣。（《語類》，
> 卷 79，頁 2051）

據朱子所言，則是對〈旅獒〉文字內容表示質疑，這是從事理方面的考察。
又如《語類》又有載：

> 《漢書》有秀才做底文章，有婦人做底文字，亦有載當時獄辭者。
> 秀才文章便易曉。當時文字多碎句，難讀。《尚書》便有如此底。〈周
> 官〉只如今文字，太齊整了。（《語類》，卷 134，頁 3203）

朱子舉《漢書》爲例，說明作者來源不同會導致對文章的詮釋理解，其意雖
在爲《書》有二體提出說明，但最後卻說〈周官〉只如今之文字，那麼朱子
便不只是對今文不可曉感到懷疑，古文太過整齊也是導致他思索《書》分二

體之因，那麼便不能說朱子只懷疑今文難曉而已。除單獨篇章外，朱子亦曾直接批評「《古文尚書》」可能有闕誤，如〈答潘子善〉第八通云：「劉歆所見古文，已非其正，而今本亦有闕誤，難盡信也。」（《文集》，卷 60，頁 2990～2991）由此亦可見，朱子確實對《古文尚書》產生過一些疑慮，雖然並非將思考落在魏晉獻《書》可能為假的時間點上，然既已釐清「嘗疑孔安國《書》為假書」可包括經文及傳文，則表示早期確實可能有這種懷疑傾向，但在沒有任何證據可佐證之下，朱子遂以他所一貫認同的以義理為優先，考證為次的研究方法，停止了對《古文尚書》的懷疑，從而轉向於提出對《書》分二體的討論。故劉人鵬言朱子「未嘗」疑《古文尚書》為偽作，似乎太過武斷，大概朱子初時曾有過這種懷疑傾向，但在毫無證據的情況下，未發展成為實際說法，因此也極少與弟子討論到這個部分，故言朱子終未能疑《古文尚書》較為妥當，至於若由此而認為朱子根本不曾疑過《古文尚書》，則言過其實也。

（四）朱子以「《書》有二體」解釋今古文之差異

釐清朱子亦曾有過疑《古文尚書》的意識後，再來看他對《書》分二體的提出，便更可明白朱子的思路，以下茲將朱子所言今、古文差異之說詳細列舉之：

如〈書臨漳所刊四經後〉云：

> 漢儒以伏生之《書》為今文，而謂安國之《書》為古文，以今考之，則今文多艱澀，而古文或平易。或者以為今文自伏生女子口授晁錯時失之，則先秦古書所引之文，皆已如此。或者以為記錄之實語難工，而潤色之雅詞易好，則暗誦者不應偏得所難，而考文者反專得其所易。是皆有不可知者。（《文集》，卷 82，頁 4070）

而《書》稿改本亦有載：

> 今按，漢儒以伏生之書為今文，而謂安國之書為古文，以今考之，則今文多艱澀，而古文反平易；或者以為今文自伏生女子口授晁錯時失之，則先秦古書所引之文皆已如此，恐其未必然也。或者以為記錄之實，語難工而潤色之，雅詞易好，故訓、誥、誓、命有難易之不同，此為近之。然伏生倍文暗誦，乃偏得其所難，而安國考定於科斗古書，錯亂磨滅之餘，反專得其所易，則又有不可曉者。（《文集》，卷 65，頁 3254）

除《文集》之外，《語類》中對《書》分二體之論所談更多，如：

孔壁所出《尚書》，如〈禹謨〉、〈五子之歌〉、〈胤征〉、〈泰誓〉、〈武成〉、〈冏命〉、〈微子之命〉、〈蔡仲之命〉、〈君牙之命〉等篇皆平易，伏生所傳《書》皆難讀。如何伏生偏記得難底，至於易底全記不得？此不可曉。如當時誥命出於史官，屬辭須説得平易，若〈盤庚〉之類再三告戒者，或是方言，或是當時曲折説話，所以難曉。（《語類》，卷78，頁1978）

只疑伏生偏記得難底，卻不記得易底。然有一説可論難易：古人文字，有一般如今人書簡説話，雜以方言，一時記錄者；有一般是做出告戒之命者。疑〈盤〉〈誥〉之類是一時告語百姓；盤庚勸百姓遷都之類，是出於記錄。至於〈蔡仲之命〉、〈微子之命〉、〈冏命〉之屬，或出當時做成底詔告文字，如後世朝廷詞臣所爲者。然更有脱簡可疑處。（《語類》，卷78，頁1979）

當時爲伏生是濟南人，鼂錯卻潁川人，止得於其女口授，有不曉其言，以意屬讀。然而傳記所引，卻與《尚書》所載又無不同。只是孔壁所藏者皆易曉，伏生所記者皆難曉。如〈堯典〉、〈舜典〉、〈皋陶謨〉、〈益稷〉出於伏生，便有難曉處，如「載采采」之類。〈大禹謨〉便易曉。如〈五子之歌〉、〈胤征〉，有甚難記？卻記不得。至如〈泰誓〉、〈武成〉皆易曉。只〈牧誓〉中便難曉，如「五步、六步」之類。如〈大誥〉、〈康誥〉，夾著〈微子之命〉。穆王之時，〈冏命〉、〈君牙〉易曉，到〈呂刑〉亦難曉。因甚只記得難底，卻不記得易底？便是未易理會。（《語類》，卷78，頁1979～1980）

《書》有兩體：有極分曉者，有極難曉者。某恐如〈盤庚〉、〈周誥〉、〈多方〉、〈多士〉之類，是當時召之來而面命之，而教告之，自是當時一類説話。至於〈旅獒〉、〈畢命〉、〈微子之命〉、〈君陳〉、〈君牙〉、〈冏命〉之屬，則是當時修其詞命，所以當時百姓都曉得者，有今時老師宿儒之所不曉。（《語類》，卷78，頁1980～1981）

《書》有易曉者，恐是當時做底文字，或是曾經修飾潤色來。其難曉者，恐只是當時説話。蓋當時人説話自是如此，當時人自曉得，後人乃以爲難曉爾。若使古人見今之俗語，卻理會不得也。以其間頭緒多，若去做文字時，説不盡，故只直記其言語而已。（《語類》，卷78，頁1981）

朱子所論集中於對《今文尚書》艱澀難曉的推測，如他先否定前人以為今文難曉是因為伏生女兒口授晁錯時，或因方言，或因誤記而導致的錯誤。朱子的理由是古書中所引便已如此，因此朱子認為《書》分二體的原因，在於記錄之語與潤色之詞的差異，記錄之言乃指《今文尚書》，因記錄之語主要是記載當時人之口語對話，而古代口語與後世用法已不同，故難曉；至於易曉之《古文尚書》則是經過官員潤色修飾，故言辭較為雅正，相對而言是易曉的。但朱子最後也指出此說唯一的破綻在於何以《書》分二體卻是由伏生及孔安國二人所定，照理講，《書》既有二體，則今古文彼此應該是互相混雜這兩種體裁，但事實上卻今文多為口語記錄，古文則為文人之辭，而且孔安國考定《古文尚書》於錯亂磨滅之餘，竟得其簡易者，原因實為難曉。對照上文所談，朱子對孔安國刊定《古文尚書》未有一字訛損之疑，此處再提及此事，便不能輕易帶過，而是顯示朱子確實對古文來源感到不可理解。

朱子對今古文皆有疑，但重點並不在於其是否為漢以後之偽作，朱子疑《尚書》確實未明確發展到這種意識，但對照他已全面疑《序》、《傳》的精神來看，懷疑《尚書》文本幾乎只是一念之間的問題，然而朱子最後選擇未疑《尚書》，這與《尚書》中所牽涉及的義理體系有密切關係，《語類》載：

> 二〈典〉、三〈謨〉其言奧雅，學者未遽曉會，後面〈盤〉、〈誥〉等篇又難看。且如〈商書〉中伊尹告太甲五篇，說得極切。其所以治心修身處，雖為人主言，然初無貴賤之別，宜取細讀，極好。（《語類》，卷78，頁1983）

> 某嘗患《尚書》難讀，後來先將文義分明者讀之，聱訛者且未讀。如二〈典〉、三〈謨〉等篇，義理明白，句句是實理。堯之所以為君，舜之所以為臣，皋陶、稷、契、伊、傅輩所言所行，最好紬繹玩味，體貼向自家身上來，其味自別。（《語類》，卷78，頁1982）

《尚書》之中真正具有義理價值的諸篇雖涵蓋今古文，但以古文居多，而最重要的是，綜合今古文體系可為三代聖賢提供極鮮明的義理認知，紬繹玩味，是修身最好的依據。故朱子遂秉持他闕置難讀而由簡易入手的原則，並不特別探究今古文，而只是以《書》分二體帶過這個問題。

第四節　朱子《尚書》義理思想分析

　　《尚書》一經乃上古歷史之文獻檔案，自整編成爲經典之後，其中所載君臣對話，帝王行跡無不賦予義理色彩，被認爲是二帝三王之政典，成爲後世帝王之學的重要遵循規範。雖然儒家極爲重視《尚書》的義理價值，然其性質實介於經、史之間，故經學家重視其經學價值，而史學家則多藉之還原上古歷史面貌。朱子基本上極爲重視《尚書》的義理內涵，但亦曾指出《尚書》具備史書的特質，〈跋通鑑紀事本末〉云：

> 古史之體可見者，《書》、《春秋》而已。《春秋》編年通紀，以見事之先後；《書》則每事別記，以具事之首尾。意者當時史官既以編年紀事，至於事之大者，則又採合而別記之。若二〈典〉所記，上下百有餘年，而〈武成〉、〈金縢〉諸篇，其所紀載，或更數月，或歷數年，其間豈無異事？蓋必已具於編年之史，而今不復見矣。故左氏於《春秋》，既依《經》以作《傳》，復爲《國語》二十餘篇，國別事殊，或越數十年而遂其事，蓋亦近《書》體，以相錯綜云爾。（《文集》，卷81，頁3995）

朱子指出《尚書》體裁乃史書之一體，有別於《春秋》編年通紀，《尚書》則是每事記其首尾，甚至成爲後世《左傳》、《國語》等史書之依據。朱子雖然認同《尚書》爲史官所記之歷史文獻，但他並不單純將之視爲史書，反而融合經史兩種特質，一方面認爲《尚書》所載無非義理；一方面則認爲古代聖王皆爲於史有據的眞實人物，從而也提供完美義理展現的人物楷模。

　　根據朱子崇尚三代的意識，三代乃天理流行之時代，當時的禮樂文明隨時體現著義理內涵，而三代聖王更是天理直接圓滿呈現於人身之標準形象，故《尚書》雖爲史官所記，並非聖人親筆所作，但對象是聖王群體，等於是天理展現的直接側錄，因此朱子認爲《尚書》值得探索之處並不在於其中所關涉的上古歷史，而是聖人群體一舉一動無非至理的顯現，《語類》載：

> 問可學：「近讀何書？」曰：「讀《尚書》。」曰：「《尚書》如何看？」曰：「須要考歷代之變。」曰：「世變難看。唐虞三代事，浩大闊遠，何處測度？不若求聖人之心。如堯，則考其所以治民；舜，則考其所以事君。且如〈湯誓〉，湯曰：『予畏上帝，不敢不正。』熟讀豈不見湯之心？」（《語類》，卷78，頁1983）

朱子指出讀《尚書》需觀聖人之心，但體察聖人之心的方法並非純粹講究心

性之理而已，〈答張敬夫書〉第三通有云：

> 若徒言正心，而不足以識事物之要，或精覈事情而特昧夫根本之歸，
> 則是腐儒迂闊之論，俗士功利之談，皆不足與論當世之務矣。（《文
> 集》，卷25，頁935～936）

事物之要必須與心性之正併而講求，故而探究《尚書》聖人之心的途徑是必須就聖人所區處之事看出其用心，《語類》又云：「且如《書》載堯舜禹許多事業，與夫都俞吁咈之言，無非是至理。」（《語類》，卷9，頁156）「讀《書》便理會二帝三王所以區處天下之事。」（《語類》，卷 120，頁 2896）「三代之《書》〈誥〉〈詔〉〈令〉，皆是根源學問，發明義理，所以燦然可爲後世法。」（《語類》，卷137，頁3258）《尚書》所載帝王之行事言語，處理事務的方法，甚至語助嘆息，無非義理之呈現，故求《尚書》聖人之必需由其心入手，再就事上求。且從朱子爲學途徑來看，《尚書》乃繼《四書》、《詩經》之後的閱讀，提供帝王治世義理法則；就《大學》開展程序來看，正是後半部治國、平天下的精華寶典，因此，朱子《尚書》學義理的開展是其學術體系中由體而用，再及於政治義理之闡述。那麼就閱讀《尚書》而言，應已具備修身的基礎條件，由此再解讀帝王義理本質的外顯事跡，便可掌握由內及外的內聖外王之途徑，以領悟聖人之心。而本論文對於朱子開展《尚書》義理價值之分析便由此著手，並提出六大主題討論，以還原朱子《尚書》學的義理面貌。

一、朱子對聖人心傳義理價值的完備

〈大禹謨〉載舜、禹、益三人之對話，其中舜對禹有言：「人心惟危，道心惟微；惟精惟一，允執厥中。」這十六字眞言經宋儒闡述，並與《論語》〈堯曰〉堯命舜「允執其中」之語結合，而構造成爲一條堯傳舜，舜傳禹，並進而擴充之十六字傳心訣，成爲帝王相傳密旨，朱子注〈大禹謨〉即云：

> 堯之告舜，但曰「允執厥中」，而舜之命禹，又推其本末而詳言之，
> 蓋古之聖人，將以天下與人，未嘗不以其治之之法幷而傳之，其可
> 見於經者，不過如此，後之人君，其可不深畏而敬守之哉！（《文集》，
> 卷65，頁3284）

聖王相承，當有治理之法的傳授，可見於經者即此十六字傳心訣。而此帝王相傳之心法經過千百年後，至子思所作《中庸》時，則轉換成爲儒家道統的實際內容，〈中庸章句序〉云：

> 《中庸》何爲而作也？子思子憂道學之失其傳而作也。蓋自上古聖
> 神，繼天立極，而道統之傳，有自來矣。其見於《經》，則「允執厥
> 中」者，堯之所以授舜也；「人心惟危，道心惟微；惟精惟一，允執
> 厥中」者，舜之所以授禹也。堯之一言，至矣盡矣，而舜復益之以
> 三言者，則所以明夫堯之一言，必如是而後可庶幾也。……然當是
> 時，見而知之者，惟顏氏、曾氏之傳得其宗。及曾氏之再傳，而復
> 得夫子之孫子思，則去聖遠，而異端起矣。子思懼夫愈久，而愈失
> 其眞也，於是推本堯、舜以來相傳之意，質以平日所聞父師之言，
> 更互演繹，作爲此書，以詔後之學者。(《文集》，卷76，頁3828～
> 3829)

朱子認爲十六字傳心訣之演繹是由堯之四字，再擴充爲舜之十六字，最後形
諸於《中庸》，由子思把原本乃帝王間密傳之旨正式公諸於世，並完備其哲學
理論，遂進而建構儒家相傳由堯、舜、禹、湯、文、武、周公傳至孔、孟的
儒學道統。因此《尚書》十六字心傳實爲朱子道統思想得以產生並延續的關
鍵，然陳良中卻以爲朱子並非取自《尚書》，而是取自二程，其理由爲：

> 從時間上看，《朱子語類》所集均爲朱子四十歲以後語錄，據〈語錄
> 姓氏〉記載最早記《書》類語錄的是楊方，所錄爲乾道六年庚寅(1170
> 年，朱子時年四十一)所聞。廖德明所聞在乾道九年癸巳(1173)
> 年以後，周謨所聞在淳熙六年己亥(1179年)以後，朱子五十歲前
> 有關《尚書》語錄僅20條，55歲前有58條，60歲前爲92條，其
> 餘則在紹熙至慶元年間。因此《語類》中論《書》條目大多在朱子
> 五十五歲以後。由此看來《尚書》眞正完全進入朱子的思想世界的
> 時間是很晚的，結合《文集》和《語類》的材料來看，朱子眞正關
> 注《尚書》至少是在其理學大廈建立之後，其理學思想借重《僞古
> 文尚書》的實在有限。道心、人心之論主要源于對二程思想的繼承
> 和發揚。〔註215〕

陳良中根據《語類》所錄《尚書》條例的時間分配指出，朱子對《尚書》關
注是在晚年之後，因而推斷理學思想受僞《古文尚書》影響不大。然而這樣
的推論實也存在問題，《語類》所記本就多爲朱子晚年之說，不僅《尚書》而
已，其他各經各典皆同。而且二程之思想來源亦是就《尚書》所載而發揮。

〔註215〕陳良中：《朱子《尚書》學研究》，頁71。

十六字傳心訣固然僅為《尚書》所載帝臣之間對話內容之一環，但其所以得以成立的關鍵乃在於《尚書》刻畫這些典型聖人形象，從而提供以義理為基礎的道統傳承的依據，而朱子遂由此認為孔子、子思得藉之以建構《中庸》的道統實際內容，因此朱子對《尚書》十六字心傳思想的形成，應以蔡方鹿所言較為全面：

> 朱熹還把《中庸》與《論語》〈堯曰〉、《古文尚書》〈大禹謨〉結合起來，以闡發道統「十六字心傳」。程頤曾提出「《中庸》乃孔門傳授心法」的思想，朱熹受二程道統論中關于超越時代的心傳說的影響，以天理人欲區分道心人心，對《古文尚書》〈大禹謨〉中的「人心惟危，道心惟微，惟精惟一，允執厥中」十六字詳加闡發，以發明聖人傳心之旨，把傳心與傳道結合起來。這不僅是對「四書」學的豐富和發展，而且在道統史上亦產生了重要影響。

〈大禹謨〉的十六字心傳，言簡意賅，但依朱子所言，《尚書》畢竟隔一重兩重，難以令學者理解背後宏深的旨意，必有賴於借助《中庸》及《論語》〈堯曰〉作為輔助，闡述道統之傳的真正意旨，因此對十六字傳心訣的深入探討必須結合 《四書》，如此不僅是發展並且豐富《四書》學，並且也是由《四書》而《詩》《書》詮釋路徑的展現。故朱子圍繞這十六字心傳之言，展開深刻探討，由此建構其道統之說的重要內容。而這分別包括了心性論及功夫論的層面，前二句「人心惟危，道心惟微」與心性學說有密切關係，雖可提供理論基礎，但從字面上將心區分為二與朱子本身只有一心之說不同，因此朱子勢必得補充說明，也從而發展出自己的詮釋特色。而「惟精惟一，允執厥中」更牽涉功夫修養的部分，是實踐落實之處，朱子亦相當重視此部分。故以下乃將此虞廷十六字區分為兩部分，前半部從心性論領域探討，後半部則著重其功夫論。

（一）朱子對人心、道心的詮釋發展

朱子對人心、道心思想的定形有其發展歷程，《文集》中所載諸說因其時空背景不同，遂表現為不同的解說型式，因此欲掌握朱子對人心、道心之說的確實要義，必須先將朱子說法依其順序釐清。唐君毅依韓人韓元震《朱書同異考》分其前後四說引申論之：

> 大率朱子初以「人心為私欲，道心為天理」（答張敬夫書），「梏于形體之私為人心」（大全三十六答陳同甫），「人心之危者，人欲之萌也；

道心之微者，天理之奧也」（大全六十觀心說）此與程子「人心，私
欲也；道心，正心也」（二程遺書十九），「人心惟危，人欲也；道心
惟微，天理也」（同上十一），其旨略同。此皆以人心之義同于人之
不善之私欲。至于其答呂子約書，謂「操存舍亡，雖是人心之危；
然只操之而存，則道心之微，便亦在此」，此則以由人心之操而存，
即見道心之微。故答許順之書，又謂「操而存者爲道心，舍而亡者
爲人心」（大全三十九）。此中，人于此人心，一加操存，道心即在，
則此人心，亦未嘗不可通于道或天理者；然亦尚未改其人心道心相
爲對反之意也。至在其與蔡季通書（全四十四）則又謂「人之生，
性與氣合而已……性主乎理而無形，氣主乎形而有質。以其主理而
無形，故公而無不善；以其主形而有質，故私而或不善。以其公而
善，故其發皆天理之所行；以其私而或不善也，故其發皆人欲之所
作。……然但謂之一心，……固未嘗直以形氣之發，盡爲不善，而
不容其有清明純粹之時，……但此既屬形氣之偶然，則亦但能不隔
乎理，而助其發揮耳。不可便認以爲道心也。」此則以人心非即不
善，其本雖在形氣，然其清明純粹，亦能不隔乎理，則無復人心與
道心相對反之意。朱子後與鄭子上書，則又謂其與季通書，語尚未
瑩；然亦未視爲非，並謂「此心之靈，覺于理也，道心也；覺于欲
者，人心也」。此似爲其最後之論。而其鄭重寫作之中庸序，亦緣此
而作；今觀語類七十八辨尚書中人心道心之義，即多本于其最後之
定論。其中庸序曰：「心之虛靈知覺，一而已矣。而以爲有人心道心
之異者，則以其或生于形氣之私，或原于性命之正，而所以爲知覺
者不同，故或危殆而不安，或微妙而難見。然人莫不有是形，故雖
上智不能無人心；亦莫不有是形，故雖下愚不能無道心。……必使
道心常爲一身之主，而人心每聽命焉。」此即自一虛靈明覺之心，
或原性命之正，而覺于理爲道心；或原于形氣之私，而覺于欲者爲
人心。語類七十八佐錄，又謂：「道心是知覺道理底，人心是知覺得
聲色臭味底」；再方子錄謂「形骸上起底見識，便是人心；義理上起
底見識，便是道心」。此即謂人心乃由形氣起見而知覺形氣者也。此
中之「形氣之私」與「知覺形氣」，即初無邪惡之義，亦不同于與天
理相對反之人欲。此所謂「覺于欲」「知覺形氣」，即自此人心之知

覺運動之「于聲色臭味之形氣有所向者」而言。則其清明純粹者，自亦可不隔乎天理。此與其早年之言「自其所營爲謀慮言，即謂之人心」之一語，亦相合。因營爲謀慮，只是一人心之欲有所向之活動，其本身雖不必是覺于道者，然亦可合道，則亦無與天理爲相反之人欲之義者也。總此上所述以觀，是見在朱子之學之所歸，其所謂道心、人心，及與道心爲對反之不善之人欲，明爲三義；而其中之人心，則克就其本身言，乃雖有危亦可合道，而爲可善可惡之中性者也。〔註216〕

唐君毅認爲〈答鄭子上書〉爲朱子對人心、道心的定論。蔡茂松則在唐君毅之基礎上，區分朱子關於人心道心思想爲五階段，其云：

本文則認爲朱子答鄭子上書亦非定論，乃一時之言，朱子此後亦未再強調此語，唯《語類》卷六十二論「中庸序」有大雅錄詳載討論此問題。本文則以答鄭子上書爲第四階段；而朱子六十歲（己酉春三月）改定後的〈中庸章句序〉一文列爲第五階段，是朱子的定論。而答黃子耕書，是朱子六十三歲時所書，可視爲定論，應列爲第五階段。朱子六十一歲以後有關人心道心說，只要合乎〈中庸章句序〉者皆可列爲定論。〔註217〕

蔡茂松以爲〈中庸章句序〉爲最後定論。而徐公喜亦將朱子對人心道心的發展歷程括分爲四個階段，其云：

朱熹的十六字心傳思想的形成大致可分出以下幾個階段：乾道衡岳之游以前是朱熹吸收先師思想並且運用於時政時期；乾道衡岳之游以後是朱熹心性理學农漸形成勾畫道統體系時期；淳熙年間則是朱熹四書學思想體系成熟時期，也是朱熹十六字心傳思想逐漸形成時期；紹熙年間則是朱熹全面論證《古文尚書》闡述〈大禹謨〉十六字心傳思想，最終確立十六字心傳思想體系時期。〔註218〕

紹熙年間即〈中庸章句序〉寫定之後，並包含《語類》中關於十六字心傳的討論。謝曉東則將朱子對人心道心的思索過程分爲三個階段，其云：

〔註216〕 唐君毅：《中國哲學原論——原性篇》（臺北：臺灣學生書局，2006 年 11 月），頁 419～421。
〔註217〕 蔡茂松：《朱子學》（臺南：大千世界出版社，2007 年 12 月），頁 491。
〔註218〕 徐公喜：〈朱熹十六字心傳道統思想形成論〉，頁 10。

朱子早年注重「十六字傳心訣」的後半部分，此時他尚處於自發狀態，未能自覺地發展其道心人心思想。中年時的「心說之辯」，朱子認爲「人心」是惡，道心人心之關係等值於天理人欲之關係。其道心人心思想獲得獨立發展的標志是〈答陳同甫第八書〉。該書影響深遠，但其內部尚有一些思想衝突。朱子道心人心思想的晚年定論以〈中庸章句序〉和《尚書》〈大禹謨〉注爲代表，尤其是前者。〔註219〕

謝曉東以〈中庸章句序〉與〈大禹謨〉注爲晚年定論，然兩者之寫作相差近十年，則其意亦謂〈中庸章句序〉便可爲定論。

　　大致說來，諸家皆認同朱子早期乃依伊川主張而將人心、道心區分爲人欲、義理的說法，但隨著己丑之悟確立心統性情的思想之後，朱子開始轉向。一直到後來〈中庸章句序〉前後提出以道心爲主，人心聽命爲確認思想。而諸人將這段期間的過程再予細分，自有其理論價值，但嚴格說來，朱子對人心、道心說的改變，主要是在己丑之悟改變心性關係的看法後便有大致方向，之後的改變只是逐步完善其理論思想。目前學者普遍認同朱子確立「人心道心」理論體系乃建立於朱子約六十歲左右所寫之〈中庸章句序〉，而在晚年辭世前《書》稿改本中對〈大禹謨〉之注解亦有發表意見，故這兩篇文章可視爲朱子對人心道心之說的正式看法。然〈中庸章句序〉雖爲朱子思想相當重要的一篇文獻，但與晚年注〈大禹謨〉文字的思想仍有些許出入，若照思想的發展來看，應該以注〈大禹謨〉爲定論方是。而爲釐清朱子對人心道心思想發展的演變，茲將朱子自四十歲確立心統性情體系之後，再討論人心道心思想的言論，依書信編年順序，逐一討論，以明朱子對此問題關懷意識的發展。

　　朱子於淳熙元年（1174）與張栻曾就人心道心問題討論，〈問張敬夫〉第七通云：

> 蓋心一也，自其天理備具、隨處發現而言，則謂之「道心」；自其有所營爲謀慮而言，則謂之「人心」。夫營爲謀慮非皆不善也，便謂之私欲者，蓋只一毫髮不從天理上自然發出，便是私欲。所以要得必有事焉而勿正、勿忘、勿助長，只要沒這些計較，全體是天理流行，即人心而識道心也，故又以「鳶飛魚躍」明之，先覺之爲後人也，可謂切至矣。（《文集》，卷32，頁1246）

〔註219〕謝曉東：〈尋求眞理：朱子對「道心人心」問題的探索〉，頁97。謝曉東所分三期分別是四十歲以前爲早期，四十到五十六歲爲中期，五十六歲之後爲晚期。

朱子指出，此心只一，而道心乃天理之發現，人心則屬營爲謀慮之部分，則此時朱子乃就此心分別知覺於義理與營爲謀慮的狀態區別道心、人心。就道心的性質而言，已與伊川傾向指爲本體之說產生區別。然朱子雖指出營爲謀慮未必不善，但若有不從天理上發出，則謂之私欲，此則未脫離伊川說的影響，仍有以爲人的思慮若非義理便爲人欲的二分趨勢。朱子繼又指出，此心之修養必須使之無私欲之計較，讓此心全是天理，並由人心而識道心，其意乃以人心爲人成形之後的必然狀態，需藉修養再提升爲道心境界，故人心、道心乃成爲此心知覺義理不同之狀態。不過朱子此時以營爲謀慮爲人心，與後期之說頗有不同，營爲謀慮乃此心思慮之功能，從義理推求角度而言，思慮必須以智之元德作爲處理事務的優先考量，進而交付仁義判準，故智乃辨別是非之基礎，其發也就是營爲思慮。當營慮以智爲準，則能辨別是非；若思慮不以智爲準，則是非不分。故營爲思慮只是心的作用，進行判別時必須以智之元德爲體，故道心亦可藉營爲思慮而由「智」判別義理是非，那麼營爲思慮實也可以導向於道心之發，《語類》便云：「便以動者爲危，亦未當。若動於義理，則豈得謂之危乎？」（《語類》，卷 140，頁 3340）思慮營爲也就是此心之發動，是心的功能，不具善惡準的，必須探究其發動之因，始得辨別善惡。也就是說，營爲思慮若順義理發動，便是道心；若順人欲發動，便是人心。故此時朱子以「營爲謀慮」爲人心，並不精確，而後來也不見朱子再以此爲說。

同年朱子〈問張敬夫〉第八通則強調人心道心爲同中有異：

> 蓋人心固異道心，又不可作兩物看，不可於兩處求也。（《文集》，卷 32，頁 1247）

朱子認爲人心與道心雖有異，但非兩物，不可作兩處求，言下之意是指必須由道心處求。〈答張敬夫〉第九通則云：

> 蓋舜、禹授受之際，所以謂人心私欲者，非若眾人所謂私欲者也，但微有一毫把捉底意思，則雖云本是道心之發，然終未離人心之境。所謂動以人則有妄，顏子之有不善，正在此間者是也。既曰有妄，則非私欲而何？須是都無此意思，自然從容中道，才方純是道心也。
> （《文集》，卷 32，頁 1247）

同樣的說法亦見於同年〈答吳晦叔〉第十一通：

> 蓋舜、禹授受之際，所謂「人心私欲」者，非若眾人所謂私欲也，

但微有一毫把捉底意思，則雖云本是「道心」之發，然終未離「人心」之境也。(《文集》，卷 42，頁 1830)

從朱子理氣說來看，人心私欲之產生乃受氣質影響之必然結果，這本無善惡可言，乃人的自然狀態，也是堯舜心傳所說的人心。而眾人所謂私欲者則是已流於不善，而這又是「動以人則有妄」的必然發生，人心發動只要微有一毫把捉之意，便易流於不善之私欲，甚至一開始是道心之發，若未能把握義理，亦會再流入人心私欲之境。因此欲達到道心滿是義理的狀態，必須排除有妄之私欲，自然從容，合乎中道。就功夫論來看，朱子依舊主張以道心為修養目標，但據其論述之意，道心發出之後，仍有可能受私欲影響，而流入人心之境，這樣的說法表示朱子對道心人心的定義尚未明確，道心若已知覺義理而出，便不應復受人欲牽引而再入人心之境，能夠有改變餘地，便表示所謂道心之發並非真由知覺義理而出，否則不應會有改變。

　　然而大約在同時與許升討論人心道心的書信中，朱了則從操存舍亡的方向立論，〈答許順之〉第十九通云：

心一也，操而存，則義理明而謂之「道心」；舍而亡，則物欲肆而謂之「人心」。自人心而收回，便是道心；自道心而放出，便是人心。頃刻之間，恍惚萬狀，所謂「出入無時，莫知其鄉」也。(《文集》，卷 39，頁 1644)

朱子以孟子心之出入為說，論道心為此心操存義理的狀態，此與張栻討論時所言相同。但論人心乃義理舍亡，物欲肆的狀態，便與張栻論人心未必為不善有所差異。儒家講善惡是由動機論而言，其判準乃據是否依義理而行，就朱子而言，他認為不善的產生乃是由於物欲牽引的結果。而朱子與許升論人心時界定其意涵為「物欲肆」，如此一來，人心就必定為不善。故朱子此時對人心道心之區別乃依義理及物欲為區別，其說有以人心為不善的趨勢。至於操存舍亡之說，則是朱子與張栻討論時所未及者，這種說法又見於乾道九年與呂祖儉的通信中，〈答呂子約〉第十六通云：

蓋操舍存亡，雖是人心之危，然只操之而存，則道心之微，便不外此。今必謂此四句非論人心，乃是直指動靜無端、無方無體之妙，則失之矣。又謂荒忽流轉，不知所止，雖非本心，而可見心體之無滯，此亦非也。若心體本來只合如此，則又何惡其不知所止，而必曰主敬以止之歟？(《文集》，卷 47，頁 2146)

翌年〈答何叔京〉第二十六通亦提及：

> 存者，道心也；亡者，人心也。心一也，非是實有此二心，各為一
> 物不相交涉也。但以存亡而異其名耳。方其亡也，固非心之本然，
> 亦不可謂別是一箇有存亡出入之心，却待反本還原，別求一箇無存
> 亡出入之心來換却，只是此心，但不存便亡，不亡便存，中間無空
> 隙處。所以學者必汲汲於操存，而雖舜、禹之間，亦以「精一」為
> 戒也。且如世之有安危治亂，雖堯、舜之聖，亦只是有治安而無危
> 亂耳，豈可謂堯、舜之世無安危治亂之可名耶？如此，則便是向來
> 胡氏「性無善惡」之說，請更思之，却以見教。（《文集》，卷 40，
> 頁 1740）

朱子指出人心道心之不同乃因存亡而異其名耳，此心若不存便亡，不亡便存，
如此解說則是設定道心人心屬於對立之狀態。而從朱子與呂祖儉及何鎬的討
論來看，時人有以心原本無善無惡的狀態來解釋人心道心，意其當謂人心本
無善惡，一旦捨之便入人心，一旦操存便謂道心，如此等於將心的狀態區分
成為三種現象。但朱子不認同這種看法，他認為心並沒有不存不亡，所謂無
善無惡的狀態，操存舍亡只是一線之隔，義理存於心則便是入，便為操，便
謂之道心；義理不存於心，便謂舍，便曰亡，便是人心，並強調學者必須汲
汲於操存道心。

謝曉東認為朱子對於探索人心道心思想的突破，首以於五十六歲（1185）
時寫給陳亮的〈答陳同甫〉第八通為代表，其書云：

> 所謂「人心惟危，道心惟微，惟精惟一，允執厥中」者，堯、舜、
> 禹相傳之密旨也。夫人自有生而梏於形體之私，則固不能無人心矣；
> 然而必有得乎天地之正，則又不能無道心矣。日用之間，二者並行，
> 迭為勝負，而一身之是非得失、天下之治亂安危，莫不係焉。是以
> 欲其擇之精，而不使人心得以雜乎道心；欲其守之一，而不使天理
> 得以流於人欲，則凡其所行無一事不得其中，而於天下國家無所處
> 而不當。（《文集》，卷 36，頁 1461～1462）

相較於先前以操舍存亡，非存即亡的境界來說明人心道心的差異，朱子與陳
亮之討論 則改用「雜」來解釋人心道心並存於此心的現象。朱子認為人心道
心在日用之間會迭為勝負，這又較答何鎬時所言「不存便亡，不亡便存」之
說，更能準確說明心的狀況。「不存便亡，不亡便存」過度區分人心與道心為

二，此心若非道心，便爲人心，二者必擇其一。但在現實情境中，道德與人欲相互衝突的現象時而有之，此心並非兩者對立的狀況，《語類》載余大雅受朱子啓發後所云：「向來專以人可以有道心，而不可以有人心，今方知其不然。人心出於形氣，如何去得！」（《語類》，卷 62，頁 1487～1488）又云：「人心，堯舜不能無；道心，桀紂不能無。」（《語類》，卷 62，頁 1487～1488）人心道心並存於此心，義理與人欲交雜其中，互相衝擊，頗有相互拉距之勢。故朱子改變操舍存亡之說而改以人心、道心可以相雜的方式說明，這樣的解釋可以涵蓋人在義理衝突下的兩難選擇現象，較操存舍亡立分判別的說法更爲合理，而這樣的說法也發展成爲〈中庸章句序〉的主要內容。

　　約於紹熙元年所寫定的〈中庸章句序〉，一直以來被認爲是朱子關於人心道心之說的確定之論，〈中庸章句序〉云：

> 心之虛靈知覺，一而已矣，而以爲有「人心」、「道心」之異者，則以其或生於形氣之私，或源於性命之正，而所以爲知覺者不同，是以或危殆而不安，或微妙而難見耳。然人莫不有是形，故雖上智不能無「人心」；亦莫不有是性，故雖下愚不能無「道心」。二者雜於方寸之間，而不知所以治之，則危者愈危，微者愈微，而天理之公，卒無以勝夫人欲之私矣。「精」則察夫二者之間而不雜也，「一」則守其本心之正而不離也。從事於斯，無少間斷，必使「道心」常爲一身之主，而「人心」每聽命焉，則危者安、微者著，而動靜云爲，自無過不及之差矣。（《文集》，卷 76，頁 3828）

這一段引文大致可分爲三段，第一段從開頭到「或微妙而難見耳」，此段說明人心、道心差異之因。心只有一，但由於心之源頭來自於氣質，且又能稟受性理，故其知覺者若不同，便會使此心狀態產生差異。知覺於性理者則爲道心，知覺於形氣者則爲人心。第二段則由「人莫不有是形」至「無以勝夫人欲之私矣」，此段說明人之爲人，必有人心及道心，而此二者雜於此心之中，倘若不知如何治之，將會使道心漸微，而人心愈盛。第三段則由「精則察夫二者」迄文末，此段則說明修養功夫的方法，必須守本心之正而不離，使道心爲一身之主，令人心聽命之。〈中庸章句序〉確立此種思想後，其後的書信均依此立說。

　　光宗紹熙二年（1191）〈答蔡季通〉第二通云：

> 所以有「人心」、「道心」之別，蓋自其根本而已，然非爲氣之所爲

有過不及，而後流於人欲也。然但謂之「人心」，則固未以爲悉皆邪惡；但謂之「危」，則固未以爲便致凶咎；但既不主於理而主於形，則其流於邪惡，以致凶咎，亦不難矣。此其所以爲「危」，非若「道心」之必善而無惡，有安而無傾，有準的而可憑據也。（《文集》，卷44，頁1912～1913）

朱子在與張栻通信中已強調人心未必盡爲不善，但同時另有以操存舍亡解釋時，卻有將人心視爲不善的趨勢，而在〈中庸章句序〉確立理論基礎後，朱子與蔡元定通信中，復再申明人心未必不善，而道心則必爲善的早期之說，但如此一來，卻又有將心區分爲二之弊，此說遂另即爲朱子所捨棄，〈答鄭子上〉第十通云：「昨〈答季通書〉語却未瑩，不足據以爲說。」（《文集》，卷56，頁2713）不過這時朱子特別強調「危」對人心的形容。

同年朱子與鄭子上亦曾就人心道心問題討論，〈答鄭子上〉第四通云：

「道心」之說甚善，人心自是不容去除，但要道心爲主，即人心自不能奪，而亦莫非道心之所爲矣。然此處極難照管，須臾間斷，即人欲便行矣。（《文集，卷56，頁2709》

〈答鄭子上〉第十通則云：

此心之靈，其覺於理者，道心也；其覺於欲者，人心也。（《文集》，卷56，頁2713）

結合此二說，朱子言道心乃覺於理者，故仍就心之知覺而言，而朱子則改人心爲覺於「欲」，對照前期屢以私欲爲說，卻又要申明私欲非必爲一般所言流於不善之私欲，故朱子改爲僅以「欲」爲言，取消私字。欲乃出於形氣，故不容去除，但亦未必爲不正，故覺於此欲之人心，亦未必爲不善，〈答黃子耕別紙〉第九通云：

蓋以道心爲主，則人心亦化而爲道心矣。如〈鄉黨〉所說飲食衣服，本是人心之發，然在聖人分上，則渾是道心也。（《文集》，卷51，頁2366）

覺於欲正如〈鄉黨〉所說飲食衣服，這是一般人欲生理需求，若不依正當方式求之，便會流於不善，而若依正當方式滿足其欲，便爲善。故以道心主導，則人心將變爲道心。就聖人分上而言，人心已渾然轉變爲道心，而道心既爲純善，故修養功夫便是要固守道心知覺義理的能力；人心未必不善，便必須精於選擇，以避免受物欲牽引而流於不善，故〈答黃文叔〉便云：

執事其亦察乎舜之所謂「人心」、「道心」者爲如何，擇之必精，而
不使其有人心之雜；守之必固，而無失道心之純；則始終惟一，而
伊尹之所以格天者在我矣。（《文集》，卷38，頁1606）

人心要擇，道心要守，意謂擇出人心以爲道心者，並固守之。朱子詮釋人心
道心的思路在受伊川及孟子的影響後，逐漸回歸《尚書》文本，特別強調人
心危，道心微的論述，慶元三年〈答趙恭父〉第六通云：

道心雖微，然非人欲亂之，則亦不至甚難見；惟其人心日熾，是以
道心愈微也。（《文集》，卷59，頁2921）

可見朱子徹底改變操存則爲道心，舍亡便爲人心，非此即彼的說法，改爲兩
者互相參雜影響，《語類》有載：

程子謂：「一心之中如有兩人焉：將爲善，有惡以間之；爲不善，又
有愧恥之心。此正交戰之驗。」程子此語，正是言意不誠，心不實
處。大凡意不誠，分明是吾之賊。我要上，他牽下來；我要前，他
拖教去後。此最學者所宜察。（《語類》，卷69，頁1721）

至此，朱子已改造伊川之說，伊川本有以道心爲體，人心爲用的傾向，而朱
子取其善惡交戰之說，指出人心會擾亂道心，故道心爲微；而人心愈熾，乃
有流於不善之弊，故人心爲危。人心道心並存於心中，交互影響，然必須以
道心爲主，使人心服從道心而發，朱子此說幾乎成爲其定論，然在《書》稿
改本注文中再度出現變化。

　　朱子最後對人心道心的言論發表於修訂蔡沈《書》稿改本〈大禹謨〉注
文中，此篇與〈中庸章句序〉俱被視爲朱子重要言論，但歷來多以〈中庸章
句序〉更爲關鍵，李明輝即云：

關於朱子的道統說及他對於「人心、道心」的最後見解，最完整且
具權威性的文獻是他在淳熙十六年（1189，時朱子六十歲）所寫定
的〈中庸章句序〉，而他在此序中對「道心」、「人心」所提出的詮釋
也成爲日後的相關討論之主要依據。〔註220〕

然而〈大禹謨〉注文與〈中庸章句序〉相距近十年，朱子的思想體系雖於六
十歲左右便達致成熟，但對照〈大禹謨〉注文及〈中庸章句序〉仍會發現會
有些微差異，仔細考察，可發現朱子愈趨圓融、精準的轉變之處。故以下先
引朱子〈大禹謨〉說解「人心道心」之注文，再與〈中庸章句序〉所云作比

〔註220〕李明輝：〈朱子對「道心」、「人心」的詮釋〉，頁80。

較，以明朱子思想說法之變化。〈大禹謨〉注云：

> 心者，人之知覺，主於身而應事物者也。指其生於形氣之私者而言，
> 則謂之「人心」；指其發於義理之公者而言，則謂之「道心」。人心
> 易動而難反，故危而不安；義理難明而易昧，故微而不顯。惟能省
> 察於二者公私之間，以致其精，而不使其有毫釐之離，持守於道心
> 微妙之本，以致其一，而不使其有頃刻之離，則其日用之間，思慮
> 動作，自無過不及之差，而信能執其中矣。(《文集》，卷 65，頁 3284)

〈中庸章句序〉開篇強調心一，這是朱子一貫的說法，朱子屢屢強調「心一」
之說，這是爲了避免行文之中申述人心道心差異之時，會令讀者混淆其意，
以爲心可區別爲二，故開篇即強調心一，乃預防措施。但在〈大禹謨〉注中
卻省去這一句，這並不是代表朱子有所轉變，而是心既爲一，那麼人心道心
便不應被切割爲二，於是朱子說明人之成形，有得於形氣之私者，這是二文
相同之處。但〈中庸章句序〉則言道心乃源於性命之正，這樣的解說仍有混
淆道心與性理之嫌，因此在〈大禹謨〉注中朱子改變說法爲「發於義理之公
者」，朱子強調「發」，便指道心乃「已發」的狀況，既爲已發，就不能作爲
本體之性，這樣的說法足以彌補〈中庸章句序〉「源於性命之正」說可能帶來
以道心爲本體的疑慮。不過朱子的觀念並未改變，〈中庸章句序〉中仍是以道
心指心能夠知覺義理之性的能力，不過語句敘述仍有不夠精準之處，如〈中
庸章句序〉言人「莫不有是性，故雖下愚，不能無道心」，這裡的說法依舊有
誤導之嫌，朱子本意乃言人皆有性，故人皆有能夠知覺性理之可能，此即道
心，而〈中庸章句序〉將性與道心並列，仍有混淆二者之嫌，然〈大禹謨〉
注則明確改爲發於義理之公，那麼就明確把道心與性理區隔開來，道心只是
知覺性理的能力，並不等於性。而〈中庸章句序〉又云人心、道心二者雜於
方寸之間，方寸之間即是心，一心之中又有人心道心交雜，這樣的說法仍有
可能導向於將心切割爲二，甚至切割爲三的危險。且人心、道心乃知覺能力，
亦不能言雜，故就〈中庸章句序〉來看，確實仍有模糊之處。然對照〈大禹
謨〉注便可發現朱子改所謂雜於方寸間之二者爲公與私，也就是說，在此心
之中隨時交雜有發於義理之公及發於形氣之私的衝突，兩者互相纏繞於心，
而心究竟該知覺於何者而發出，便會形成人心、道心之差異。而〈中庸章句
序〉最後歸結人心道心關係爲「必使道心常爲一身之主，而人心每聽命焉」，
謝曉東即認爲這是朱子最後確認的說法：「晚年以〈中庸章句序〉及《尙書》

〈大禹謨〉注為代表的成熟期。我們可以把朱子的道心人心思想概括為『道心為主，人心聽命』的義理模式，而這一模式蘊含著豐富的工夫論與倫理學的內容。」〔註221〕但對照〈大禹謨〉之注，卻發現朱子已取消人心聽命道心的語意。朱子在〈中庸章句序〉中視道心與人心為交雜於此心的兩種衝突，就現實層面來看，人心思慮確實也常受到義理與私欲的交互衝擊而難以選擇，尤其面對極大利益吸引，卻又違反道德義理時，更是往往陷入難以抉擇的困境，而朱子以人心必須命於道心，其意便是謂當這兩種知覺相互衝突時，必須以知覺義理的道心為主，而使以人欲為知覺的人心聽命之，不使其干擾知覺義理而發的能力。但〈大禹謨〉注卻不再採取這種說法，而以審乎公私之分為說，公私也就是義理與私欲，而人心道心乃心知覺於不同來源所產生的差異，知覺於義理之公即道心，知覺於形氣之私即人心，道心、人心是已發後的結果，義理之公與形氣之私才是混雜於此心的二種衝突，若如〈中庸章句序〉之說以人心道心交雜於此心，便有倒末為本的趨勢，語意未瑩，故由此來看，〈大禹謨〉注文雖較〈中庸章句序〉更為簡潔，但朱子下筆去除先前仍有可能帶來疑慮的文字，更顯純熟，因此若論人心道心之區別，當以〈大禹謨〉注所論為最後定論，代表朱子完整成熟的想法。

（二）朱子所重者為「精一執中」的功夫

以上主要以《文集》所載書信考察自朱子己丑之悟後對人心、道心的詮釋脈絡，可以發現朱子乃視人心、道心為心的知覺能力，兩者皆是已發之後的狀態，覺於性之義理者，乃為道心，此為純善；而覺於氣質之欲者，則為人心，此雖未必為不善，但極有流於不善的可能。而比較朱子前後說法可以發現前期之說討論重點著重於人心道心存在於本心之內究竟是怎麼樣的狀況。早期是從操存舍亡的狀態說明，若存得此心，便是道心，若亡失此心，則為人心，從而顯現為一種非此即彼，非存即亡的學說。而後期逐漸轉變為人心、道心交互參雜於此心之中，人心必須聽命於道心。而〈大禹謨〉注中，朱子改人心道心交雜情形為公與私交雜，且省去以道心作主，人心聽命道心之說，而專注於固守道心，使人心提升為道心。朱子之所以會有這樣的改變，大概由於人心聽命道心的說法太過被動消極，似仍無法去除人心之私欲，只是被壓在道心之下，不如專以道心為修養目標，將人心直接提升為道心，這樣的改變更顯出主體功夫修養的積極性。

〔註221〕謝曉東：〈尋求真理：朱子對「道心人心」問題的探索〉，頁101。

　　釐清朱子人心道心的定位之後，便可繼續論及朱子對精一執中的解釋。
朱子區別人心、道心是就心性論之範圍探討其定義，所牽涉到的雖是本源的
問題，但這只是哲學思維的釐清，而真正該下手處其實是在十六字傳心訣的
後兩句「惟精惟一，允執厥中」，〈答杜仁仲〉第二通便云：

> 「人心」、「道心」不能無異，亦是如此，然亦不須致疑，但「惟精
> 惟一」，是著力要切處耳。（《文集》，卷62，頁3082）

理論本源問題的澄清，這是思想家思考的重點，但就一般人而言，並不需要
確認人心、道心究竟有何區別，真正該用力處是功夫修養的部分，因此朱子
對「精一執中」的功夫探討亦甚為重視，〈答蔡季通〉第二通云：

> 故必其致「精一」於此兩者之間，使公而無不善者常為一身萬事之
> 主，而私而或不善者不得與焉，則凡所云為，不待擇於過與不及之
> 間，而自然無不「中」矣。凡物剖判之初，且當論其善不善；二者
> 既分之後，方可論其中不中。「惟精惟一」，所以審其善也。「允執厥
> 中」，則無過不及而自得「中」矣，非「精一」以求「中」也。此舜
> 戒禹之本意，而序文述之。固未嘗直以形氣之發，盡為不善，而不
> 容其有清明純粹之時，如來論之所疑也。但此所謂清明純粹者，既
> 屬乎形氣之偶然，則亦但能不隔乎理而助其發揮耳，不可便認以為
> 「道心」，而欲據之以為「精一」之地也。如孟子雖言「夜氣」，而
> 其所欲存者，乃在乎仁義之心，非直以此「夜氣」為主也；雖言「養
> 氣」，而其所用力，乃在乎集義，非直就此氣中，擇其無過不及者而
> 養之也。來諭主張「氣」字太過，故於此有不察。其他如分別中氣
> 過不及處，亦覺有差，但既無與乎「道心」之微，故有所不暇辨耳。
>
> （《文集》，卷44，頁1912～1913）

朱子指出，人心因有趨善趨惡的差別，而道心則為純善，故所謂精一也就是
必須精於此心的選擇，一以道心之公為主，精審其善。朱子並舉孟子夜氣為
例，強調存心必須就仁義擇之，那麼道心也就是須以仁義為主。〈與劉子澄〉
第十五通云：

> 歲前看《通書》極力說箇「幾」字，儘有警發人處，近則公私邪正，
> 遠則廢興存亡，只於此處看破，便斡轉了。此是日用第一親切工夫，
> 精粗隱顯，一時穿透，堯舜所謂「惟精惟一」，孔子所謂「克己復禮」，
> 便是此事。（《文集》，卷35，頁1425）

「幾」就是心意發動之最初微處，性乃心未發狀態，故當發動之最初時，此心幾乎是純於性善的狀態，之後才會受到物欲影響，而朱子特別強調惟精惟一就是須於「幾」處精審之，心最初的發動既是由性而來，則必趨近純善，故惟精惟一就是保持此端緒，那麼連結孟子所言，這端緒之發便是仁義禮智之發。

　　道心乃知覺義理之心，就心統性情的理論來說，性乃心之體，情乃心之發，道心就是性其情的發用，知覺直接由性理而出，故能展現天理性體之正，朱子便由此定義道心的具體內容，《語類》有云：

> 人自有人心、道心，一箇生於血氣，一箇生於義理。飢寒痛痒，此人心也；惻隱、羞惡、是非、辭遜，此道心也。（《語類》，卷 62，頁 1487）

朱子以道心爲惻隱、羞惡、是非、辭遜，就孟子而言，這就是仁義禮智。惻隱乃仁之端，羞惡爲義之端，辭遜爲禮之端，是非爲義之端，而經朱子改造後，仁義禮智是性，惻隱、羞惡、是非、辭遜乃其發之端微，故道心就是對仁義禮智的知覺。朱子於此將道心與《孟子》連結，把孟子所提到的四端之說轉化爲詮釋《尚書》的基礎，這又是由《四書》而《詩》《書》之爲學次序的顯現。而陳榮開更將朱子人心道心之說與《孟子》耳目之官與心之官作連結，其云：

> 人心於飢渴之時之不知有「可以食」與「不可以食」的分別，而但求得飲食以充飽足，猶之乎耳、目之官之不能思，而易爲外物所引去。同樣地，道心之能截奪何時可食、何時不可食，亦猶如心之官之能思得其理而不爲外物所蔽一樣。可見，朱子之道心，其本能與職司即在于作道德判斷的「思」，故與不能自作主宰而易於流而忘返的人心有異而可以爲人心的準據。〔註222〕

陳榮開認爲道心即是能夠作爲道德判斷之思，這是極具啓發性的說法。在朱子理一分殊的體系中，「性」以仁義禮智之元德具體表現爲道德世界之中的分殊之理，而道心乃知覺義理之能力，故其所知覺者也就是仁義禮智。朱子在《語類》中屢屢曾將道心與仁義禮智並提，如：「道心是本來稟受得仁義禮智

〔註222〕陳榮開：〈朱子的《中庸》說：《中庸章句・序》中有關道心、人心問題的看法〉，收錄於《朱傑人主編：《邁入 21 世紀的朱子學——紀念朱熹誕辰 870 周年逝世 800 周年論文集》（上海：華東師範大學出版社，2001 年 11 月），頁 64。

之心。」（《語類》，卷 78，頁 2018）又如論釋氏之心與儒家道心之差異時亦批評：「只是他說得一邊，只認得那人心，無所謂道心，無所謂仁義禮智，惻隱、羞惡、辭遜、是非，所爭處只在此。」（《語類》，卷 126，頁 3022）心統性情，性乃心之本體，而性即仁義禮智之理，故仁義禮智可爲道心之本體，而發動之後的四端之心即爲道心之發用，道心之知覺就是必須由仁義禮智而發，方爲知覺義理，因此當此心存在著公與私的衝突時，道心便必須起揀擇的作用，《語類》云：「人心是箇無揀擇底心，道心是箇有揀擇底心。」（《語類》，卷 12，頁 220）能夠揀擇，而順由仁義禮智而發，便是道心，反之若不知揀擇，不從仁義禮智而發，但隨順人欲而去，失去義理支持，便容易流於不善之惡。

　　本論文在第三章討論朱子「理一分殊」思想體系時，便曾分析朱子統合仁義禮智復歸性理之一的途徑爲：先由能區別是非的智之德作爲判準，之後再交付仁義爲決定，並表現爲合宜之禮。智是處理各種事物的首要德目，依智判定事物及處理方式的是非，故朱子由此言道心乃可揀擇的心，又云：「道心猶柁也。船無柁，縱之行，有時入於波濤，有時入於安流，不可一定。惟有一柁以運之，則雖入波濤無害。」（《語類》，卷 62，頁 1486～1487）道心對此心義理的掌控能力，其實就表現在必須以判斷是非的智爲首要處理原則。再審以惻隱之仁，並表現爲羞惡之義，故《語類》有載：「蜚卿問：『生，人心；義，道心乎？』曰：『欲生惡死，人心也；惟義所在，道心也。』」（《語類》，卷 59，頁 1404）所謂惟義所在，並非只有義之德目而已，《語類》云：「道心即惻隱、羞惡之心，其端甚微故也。」（《語類》，卷 118，頁 2864）「雖聖人不能無人心，如饑食渴飲之類；雖小人不能無道心，如惻隱之心是。」（《語類》，卷 78，頁 2011）朱子有時單以惻隱之仁論道心，有時又以羞惡之義論道心，有時合而言之，有時又兼顧仁義禮智之發，可見就道心而言，專指則可就其中某德而論，統言之則可從整體性角度涵括仁義禮智四德及其所發，此時道心之發便必須回歸第三章所提出之程式，以智德爲斷、由仁、義判定，再依禮而行，如此方爲道心之真實顯現，而這也就是《大學》正心誠意的方式，《大學章句》云：「心者，身之所主也。誠，實也。意者，心之所發也。實其心之所發，欲其一於善而無自欺也。」〔註223〕心意之發必須有無自欺而一於善之實，而如何使心意爲實，也就是必需讓意能根於性理而發，如此便

〔註223〕朱熹：《朱子全書・大學章句》，頁 17。

可謂實，而惟精惟一就是堅持讓情意能由仁義禮智之性理而發的程序，不令走作。由此來看，方足以完成知覺性理而出的義理揀擇過程，若缺少任何一個環節，則道心之發便不完整，便有再流於人心的危險。

精一之後，則執中便隨之而至，故執中著重於行的功夫，〈答林擴之〉第一通引程顥之言云：

> 明道云：「『惟精惟一』，所以至之；『允執厥中』，所以行之。」即此意也。（《文集》，卷 43，頁 1909）

〈答李時可〉第三通云：

> 示諭「執中」之說，程先生云：「『惟精惟一』，所以至之；『允執厥中』，所以行之。」明此「中」字，無過不及之「中」，初非未發之「中」也。向於〈中庸章句序〉中，曾發此義，今謾錄去。（《文集》，卷 55，頁 2633）

中有指向未發時心性之狀態，但此中乃具形上意涵，不可謂執。而執中則是就現實層面而言，是為無過不及之中，是事理處置得宜之中，兩者不可混為一談。但以執言中，曾引起過度操執的疑慮，熊夢兆便曾問朱子：「『聖人固不勉不思』，今《書》載傳授之旨云：『允執厥中。』下一『執』字，似亦大段喫力，如何？」（《文集》，卷 55，頁 2649）可見所謂執中仍有執一之弊，也就是可能導向過度固執於善，而不知變通，故朱子強調需以時中濟之，〈答宋深之〉第一通云：

> 三聖相授「允執厥中」，與孟子所論「子莫執中」者，文同而意異。蓋精一於道心之微，則無適而非中者，其曰「允執」，則非徒然而執之矣。（《文集》，卷 58，頁 2815）

〈答趙致道〉第三通云：

> 程子曰：「惟精惟一，所以至之；允執厥中，所以行之。」如此，則所謂「允執厥中」，正「時中」之「中」矣；「惟精惟一」，正是提綱挈領處，此句乃言其效耳。（《文集》，卷 59，頁 2927）

「執中」乃聖賢經典之言，是儒家相當重要的功夫原則。但單純說「執中」確實可能會有功夫上的混淆，而朱子在不改動經文又必須塑造聖賢義理價值的思維下，遂強調聖賢功夫在於「允執」。所謂允執，便是無過無不及，也就是對於惟精惟一有真切認識之下所達到的境界，《語類》云：「精，是識別得人心道心；一，是常守得定。允執，只是箇真知。」（《語類》，卷 78，頁 2014）

能夠切實掌握精一功夫，則允執厥中自然會達到時中境界。此時允執厥中之中就如稱錘一樣，中並非僅限於稱之中央，必須隨著權量物件的不同而有不同的平衡點，故中便成為一種義理運用下可靈活改變的原則，而這也是聖人之中與常人之中不同處，〈答陳同甫〉第九通云：

> 但古之聖賢，從本根上便有「惟精惟一」功夫，所以能執其中，徹頭徹尾，無不盡善。後來所謂英雄，則未嘗有此功夫，但在利欲場中，頭出頭沒。其資美者，乃能有所暗合，而隨其分數之多少，以有所立。然其或中或否，不能盡善，則一而已。（《文集》，卷 36，頁 1466）

精一功夫乃允執厥中之本，此時的執中也就是時中。在一般的狀況下，執中便已足夠，但有時面臨到特殊情形時，則不可固執於執中，必須靈活運用中之原則，隨應時勢而變化，此之謂時中。那麼，精一功夫之亦為著重於仁義禮智之抉擇功夫，在時中原則下，必須搭配此四德的靈活使用，依情況取得最合適的義理，此即所謂允執厥中。經由朱子的論述，精一執中便成為一套完整的義理功夫，而這十六字心傳所傳者便包括對聖人心性及功夫的體認，從而成為儒家道統相傳的精華內容。

二、朱子對〈洪範〉「皇極」的義理改造

從朱子的格物致知系統來看，每個人都有義理之性可作為變化氣質，復求完滿義理的內在動力，但問題在於朱子認為氣質會遮蔽義理的顯發，遂使得個人欲藉由自我逆求而完整朗現義理產生極高困難度。而聖人之生，天生便稟得清明澄澈之氣，義理展現無礙，故能創作經典，作為世人復求義理之指引。經書乃聖人所作，聖人則是義理之於人格圓滿呈現的代表，因此聖人的誕生，其目的便是作為使人們回復本性的指引，〈大學章句序〉云：

> 蓋自天降生民，則既莫不與之以仁義禮智之性矣，然其氣質之稟，或不能齊，是以不能皆有以知其性之所有而全之也。一有聰明睿智、能盡其性者出於其間，則天必命之以為億兆之君師，使之治而教之，以復其性。（《文集》，卷 76，頁 3825～3826）

聖人乃聰明睿智，能盡性者。一旦有聖人降生，上天必命之為億兆人民之君師，使聖人作為模範，教化深受氣質遮蔽的一般人民，《語類》亦有云：

> 這個道理，雖人所固有，若非聖人，如何得此光明盛大！你不曉得

底，我說在這裡，教你曉得；你不會做底，我做下樣子在此，與你
做。只是要扶持這個道理，教它常立世間，上拄天，下拄地，常如
此端正。才一日無人維持，便顛倒了。少間腳拄天，頭拄地，顛倒
錯亂，便都壞了。所以說：「天佑下民，作之君，作之師，其惟克相
上帝，寵綏四方。」（《語類》，卷13，頁230）

朱子引〈泰誓〉「天佑下民，作之君，作之師」經文，認爲聖人正是作爲模
範標準，以使世人有所依憑，可起而效法，由此回復本性。三代以下雖是
聖人不顯，人欲流行的時代，但儒者並未放棄再現三代社會的理想治世，
而他們則將希望寄予於當世君主身上。《語類》有云：「且看古聖人教人之
法如何。而今全無這箇。『天佑下民，作之君，作之師』，蓋作之君，便是
作之師也。」（《語類》，卷7，頁127）上天選擇繼承者作爲百姓君師的順
序原本應該是先賦予其清明氣質而爲聖人，故可爲君爲師，但在後世君主
專制的原則下，帝王的繼位已非聖人義理的緣故。在無法改變這種制度的
限制下，朱子遂一反其序，認爲既作爲君，便應該要有能爲百姓師法之處，
其實這也就是期許當世君主能成就聖王之德業。而據余英時的研究，朱子
對於孝宗有極強烈的期許，他稱許孝宗資質佳，且孝宗在政治認同上較傾
向道學家，亦有強烈復國意識，故在朱子的認知中，孝宗便成爲他致君堯
舜的最佳對象，也因此，他展開許多理論建議，企圖爲君王建構一條成聖
的功夫途徑，希望孝宗能得採納，尤其是建立在《大學》八條目爲本的正
君心之主張，〈己酉擬上封事〉云：「人主之心一正，則天下之事無有不正。」
（《文集》，卷12，頁394）《語類》則云「天下事有大根本，有小根本，正
君心是大本。」（《語類》，卷108，頁2678）正君心乃朱子要求帝王的首要
原則，而由正君心所開展並與《尚書》義理有直接相關者，則表現爲朱子
對〈洪範〉篇「皇極」一疇的刻意改造。

　　朱子論《尚書》篇章除晚年《書》稿改本外，另有數篇單獨就《尚書》
中相關論點撰文討論者，如〈皇極辨〉、〈舜典象刑說〉及〈九州彭蠡辨〉等，
而其中〈皇極辨〉尤受重視。朱子何以特別選擇〈洪範〉第五疇「皇極」分
析？余英時爲我們提供了解答。他指出宋代有所謂國是之準則，此乃君臣之
共議，爲行政事務之指導原則。南宋時由於時局的特殊，國是原則往往環繞
在戰和之間，而孝宗時宰相王淮進「皇極」之說，定調爲從「和議」到「恢
復」的過渡國是。王淮採用傳統注疏以「大中」詮釋「皇極」的解說，目的

在於追求「安中之善」之均衡與安全，這符合高宗主於安靜的要求；而「皇極」對所謂「不合於中，不罹於咎」之人皆可取其所長，棄瑕錄用，有別於道學家過度區別君子、小人二分的道德約束，而這又符合孝宗厭惡朋黨的心理。不過，王淮的「皇極」並未準確奉行，他只做到安靜，卻未達成孝宗所要求的恢復，余英時便云：

> 他的「皇極」，從孝宗的觀點説，可謂步步向反面轉化。析而論之，可得三點：一、「安中之善」本在追求平衡與安定，以收「安靜」之效，後來卻變成了因循苟且，祗求「不生事」，得過且過。二、「安中」也未能導致「朋黨之惡」的消除，反而促成黨爭的激化。王淮為了維持表面的「安靜」，不惜動用法度化的「國是」壓制一切「異論相攪」，動輒指政敵爲「朋黨」，因而造出「道學朋黨」的名目。三、「不合於中，不罹於咎，皆可進用」的原則更是自始便爲關心一己宦途得失的職業官僚提供了進身之階。極其所至，誠如葉適所説，「其懷利尚同，毀傷善類，陰塞正路，謀以力據要津者，充滿内外。」
> 〔註 224〕

而朱子正是出於對王淮藉「皇極」國是打壓異己行爲的反動，遂撰〈皇極辨〉，否定傳統大中之訓，建立新説，並自詡爲可「一破千古之惑」（《文集》，卷 52，頁 2411），而以君王建立標準之「皇建其有極」提供人君正心修身，以爲天下樹立楷模的道德形象立論，故朱子所以撰〈皇極辨〉實有強烈的政治動機。

關於「皇極」的解釋，《孔傳》注云：「皇，大；極，中也。凡立事當用大中之道。」〔註 225〕此注亦見於東漢應劭（約 153～196），顏師古（581～654）注《漢書》引其言曰：「皇，大；極，中也。」〔註 226〕孔穎達《正義》則進一步申述云：

> 皇，大，〈釋詁〉文。極之爲中，常訓也。凡所立事，王者所行，皆是無得過與不及，常用大中之道也。《詩》云：「莫匪爾極」，《周禮》以民爲極，《論語》「允執其中」，皆謂用大中也。〔註 227〕

〔註 224〕余英時：《朱熹的歷史世界》，頁 547～548。
〔註 225〕阮元校勘：《尚書正義》，卷 12，頁 4 上／398。
〔註 226〕班固：《漢書》，卷 27，頁 2 下／316。
〔註 227〕阮元校勘：《尚書正義》，卷 12，頁 4 下／398。

依傳統注疏的說法來看，皇極乃大中至正之道，是王者必須遵循的規範。大中至正之道乃天所賜，〈洪範〉經文載「天乃錫禹洪範九疇」，故皇極中正之道乃爲天所降定之準則，君主必須遵守此中正之道，由此斂五福之教以教民。但朱子不取此訓，他以皇爲君，極爲至極、標準，並撰文申述新說。

（一）〈皇極辨〉內容析論

〈皇極辨〉云：

> 蓋「皇」者，君之稱也；「極」者，至極之義，標準之名，常在物之中央而四外望之，以取正焉者也。故以「極」爲在中之準的則可，而便訓「極」爲「中」則不可。若北辰之爲天極，脊棟之爲屋極，其義皆然。而《禮》所謂「民極」，《詩》所謂「四方之極」者，於「皇極」之義爲尤近。顧今之說者，既誤於此而并失於彼，是以其說展轉迷繆，而終不能以自明也。即如舊說，姑亦無問其他，但即經文而讀「皇」爲「大」，讀「極」爲「中」，則夫所謂「惟大作中，大則受之」，爲何等語乎？今以余說推之，則人君以眇然之身履至尊之位，四方輻湊，面內而環觀之，自東而望者，不過此而西也；自南而望者，不過此而北也，此天下之至中也。既居天下之至中，則必有天下之純德，而後可以立至極之標準。故必順五行、敬五事以脩其身；厚八政、協五紀以齊其政，然後至極之標準卓然有以立乎天下之至中，使夫面內而環觀者，莫不於是而取則焉。語其仁，則極天下之仁，而天下之爲仁者莫能加也；語其孝，則極天下之孝，而天下之爲孝者莫能尚也，是則所謂「皇極」者也。（《文集》，卷72，頁3586～3587）

朱子認爲「皇極」之義是指君主需建立自身道德形象，成爲人民崇仰效法的標準。此標準固然是大中之道，但大中之道只是君主正心修身後所帶出的結果，並非一開始便有一大中之道供君主直接依循。由此可見，朱子改變訓釋最重要的觀點是強調君主自身修養，建立標準的積極性。傳統注疏以大中之道爲上天所賜，等於是上帝所建之極，俾供君主力行遵守的原則，以確立治道，在這種意義下的皇極之道，君主只須敬守不失，卻缺乏自主的積極性。而朱子則反其道而論，強調大中之道乃出自君主自身所建立，君主必須藉由正心修身，以建立可供天下遵循的中正標準，故君主自身必須加強內在修養，語其仁，須是極天下之仁，語其孝，則須是極天下之孝，〈答梁文叔〉第二通有云：

「皇極」之説，來説亦得之。大抵此章，自「皇建其有極」以下，
是總説人君正心脩身，立大中至正之標準，以觀天下而天下化之之
義。（《文集》，卷44，頁1954）

如此一來，朱子等於是要求君主自身修養必須是要躋身於聖賢之列，建立大
中至正標準，由此作為模範，並使天下從而化之，如此方為皇極之眞諦。

朱子確立「皇極」為君主建立天下遵循之標準後，其對「皇極」一疇之
經文便有了創造性的新詮釋，〈皇極辨〉繼云：

其曰「歛時五福，用敷錫厥庶民」云者，則以言夫人君能建其極，
則為五福之所聚，而又有以使民觀感而化焉，則是又能布此福而與
其民也。（《文集》，卷72，頁3588）

蔡沈注云：「極者，福之本；福者，極之效。極之所建，福之所集也。」〔註228〕
蔡沈的說法吸收朱子〈皇極辨〉說的內容，至極標準乃由君主所建，如此方
能聚歛五福，當君主建立此極後，五福亦隨之而來，故能布此五福與民。言
下之意，若未能建立此極，便不能賜福於民，隱含對君主的勸戒之意。

其曰「惟時厥庶民于汝極，錫汝保極」云者，則以言夫民視君以為
至極之標準而從其化，則是復以此福還錫其君，而使之長為至極之
標準也。（《文集》，卷72，頁3588）

君主既能建立供人民百姓瞻仰之標準，則人民便有典範可依循，遂以君主所
賜五福復還錫其君，如此上下一心，君民便能融洽和諧，而使此標準得以長
行而不墜。

其曰「凡厥庶民，無有淫朋，人無有比德，惟皇作極」云者，則以
言夫民之所以能有是德者，皆君之德有以為至極之標準也。（《文
集》，卷72，頁3588）

君主既有標準提供人民遵循，便能治化人民，使之保有良善德性，如此便無
所謂淫朋、比德之人，則天下可臻大治。

其曰「凡厥庶民，有猷有為有守，汝則念之。不協于極，不罹于咎，
皇則受之」云者，則以言夫君既立極於上，而下之從化，或有淺深
遲速之不同，其有謀者、有才者、有德者，人君固當念之而不忘；
其或未能盡合，而未抵乎大戾者，亦當受之而不拒也。（《文集》，卷
72，頁3588）

〔註228〕 蔡沈：《朱子全書外編·書集傳》，卷4，頁147～148。

君主標準已立，人民受其感化只是早晚的問題，但仍舊有淺深遲速之不同，此乃受氣質遮蔽本性程度不同的影響。而君主對於有才德智謀者，固當念之而不忘，至於尚未能盡合者，亦當受之而不拒。朱子此論似與傳統注疏相同，但其基礎點實有差異，《孔傳》云：「凡民之行，雖不合於中，而不罹于咎惡，皆可進用，大法受之。」〔註229〕《孔傳》的解釋強調君主對於未罹大咎大惡者皆可進用之，由此遂形成王淮原本欲廣納各方人士的藉口，但未罹咎惡者皆可進用，此則有可能導致如曹操求賢令但問有才不問有德的弊病，而後期王淮正坐此弊。故朱子強調下之從化或有速度之不同，那麼所謂未能盡合者，只是時間的差異而已，待從化日久，自然可以進於爲善，故亦不應拒之。

> 其曰「而康而色，曰『予攸好德』，汝則錫之福，時人斯其惟皇之極」
> 云者，則以言夫人之有能革面從君而好德自名，則雖未必出於中心
> 之實，人君亦當因其自名而與之以善，則是人者亦得以君爲極而勉
> 其實也。(《文集》，卷72，頁3588)

標準之建立，除爲君主自我要求以達成之外，此標準亦能夠提供百姓依循，由變化己身氣質而漸至此標準。故朱子認爲君主用人之時，可因其有好德之名而錄用之，如此將使此人以君爲極而漸進其實，此說正是再次申述前面所論淺深遲速者，其受感化雖有時間上的差異，但只要君主標準已立，則人民必皆風吹草偃，故君主對於感化速度較慢者亦不應棄用，如此等於是助其成德。

> 其曰「無虐煢獨，而畏高明。人之有能有爲，使羞其行，而邦其昌」
> 云者，則以言夫君之於民，一視同仁，凡有才能，皆使進善，則人
> 材眾多，而國賴以興也。(《文集》，卷72，頁3588)

治理國家，必須大公無私，一視同仁。只要人民有才能者，不問貴賤，皆能進用，那麼國家便能興盛。

> 其曰「凡厥正人，既富方穀。汝弗能使有好于而家，時人斯其辜。
> 于其無好德，汝雖錫之福，其作汝用咎」云者，則以言夫凡欲正人
> 者，必先有以富之，然後可以納之於善；若不能使之有所賴於其家，
> 則此人必將陷於不義，至其無復更有好德之心，而後始欲教之以脩
> 身，勸之以求福，則已無及於事，而其起以報汝，唯有惡而無善矣。
> 蓋人之氣稟或清或濁，或純或駁，有不可以一律齊者，是以聖人所
> 以立極乎上者，至嚴至密，而所以接引乎下者，至寬至廣。雖彼之

〔註229〕阮元校勘：《尚書正義》，卷12，頁12上／402。

> 所以化於此者，淺深遲速，其效或有不同，而吾之所以應於彼者，
> 長養涵育，其心未嘗不一也。（《文集》，卷72，頁3588～3589）

君主立極，重點在於接引在下之人，雖然人民接受教化的速度不同，但君主長養涵育百姓之心並無不同。而朱子又申述如何進賢之道，必須使在位官員享有豐厚俸祿，否則有可能會使官員為求生計而陷於不義。

> 其曰「無偏無陂，遵王之義；無有作好，遵王之道；無有作惡，遵
> 王之路。無偏無黨，王道蕩蕩；無黨無偏，王道平平；無反無側，
> 王道正直。會其有極，歸其有極」云者，則以言夫天下之人，皆不
> 敢狥其己之私，以從乎上之化，而會歸乎至極之標準也。蓋「偏陂
> 好惡」者，己私之生於心者也。「偏黨反側」者，己私之見於事者也。
> 「王之義」、「王之道」、「王之路」，上之化也。所謂「皇極」者也，
> 遵義、遵道、遵路，方會其極也。「蕩蕩」、「平平」、「正直」，則已
> 歸于極矣。（《文集》，卷72，頁3589）

遵王之義，遵王之道，遵王之路者，皆是遵循君主所建立之標準，如此則天下之人不敢逐己之私，而皆能從上之化。人生成形，受氣質及物欲影響，故有所謂偏陂好惡，形於事者則為偏黨反側，而人心之中原本有性理之本體，但此道心之發乃甚為微弱，因此若能藉由君主已建立之標準指引，更易變化氣質，成就義理本性。

> 其曰「皇極之敷言，是彝是訓，于帝其訓」云者，則以言夫人君以
> 身立極而布命于下，則其所以為常為教者，皆天之理，而不異乎上
> 帝之降衷也。（《文集》，卷72，頁3589）

上帝之降衷乃性理之本體，但欲由此而發，卻是微弱難明者，故朱子強調君主需建立標準，以此為教。而君主之標準實即性理之充分發揮顯露，皆為天之理，故就本質而言並無差異。唯一的差別在於君主自身建立標準乃屬主動的自我修養，而依循上天所立中道則為被動的遵循天道。由此亦可見，朱子藉由對三代聖王的崇拜意識落實在對君王的要求上，人君立極的思維其實就是傚效三代聖王本身就是德行完備的形象，並由此建立萬世遵循的標準，而這種崇拜聖王的意識很自然會轉移到對當世君王的要求上。

> 其曰「凡厥庶民，極之敷言，是訓是行，以近天子之光」云者，則
> 以言夫天下之人於君所命，皆能受其教而謹行之，則是能不自絕遠，
> 而有以親被其道德之光華也。（《文集》，卷72，頁3589）

君主手掌統治天下大權，若能建立自身崇高道德標準，則必將引領天下人民領受其教化並謹奉其行，皆被君主道德光華。朱子在此強調君主所建立標準是必須以道德爲其內涵。

> 其曰「曰天子民父母，以爲天下王」云者，則以言夫人君能立至極之標準，所以能作億兆之父母而爲天下之王也。不然，則其有位，無其德，不足以首出庶物，統御人羣，而履天下之極尊矣。(《文集》，卷 72，頁 3589～3590)

人君能建立標準，則可作爲萬民之君師；若不能建立標準，則有其位，無其德，便不足以履至尊之位。

明白朱子針對王淮皇極而提出〈皇極辨〉的時空背景之後，便可理解他之所以特別獨取此一疇申述之因。宋代政權最重要的表現在於皇帝和士大夫共治天下的格局，即使高宗曾刻意提高君權的威嚴性，但基本上，君臣的距離已較其他朝代大爲縮短。然而自北宋神宗王安石始，權相陸續出現在政治舞臺上，如哲宗時有章惇（1035～1105）、徽宗時有蔡京（1047～1126），而朱子自己更經歷過高宗時的秦檜及王淮（1126～1189）。雖然相權的提高是宋代士大夫要求共治天下的具體結果，但權相的實力甚至有超越君權而發展的趨勢，《語類》載：

> 高宗初見秦能擔當得和議，遂悉以國柄付之；被他入手了，高宗更收不上。高宗所惡之人，秦引而用之，高宗亦無如之何。高宗所欲用之人，秦皆擯去之。舉朝無非秦之人，高宗更動不得。(《語類》，卷 131，頁 3162)

高宗曾刻意提高皇權之威嚴，但仍不得不受秦檜限制，因此朱子對於秦檜奸權誤國之行爲是深感痛惡的，〈戊午讜議序〉便曾強烈批評云：

> 檜乃獨以梓宮長樂藉口，攘却眾謀，熒惑主聽，然後所謂和議者翕然以定而不可破。自是以來，二十餘年，國家忘仇敵之虜而懷宴安之樂，檜亦因是藉外權以專寵利，竊主柄以遂姦謀。(《文集》，卷 75，頁 3767)

除秦檜之外，朱子對於王淮亦頗爲不滿。王懋竑《年譜》載朱子於四十三歲當年完成《資治通鑑綱目》，但其實僅能成編，未及修補，〔註 230〕而錢

〔註 230〕黃榦〈朝奉大夫文華閣待制贈寶謨閣直學士通議大夫諡文朱先生行狀〉云：「《通鑑綱目》僅能成編，每以未及修補爲恨。」見黃榦：《黃勉齋先生文集》，卷 8，頁 187。

穆考證朱子制作《綱目》的時間應是在四十三歲至四十九歲時，〔註231〕這段期間正是王淮主政時期，朝廷上充斥姑息和議的氣氛。〔註232〕朱子選擇在此時「竊取《春秋》條例」（《文集》〈答李濱老〉，卷46，頁2059），修訂《綱目》，恐怕不能單純解釋成時間的巧合而已。如朱子在與尤延之（1127～1194）討論《綱目》論揚雄（前53～18）時曾云：「所以著萬世臣子之戒，明雖無臣賊之心，但畏死貪生而有其跡，則亦不免於誅絕之罪，此正《春秋》謹嚴之法。」（《文集》，卷37，頁1510）這根本是對執政集團姑息和議之做法所發出的斥責。因此朱子所以嚴明皇權與相權之分際，當是出於時下政治現實的考量，對權相誤國深感憂慮，那麼他之所以藉「皇極」一疇提出君主自立標準之說，便可視爲此乃要求孝宗勿過度依賴王淮，需建立自身君王標準，但朱子亦非一味強調君權者，君主標準的建立並非是提高自己的威權，而是必須建立公正的準則，俾臣民能得遵循，〈經筵留身面陳四事箚子〉有云：

> 至於朝廷紀綱，尤所當嚴，上自人主以下至於百執事，各有職業，不可相侵。蓋君雖以制命爲職，然必謀之大臣，參之給舍，使之熟議，以求公議之所在，然後揚于王廷，明出命令而公行之。是以朝廷尊嚴，命令詳審，雖有不當，天下亦皆曉然知其謬之出於某人，而人主不至獨任其責。（《文集》，卷14，頁462）

人主標準之建立除在道德上需時刻自我勉進之外，在發令制策時亦須廣詢眾臣意見，而非專任某人或獨裁自用。由此可見，朱子〈皇極辨〉的提出正是配合當時政治局面而設計。

〔註231〕錢穆云：「朱子戊戌（時年四十九）八月已得差知南康軍之命，翌年己亥正月赴任……《綱目》之不能成書，顯與其主南康有關係。自壬辰（時年四十三）至戊戌前後七年，是爲朱子致力《綱目》之年歲，此下則有意修補，而終未如志。」見錢穆，《朱子新學案》，冊5，頁134。

〔註232〕余英時指出王淮主政時期正是南宋和議政策再度取得主導地位的階段，但也造成士大夫階層的分裂，「朱熹時代的黨爭基本上存在於理學型大夫與職業官僚型大夫兩大壁壘之間，而這大兩壁壘的對峙則因王淮長期執政而越來越激化。」見余英時，《朱熹的歷史世界》，頁485。朱子自己亦曾上書指責王淮，〈上宰相書〉謂「奏請諸事多見抑却；幸而從者，又率稽緩後時，無益於事；而其甚者，則又漠然無所可否，若墮深井之中；至其又甚者，則遂至於按劾下行，斥譴僭中，而明公意所右左，又自瞭然。伸人憤懣，自悔其來，而求去不得，遂使因仍，以至於今。」（《文集》，卷26，頁1005）

（二）〈皇極辨〉所引發之爭論

朱子的新說並未見在政治上有何影響，反倒是在學術界引起極大的討論，尤其是陸九淵與之爭辨的學術公案，〈答項平父〉第六通云：

> 〈洪範〉「皇極」一章，乃九疇之本，不知曾仔細看否？先儒訓「皇極」為「大中」，近聞又有說「保極」為「存心」者，其說如何，幸推詳之。（《文集》，卷 54，頁 2554～2555）

大中乃傳統之訓，而存心則為陸象山之說，不過陸象山並非採取新的詮釋，他是在「大中」的訓釋原則下，提出以保極為存心之說，〈荊門軍上元設廳講義〉云：

> 皇，大也。極，中也。〈洪範〉九疇，五居其中，故謂之極。是極之大充塞宇宙，天地以此而位，萬物以此而育，古先聖王，皇建其極，故能參天地，贊化育。當此之時，凡厥庶民，皆能保極，比屋可封，人人有上君子之行，協氣嘉生，薰為太平，嚮用五福，此之謂也。皇建其有極，即是欲此五福，以錫庶民，舍極而言福，是虛言也，是妄言也，是不明理也。惟皇上帝，降衷于下民，衷即極也。凡民之生，均有是極，但其氣稟有清濁，智識有開塞，天之生斯民也，使先知覺後知，先覺覺後覺，古先聖賢，與民同類，所謂天民之先覺者也。以斯道覺斯民者，即皇建其有極也。今聖天子重明於上，代天理物，承天從事，皇建其極，是彝是訓，于帝其訓，無非欲此五福，以錫爾庶民，郡守縣令，承流宣化，即是承宣此福，為聖天子以錫爾庶民也。凡爾庶民，知愛其親，知敬其兄者，即惟皇上帝所降之衷，今聖天子所錫之福也。若能保有是心，即為保極，宜得其壽，宜得其富，宜得康寧，是謂攸好德，是謂考終命。[註233]

陸九淵承「大中」之訓，並由此強調皇極乃指古先聖王，大建其極，以為民彝，而往古聖王以此相傳，便是欲藉之以覺後民。而當今天子便應遵此大中之道，並欲五福以錫庶民，而庶民亦應存有此心，愛親敬兄，如此即是保有上帝所降衷之道。陸九淵的解釋在於強調君主應秉守此由上天所降，古先聖王所傳之大中皇極，並由此治理人民，使百姓蒙受其福，而人民亦應秉存此心，善盡為下本分，如此便是保極。陸九淵與朱子的歧異相當明顯，兩人便

〔註233〕〔宋〕陸九淵著，鍾哲點校：《陸九淵集》（北京：中華書局，2008 年 9 月），卷 23，頁 283～284。

開展論辨，陸九淵〈與朱元晦〉第二通云：

> 五居九疇之中而曰皇極，豈非以其中而命之乎？民受天地之中以
> 生，而《詩》言「立我蒸民，莫匪爾極」，豈非以其中命之乎？《中
> 庸》曰：「中也者，天下之大本；和也者，天下之達道也。致中和，
> 天地位焉，萬物育焉。」此理至矣，外此豈更復有太極哉？以極爲
> 中，則爲不明理，以極爲形，乃爲明理乎？〔註234〕

陸九淵以爲皇極乃九疇之五，既居其中，便是以中命名之證，他並將皇極之
說與朱子對太極、無極之訓連結，指朱子訓極爲形之說並不合理。而朱子則
回應陸九淵實未嘗以「形」訓極，此乃陸九淵自己的誤解，他並繼續申述意
見，〈答陸子靜〉第六通云：

> 若「皇極」之「極」，「民極」之「極」，乃爲標準之意，猶曰立於此
> 而示於彼，使其有所向望而取正焉耳，非以其中而命之也。「立我蒸
> 民」，「立」與「粒」通，即《書》所謂「蒸民乃粒，莫匪爾極」，則
> 「爾」指后稷而言。蓋曰：「使我眾人，皆得粒食，莫非爾后稷之所
> 立者是望」耳。……〈大傳〉、〈洪範〉、《詩》、《禮》皆言「極」而
> 已，未嘗謂「極」爲「中」也。先儒以此極處，常在物之中央，而
> 爲四方之所面內而取正，故因以「中」釋之，蓋亦未爲甚失。而後
> 人遂直以「極」爲「中」，則又不識先儒之本意矣。(《文集》，卷36，
> 頁1445~1447)

朱子強調他雖訓極爲標準，而極常在中，故標準可兼中義。但若直以中爲訓，
則難以兼顧標準之義，如此則失其價值矣。

朱子與陸九淵的辯論最後以各尊所聞，各行所知作結，但其論辨卻具有
深刻意涵，余英時指出：

> 若解作「大中」，如九淵所持的傳統說法，則「皇極」的意義是承認
> 人君對臣下的進退有自由操縱之權；只有解作「王者之身可以爲下民
> 之標準」，「皇極」才能一變而爲對人君「修身以立政」的要求。也只
> 有如此，人君的絕對權力才能受到某種程度的精神約束。〔註235〕

傳統說法承認人君的至高權力，而朱子之主張卻存有對君權某種精神約束的
內涵。不過這樣的說法同樣過於被動，朱子改造皇極時所想未必的是限制君

〔註234〕 鍾哲點校·《陸九淵集》，卷2，頁28。
〔註235〕 余英時：《宋明理學與政治文化》，頁156。

權，毋寧說他是要求君王必須正己心，重視自身修養對天下的領導示範作用，朱子注〈大禹謨〉云：

> 蓋人君能守法度，不縱逸樂，則心正身脩，義埋昭著，而於人之賢否，孰爲可任，孰爲可去；事之是非，孰爲可疑，孰爲不可疑，皆有以審其幾微，絕其蔽惑。故方寸之間，光輝明白，而於天下之事，孰爲道義之正，而不可違；孰爲民心之公，而不可咈，皆有以處之，不失其理，而毫髮私意，不入於其間。（《文集》，卷 65，頁 3280）

〈天子之禮〉亦云：

> 是以恭己南面，中心無爲，以守至正。而貌之恭，足以作肅；言之從，足以作乂；視之明，足以作哲；聽之聰，足以作謀；思之睿，足以作聖。然後能以八柄馭羣臣，八統馭萬民，而賞無不慶，刑無不威，遠無不至，邇無不服。傅說所謂「奉若天道，建邦設都，樹后王君公，承以大夫師長，大惟逸豫，惟以亂民」；武王所謂「宣聰明，作元后，元后作民父母」，所謂「天降下民，作之君，作之師。惟其克相上帝，寵綏四方」；箕子所謂「皇建其有極。歛時五福，用敷錫厥庶民。惟時厥庶民于汝極，錫汝保極」；董子所謂「正心以正朝廷，正朝廷以正百官，正百官以正萬民，正萬民以正四方」者，正謂此也。（《文集》，卷 69，頁 3487～3488）

作君作師本身便應具有相對崇高的道德水準，當己身一正，便能馭群臣，進而統萬民，使遠無不至，邇無不服，而這也可以說是朱子《大學》「八條目」之思維的開展，而這種正君心，要求君王自建標準的理論，與其說是朱子意欲限制君權的精神約束，未若從儒者致君堯舜的理想視之。

　　朱子既視皇極爲君主之標準，那麼此標準到底該如何建立，必須有明確之規則，朱子便從〈洪範〉所言入手。他以爲箕子所陳九疇，前四疇是建極所該遵循的方法，後四極則自此皇極出，《語類》云：

> 若有前四者，則方可以建極：一五行，二五事，三八政，四五紀是也。後四者卻自皇極中出。三德是皇極之權，人君所嚮用五福，所威用六極，此曾南豐所說。諸儒所說，惟此說好。（《語類》，卷 79，頁 2041）
> 一五行，是發原處；二五事，是總持處；八政，則治民事；五紀，則協天運也；六三德，則施爲之撙節處；七稽疑，則人事已至，而

神明其德處；庶徵，則天時之徵驗也；五福、六極，則人事之徵驗也。其本皆在人君之心，其責亦甚重矣。(《語類》，卷79，頁2044)

五行是發源處；五事是操持處；八政是修人事；五紀是順天道；就中以五事爲主。視明聽聰，便是建極，如明如聰，只是合恁地。三德，亦只是就此道理上爲之權衡，或放高，或捺低，是人事盡了。稽疑，又以卜筮參之。若能建極，則推之於人，使天下皆享五福；驗之於天，則爲休徵。若是不能建極，則其在人事便爲六極，在天亦爲咎徵。其實都在人君身上，又不過「敬用五事」而已，此即「篤恭而天下平」之意。(《語類》，卷79，頁2045)

〈洪範〉九疇第一疇爲「五行」，乃水、火、木、金、土，此乃事物組成之氣質，故曰發源。第二疇「五事」則爲貌、言、視、聽、思，此雖爲五官表現，但亦爲爲人主平時操持功夫，自我修養的重點，必須搭配貌恭、言從、視明、聽聰、思睿，便符合建極標準。第三疇「八政」乃食、貨、祀、司空、司徒、司寇、賓、師，此乃治民之事，是人主施政標準。第四疇「五紀」爲歲、月、日、星辰、曆數，此爲天道顯現，人主必須掌握之，敬授民時，方爲順協天道。此四疇乃皇極建立內容，人主達成這些項目，便爲「皇建其有極」，建極之後，後四疇乃爲輔助皇極之項目。第六疇「三德」爲正直、剛克、柔克，此則爲人君權衡標準，乃施爲之撙節處，需依實際面臨情況使用三德，或放高，或捺低。第七疇「稽疑」，則以卜筮驗證，表現出對天道神明的敬重。第八疇「庶徵」爲雨、暘、燠、寒、風、時，此乃政治善惡之反應，透過體察上天所降示之徵兆，可作爲改善政事之參考。第九疇「五福」乃壽、富、康寧、攸好德、考終命，「六極」爲凶折短、疾、憂、貧、惡、弱。五福乃人所蒙之福祐，六極則爲人厭惡之事，而人君則必須推廣五福，消弭災咎。而其中爲人主建極最重要者乃五事，故朱子強調人君身上，不過敬用五事，五事乃人主修身最直接可遵循軌範，以此爲本，便可建立君主標準，進而達成篤恭而天下平之理想。

三、聖人通貫體用之持敬功夫

敬爲貫通動靜，兼顧已發及未發的功夫，朱子非常強調敬之於修養的重要性，〈答鄭子上〉第十五通云：「『敬』字工夫，乃聖門第一義。」(《文集》，卷56，頁2726)而朱子又以爲《尚書》所載聖人亦是以敬作爲最首要功夫。

〈堯典〉開篇敘堯之德曰「欽明文思安安」，欽即爲敬，朱子則注云：「欽，恭敬也。明，聰明也。敬爲體而明爲用也。」（《文集》，卷 65，頁 3255）敬乃種使心體保持高度謹愼狀態的功夫，能使心體澄澈，不易受外來物欲影響。能讓此心持敬，則無論是格物致知，或是讓心體自然朗現義理，均較爲事半功倍，〈答潘恭叔〉第八通云：「『敬』之一字，萬善根本，涵養省察，格物致知，種種功夫，皆從此出，方有據依。」（《文集》，卷 50，頁 2290）故以敬爲體，便易達聰明之用。由於敬之功夫極有助於心性的發用，故朱子又以爲敬是《尚書》開卷第一義，朱子又云：

> 又首以「欽」之一字爲言，此《書》中開卷第一義也，讀者深味而
> 有得焉，則一經之全體，不外是矣，其可忽哉！（《文集》，卷 65，
> 頁 3255）

敬乃聖門首要工夫，而《尚書》全經所載皆聖賢敬於行事之記錄，故敬可作爲貫通全經的主要綱領，《語類》云：

> 堯是初頭出治第一箇聖人。《尚書》〈堯典〉是第一篇典籍，說堯之
> 德，都未下別字，「欽」是第一箇字。如今聖賢千言萬語，大事小事，
> 莫不本於敬。收拾得自家精神在此，方看得道理盡。看道理不盡，
> 只是不曾專一。（《語類》，卷 12，頁 206）

朱子以爲聖賢千言萬語，大事小事，莫不本於敬，故今人讀經，必須掌握住聖人「敬」之功夫，如朱子說堯舜便又云：

> 如堯舜，也終始是一箇敬。如說「欽明文思」，頌堯之德，四箇字獨
> 將這箇「敬」做擗初頭。如說「恭己正南面而已」，如說「篤恭而天
> 下平」，皆是。（《語類》，卷 7，頁 126）

頌堯之德，首標敬字；而舜恭己正南面，篤恭而天下平，亦是敬意，故堯舜始終只是一個敬。這也表現在堯舜任命臣屬行事時的關懷，如〈堯典〉載堯命鯀治水時云：「往！欽哉。」朱子注此云：「堯於是遣之往治水，而戒以『欽哉』，蓋任大事，不可以不敬，聖人之戒，辭約而意盡也。」（《文集》，卷 65，頁 3260～3261）治水事務，千頭萬緒，而堯僅戒之「欽哉」，欲其敬行大事，辭約而意盡也。又如〈舜典〉載舜戒契「敬敷五教」，朱子注云：「敬，敬其事也。聖賢之於事，無所不敬，而此又事之大者，故特以敬言之。」（《文集》，卷 65，頁 3272）五教之實行乃教化人民最重要工作，朱子認爲舜特別強調要「敬敷五事」，再次展示敬之重要。再如舜命伯夷則曰：「夙夜惟寅，直哉惟

清。」朱子注云：「寅，敬畏也。『直』者，心無私曲之謂。人能敬以直內，不使少有私曲，則其心絜清而無物欲之污，可以交於神明矣。」（《文集》，卷65，頁 3274）敬即是畏，因有畏懼警惕之心，故得以小心行事，俾其不敗。而敬除整肅儀容外，最重要目的在於能使心保持澄淨狀態，毫無私曲，不隨外物改變而動心，如此便無物欲之污，可以顯明本心義理，這也是敬之功夫最重要處。

「敬」不但要表現為行事時的態度，其所涵蓋之範圍相當廣泛，舉凡動靜之際，內外之事，無不需主以敬，《語類》載：

> 倪求下手工夫。曰：「只是要收斂此心，莫要走作，走作便是不敬，須要持敬。堯是古今第一箇人，《書》說堯，劈頭便云『欽明文思』，欽，便是敬。」問：「敬如何持？」曰：「只是要莫走作。若看見外面風吹草動，去看觀他，那得許多心去應他？便也不是收斂。」問：「莫是『主一之謂敬』。」曰：「主一是敬表德，只是要收斂。處宗廟只是敬，處朝廷只是嚴，處閨門只是和，便是持敬。」（《語類》，卷118，頁 2854）

處宗廟祭祀時，舉止容貌自然必須要敬，處朝廷奉上處事時也須敬嚴其事，甚至處閨門之內，以和處之，不使脫矩，亦是為敬。故〈堯典〉載堯嫁女於舜，戒其女曰：「欽哉！」朱子注云：

> 帝曰「欽哉」，戒二女之辭，即《禮》所謂「往之女家，必敬必戒」者，況以天子之女嫁於匹夫，尤不可以不深戒也。（《文集》，卷65，頁 3262）

朱子的解釋不同於傳統，《孔傳》云：「歎舜能脩己行敬以安人，則其所能者大矣。」[註236] 其意以「欽哉」乃稱許舜之贊語，孔穎達《正義》更推測堯嫁女於舜的目的在於：「必妻之者，舜家有三惡，身為匹夫，忽納帝女，難以和協。觀其施法度於二女，以法治家觀治國，將使治國，故先使治家。」[註237] 舜家已有三惡，這時再加上尊貴帝女，藉觀其如何齊家，而結果為：「舜為匹夫，帝女下嫁，以貴適賤，必自驕矜，故美舜能以義理下帝女尊亢之心，於所居嬀水之汭，使之服行婦道於虞氏。」[註238] 孔穎達順從《孔傳》之解，

[註236] 阮元校勘：《尚書正義》，卷2，頁 24 下／258。
[註237] 阮元校勘：《尚書正義》，卷2，頁 27 下／260。
[註238] 阮元校勘：《尚書正義》，卷2，頁 28 上／260。

認爲二女能行婦道乃受舜之影響：「二女行婦道，乃由舜之敬，故帝言欽哉！欽能脩己行敬以安民也。能脩己及安人，則是所能者大，故歎之。」〔註239〕亦以欽哉贊舜能以修己行敬以下二女尊亢之心。但朱子並不認同這樣的解說，他認爲：

> 「女于時觀厥刑于二女」，皆堯之言。「釐降二女于潙汭，嬪于虞」，乃史官之詞。言堯以女下降於舜爾。「帝曰：『欽哉！』」是堯戒其二女之詞，如所謂「往之女家，必敬必戒」也。若如此說，不解亦自分明。但今解者便添入許多字了說。（《語類》，卷78，頁1995）

朱子以爲欽哉乃堯戒二女之辭，堯嫁二女於舜，乃以尊適賤，堯必須有警戒之語，而這正是《孟子》〈滕文公〉所言「女子之嫁也，母命之，往送之門，戒之曰：『往之女家，必敬必戒，無違夫子。』」這是父母嫁女時必然的顧慮，況且此乃以天子之女嫁於匹夫，更須以「敬」深戒之，意涵較一般父母之命更爲深刻，故爲朱子特別標舉之。

朱子主張無時不刻必須以敬自處，《大學》、《中庸》都強調君子須「愼其獨」的觀念，《大學》〈傳六章〉云：「小人閒居爲不善，無所不至，見君子而後厭然，揜其不善而著其善。人之視己，如見其肺肝，然則何益矣？此謂誠於中，形於外，故君子必愼其獨也。」《中庸》第一章則云：「道也者，不可須臾離也，可離，非道也。是故君子戒愼乎其所不睹，恐懼乎其所不聞，莫見乎顯，莫顯乎微，故君子愼其獨也。」《學》、《庸》均強調獨處時必須警愼自持，這是以敬通貫動靜的作法，爲的是避免私欲之萌發，《中庸章句》云：

> 言幽暗之中，細微之事，迹雖未形而幾則已動。人雖不知而己獨知之，則是天下之事無有著見明顯而過於此者。是以君子既常戒懼，而於此尤加謹焉，所以遏人欲於將萌，而不使其滋長於隱微之中，以至離道之遠也。〔註240〕

愼獨敬持之觀念雖未明確顯示於《尚書》之中，但朱子仍將此觀念納入《尚書》的說解中。

〈大禹謨〉載益進舜之言曰：「吁！戒哉，儆戒無虞，罔失法度；罔遊于逸，罔淫于樂；任賢勿貳，去邪勿疑，疑謀勿成，百志惟熙；罔違道以干百

〔註239〕阮元校勘：《尚書正義》，卷2，頁28上／260。
〔註240〕朱熹：《朱子全書‧中庸章句》，頁33。

姓之譽；罔咈百姓以從己之欲，無怠無荒，四夷來王。」益之言本告誡舜不可耽於安樂，而朱子則進一步認爲其言乃有次第：

> 蓋人君能守法度，不縱逸樂，則心正身脩，義埋昭著，而於人之賢否，孰爲可任，孰爲可去；事之是非，孰爲可疑，孰爲不可疑，皆有以審其幾微，絕其蔽惑。故方寸之間，光輝明白，而於天下之事，孰爲道義之正，而不可違；孰爲民心之公，而不可咈，皆有以處之，不失其理，而毫髮私意，不入於其間。(《文集》，卷65，頁3280)

朱子發揮益之言而使之成爲君主帝王修身治國之道，要其本則爲「儆戒無虞」，《語類》有云：

> 「儆戒無虞」至「從己之欲」，聖賢言語，自有箇血脈貫在裏。如此一段，他先說「儆戒無虞」，蓋「制治未亂，保邦未危」，自其未有可虞之時，必儆必戒。能如此，則不至失法度、淫於逸、遊於樂矣。若無箇儆戒底心，欲不至於失法度、不淫逸、不遊樂，不可得也。既能如此，然後可以知得賢者、邪者、正者、謀可疑者、無可疑者。若是自家身心顛倒，便會以不賢爲賢，以邪爲正，所當疑者亦不知矣。何以任之，去之，勿成之哉？蓋此三句，便是從上面有三句了，方會恁地。又如此，然後能「罔違道以干百姓之譽，罔咈百姓以從己之欲」。蓋於賢否、邪正、疑審，有所未明，則何者爲道，何者爲非道，何者是百姓所欲，何者非百姓之所欲哉？(《語類》，卷78，頁2007～2008)

無虞時必敬必戒，這其實也是慎獨觀念的發揮，朱子注「儆戒無虞」云：「言當儆戒於無虞度之時，謂戒於無形也。」(《文集》，卷65，頁3279) 這雖是取自《孔傳》的解釋，但朱子在其他地方多次突出儆戒之意，《語類》有云：

> 當無虞時，須是儆戒。所儆戒者何？「罔失法度，罔游於逸，罔淫於樂。」人當無虞時，易至於失法度，游逸淫樂，故當戒其如此。既知戒此，則當「任賢勿貳，去邪勿疑，疑謀勿成」。如此，方能「罔違道以干百姓之譽，罔咈百姓以從己之欲。」(《語類》，卷78，頁2007)

無虞之時，易流於遊逸安樂，而至於喪失法度，《孟子》便云：「生於憂患，而死於安樂。」而朱子則特別強調無虞之時必須儆戒慎，以「敬」之態度自警，使本心隨時保持警懼，不讓毫髮私意侵入其間。

四、聖人修身治世的義理規模

《大學》作為朱子求學門徑之綱領，不僅表現在《四書》而已，《五經》亦須以之為本，《大學》所展示格致誠正修齊治平乃德性修養之體用原則，格物、致知、誠意、正心作為內聖之基礎，而積極向外闡揮此心之德，以企圖取得化民成俗的教化目的，則表現為修身、齊家、治國、平天下之向外擴展。能達成此套成聖功夫系統者，即可為聖人。而朱子既視堯舜為儒家傳統的聖王，他們的功夫表現便能合乎這條程序，《語類》載：

> 或問讀《尚書》。曰：「不如且讀〈大學〉。若《尚書》，卻只說治國平天下許多事較詳。如〈堯典〉『克明俊德，以親九族』，至『黎民於變』，這展開是多少！〈舜典〉又詳。」（《語類》，卷78，頁1982）

朱子將《大學》與《尚書》作連結，雖指明且讀《大學》，但這是考量到初學者功夫的進度必須著重於內聖基礎，就實際為學程序而言，也就是對《四書》的研讀。但朱子也指出《尚書》所著重乃治國平天下之事，這是《大學》之序的外王部分，《語類》又載：

> 問：「『欲為君』至『堯舜而已矣』。昨因看《近思錄》，如看二〈典〉，便當『求堯所以治民，舜所以事君』。某謂堯所以治民，修己而已；舜所以事君，誠身以獲乎上而已。」曰：「便是不如此看。此只是大概說讀書之法而已，如何恁地硬要椿定一句去包括他得！若論堯所以治民，舜所以事君，是事事做得盡。且如看〈堯典〉，自『欽明文思安安』以至終篇，都是治民底事。自『欽明文思』至『格于上下』是一段，自『克明俊德』至『於變時雍』又是一段，自『乃命羲、和』至『庶績咸熙』又是一段，後面又說禪舜事，無非是治民之事。〈舜典〉自『濬哲文明』以至終篇，無非事君之事，然亦是治民之事，不成說只是事君了便了！只是大概言觀書之法如此。」（《語類》，卷56，頁1325～1326）

《尚書》所載堯舜帝王事跡，雖其中亦牽涉其他事務，但總體來說，無非是治民之事。而堯舜乃儒家認可的聖王，故其一言一行無不被視為帝王治道的典範，對於自認身膺國家前途取向的南宋士大夫群體，這不只是帝王之學，也是欲與君王共治天下時所必須關注的學問，朱子乃舉伊尹為例：

> 如《書》云：「人心惟危，道心惟微，惟精惟一，允執厥中！」此便是堯舜相傳之道。如「克明俊德，以親九族」，至「協和萬邦，黎民

於變時雍」，如「欽明文思，溫恭允塞」之類，伊尹在莘郊時，須曾一一學來，不是每日只耕鑿食飲過了。（《語類》，卷58，頁1361～1362）

伊尹乃輔佐聖王的成功形象之一，朱子卻認為其所學無非就是堯舜相傳的帝王之道，因此《尚書》內容便不限於君主間進講的經筵內容而已，學者亦必須學之，但所著重者乃落在如何由己身德性推己及人的外王之學，而朱子乃由《大學》進程開展出他對二〈典〉形容堯舜之德的詮釋特色。

〈堯典〉敘堯之功德云：「克明俊德，以親九族；九族既睦，平章百姓；百姓昭明，協和萬邦。黎民於變時雍。」《孔傳》注此段云：「能明俊德之士，任用之，以睦高祖玄孫之親。……百姓，百官，言化九族而平和章明。……言天下眾民皆變化從上，是以風俗大和。」《孔傳》的說法其實與《大學》開展層次略有差異，其中較大的爭議在於「克明峻德」是明誰之德？《孔傳》認為是明所謂俊德之士，那麼也就是明他人之德。程頤亦云：

前言堯之德，此言堯之治。其事有次序，始於明俊德。俊德，俊賢之德也。堯能辨明而擇任之也。帝王之道也，以擇任賢俊為本，得人而後與之同治天下。天下之治，由身及家而治，故始於以睦九族也。〔註241〕

程頤強調堯明於擇人，乃帝王之道，而得任賢俊之後，乃與之同治天下。程頤的說法很明顯是根據堯與舜的關係而論，堯擇舜登庸之後，委政於舜，故稱其為同治天下。然而這也充分表現出宋儒亟欲參與帝王治理天下的願望，而且有別於臣為君輔的階級差別。由於此說有強烈的政治動機，雖然於經文文意不甚相合，但從此說者甚眾，林之奇《尚書全解》亦云：

李校書以謂前既言堯之德「欽明文思安安，允恭克讓，光被四表，格于上下」矣，不應於此重述其德也，遂以孔氏之說為是。如經言俊民、籲俊之類，皆謂俊傑之士也。……唐孔氏言堯之為君也，能尊明俊德之士，使之助己施化，以此賢臣之化，先令親其九族之親，九族蒙化，已親睦矣，又使之和協顯明於百官之族。百姓蒙化，皆有禮儀，昭然而明顯矣。又使之合會調和天下之萬國，其萬國之眾人於是變化從上，是以風俗大和，此說大體是也。〔註242〕

〔註241〕 王孝魚點校：《二程集・河南程氏經說》，卷2，頁1035。
〔註242〕 林之奇：《尚書全解》，卷1，頁311～312。

林之奇亦接受孔安國解釋，雖然他沒有如程頤大膽宣稱與帝王同治天下，但依憑賢臣之化，卻可以親睦九族，乃至使天下民人變化從上，亦是強烈標舉輔臣對政治的重要性。

　　不過朱子卻強調從文本出發並無用人之意，《語類》云：「『克明俊德』，只是明己之德。詞意不是明俊德之士。」（《語類》，卷 78，頁 1990）又載：「顯道問：『〈堯典〉自「欽明文思」以下皆說堯之德。則所謂「克明俊德」者，古注作「能明俊德之人」，似有理。』曰：『且看文勢，不見有用人意。』」（《語類》，卷 78，頁 1990）朱子雖強調從文勢看，並無用人之意，但他其實別有根據，《大學》〈傳首章〉云：「〈康誥〉曰『克明德』，〈大甲〉曰『顧諟天之明命』，〈帝典〉曰『克明峻德』，皆自明也。」《大學》所錄正是〈堯典〉「克明峻德」之句，但《大學》卻以克明峻德爲自明其德，也就是敘述堯能闡明自身德性，如此一來，便符合《大學》所開展的程序，朱子注云：

> 九族，高祖至玄孫之親，舉近以該遠，五服之外，異姓之親亦在其中也。……百姓，畿內庶民也。昭明，皆能自明其德也。萬邦，天下諸侯之國也。……變，變惡爲善也。時，是。雍，和也。於是無不和也。此言堯推其德，自身及物，由近及遠，所謂「放勳」者也。
> （《文集》，卷 65，頁 3256）

經過朱子結合《大學》之後，此句所敘便成爲：「克明峻德」指堯自修其身，則包含「格物、致知、正心、誠意、修身」五階段。而九族既睦則爲齊家，如此「百姓」便非但指百官而已，朱子改爲畿內庶民，更符合治國之序，那麼協合萬邦，黎民於變時雍便是平天下之條目，朱子又云：

> 「百姓」，畿內之民，非百官族姓也。此「家齊而後國治」之意。「百姓昭明」，乃三綱五常皆分曉，不鶻突也。（《語類》，卷 78，頁 1990
> ～1991）

> 「百姓昭明」，「百姓」只是畿內之民；「昭明」，只是與它分別善惡，辨是與非。以上下文言之，即齊家、治國、平天下之事。（《語類》，卷 78，頁 1991）

經過朱子的解釋，堯德性所推擴而出的規模遂完全符合《大學》八條目的程序，黃度《尚書說》亦云：「此《大學》本末先後之論也。」〔註243〕〈堯典〉敘堯之德的開展與《大學》八條目確實有密切關合之處，而朱子更掌握住這

〔註243〕〔宋〕黃度：《尚書說》，收入《通志堂經解》第 6 冊，卷 1，頁 1。

項特質，將堯建立成為儒家由體而用的典範形象。

〈堯典〉雖將堯之成德治世藉由內聖外王推開而出，但《尚書》及先秦古籍中對堯的生平事跡著墨不多，難以窺知堯成德的實際情形。但舜則不同，舜經過《尚書》及《孟子》的闡述之後，其成聖歷程較堯表現出更為具體的儒學成德典型。舜本為側陋之人，卻由於己身德性修養，推而廣之，使家庭諧和，於是受到堯臣推舉，最後登上帝位，開創堯舜治世。故就舜而言，這是最完整的《大學》八條目的標準示範程序，《孟子》便大量舉舜之事跡為說，顯示他相當重視舜由內聖而外王的典範作用，〈堯典〉亦載：「師錫帝曰：『有鰥在下，曰虞舜。』帝曰：『俞，予聞。如何？』岳曰：『瞽子，父頑，母囂，象傲；克諧以孝，烝烝乂不格姦。』帝曰：『我其試哉。』女于時，觀厥刑于二女。」堯之所以舉用舜的原因在於他作到齊家的理想，即使父、母、弟均為典型的不肖之人，但依舊能夠克諧以孝，故獲得堯之賞賜。而堯試驗舜的方法也很特別，嫁女於舜，亦欲觀舜如何治理家庭，之後才拔舉作為繼位人選。《尚書》的內容很明顯是依據齊家、治國、平天下的程序開展舜之成德歷程，朱子注便云：

> 舜父號瞽瞍，心不則德義之經為「頑」。母，舜後母也。象，舜異母
> 弟名。傲，驕慢也。諧，和也。烝，進也。言舜不幸遭此，而能和，
> 以孝使之進進，以善自治，而不至於大為姦惡也。女，以女與人也。
> 時，是。刑，法也。此堯言其將試舜之意也，《莊子》所謂「二女事
> 之，以觀其內」是也。蓋夫婦之間，隱微之際，正始之道，所繫尤
> 重，故觀人者，於此為尤切也。（《文集》，卷65，頁3261）

夫婦為人倫之本，而父子則為人倫之大，朱子認為堯欲用舜，由此以觀，便是受到《大學》程序的引導。《尚書》強調舜藉由齊家而獲登庸，如此便是以德而得位，這也把傳統儒者將儒家聖人德位必須兼備的理論運用在舜的身上，那麼舜之為聖，便亦符合《大學》條目的開展程序，而得以成為儒家聖人的最典範代表。

五、聖人德刑並重的義理治世法則

《尚書》詳載三代聖人治理之法，故為政事寶典，而朱子除探究聖王之治的基礎在於聖人之心滿是義理的根本原則外，對於聖人治世的制度亦有述及。關於聖人之治的大原則，朱子注〈大禹謨〉有云：「聖人之治，以德為化

民之本，而刑特以輔其所不及者而已。」（《文集》，卷 65，頁 3282）朱子指出，聖人治世之法主要有二，除以德爲化民之本外，還必須藉助刑法以輔其不及，於是教化及刑法成爲朱子欲達致理想治世所不可缺少的兩項制度，而朱子對此亦頗有自己的看法，故以下茲分聖人教化之法及聖人用刑之意兩類分別析論朱子的義理見解。

（一）聖人教化之法

〈舜典〉載：「帝曰：『契，百姓不親，五品不遜，汝作司徒，敬敷五教，在寬。』」舜使契爲司徒，主要負責五品之教。然何謂五品？歷來說法卻有歧異。《孔傳》訓五品爲五常，而五常之教乃「父義、母慈、兄友、弟恭、子孝。」〔註244〕故孔穎達云：「品謂品秩，一家之內，尊卑之差，即父母兄弟子是也。」〔註245〕注疏的說法將五品限制在家庭之內，這種說法是依據《左傳》而來，《左傳》〈文公十八年〉云：

> 舜臣堯，舉八愷，使主后土，以揆百事，莫不時序，地平天成。舉八元，使布五教于四方，父義、母慈、兄友、弟共、子孝，內平外成。

不過《孟子》的說法卻與《左傳》有異，〈滕文公上〉載：「使契爲司徒，教以人倫：父子有親，君臣有義，夫婦有別，長幼有序，朋友有信。」孟子以五品爲五倫，所涵蓋人際範圍較《左傳》更爲廣闊。朱子接受孟子之說，故注云：

> 五品，父子、君臣、夫婦、長幼、朋友五者之名位等級也。……五教，父子有親，君臣有義，夫婦有別，長幼有序，朋友有信，以五者當然之理而爲教令也。（《文集》，卷 65，頁 3272）

理一分殊所對應到的人際關係即是父子、君臣、夫婦、兄弟、朋友，《語類》有云：「理只是這一箇，道理則同，其分不同。君臣有君臣之理，父子有父子之理。」（《語類》，卷 6，頁 99）同樣地，夫婦亦有夫婦之理，兄弟亦有兄弟之理，朋友則有朋友之理，而這理就是分殊之仁義禮智，〈靜江府虞帝廟碑〉云：「天降生民，厥有常性。仁義禮智，君臣父子，爰及昆弟，夫婦朋友，是曰天敘，民所秉彝。」（《文集》，卷 88，頁 4318）分殊之理乃仁義禮智，其發則爲惻隱、羞惡、辭讓、是非，而其所對應的人際關係則包含有父子、君

〔註244〕阮元校勘：《尚書正義》，卷 3，頁 2 上／264。
〔註245〕阮元校勘：《尚書正義》，卷 3，頁 22 下／274。

臣、夫婦、兄弟、朋友等五倫，因此朱子選擇接受孟子的說法，亦是爲符合理一分殊的架構開展。然五倫之理因受氣質物欲而蔽，難以顯發，故須再藉由教化明之，朱子繼云：

> 蓋五者之理，出於人心之本然，非有強而後能者。自其拘於氣質之偏，溺於物慾之蔽，始有昧於其理，而不相親愛、不相遜順者，於是因禹之讓，又申命契仍爲司徒，使之敬以敷教，而又寬裕以待之，欲其優柔浸漬，以漸而入，則其天性之眞，自然呈露，不能自已，而無迫切虛僞，免而無恥之患矣。（《文集》，卷 65，頁 3272～3273）

朱子以爲五教正是就人心之理所開展出之人際關係而設定的教育內容。五品之理雖出於人心本然，但由於受到氣質遮蔽，物欲引導，故無法完整朗現，甚至有昧理行事之弊，故舜使契爲司徒，敬敷五教，目的即在使本心之性理能夠自然呈露，復歸天理之全。

不過必須注意的是，朱子本身對於教化的對象不同，而有著內容上的差異。余英時曾指出朱子等士大夫集團是有自覺與一般百姓區別開來，而孟淑慧更認爲朱子教化觀念因對象而有不同的設定，其云：

> 朱熹在教化上，對學者與庶民的期望不同。他對學者有更高的期待。他說：「『道之以政，齊之以刑，民免而無恥；道之以德，齊之以禮，有恥且格』，此謂庶民耳。若所謂士者，『行己有恥』，不待上之命也。」他希望學者爲學時能知道「己欲立而立人，己欲達而達人」的道理，體會「民胞物與」的精神，這樣才能在施政時推發仁心愛人。至於一般人民，只要懂得孝悌忠信等行爲準則，能遵守法令也就夠了。他在與門人討論時，也持這樣的態度。當他與門人討論「民可使由之，不可使知之」的含意時，他認爲聖人教化時，只要使人民能夠孝悌就夠了，沒有必要逐一爲人民解說爲什麼要孝悌的原因理由。這樣做，並不是採愚民政策，而是沒有時間逐一解釋，也沒有必要強迫人民知道行爲準則所根據的形上道理。〔註246〕

朱子對《論語》「民可使由之，不可使知之」一語，提出新的見解，《論語集注》云：「民可使之由於是理之當然，而不能使之知其所以然也。」〔註247〕朱子注解《四書》，下字皆斟酌再三，而朱子此注言不能使之知，便與不可使

〔註246〕 孟淑慧：《朱熹及其門人的教化理念與實踐》，頁 161～162。
〔註247〕 朱熹：《朱子全書·論語集注》，卷 4，頁 134。

之知語意上有差別。不可使之知乃愚民政策，但不能則表示主動權並不在教化者身上，百姓民人若資質不足以理解形而上的義理內容，徒然解說亦無法吸收，故謂不能也。因此朱子認為但教民使其順教化而行即可，不必解析行為道理，《語類》載：

> 聖人只使得人孝，足矣，使得人弟，足矣，卻無緣又上門逐箇與他解說所以當孝者是如何，所以當弟者是如何，自是無緣得如此。……呂氏解「民可使由之，不可使知之」，云：「『不可使知』，非以愚民，蓋知之不至，適以起機心而生惑志也。」（《語類》，卷17，頁936～937）

無緣也就是沒有必要，若說解過於詳細，對平庸之人而言，適足以惑亂其志，甚至產生厭煩之心。故朱子認為聖人教人有定本，《語類》又云：

> 聖人教人有定本。舜「使契為司徒，教以人倫：父子有親，君臣有義，夫婦有別，長幼有序，朋友有信」。夫子對顏淵曰：「克己復禮為仁。」「非禮勿視，非禮勿聽，非禮勿言，非禮勿動。」皆是定本。（《語類》，卷8，頁129）

所謂定本乃是就維持人倫關係的方法教育之，雖其著重外在行為的約束，但由此教民便已足夠。故父子間重視慈愛之親，君臣則重視主從之分，夫婦則重視男女之別，長幼則重視先後之序，朋友則重視互助之情，至於五倫背後的仁義禮智之理，則非教育人民時所該申述者。

　　相較對一般人民僅採取行為規範的教育，朱子更把教育的重心放在有志於晉身士人階層的知識分子。朱子廣設書院，收徒眾多，並提倡學校制度，而其教育之法則以經典之理為主，強調古訓之學，《語類》載：

> 傳說云：「學於古訓乃有獲。事不師古，以克永世，匪說攸聞。」古訓何消讀他做甚？蓋聖賢說出，道理都在裡，必學乎此，而後可以有得。又云：「惟學遜志，務時敏，厥修乃來。允懷於茲，道積於厥躬。惟斅學半。念終始典於學，厥德修罔覺。」自古未有人說「學」字，自傳說說起。他這幾句，水潑不入，便是說得密。若終始典於學，則其德不知不覺自進也。（《語類》，卷9，頁153）

所謂古訓即聖人經典。經書乃聖人言語記錄，滿是義理，若已受初級教化而理解行為規範者，欲再自我精進，則必須透過經書教育，探究其理，如此方可謂學。故而就古代教育為學進程來看，朱子對一般百姓所重視的教化程度

屬於小學階段以前，但需知所該行，而不知所以行，加強落實在日常生活之中，只遵其道，不知其理。然而有志進者，若由此再學，則更容易理解行為背後的義理內涵，由此而來便可以《大學》進德之綱領條目要求之，落實在實際教化之中，便是探討五倫行為的義理內涵。

　　除五倫之教外，《尚書》尚載有冑子典樂之教法，朱子認為這是作為輔翼德性之善的教法，相當於《詩經》的興發效果，是與五教並行相輔之教法，《語類》有云：

> 問：「《禮書》〈學禮〉，首引舜命契為司徒，敷五教；命夔典樂，教冑子兩條。文蔚竊謂，古人教學不出此兩者。契敷五教，是欲使人明於人倫，曉得這道理；夔典樂教冑子，是欲使人養其德性，而實有諸己，此是一篇綱領。」曰：「固是如此。後面只是明此一意：如大司徒之教，即是契敷教事；大司樂之教，即是夔樂事。」（《語類》，卷84，頁2189）

〈舜典〉載舜命夔典樂之言云：「夔，命汝典樂，教冑子。直而溫，寬而栗，剛而無虐，簡而無傲。詩言志，歌永言，聲依永，律和聲，八音克諧，無相奪倫，神人以和。」冑子乃貴族子弟，舜命夔教之，此蓋貴族之學。張栻則認為冑子之教育為國家根本基礎，〈宇文史君墓表〉云：

> 某嘗以謂，自先王教冑子之法壞，大家世族不得盡成其才，其下者苟從祿利，不樂親文墨事；至其間讀書欲自表見者，則又不屑其世祿，顧反以從進士覓舉，得之為榮。噫！昔之人所望于冑子者豈為是哉？[註248]

張栻認為國學對冑子之教育著重於成德之程序，但此法壞後，大家世族不得盡成其才；而另一方面，舉子亦以世祿為恥，而汲汲於以科舉為榮，凡此皆造成學校教育不受重視。朱子對此亦深感惋惜，故屢屢提倡由學校貢舉，〈學校貢舉私議〉便曰：

> 古者學校選舉之法，始於鄉黨，而達於國都，教之以德行道藝，而興其賢者能者。蓋其所以居之者無異處，所以官之者無異術，所以取之者無異路，是以士有定志而無外慕，夙夜孜孜，惟懼德業之不脩，而不憂爵祿之未至。（《文集》，卷69，頁3477）

學校教育的內容乃以德行道藝為首要原則，相對於科舉過度注重文學才華，

[註248] 張栻：《朱子全書外編・南軒先生文集》，卷41，頁596。

朱子認爲學校教育更能興舉賢能之士。故夔之教法正是此制度之標準，其教育冑子乃針對氣質而發。朱子認爲氣質之蔽，必須要有方法對應，才能早收澄治之效，其注云：

> 凡人直者必不足於溫，故欲其溫；寬者必不足於栗，故欲其栗，皆所以因其德性之善而輔翼之也。剛者必至於虐，故欲其無虐；簡者必至於傲，故欲其無傲，皆所以防其氣稟之過而矯揉之也。（《文集》，卷65，頁3275）

氣質屬於直率者，個性必不夠溫和，故補救之法是欲其溫；氣質屬於寬柔者，個性必不夠莊敬，故補救之法是欲其栗；氣質屬於剛強者，個性必過於暴虐，故補救之法欲其無虐；氣質屬於簡易者，個性必過於傲慢，故補救之法欲其無傲。朱子指出氣質各有其弊，將導致性格缺點有過或不及之處，故須就其弊處補救之，朱子又云：

> 「直而溫，寬而栗」，直與寬本自是好，但濟之以溫與栗，則盡善。至如「剛」、「簡」二字，則微覺有弊，故戒之以「無虐」、「無傲」，蓋所以防其失也。某所以特與分開，欲見防其失者，專爲剛、簡而設，不蒙上直、寬二句。「直」、「寬」，但曰「而溫」、「而栗」，至「剛」、「簡」，則曰「無虐」、「無傲」，觀其言，意自可見。（《語類》，卷84，頁2189～2190）

直、寬、剛、簡雖爲氣質之弊，但直、寬之性格並非不善，只是以溫栗濟之，則更加完美。正如〈皋陶謨〉所強調之九德：「寬而栗，柔而立，愿而恭，亂而敬，擾而毅，直而溫，簡而廉，剛而塞，強而義。」朱子亦認爲這是必須互相調和之德性，《語類》云：「皋陶九德，只是好底氣質。然須兩件湊合將來，方成一德，凡十八種。」（《語類》，卷78，頁2019）九德可拆解成十八種德性，但每一種德性之達成，則會顯露其過，故必須再以另一德輔助，故寬而栗、柔而立等「而」字則爲反氣質之意，《語類》又云：「〈皋陶謨〉中所論『寬而栗』等九德，皆是論反氣質之意，只不曾說破氣質耳。」（《語類》，卷4，頁64）《論語》形容孔子「溫而厲，威而不猛，恭而安」亦是此意，依氣質所表現出之德性往往仍會流於過或不及，故必須以另一德補充或反向操作，如剛、簡則爲氣質之不善，必須再防其失，故以「無虐」、「無傲」救之。不過補救之法又不可太過，否則若矯枉過直，又會偏向氣質另一端之弊病，朱子〈答許順之〉第十四通云：「然若一向矯枉過直，則柔弱者必致狂暴；剛

彊者必爲退縮，都不見天理之當然。」（《文集》，卷 39，頁 1639）而補救之法除就其過枉者反向矯正外，更必須透過音樂涵養，朱子注〈舜典〉繼云：

> 所以「教胄子」者，欲其如此，而所以教之之具，則又專在於樂。如《周禮》大司樂掌成均之法，以教國子弟。而孔子亦曰：「興於詩，成於樂。」蓋所以蕩滌邪穢，斟酌飽滿，動盪血脈，流通精神，養其中和之德，而救其氣質之偏者也。心之所之謂之「志」，心有所之，必形於言，故曰「詩言志」；既形於言，則必有長短之節，故曰「歌永言」；既有長短，則必有高下清濁之殊，故曰「聲依永」。……人聲既和，乃以其聲被之八音而爲樂，則無不諧協，而不相侵亂，失其倫次，可以奏之朝廷，薦之郊廟，而神人以和矣。聖人作樂，以養情性，育人材，事神祇，和上下，其體用功效，廣大深切如此，今皆不復見矣，可勝嘆哉！（《文集》，卷 65，頁 3275）

朱子以爲音樂的功效可以洗滌人心穢惡之氣，並動盪血脈，使人興發對義理的強烈感受，以致養其中和之德而救氣質之偏。朱子並引孔子「興於詩，成於樂」爲例，其意蓋謂詩樂本一體，強調人聲與樂音相結合，可以相互和諧不相侵亂，如此奏之朝廷宗廟，足以達到神人以和的境界。朱子大力提倡音樂涵養人心義理的作用，並暗指當與《詩經》配合，以展現其廣大深切之效，《語類》又載：

> 文蔚曰：「教以人倫者，固是又欲養其德性。要養德性，便只是下面『詩言志，歌永言，聲依永，律和聲』四句上。」曰：「然。諷誦歌詠之間，足以和其心氣，但上面三句抑揚高下，尚且由人；到『律和聲』處，直是不可走作。所以詠歌之際，深足養人情性。」（《語類》，卷 84，頁 2190）

朱子以爲詠歌之效可養人情性，如此一來，將使氣質之弊逐步消融於無形，〈答潘恭叔〉第九通云：「舜命夔典樂，教胄子，豈不是學者事？但漸次見效，直至聖人地位，始可言『成』耳。」（《文集》，卷 50，頁 2293）音樂之效，功用廣大，甚至於可以漸至聖人地位。舜之言經朱子解釋後，遂將《詩》、樂之用極大地提升爲修身成德的重要輔助。

（二）聖人用刑之意

儒家向來主張治理天下須德刑並用，而《尚書》中所錄聖人治理實務，除明五教外，刑法亦爲輔佐聖人之治的權宜必要手段。〈大禹謨〉即載舜誡皋

陶之言曰：「刑期于無刑，民協于中，時乃功懋哉！」舜期許皐陶明于五刑，而用刑的目的是輔佐教化，最後仍是期望能達到無所用刑的地步。但刑法的使用，就如同一把雙面刀，往往會引來反面批評，《論語》〈爲政〉便載孔子之言云：「道之以政，齊之以刑，民免而無恥；道之以德，齊之以禮，有恥且格。」孔子此論頗有導向以爲刑不足恃之結果，而朱子注此篇便云：

> 愚謂政者爲治之具，刑者輔治之法，德、禮則所以出治之本，而德又禮之本也。此其相爲終始，雖不可以偏廢，然政、刑能使民遠罪而已，德、禮之效，則有以使民日遷善而不自知，故治民者不可徒恃其末，又當深探其本也。〔註249〕

朱子補充孔子之言，強調刑法乃輔治之本，不可偏廢。他認爲孔子所云乃徒恃刑法治民，而不知用德者，僅能取得表面效果，雖可導正行爲，但非出自內心。不過孔子亦非主張不用刑者，《左傳・昭公二十年》便載孔子稱贊子產之政云：

> 仲尼曰：善哉！政寬則民慢，慢則糾之以猛；猛則民殘，殘則施之以寬，寬以濟猛，猛以濟寬，政是以和。

可見孔子蓋亦主張德刑並用，這也成爲儒者傳統所秉持的見解，《孔子家語》〈刑政〉便載：

> 聖人之治化也，必刑政相參焉；太上以德教民，而以禮齊之；其次以政爲導民，以刑禁之，刑不刑也；化之弗變，傷義以敗俗，於是乎用刑矣。〔註250〕

而董仲舒亦提出「教，政之本也；獄，政之末」〔註251〕，主張德主刑輔，禮法並用。對於朱子而言，他則接受《尚書》的觀點，認爲刑法雖能佐治，但最後的理想是希望達到無可施刑的大同境界，朱子注〈大禹謨〉有云：

> 舜言皐陶能明五刑，以輔五品之教，而期我以至於治，故其始雖不免於用刑，而實所以期至於無刑之地。今仍臣庶周于予正，而民情又皆合於中道，無有過不及之差焉，則刑果無所施矣。（《文集》，卷65，頁3282）

〔註249〕 朱熹：《朱子全書・論語集注》，卷1，頁75。
〔註250〕 〔魏〕王肅：《孔子家語》，卷7，頁72。
〔註251〕 〔清〕蘇輿撰，鍾哲點校：《春秋繁露義證》（北京：中華書局，1992年12月），卷3，頁94。

當教化刑法雙管併用，最後的結果就是要讓民情合於中道，無過不及之差，如此一來，人民皆循理而行，自然無可施刑。

朱子既主張刑法只是聖人為達致理想世界前的輔助措施，故他先從聖人之心分析聖人採用刑法的本意，〈舜典象刑說〉云：

> 聖人之心，未感於物，其體廣大而虛明，絕無毫髮偏倚，所謂「天下之大本」者也。及其感於物也，則喜怒哀樂之用，各隨所感而應之，無一不中節者，所謂「天下之達道也。」蓋自本體而言，如鏡之未有所照，則虛而已矣。如衡之未有所加，則平而已矣。至語其用，則以其至虛，而好醜無所遁其形。以其至平，而輕重不能違其則。此所以「致其中和，而天地位，萬物育」，雖以天下之大，而舉不出乎吾心造化之中也。以此而論，則知聖人之於天下，其所以為慶賞威刑之具者，莫不各有所由。（《文集》，卷67，頁3366）

聖人之心乃天理完滿的呈現，毫無私意，而其喜怒哀樂之情，乃隨感而應，且無不中節。自其體而言，則聖人之心至虛，眾人之好醜皆無可遁形；自其用而言，則其行為措施，輕重之間皆不違義理之則。聖人既是如此崇高的形象代表，故其制定賞罰之標準必有深刻義理內涵。《語類》載：

> 聖人斟酌損益，低昂輕重，莫不合天理人心之自然，而無毫釐秒忽之差，所謂「既竭心思焉，繼之以不忍人之政」者。如何說聖人專意只在教化，刑非所急？聖人固以教化為急。若有犯者，須以此刑治之，豈得置而不用！（《語類》，卷78，頁2001）

賞罰之施行乃聖人仔細審定的結果，合乎天理人心，並非專賴教化或徒恃刑法而已。朱子論刑由聖人之心談起，而此聖人其實就是指舜，〈舜典〉載舜所制刑法有「象以典刑，流宥五刑，鞭作官刑，扑作教刑，金作贖刑。眚災肆赦，怙終賊刑。」堯舜之世，乃儒者理想太平治世，一切治理皆以德治為主，人民普受滋潤，何以仍會採取刑法？朱子首先強調，聖人所以為慶賞威刑者，皆有所由。朱子認為大概舜掌政之時，人民百姓略有不從者，舜命皋陶時便言「蠻夷猾夏，寇賊姦宄」，因此刑法仍為必須採取的措施。朱子在〈戊申延和奏劄〉第一劄亦有云：

> 臣聞昔者帝舜以百姓不親，五品不遜，而使契為司徒之官，教以人倫：父子有親，君臣有義，夫婦有別，長幼有序，朋友有信。又慮其教之或不從也，則命皋陶作《士明刑》以弼五教，而期于無刑焉。

> 蓋三綱五常，天理民彝之大節，而治道之本根也。故聖人之治，爲
> 之教以明之，爲之刑以弼之。（《文集》，卷 14，頁 435）

舜使契掌司徒，行五教，原因乃是由於百姓不親，五品不遜，故目的是期使
人民皆明本心之義理。既然當時社會存在有不親不遜的情形，僅從教化著手
恐嫌不足，於是舜命皐陶作士明刑法，即是慮百姓教之而不從，乃以刑法作
爲五教之輔弼。但聖人之心，純是義理，其所以制作刑法，雖因感物而發，
惟不帶一毫私意，故刑法的作用在於輔佐教化，而非專恃嚴刑威民，〈井田類
說〉亦云：

> 《書》曰：「天秩有禮」，「天罰有罪」。故聖人因天秩而制五禮，因
> 天罰而制五刑。（《文集》，卷 68，頁 3445）

天即是性理之所出，因天罰而制五刑，便是順應義理而爲，不起任何私意，
因此，朱子是從聖人心性無私觀點，解釋刑法存在的必要性。

　　朱子既定位刑法爲政治教化必須但次要的地位，接著他便解釋依《尚書》
所開展而出其心目中理想的刑法形式，這首先表現在對〈舜典〉所言各類刑
法的定義之上，朱子〈答鄭景望〉第二通云：

> 其曰「象以典刑」者，「象」，如天之垂象以示人；而「典」者，常
> 也，示人以常刑，所謂墨、劓、剕、宮、大辟，五刑之正也，所以
> 待夫元惡大憝、殺人傷人、穿窬淫放，凡罪之不可宥者也。曰「流
> 宥五刑」者，流放竄殛之類，所以待夫罪之稍輕，雖入於五刑而情
> 可矜、法可疑，與夫親貴勳勞而不可以加刑者也。四凶正合此法。
> 曰「鞭作官刑」、「扑作教刑」者，官府學校之刑，以待夫罪之輕者
> 也。曰「金作贖刑」，罪之極輕，雖入於鞭扑之刑，而情法猶有可議
> 者也。疑後世始有贖五刑法，非聖人意也。此五句者，從重及輕，
> 各有條理，法之正也。曰「眚災肆赦」者，「眚」謂過誤，「災」謂
> 不幸，若人有如此而入於當贖之刑，則亦不罰其金而直赦之也。曰
> 「怙終賊刑」者，「怙」謂有恃，「終」謂再犯，若人有如此而入于
> 當宥之法，則亦不宥以流而必刑之也。此二句者，或由重而即輕，
> 或由輕而入重，猶今律之有名例，又用法之權衡，所謂法外意也。
> 聖人立法制刑之本末，此七言者，大略盡之矣。（《文集》，卷 37，
> 頁 1504～1505）

朱子此信作於於三十九歲時，雖爲較早期的說法，但後期論刑觀點依舊不出

此書範圍，可見朱子刑法觀很早便建立相當明確的看法。朱子所認可之刑法措施其依循準則乃〈舜典象刑說〉中所云：「『欽哉欽哉，惟刑之恤』之旨，則常貫通乎七者之中，此聖人制刑明辟之意。」（《文集》，卷 67，頁 3368）所謂七者即爲「象以典刑」、「流宥五刑」、「鞭作官刑」、「扑作教刑」、「金作贖刑」、「眚災肆赦」、「怙終賊刑」等。此七種又可分爲三類：「象以典刑」、「鞭作官刑」、「扑作教刑」乃刑罰制度，這些都是直接對身體施以處罰的刑法。而「流宥五刑」、「金作贖刑」則是對上述刑法的寬宥措施，可以在某些情況下取代。另「眚災肆赦」、「怙終賊刑」則爲針對特殊情況的刑罰標準。以下茲論析朱子的相關見解。

1. 象以典刑

五刑乃墨、劓、剕、宮、大辟五種刑罰，大辟爲死刑，其他則是對身體施以強制手段的刑罰。朱子認爲五刑乃上天制定，示人之常刑。朱子賦予五刑極高價值，注「象以典刑」云：「象，如天之垂象示人也。典，常也。示人以常刑，所謂墨、劓、剕、宮、大辟，五刑之正也。」（《文集》，卷 65，頁 3269）朱子認同五刑乃天罰，〈皋陶謨〉亦曰：「天討有罪，五刑五用哉。」皆是以五刑爲上天所降示之刑罰，故五刑乃上天刑人之法。雖爲刑罰，既由天出，便有其義理內涵，且重點在於使世人有所警惕，故曰象以典刑。但傳統卻有另一種說法，認爲象刑並非眞採刑罰處罰犯罪者，而是以取象方式罰之，《尚書大傳》云：「唐虞象刑而民不敢犯，苗民用刑而民興相漸。唐虞之象刑，上刑赭衣不純，中刑雜屨，下刑墨幪。」〔註252〕《尚書大傳》的意思是指唐虞時期對於罪犯以不同服飾來象徵刑法，意謂當時不用刑，而以此種方式使犯罪者深以爲恥而改過。這種說法並不爲朱子接受，他在〈舜典象刑說〉中有云：「畫象而示民以墨、劓、剕、宮、大辟等肉刑之常法也。」（《文集》，卷 67，頁 3367）《語類》說明更爲清楚：

> 問：「『象以典刑』，如何爲象？」曰：「此言正法。象，如『縣象魏』之『象』。或謂畫爲五刑之狀，亦可。此段〈舜典〉載得極好，有條理，又輕重平實。『象以典刑』，謂正法，蓋畫象而示民以墨、劓、剕、宮、大辟五等肉刑之常法也。」（《語類》，卷 78，頁 2001）

縣象魏之說乃援引《周禮》之內容，《周禮》〈大司寇〉載：

〔註252〕〔漢〕伏生：《尚書大傳》，收入《叢書集成初編》第 3569 冊，卷 1，頁 11～12。

> 正月之吉，始和，布刑于邦國都鄙，乃縣刑象之瀍于象魏，使萬民
> 觀刑象，挾日而斂之。

依《周禮》所言，所謂象以典刑其實就是指王者借上天之名義，懸法令以示
百姓，朱子便據此認爲「象以典刑」乃眞有其刑，且將刑法內容懸象以示民。
而顯示之內容則以圖畫展示，俾令人民有所警惕而遵循。而所謂如天之垂象
示人，其實乃是就立法精神而言，將刑法提昇至義理高度，以免施刑者濫施
刑罰。

　　至於五刑的刑罰內容，亦有取其所象之意。吳棫認爲五刑乃五典之刑，《語
類》有記：

> 問：「五刑，吳才老亦說是五典之刑，如所謂不孝之刑，不悌之刑。」
> 曰：「此是亂說。凡人有罪，合用五刑，如何不用？《荀子》有一篇
> 專論此意，說得甚好。《荀子》固有不好處，然此篇卻說得儘好。」
> （《語類》，卷 78，頁 2002）

依吳棫所言，五刑乃專爲五倫關係而設，但經無明文，朱子不取之，他則贊
同荀子所言，以爲其說刑說得甚好，《荀子》〈正論〉云：

> 世俗之爲說者曰：「治古無肉刑，而有象刑。墨黥，慅嬰，共艾畢，
> 菲對屨，殺赭衣而不純。治古如是。」　是不然。以爲治邪？則人固
> 莫觸罪，非獨不用肉刑，亦不用象刑矣。以爲人或觸罪矣，而直輕
> 其刑，然則是殺人者不死，傷人者不刑也。罪至重而刑至輕，庸人
> 不知惡矣，亂莫大焉。凡刑人之本，禁暴惡惡，且徵其未也。殺人
> 者不死，而傷人者不刑，是謂惠暴而寬賊也，非惡惡也。故象刑殆
> 非生於治古，并起於亂今也。治古不然。凡爵列、官職、賞慶、刑
> 罰，皆報也，以類相從者也。一物失稱，亂之端也。夫德不稱位，
> 能不稱官，賞不當功，罰不當罪，不祥莫大焉。昔者武王伐有商，
> 誅紂，斷其首，縣之赤旆。夫征暴誅悍，治之盛也。殺人者死，傷
> 人者刑，是百王之所同也，未有知其所由來者也。刑稱罪則治，不
> 稱罪則亂。故治則刑重，亂則刑輕，犯治之罪固重，犯亂之罪固輕
> 也。《書》曰：「刑罰世輕世重。」此之謂也。〔註253〕

荀子以爲若天下已大治，那麼人民便不會觸犯罪刑，根本不須再以所謂象刑
象徵之；而天下未達於理想治世時，庸人必多，不恃刑便欲教化之，恐怕是

〔註253〕王先謙：《荀子集解》，卷 12，頁 218～219。

事倍功半。因此,荀子強調刑法有存在必要,刑法必須採對等方式,一旦失稱,亂由此生,故反對輕刑。朱子則在荀子的基礎上,強調真正的教化並須雙管併下,一方面藉教化提昇人民素質,一方面藉刑法暫止爲惡,而肉刑則有禁暴止惡的防範未然之效,因此朱子相當支持恢復肉刑的實施,《語類》又云:

> 象其罪而以此刑加之,所犯合墨則加以墨刑,所犯合劓則加以劓刑,
> 荆、宮、大辟皆然。猶夷虜之法,傷人者償創,折人手者亦折其手,
> 傷人目者,亦傷其目之類。(《語類》,卷 78,頁 2000)

朱子刑法觀念亦強調等對性的懲罰行爲,對罪犯不假寬貸,所犯若合墨刑,即施墨刑,所犯合大辟,即施大辟,故象刑乃謂象其人所之罪,而加以所犯之刑。而垂象示民時,則爲畫五刑示民,《語類》云:「『象以典刑』,謂正法,蓋畫象而示民以墨、劓、荆、宮、大辟五等肉刑之常法也。」(《語類》,卷 78,頁 2001)畫刑罰之圖使民觀之,蓋有警懼之意,故朱子認爲五刑雖爲肉刑,但亦爲正刑。不過朱子亦就聖人惻隱之仁立說,其對於《孔傳》所注行刑地點則有不同意見,朱子注〈舜典〉「五服三就」云:

> 三就,孔氏以爲「大罪於原野,大夫於朝,士於市」,不知何據?竊
> 恐惟大辟棄之於市,宮辟則下蠶室,餘刑亦就屏處,蓋非死刑,不
> 欲使風中其瘡,誤而至死,聖人之仁也。(《文集》,卷 65,頁 3273)

朱子從聖人惻隱之心闡述,認爲若非死刑,則行刑之處不該選在公開場所,應就隱蔽處執行,以免受刑者再受風寒之害而誤死。不過這仍是一種嚴格的公平思維,若罪不至死,但因受罰而亡,那麼就刑罰上而言便不對等,故可見朱子在注重聖人不忍之仁時,亦不忘兼顧聖人公正無私的義理狀態。

2. 流宥五刑

何謂「流宥五刑」?《孔傳》認爲主要是「以流放之法寬五刑」〔註254〕,等於是五刑的減輕之刑。至於如何可以流放取代五刑,並未說明,孔穎達《正義》則補充云:

> 以流放之法,寬縱五刑也,此惟解以流寬之刑,而不解宥寬之意。
> 鄭玄云:「其輕者或流放之,四罪是也。」王肅云:「謂君不忍刑殺,
> 宥之以遠方。」然則知此是據狀合刑,而情差可恕。全赦則太輕,
> 致刑則太重,不忍依例刑殺,故完全其體,宥之遠方,應刑不刑,

〔註254〕阮元校勘:《尚書正義》,卷 3,頁 14 上/270。

是寬縱之也。〔註255〕

孔穎達認爲「流宥五刑」之所以作爲寬縱五刑的替代措施，重點即在於其宥寬的意涵。他指出情差可恕正是以流放取代五刑的重要原因。大概受刑者雖觸犯五刑之法，但其情可憫，或輕節並非過重者，以肉刑罰之太過，則可以流放之刑寬緩之，〈舜典象刑說〉云：

> 唯其情之輕者，聖人於此，乃得以施其不忍畏刑之意，而有以宥之，然亦必投之遠方，以禦魑魅。蓋以此等所犯，非殺傷人，則亦或淫或盜，其情雖輕，而罪實重，若使既免於刑，而又得便還鄉里，復爲平民，則彼之被其害者，寡妻孤子，將何面目以見之？而此幸免之人，髮膚支體，了無所傷，又將得以遂其前日之惡，而不知悔，此所以必曰「流以宥之」，而又有「五流有宅，五宅三居」之文也。
> （《文集》，卷 67，頁 3367～3368）

流放之法除爲對情節較輕或其情可憫者的寬宥替代外，亦是欲使加害者與被害者隔離的措施。加害者若因特別因素而獲得免刑，就此放歸鄉里，難免再度爲害。且爲顧及被害者尊嚴，遂採流放方式，藉以避免過度懲治而又可收警懼之效。

至於寬宥的對象，朱子除在情可矜的基礎上，更增加法可疑及親貴勳勞不可加刑者亦得以流放宥之。法可疑者應即〈大禹謨〉所言「罪疑惟輕」，朱子此注則云：

> 罪已定矣，而於法之中，有疑其或輕或重者，則從輕以治之。……謂罪之輕重未明，而可以殺、可以無殺者，欲殺之，則恐其實無可殺之罪，而陷於無辜；不殺之，則恐其實有不常之罪，而失於不殺。二者皆非聖人至公至平之意，而殺不辜者，尤聖人之心所不忍也。故與其殺之而害彼之生，寧姑全之，自受失刑之責，此其仁愛忠厚之至，皆所謂好生之德也。蓋聖人之法有盡，而心則無窮，故其用刑行賞而有所疑，則常屈法以申恩，而不使執法之意，有以勝其好生之德，此其本心所以無所壅遏，而得以行於常法之外，及其流衍洋溢，漸涵浸漬，有以入于民心，則天下之人，無不愛慕感悅，興起於善，而不自犯于有司也。（《文集》，卷 65，頁 3283）

朱子認爲若罪刑始終無法確認者，或介於可輕可重之間，則寧可姑息保全之，

〔註255〕阮元校勘：《尚書正義》，卷 3，頁 15 下～16 上／271。

以免錯殺無辜。雖然此舉有可能遭受失刑之責，但這是聖人仁愛忠厚的表現。朱子更指出「聖人之法有盡，而心則無窮」，其意蓋謂法條的訂立，實無法涵蓋所有人際及犯罪狀況，補救之法則是必須以義理之心衡量。尤其當有所疑時，寧可屈法以申恩，但這必須是有所疑時才可如此，《語類》云「雖堯舜之仁，亦只是『罪疑惟輕』而已。」（《語類》，卷 78，頁 2009）仁厚之心不可濫用，若一律處以輕刑，則將失刑法之公正，並非聖人仁德本意。

值得注意的是，朱子認為勳貴可不必受五刑之法，除是對貴族階層的基本尊重外，實則這亦可能是出自維護舜聖人形象的構思。舜在即位之後，四凶不服，遂取「流、放、竄、殛」之刑，傳統說法均指向此乃極刑，但如此一來，舜未免背上打壓異己、殘酷好殺罪名的質疑，於是朱子認為此四罰皆是流放之刑，即是所謂「流宥五刑」，把原本對四凶的嚴屬處分改造成舜仁德寬宥的表現。朱子於〈答鄭景望〉親貴勳勞下自注「四凶正合此法」，四凶皆堯之舊臣，均為貴族階層，若僅因不服便殺之，未免落人口實，故朱子以為親貴勳勞可以流刑寬縱者，與其以為他具有階級意識，毋寧說這仍是出自朱子欲為聖人維護形象所作的權宜說法。

3. 金作贖刑

以贖金折抵刑罰的作法，〈舜典〉有明確記載，但朱子對之甚為不滿，他無法接受贖刑會產生於唐虞時期，朱子〈答鄭景望〉第二通自注云：「疑後世始有贖五刑法，非聖人意也。」（《文集》，卷 37，頁 1505）不過金作贖刑乃〈舜典〉所載明文，朱子不能推翻，於是他只得就金贖內容改議之。《孔傳》注云：「誤而入刑，出金以贖罪。」〔註 256〕孔安國指出可贖的資格為誤犯刑法者，但若誤犯之罪為五刑之肉刑等，是否可用罰金贖之，未有明言。鄭玄《駁異義》則言「贖死罪千鍰」〔註 257〕，意謂可贖死罪。而孔穎達則把〈舜典〉之贖刑與〈呂刑〉所列贖刑內容連結。〈呂刑〉詳列刑罰贖金金額，孔穎達認為此即〈舜典〉「金作贖刑」的內容，《正義》云：「誤而入罪，出金以贖，即律過失殺傷人，各依其狀，以贖論是也。」〔註 258〕如此贖刑便可為五刑之贖，但並非犯者皆可贖刑，必須是過失的狀況下才可用金贖。由於〈舜典〉及〈呂刑〉經文有可為互補的記載，故接受《正義》之說者甚多，如林之奇便云：「蓋

〔註 256〕阮元校勘：《尚書正義》，卷 3，頁 14 上／270。
〔註 257〕阮元校勘：《尚書正義》，卷 3，頁 16 下／271。
〔註 258〕阮元校勘：《尚書正義》，卷 3，頁 16 下／271。

謂人有過誤入罪，與事涉疑似者，使之以金贖其罪。」〔註259〕林之奇多加事涉疑似者亦可贖，其意蓋亦認為以金贖五刑終是不妥，遂盡力彌縫之。不過這些說法依舊認為金作贖刑可適用於五刑之罪，只是就前提上一再補強，主張必須是過失犯錯者或情節輕微且有可疑處者方可以金錢贖刑。

然朱子的看法則與前賢不同，《書》稿改本注「金作贖刑」云：

> 金，罰其金也。贖，贖其罪也。所以待夫罪之極輕，雖入於鞭扑之刑，而情法猶有可議者，則罰其金，以贖罪也。（《文集》，卷 65，頁 3269）

〈舜典〉「金作贖刑」前尚有「鞭作官刑，扑作教刑」，這便給朱子很好的藉口，他認為鞭刑及扑刑皆是較輕微的刑罰，那麼金作贖刑應該只是針對這兩種刑罰的折抵措施，《語類》有云：

> 「象以典刑」之輕者，有流以宥之；鞭扑之刑之輕者，有金以贖之。流宥所以寬五刑，贖刑所以寬鞭扑。（《語類》，卷 78，頁 2001）

流宥之刑乃對五刑的寬赦之刑，金作贖刑則應該只是針對鞭扑之刑的寬赦而已。朱子認為鞭扑之刑所處罰的對象若是情節輕微且情法猶有可議者，則得以金錢贖之。如此一來，金贖的對象便縮限許多。但〈呂刑〉中確實明列有五刑之贖金額度，那麼金作贖刑又如何只會限定於犯入鞭扑者而已？《語類》有載：

> 問：「贖刑非古法？」曰：「然。贖刑起周穆王。古之所謂『贖刑』者，贖鞭扑耳。夫既已殺人傷人矣，又使之得以金贖，則有財者皆可以殺人傷人，而無辜被害者，何其大不幸也！且殺之者安然居乎鄉里，彼孝子順孫之欲報其親者，豈肯安於此乎！所以屏之四裔，流之遠方，彼此兩全之也。」（《語類》，卷78，頁 2001）
>
> 問：「鄭敷文所論〈甫刑〉之意，是否？」曰：「便是他們都不去考那贖刑。如古之『金作贖刑』，只是刑之輕者。如『流宥五刑』之屬，皆是流竄。但有『鞭作官刑，扑作教刑』，便是法之輕者，故贖。想見穆王胡做亂做，到晚年無錢使，撰出這般法來。聖人也是志法之變處。但是他其中論不可輕於用刑之類，也有許多好說話，不可不知。」（《語類》，卷 79，頁 2062）

朱子認為全面的贖刑制度乃穆王所修改而詳訂，並非舜時所採行之法。

〔註259〕林之奇：《尚書全解》，卷 2，頁 324。

〈呂刑〉對五刑贖款金額有詳細記載：

> 墨辟疑赦，其罰百鍰，閱實其罪。劓辟疑赦，其罰惟倍，閱實其罪。
> 剕辟疑赦，其罰倍差，閱實其罪。宮辟疑赦，其罰六百鍰，閱實其
> 罪。大辟疑赦，其罰千鍰，閱實其罪。墨罰之屬千，劓罰之屬千，
> 剕罰之屬五百，宮罰之屬三百，大辟之罰，其屬二百；五刑之屬三
> 千。

〈呂刑〉中詳載贖刑金額，雖云疑赦乃罰，但卻沒有說明萬一繳不出罰金，
又該如何處置？朱子遂強烈質疑這絕非唐虞之制，《書》稿改本云：

> 據此經文，五刑有流宥，而無金贖，《周禮》〈秋官〉亦無其文，至
> 〈呂刑〉乃有五等之罰，疑穆王始制之，非法之正也。蓋當刑而贖，
> 則失之輕；疑赦而贖，則失之重；且使富者幸免，而貧者受刑，既
> 非所以為平，而又有利之之心焉，聖人之法，必不然矣。（《文集》，
> 卷 65，頁 3270）

朱子再次申明，〈舜典〉以流放乃五刑之宥，金贖則為鞭扑之宥，且質之《周
禮》，亦無金贖五刑相關文字。朱子相信《周禮》乃周公所作，故至少在西周
初仍未有明確可贖五刑之制，必須至〈呂刑〉乃有五等之罰，故只能是穆王
自己所改易之制。至於為何改易先王之法，朱子認為穆王晚年節制無度，必
然使國庫空虛，因而改以金贖企圖增加收入，但如此一來，卻淆亂聖人立法
本意。《語類》又云：

> 蓋流以宥五刑，贖以宥鞭、扑，如此乃平正精詳，真舜之法也。至
> 穆王一例令出金以贖，便不是。不成殺人者亦止令出金而免！故蕭
> 望之〈贖刑議〉有云：「如此，則富者得生，貧者獨死，恐開利路以
> 傷治化。」其說極當。大率聖人作事，一看義理當然，不為苟且姑
> 息也。（《語類》，卷 78，頁 2001）

朱子認為若贖法擴大施行，後患無窮，疑赦之間卻以金贖代替，輕重失衡，
會造成富者得以免刑，貧者則須受刑的不公平現象，且會啟貪利之心，故朱
子認為贖五刑之法絕非聖人之制。

　　〈呂刑〉既非聖王記錄，為何孔子仍錄〈呂刑〉為《尚書》篇章？《語
類》有載：

> 問：「贖刑所以寬鞭扑之刑，則〈呂刑〉之贖刑如何？」曰：「〈呂刑〉
> 蓋非先王之法也。故程子有一策問云：『商之〈盤庚〉，周之〈呂刑〉，

聖人載之於《書》，其取之乎？抑將垂戒後世乎？』」（《語類》，卷79，頁2062）

朱子既否定〈呂刑〉贖刑非聖人立法之意，則孔子錄之當非有所取之也，而是以爲此具垂戒之效。總之，朱子強調聖人刑法制度必有深刻義理，不可能淪爲可以金錢贖取之制度。

4. 眚終賊刑

《尙書》相當講究犯罪者的動機，所謂「眚災肆赦，怙終賊刑」者，即是從犯罪者的心理分析著手。何謂「眚災肆赦」？《孔傳》訓眚爲過，災爲害。朱子注則謂眚謂過誤，災謂不幸。兩注大同小異，均認同若所犯之罪乃因無心之過而造成傷害，原其情則可赦之。然朱子對「怙終賊刑」的說法則與傳統不同，《孔傳》注云：「怙姦自終，當刑殺之。」〔註260〕孔穎達申述云：「怙恃姦詐，欺罔時人，以此自終，無心改悔，如此者，當刑殺之。」〔註261〕注疏的說法其實過於嚴苛，憑恃姦詐，欺罔時人者，未必算得上極惡之人，頂多算是詐欺犯。即使無心悔改，若所犯情節不重，亦不至於刑殺之，故林之奇即提出異議，其云：

> 孔氏謂怙姦自終，當刑殺之。此說不然，夫以賊刑爲刑殺之，則是聖人用刑所以賊人也。《左傳》載叔向之言曰：「己惡而掠美爲昏，貪以敗官爲墨，殺人不忌爲賊。昏、墨、賊、殺，皋陶之刑也。」杜元凱云：「三者皆死刑。」昏墨賊殺與怙終賊刑，文勢正同。蓋怙恃其惡者，與終不能改者，與賊害人者，皆律家所謂情重，故刑之。〔註262〕

林之奇認爲《孔傳》殺此等罪刑者實爲太過，而以爲怙恃其惡，終不能改與賊害人者則必刑之，林之奇的說法其實亦頗爲模糊，但朱子則在其基礎上解釋得更爲清楚，其云：「曰『怙終賊刑』者，『怙』謂有恃，『終』謂再犯，若人有如此而入于當宥之法，則亦不宥以流而必刑之也。」（《文集》，卷37，頁1505）其意謂憑藉權勢，一犯再犯，不知悔改者，即使可以入於流宥之法，亦不宥而必刑之。《書》稿改本注「怙終賊刑」亦云：「若人有如此而入於刑。則雖當宥當贖，亦不許其宥，不聽其贖，而必刑之也。」（《文集》，卷65，頁

〔註260〕阮元校勘：《尚書正義》，卷3，頁14上／270。
〔註261〕阮元校勘：《尚書正義》，卷3，頁17上／272。
〔註262〕林之奇：《尚書全解》，卷2，頁324。

3269）犯錯者初因過失而入罪，本可以流贖寬宥之，但若其乃依恃權勢或一犯再犯，則不許其宥，必依本刑罰之，但非如《孔傳》所言直接改為死刑，如此則太過嚴苛。由此亦可見，朱子非常重視刑法的公正性，所犯何錯，便應有相對處罰，〈舜典象刑說〉云：

> 雖其重者，或至於誅斬斷割而不少貸，然本其所以至此，則其所以施於人者，亦必當有如是之酷矣。是以聖人不忍其被酷者之銜冤負痛，而為是以報之，雖若甚慘，而語其實，則為適得其宜；雖以不忍之心，畏刑之甚，而不得赦也。（《文集》，卷67，頁3367）

朱子強調必須重視被害者的感受，故以相同方式刑之，此舉雖有流於以暴治暴之弊，但動機實為不同。以暴治暴者乃為懲一己之私憤，而五刑之實施基礎則不同，其意涵是以聖人不忍被酷者銜冤負痛，仍是就惻隱之仁而發，故本質不同也。而流宥及金贖則又為其情有可憫者設，但若始終怙惡不悛，便不寬縱之，而以當刑之法刑之。但也可推測，若所謂親貴勳勞者雖不入於五刑，但這應指初犯而已，若依舊不知悔改，則屬於「怙」之有恃，則朱子當亦主張刑之。

5. 輕刑的問題

朱子與時人就刑法討論最多者乃輕刑的問題，〈戊申延和奏箚〉第一箚便有云：「至於鄙儒姑息之論、異端報應之說、俗吏便文自營之計，則又一以輕刑為事。」（《文集》，卷14，頁436）所謂儒者姑息之論大抵以為堯舜用刑較寬，如他與鄭伯熊討論刑法時即云：「向蒙面誨堯舜之世一用輕刑。」（《文集》，卷37，頁1503）《語類》亦有載：「或問『欽哉！欽哉！惟刑之恤哉！』曰：『多有人解《書》做寬恤之「恤」，某之意不然。』」（《語類》，卷78，頁2002）而異端報應則指佛家陰德之說，《語類》載：「『罪疑惟輕』，豈有不疑而強欲輕之理乎？王季海當國，好出人死罪以積陰德，至於奴與佃客殺主，亦不至死。」（《語類》，卷78，頁2009）至於俗吏便文自營之計，則大概是以為當時官吏本身不欲背負酷吏好殺罪名，《語類》載：「法家者流，往往常患其過於慘刻。今之士大夫恥為法官，更相循襲，以寬大為事，於法之當死者，反求以生之。」（《語類》，卷78，頁2009）朱子對於這些主張輕刑的說法均極不認同，〈答鄭景望〉即云：

> 夫既不能止民之惡，而又為輕刑以誘之，使得以肆其凶暴於人而無所忌，則不惟彼見暴者無以自伸之為冤，而姦民之犯于有司者，且

將日以益眾，亦非聖人匡直輔翼，使民遷善遠罪之意也。（《文集》，
卷 37，頁 1504）

《語類》亦云：

今之法家，惑於罪福報應之說，多喜出人罪以來福報。夫使無罪者
不得直，而有罪者得倖免，是乃所以爲惡爾，何福報之有！《書》
曰：「欽哉！欽哉！惟刑之恤哉！」所謂欽恤者，欲其詳審曲直，令
有罪者不得免，而無罪者不得濫刑也。今之法官惑於欽恤之說，以
爲當寬人之罪而出其死；故凡罪之當殺者，必多爲可出之塗，以俟
奏裁，則率多減等：當斬者配，當配者徒，當徒者杖，當杖者笞。
是乃賣弄條貫，舞法而受賕者耳！何欽恤之有？罪之疑者從輕，功
之疑者從重，所謂疑者，非法令之所能決，則罪從輕而功從重，惟
此一條爲然耳；非謂凡罪皆可以從輕，而凡功皆可以從重也。今之
律令亦有此條，謂法所不能決者，則俟奏裁。今乃明知其罪之當死，
亦莫不爲可生之塗以上之。惟壽皇不然，其情理重者皆殺之。（《語
類》，卷 110，頁 2711～2712）

朱子認爲在人民未能止於爲惡的狀態下，輕刑並不能夠使民眾遷善遠罪，且
將會使犯罪者更無顧忌，勢必造成風俗愈加衰敗，故朱子反對一味採取輕刑
寬宥的作法，徐公喜亦指出：

朱熹始終堅持恤刑恤民思想，但他反對把欽恤當作寬恤輕刑。他說：
「多有人解恤作寬恤之意，某之意不然，若作寬恤，如被殺者不令
償命，死者何辜？」他一貫反對在司法實踐中實行輕刑政策，認爲
「輕刑不能止民之惡，而不爲輕刑以誘之，使得其凶人暴于人而無
所忌，則不惟彼見暴者無以自伸其冤，而奸民之犯于有司者且將日
眾。」〔註263〕

朱子反對濫施輕刑，但這並非酷吏思想，他其實秉持著從被害者角度立論，
強調必須伸張被害人之冤，且須使加害者有所顧忌，因此他認爲一意以寬爲
說者，並非聖人刑人正法之意。

朱子主張爲政必須「以嚴爲本，而以寬濟之」（《語類》，卷 108，頁 2689），
但他實際上更傾向於要果敢用刑，〈戊申延和奏箚〉第一箚云：

〔註263〕徐公喜：《朱熹理學法律思想研究》（南昌：江西人民出版社，2004 年 12 月），
頁 222。

> 臣伏見近年以來，或以妻殺夫，或以族子殺族父，或以地客殺地主，
> 而有司議刑，卒從流宥之法。夫殺人者不死，傷人者不刑，雖二帝、
> 三王，不能以此爲治於天下，而況於其繫於父子之親、君臣之義、
> 三綱之重，又非凡人之比者乎！然臣非敢以此之故，遂勸陛下深於
> 用法，而果於殺人也。但竊以爲，諸若此類涉於人倫風化之本者，
> 有司不以經術義理裁之，而世儒之鄙論、異端之邪說、俗吏之私計
> 得以行乎其間，則天理民彝，幾何不至於泯滅？而舜之所謂無刑者，
> 又何日而可期哉！（《文集》，卷 14，頁 436）

朱子指出，若所犯罪刑乃有傷於人倫風化之本者，必須果敢行刑，不可輕刑
酌減。而朱子所謂人倫之本，即爲父子、君臣、夫婦、兄弟、朋友，此乃由
天理所開展之關係，違犯這些關係，便是違反天理，對於世教風化將有極大
影響。但也必須指出，朱子雖以爲五倫不可侵犯，但他其實仍有所偏重，如
父與子的關係中，他更無法忍受的是子殺父的情形；在夫與婦的關係中，則
無法寬緩婦殺夫；至於帶有君臣關係的奴主制度，則朱子無法接受奴殺主。
子殺父固爲人倫之大逆，罪無可逭，但婦殺夫，奴殺主即使背後有其可恕之
情實，但朱子依舊不予寬宥。縱然朱子已知其有可憫之情，但爲維護三綱五
倫的正常關係，主張仍必須處以極刑，如朱子治南康時曾審理過一件婦人私
通外人殺夫的案例，當時因兩造之說互有異同，暫無法決，但朱子卻認爲從
天理人倫的角度而言，絕不可寬恕，〈論阿梁獄情劄子〉云：

> 蓋阿梁與葉勝私通，致葉勝因其夫病而手殺之。雖使阿梁全然不知
> 殺害之情，究其所因，已絕人理。況已明知殺意，當時自合出門聲
> 叫，或密投鄰里，以求救援。今乃抱兒立於門外半時之久，以俟其
> 夫之死；及見其夫之出，聞其夫之聲，知其事之不成，然後隨聲叫
> 呼以求救。只此一節，其情蓋已灼然可見，不必同謀共殺，然後可
> 實極典也。夫人道莫大於三綱，而夫婦爲之首。今阿梁所犯，窮凶
> 極惡，人理所不容，據其番詞，自合誅死，無足憐者。（《文集》，卷
> 20，頁 714）

據朱子自云，阿梁案情仍有可議之處，若依其所主張之寬刑標準，實應可暫
時保全性命，以待案情水落實出，再行處置。但朱子卻冠以三綱人倫之天道
思維，強調夫婦之道乃人倫之首，縱使情有可原，但仍需誅死，不足以憫。
因此，刑法對朱子而言，並非威嚇人民的工具，而是維護義理的必須措施，（答

鄭景望〉第二通云：

> 夫刑雖非先王所恃以爲治，然以刑弼教，禁民爲非，則所謂傷肌
> 膚以懲惡者，亦既竭心思，而繼之以不忍人之政之一端也。今徒
> 流之法，既不足以止穿窬淫放之姦，而其過於重者，則又有不當
> 死而死，如彊暴贓滿之類者，苟采陳羣之議，一以宮荆之辟當之，
> 則雖殘其支體而實全其軀命，且絕其爲亂之本，而使後無以肆焉，
> 豈不仰合先王之意，而下適當世之宜哉！況君子得志而有爲，則
> 養之之具，教之之術，亦必隨力之所至而汲汲焉。固不應因循苟
> 且，直以不養不教爲當然，而熟視其爭奪相殺於前也。（《文集》，
> 卷 37，頁 1506）

肉刑與流放並用，這是先王竭盡心思的作法，意謂寬猛並濟，當可收更高效
果。然而若一味採取輕刑寬放重犯，則不足以禁民爲非，因此朱子甚至舉陳
羣之議爲例，《通志》〈刑法略〉載：「曹公秉政，欲復肉刑，陳羣深陳其便，
鍾繇亦贊成之。」〔註264〕朱子贊成透過肉刑絕其爲亂之本，但他亦指出，不
可徒恃刑法，以刑治國的同時，並須配合教養之法，如此則與純粹講法之法
家有所區隔。

六、探究聖人順應天理時勢的義理作爲

《尚書》所載多三代聖王之言語行跡，儒者亦多由此建立其聖人觀。對
聖人的崇拜是一種人文信仰，卻也具有宗教意識之心理，與聖人實際作爲往
往會有一定程度出入，以《尚書》爲例，孟子便不信〈武成〉「血流漂杵」之
說，認爲武王以至仁伐不仁，豈有可能會導致這種結果，因此孟子採取「盡
信《書》不如無《書》」之法，只取自己願意相信的篇章閱讀。但後世儒者並
不滿足於這種方式，他們對於聖人某些特殊作爲並不採闕疑忽略方式處理，
而是盡量從各種層面加以彌縫，企圖毫無破綻的闡述聖人一些看起來並不符
合常道的作爲，但也往往引發過度深論的弊病。朱子對此則採取比較開明的
作法，他認爲聖人許多作爲並不是精心謀慮的結果，只是一種純粹義理的表
現，故對古史中所載聖人作爲，他也常關注並導正前人之說，如〈答張敬夫
癸巳論語說〉第二十一通云：

> 此是聖人立法垂世之言，似不必如此說。然禹以丹朱戒舜，舜以「予

〔註264〕鄭樵：《通志》，卷 60，頁 726。

違汝弼」責其臣,便説聖人必戒乎此,亦何害乎?此蓋尊聖人之心太過,故凡百費力主張,不知氣象却似輕淺迫狹,無寬博渾厚意味也。(《文集》,卷31,頁1229)

朱子認為前人許多過度維護聖人之說反而會使聖人氣象顯得輕淺迫狹,毫無寬博渾厚之意味,因此朱子對聖人行為並不採取深求義理之論,多以時勢所趨解釋,亦建立在聖人之心正大光明的原則之下。以下依《尚書》所述及之聖王行跡分析朱子的看法:

(一)論舜誅四凶為流放而非誅殺

〈堯典〉載堯咨詢眾臣舉薦能登庸者時,驩兜曾推共工,四岳則薦舉鯀,然而當舜繼堯位後,却作出誅四罪之舉:「流共工於幽州,放驩兜于崇山,竄三苗于三危,殛鯀于羽山,四罪而天下咸服」。除誅此四凶外,舜另擢元凱十六相,這本應是正常的政治動作,但後人對此却有非議之論,而爭論焦點多在四凶原為堯臣,何以堯不誅之?而十六賢者在野,何以堯不知之?却需待舜興之後始有動作。朱子〈策問〉便提出提問:

問:《書》稱堯「平章百姓,百姓昭明」,說者以為「百姓」者,百官族姓云爾。夫以百官族姓無不昭明,則堯之所與共天職者富矣。及其疇咨廷臣,欲任以事,則放齊稱子朱,驩兜舉共工,四岳薦鯀,惡在其昭明也耶?夫子敘《書》,斷自〈堯典〉,將以遺萬世大法,而其言若此,此又何耶?夫子嘗稱觀人至於察其所安,則人焉廋哉?帝堯之聖,豈獨昧此耶?以帝堯之舉而三人者若此,然則三代選舉之法,書其德行道藝始於鄉閭者,其可盡信也耶?(《文集》,卷74,頁3715)

朱子之所以如此提問,就是因為儒者對此有疑,認為堯有不識人之嫌。除對堯質疑外,亦有藉此認為舜之心反不如堯者,如《語類》中便載有劉炎引吳棫對此事之看法:

炎謂:「吳才老《書解》說驩兜共工輩在堯朝,堯却能容得他,舜便容他不得,可見堯之大處,舜終是不若堯之大。」(《語類》,卷35,頁944)

朱子則應曰:「舜自側微而興,以至即帝位,此三四人終是有不服底意,舜只得行遣。故曰:『四罪而天下咸服。』」(《語類》,卷35,頁944)朱子從較實際層面立論,據經典所載,舜之登庸幾乎等於是空降部隊,而四人可能因此而不服,遂遭舜行遣。那麼這裡就突顯出朱子不同於傳統注疏的看法,舜對

四凶所採取的處罰爲何？說者多謂殺之，如《孔傳》認爲「殛、竄、放、流皆誅也。」〔註265〕意謂這些些懲罰皆爲死刑，但林之奇則云：「流、放、竄、殛皆是屛之遠方也。」〔註266〕史浩則認爲四人刑罰不同：「流之，放之，竄之皆遷也。殛則死矣。」〔註267〕意指獨鯀爲舜所殺。對四凶的處置本只是歷史事實的呈現，就字面之意涵而言，史浩之說較符合訓詁。但施罰者乃聖王舜，那麼他之所以採取這樣的刑罰便必須有義理內涵，那麼這就不是單純訓詁的問題而已。首先據經文來看，舜對四凶的處罰分別是「流、放、竄、殛」，其中較有爭議的是殛鯀之舉，究竟是殺，還是貶？〈洪範〉載箕子之言云：「我聞在昔，鯀堙洪水，汩陳其五行；帝乃震怒，不畀洪範九疇，彝倫攸斁。鯀則殛死，禹乃嗣興，天乃錫禹洪範九疇，彝倫攸敘。」〈洪範〉所言全爲神話角度，但鯀被殛死，則爲經典之載。而《孟子》〈萬章下〉則云：「萬章曰：『舜流共工于幽州，放驩兜于崇山，殺三苗于三危，殛鯀于羽山，四罪而天下咸服，誅不仁也。』」則以三苗及鯀皆爲舜所殺。然朱子卻注云：「殺，殺其君也。殛，誅也。」〔註268〕意爲處死三苗之君及鯀。那麼此處又有了衝突，鯀被殛死乃自古以來相傳之說法，而一般又認爲三苗乃部族之名，豈能殺盡，朱子遂認爲僅殺其君，而其部族之人大概則被驅逐，故三苗的問題也不大。然朱子這種看法在晚年有了改變，〈舜典〉注便云：「流，遣之遠去，如水之流也。放，置之於此，不得他適也。『竄』則驅逐禁錮之，『殛』則拘囚而困苦之。」（《文集》，卷65，頁3270）朱子何以有這種的變化？在《楚辭集注》中有明確說明，朱子注〈離騷〉「鯀婞直以亡身兮」云：「堯使鯀治洪水，婞很自用，不順堯命，乃殛之羽山，死於中野。」〔註269〕又注〈天問〉：「永遏在羽山，夫何三年不施？」則明確論及舜並非處鯀極刑：

> 此問鯀功不成，何但囚之羽山，而不施以刑乎？……答曰：舜之四罪，皆未嘗殺也。程子以爲《書》云殛死，猶言貶死耳。蓋聖人用刑之寬例如此，非獨於鯀爲然也。〔註270〕

〔註265〕阮元校勘：《尚書正義》，卷3，頁14下／270。
〔註266〕林之奇：《尚書全解》，卷2，頁324。
〔註267〕〔宋〕史浩：《尚書講義》，收入張壽鏞輯：《四明叢書》，影印民國四明張氏約園刊本。卷2，頁9下。
〔註268〕朱熹：《朱子全書·孟子集注》，卷9，頁371～372。
〔註269〕朱熹：《楚辭集注》，卷1，頁29。
〔註270〕朱熹：《楚辭集注》，卷3，頁70。

朱子認爲舜對四凶之處罰乃流放拘圍而已，並非處以極刑，據朱子的注解，這些刑罰均類似宋代所謂流配安置之舉。而鯀之遭殛死，乃貶死之例，舜非初欲置其於死地也。

朱子改變對四凶懲罰措施的看法，重點即在於對聖人形象的崇仰，他甚至認爲鯀被困羽山乃因其適逢此處，《語類》載：

> 「殛鯀於羽山」，想是偶然在彼而殛之。程子謂「時適在彼」是也。若曰罪之彰著，或害功敗事於彼，則未可知也。大抵此等隔涉遙遠，又無證據，只說得箇大綱如此便了，不必說殺了。才說殺了，便受折難。（《語類》，卷78，頁2002）

鯀的形象是中國古史中較特殊的一位，他是聖王禹之父，並曾治理洪水，雖以失敗告終，但在神話傳說中卻是盜竊上帝息壤以拯民的英雄人物，現代神話學研究者多將之與西方普羅米修斯相比。而朱子前後態度不同，很可能便是在注解《楚辭》時受到屈原的影響而改變看法，認爲鯀罪不至死，且爲了配合舜不好殺的聖人形象，遂將四凶之罰改爲流放。

朱子除改變對四凶的處罰看法外，他也從聖人角度分析堯、舜的心態，〈壬午應詔封事〉云：

> 舉十六相，皆堯之所未舉；去四凶，皆堯之所未去。然而舜不以爲嫌，堯不以爲罪，天下之人不以爲非。（《文集》，卷11，頁354）

朱子此言指出堯舜之際，去四凶，舉十六相自有其時勢相應，故時人皆不以爲非，那麼現今學者斤斤計較堯何以不明之，自然不能探得實情。〈答張敬夫〉第三通又云：

> 所疑小人不可共事，固然；然堯不誅四凶，伊尹五就桀，孔子行乎季孫，惟聖人有此作用。（《文集》，卷31，頁1177）

天下不可能無小人，重點在於如何處置小人，堯時小人未顯其惡，故堯與之共事，這是聖人與時俱進的處理方式，正如伊尹亦須就桀，孔子亦須行乎季孫，此乃聖人不自絕於世的表現，也是聖人度量超於常人之處。《語類》載：「夫子度量極大，與堯同。門弟子中如某人輩，皆不點檢他，如堯容四凶在朝相似。」（《語類》，卷93，頁2351）小人在朝，當然必須盡除，但若時勢不得如此時，自然必須有權宜之舉，〈與留丞相書〉第七通云：

> 前輩有論，嘉祐、元豐兼收並用異趣之人，故當時朋黨之禍不至於朝廷者，世多以爲名言。熹嘗謂此乃不得已之論。以爲與其偏用小

人而盡棄君子，不若如是之猶爲愈耳，非以爲君子不可專任，小人
不可盡去，而此舉眞可爲萬世法也。使當時盡用韓、富之徒而並絀
王、蔡之屬，則其所以卒就慶曆之宏規，盡革熙寧之秕政者，豈不
盡美而盡善乎！……至如元祐，則其失在於徒知異己者之非君子，
而不知同己者之未必非小人，是以患生於腹心之間，卒以助成仇敵
之勢，亦非獨章、蔡之能爲己禍也。(《文集》，卷28，頁1083)

嘉祐、元豐時兼收異趣之人正如同堯時兼用四凶與四岳一般，而堯並非不知
誰爲君子，誰爲小人，但能各盡其用而兼容之也。但舜繼位後，四凶頗有不
服言行，遂盡逐之，《語類》載：

「四凶」只緣堯舉舜而遜之位，故不服而抵於罪。在堯時則其罪未
彰，又他畢竟是簡世家大族，又未有過惡，故動他未得。(《語類》，
卷78，頁2002)

朱子這種說法乃承襲程頤而來，將情況設定爲四凶不服，遂遭懲罰。但朱子
亦特別強調，這並非舜挾怨報復的行爲，聖人當怒則怒，事過便止，《語類》
載：

問：「聖人恐無怒容否？」曰：「怎生無怒容？合當怒時，必亦形於
色。如要去治那人之罪，自爲笑容，則不可。」曰：「如此，則恐涉
忿怒之氣否？」曰：「天之怒，雷霆亦震。舜誅『四凶』，當其時亦
須怒。但當怒而怒，便中節；事過便消了，更不積。」(《語類》，卷
95，頁2445)

聖人之怒乃針對該怒之人，而發怒自然會牽涉忿怒之形色，但重點是聖人之
怒乃因義理而怒，且事過便消，既不遷怒，亦不記恨。〈雜學辨・呂氏大學解〉
更云：

伊川之說，正謂物各有理，事至物來，隨其理而應之，則事事物物，
無不各得其理之所當然者。如舜之舉十六相、去四凶也。此其所以
不爲物之所役而能役物，豈曰各任之而已哉？(《文集》，卷72，頁
3632)

聖人之心已純是天理，故行事作爲自全依理而行，事物來時，便隨理應之，
遂使事物各得其理，故聖人不爲小人所役，反而能役使小人，使君子、小人
各得其所。

　　舜誅四凶之意經朱子解釋後，遂成爲一順應時勢，依理而行的行爲，不

牽涉私怨。那麼為何堯未舉十六相，而舜卻舉之，朱子雖未明說，但仍可理出脈絡，《語類》載：

> 舜舉十六相，誅「四凶」，如此方恰好，兩邊方停勻。後世都不然，惟小人得志耳。方天下無事之時，則端人正士行義謹飭之士為小人排擯，不能一日安於朝廷，遷竄貶謫。及擾攘多故之秋，所謂忠臣義士者，犯水火，蹈白刃，以捐其軀；而小人者，平世固是他享富貴，及亂世亦是他獨寬，縱橫顛倒，無非是他得志之日。君子者常不幸，而小人者常幸也！（《語類》，卷131，頁3140）

朱子指出，舜誅四凶與舉十六相乃對應之動作，因已去除四凶，遂能藉此機會舉十六相，若未去四凶便貿然舉用新人，必遭小人排擠。相對而言，堯因四凶在朝，故無舉賢動作，那麼朱子的想法便是堯、舜各順應當時情況而已。而朱子也藉此指出，後世則多是小人排擠君子，究其因，乃由於後世君主未能如堯舜將小人君子調停得勻，遂常使小人當道，君子反而衰微。

（二）論武王無觀政之事

〈泰誓〉序云：「惟十有一年，武王伐殷。一月戊午，師渡孟津，作〈泰誓〉三篇。」[註271] 依序來看，武王是十一年時伐紂，但〈泰誓〉經文卻云：「惟十有三年春，大會于孟津。」依經文內容來看，卻是十三年時始伐紂。序文、經文所言有所差異，當有一誤。今人已知〈泰誓〉乃偽書，故十三年之說自不可靠。但《孔傳》為顧及序與經之差異，遂依《史記》、《漢書》所言觀兵之事立說，《孔傳》云：

> 周自虞芮質厥成，諸侯並附，以為受命之年。至九年而文王卒，武王三年服畢，觀兵孟津，以卜諸侯伐紂之心，諸侯僉同，乃退。以示弱。[註272]

文王受命九年卒，武王再服三年喪，必須經過二年一月，故為十一年，但時間卻不可能是一月戊午。因為文王若於九年一月卒，服喪完畢至少也要十一年二月，故〈序〉所言「一月戊午」便非十一年，只得改造為十三年正月二十八日與諸侯再期伐紂之時，但〈序〉又明言十一年伐殷，故只得另外再構造出武王十一年伐紂，至於孟津，卻退兵示弱的說法。如此一來，《小序》所言便涵括二個時間，惟十有一年伐殷乃觀兵，一月戊午渡孟津則是第二次伐

[註271] 阮元校勘：《尚書正義》，卷11，頁1上／381。
[註272] 阮元校勘：《尚書正義》，卷11，頁1上／381。

紂。但這樣的說法並不被宋儒認同，尤其是觀兵示弱之說，更受到極大的抨擊。原因即在於武王亦屬聖王，又豈會有觀兵紂憚，退兵示弱之舉，而且短短序文卻包含兩段時間，且語焉不詳，說實牽強。

對於武王觀兵之說，朱子表示否定之意見，他接受程頤的意見，認為武王並無觀兵之事，〈答徐元聘〉第一通云：

> 伊川謂無觀政之事，非深見文、武之心不能及此，非為存名教而發也。若有心要存名教，而於事實有所改易，則夫子之錄〈泰誓〉、〈武成〉，其不存名教甚矣。近世有存名教之說，大害事，將聖人心迹都做兩截看了，殊不知聖人所行，便是名教；若所行如此而所教如彼，則非所以為聖人矣。（《文集》，卷39，頁1650）

程頤之說為：

> 介甫以武王觀兵為九四，大無義理，兼觀兵之說亦自無此事。如今日天命絕，則今日便是獨夫，豈容更留之三年？今日天命未絕，便是君也，為人臣子豈可以兵脅其君？安有此義？又紂鷙很若此，太史公謂有七十萬眾，未知是否；然《書》亦自云，紂之眾若林。三年之中，豈肯容武王如此便休得也？只是〈太誓〉一篇前序云「十有一年」，後面正經便說「惟十有三年」，先儒誤妄，遂轉為觀兵之說。先王無觀兵之事，不是前序一字錯，便是後面正經三字錯却。
> 〔註273〕

程頤從事理及義理兩方面分析，就義理而言，天命未絕便是君，武王若感天時未到，又豈能以兵脅其君。從事理而言，若武王確有觀兵之舉，紂眾極多，又豈會容得武王再待三年。因此，程頤認為序文與經文必有一誤。程頤之說至為合理，觀兵不取，實乃兵家大忌，不啻宋襄公之愚，且紂王豈有可能容忍之，乃至坐以待斃。而朱子除接受程頤之說外，亦以順天應人解釋武王伐紂之舉，〈答范伯崇〉第四通云：

> 至於武王之伐紂，觀政于商，亦豈有取之之心？而紂罔有悛心，武王灼見天命人心之歸己也，不得不順而應之，故曰：「予弗順天，厥罪惟均。」以此觀之，足見武王之伐紂，順乎天而應乎人，無可疑矣。此說與來書云云，固不多爭，但此處不容有毫髮之差，天理、人欲、王道、霸術之所以分，其端特在於此耳。（《文集》，卷39，頁1667）

〔註273〕王孝魚點校：《二程遺書・河南程氏遺書》，卷19，頁250。

武王之所以伐紂滅商，全是順乎天且應乎人，若爲觀兵示弱，便是人欲爲主，乃行霸術，武王絕不如此。而是爲時勢所趨，不得不順而應之，自無觀兵示弱之事。不過朱子也提到，就文、武相比，武王終有不足之處，《語類》云：

> 縱使文王做時，也須做得較詳緩。武王做得大故粗暴。當時紂既投火了，武王又卻親自去斫他頭來梟起。若文王，恐不肯恁地。這也難說。武王當時做得也有未盡處，所以東坡說他不是聖人，雖說得太過，然畢竟是有未盡處。（《語類》，卷35，頁907～908）

朱子強調武王雖有未盡，但觀兵之舉過於權謀，武王亦屬聖王，當不可能行此計策。至於序文和經文之異，朱子則傾向認爲序文有誤，《語類》載：「舊有人引〈洪範〉『十有三祀，王訪于箕子』，則十一年之悞可知矣。」（《語類》，卷79，頁2039）朱子據柯國材之說，認爲武王伐紂之後隨即拜訪箕子，故同爲十三年，從而指爲此乃《小序》之誤。不過《小序》十一年之說，《漢書》亦有引用，則此序乃秦漢所傳，而〈泰誓〉乃僞書，故十三年之說來源可疑，且伐紂與訪箕子未必可作連結，亦無必要須在同年進行，故從今人角度來看，朱子實爲立論失據，不過啓迪之功亦不可沒。

（三）論周公居東非東征之說

《尙書》〈金縢〉載管蔡流言，成王誤會周公的一段歷史云：

> 武王既喪，管叔及其群弟乃流言於國，曰：「公將不利於孺子。」周公乃告二公曰：「我之弗辟，我無以告我先王。」周公居東二年，則罪人斯得。

這段記載牽涉到周公處理三監之亂及成王之疑的作爲，但歷代解讀者卻有許多不同看法，尤其牽涉到兩處疑義，一是周公自言「我之弗辟」，辟字之意說法不一。另一疑義則是所謂周公居東二年，這二年間周公在做些什麼事情？由於這段歷史並無明確史實可作依憑，故說者解從自己的視域出發詮釋。首先，《孔傳》訓「我之弗辟」之辟爲法，並云：「我不以法法三叔，則我無以成周道，告我先王。」〔註274〕意謂當致罰於三監，然訓辟爲法，意嫌奇曲。《東坡書傳》便直接訓辟爲誅，〔註275〕意謂若我不誅三叔，則我無以告先王。而鄭玄則訓辟爲避，鄭玄《毛詩箋》云：「周公遭變者，管蔡流言，辟居東都。」意謂我若不避之，則我無以告先王。故關於避字之訓，便形成這兩種詮釋，

〔註274〕阮元校勘：《尚書正義》，卷13，頁11上／418。
〔註275〕蘇軾：《書傳》，卷11，頁6下／586。

訓辟致罰者，那麼周公居東二年便是東征；訓辟為避居者，居東二年則是周公暫時鋒頭，避居於東。

　　朱子對〈金縢〉的這段記錄，說解頗為混亂，早年與徐元聘通信時指出避居東都乃腐儒之說，〈答徐元聘〉第一通云：

> 周公東征，不必言用權，自是王室至親，與諸侯連衡背叛，當國大臣，豈有坐視不救之理？帥師征之，乃是正義，不待可與權而後能者也。若馬、鄭以為東行避謗，乃鄙生腐儒不達時務之說，可不辨而自明。……來教所謂：「周公之志，非為身謀也，為先王謀也；非為先王謀也，以身任天下之重也。」此語極佳。（《文集》，卷39，頁1650～1651）

這封信作於乾道二年（1166），否定東行避謗之說。乾道八年與何鎬論此條時仍持此論，〈答何叔京〉第二十通云：

> 「罪人斯得」，前書已具報矣，不知看得如何？此等處，須著箇極廣大、無物我底心胸看方得，若有一毫私吝、自愛惜、避嫌疑之心，即與聖人做處，天地懸隔矣。萬一成王，終不悟周公，更待罪幾年，不知如何收殺？胡氏《家錄》有一段論此，極有意思，深思之如何？
>
> 1734

朱子認為若真東行待罪，萬一成王始終不悟，後果恐不堪設想。後來淳熙十四年（1187）年董銖與朱子討論這個問題時，朱子大致尚未改變說法，〈答董叔重〉第五通載董銖之意見云：

> 此「辟」字，與蔡仲之命，所謂「致辟」之「辟」同，安得以「辟」為「避」，且使周公委政而去二年之久，不幸成王終不悟，而小人得以乘間而入，則周家之禍可勝言哉？（《文集》，卷51，頁2336～2337）

董銖認為辟字不當作避字解，應與〈蔡仲之命〉致辟之辟同，意謂誅殺之也。否則周公避居二年，勢必造成更大禍端。面對董銖的滔滔雄論，朱子僅答云：「『辟字』，當從古註說。」（《文集》，卷51，頁2337）所謂古註即《孔傳》以辟為法之訓，其意蓋謂誅殺則太過。是時三監之亂之起，若便以誅殺為名，無乃太過。然晚年與蔡沈討論《尚書》時，態度則有所改變。

　　〈答蔡仲默〉云：

> 「弗辟」之說，只從鄭氏為是。向董叔重得書，亦辨此條，一時信筆答之，謂「當從古註說」，後來思之不然。是時三叔方流言於國，

> 周公處兄弟骨肉之間，豈應以片言半語便遽然興師以誅之？聖人氣
> 象，大不如此。又成王方疑周公，周公固不應不請而自誅之，若請
> 之於王，王亦未必見從，則當時事勢亦未必然；雖曰聖人之心公平
> 正大，區區嫌疑自不必避。但舜避堯之子於南河之南，禹避舜之子
> 於陽城，自是合如此。若居堯之宮，逼堯之子，即爲篡矣。（《續集》，
> 卷 3，頁 4969～4970）

朱子此時改從鄭玄之說，訓辟爲避。朱子認爲初時管蔡僅爲流言，未可遽然
因此而興師討誅，聖人氣象不應如此。朱子於此明確點出他理解這段歷史的
基本考量，即聖人處事之態度。周公亦爲儒家聖人，故朱子認爲周公不該在
狀況未明之際便貿然用兵，甚至說出要誅殺管蔡的言論，否則有損聖人氣象。
那麼朱子的意思便是以居東爲避居東都。但從《書》稿改本所存資料來看，
卻顯示出另一種理解方式，今存朱子《書》稿有論〈金縢〉九則，其中第三
則云：

> 「管叔及其群弟，止不利於孺子」，此即〈大誥〉所謂「三監及淮夷
> 叛」也。意其稱兵舉事，必以誅周公爲辭，若王敦之於劉隗、刁協爾。
> 　《詩序》所謂「周公遭變，陳后稷先公風化之所由，而作〈七月〉之
> 詩，以陳王業，風喻成王」者，蓋此時也。（《文集》，卷 65，頁 3286）

朱子認爲當管蔡散布流言之時，即是三監之亂開始啓動。第四則則云：

> 「周公乃告二公曰，止告我先王」，作〈大誥〉，遂東征。（《文集》，
> 卷 65，頁 3286）

朱子認爲周公告二公之言，即是準備東征之詞，那麼「我之弗辟」便仍從《孔
傳》以辟爲法之訓，謂致罰於三監。第五則又云：

> 「周公居東二年，則罪人斯得」。殺武庚，致辟管叔于商，囚蔡叔于
> 郭鄰，降霍叔于庶人，命微子啓代殷後，作〈微子之命〉，皆此時事。
> （《文集》，卷 65，頁 3287）

朱子以爲殺武庚，致辟管叔，囚降蔡霍，皆於周公居東二年之事，那麼罪人
乃指三監等人，居東則爲東征。

　　比照朱子回應蔡沈之信與送予蔡沈之稿，竟有如此差異，那麼朱子究竟
採取何說？今蔡沈《書集傳》全採朱子書信內容爲說：

> 辟，讀爲避。鄭氏《詩傳》言周公以管、蔡流言辟居東都，是也。
> 漢孔氏以爲致辟可管叔之辟，謂誅殺之也。大二叔流言，以公將不

利於成王，周公豈容遽興兵以誅之耶？且是時，王方疑公，公將請
王而誅之耶？將自誅之也。請之固未必從，不請自誅之，亦非所以
爲周公矣。我之弗辟，我無以告我先王，言我不避，則於義有所不
盡，無以告我先王於地下也。〔註276〕

蔡沈既以朱子書信內容爲主，那麼他的說法應該是朱子最後的定論，以辟爲
避居。但差異處爲蔡沈釋「居東」爲居國之東，而非居於東都：「居東，居國
之東也。鄭氏謂避居東都，未知何據。孔氏以居東爲東征，非也。」〔註277〕
蔡沈此處的注解完全顛覆朱子所予《書》稿之內容，並不認同《書》稿中所
言居東爲東征之說。然從朱子與蔡沈書信來看，朱子自己也已否定致辟之說，
而採鄭玄避居之解，可是蔡沈卻言未知鄭玄何據，而改避居東都爲居國之東，
這又與朱子書信中指示採用鄭說衝突。蔡沈之注是否爲後來與朱子再次商訂
後的結果，已不可考，但董鼎《書傳輯錄纂註》錄有一條記錄云：

又問：所謂居東二年即東征否？先生曰：成王方疑周公，豈得便東
征乎？二年待罪也。東征三年，非二年也。〔註278〕

考察朱子晚年的說法，這條記錄應是朱子轉變詮釋之後所採行之說，居東二
年並非東征，但居東若爲離開京城，避居東都，則確實如同委政而去。且適
時東方乃管蔡作亂勢力範圍，居東而無作爲，不啻自投羅網。故朱子以居東
乃待罪，很有可能遂由此發展出居國之東的說法，故蔡沈之說很可能是與朱
子商定之後所採用的解釋，居東並非出居，周公若出居，遠離政治核心，無
異棄周朝王業於不顧，故居東乃居國之東。由此亦可見，這是朱子是在百般
維護周公聖人形象之下，所作出既符合當時情形，又符合聖賢義理的最佳選
擇。

（四）論召公並無不悅之意

《尚書》〈君奭〉乃西周初年的可信文獻資料，內容是周公告召公之言，
文中並無對話，全係周公一人口吻寫成，周公爲何要寫作這篇〈君奭〉之文？
《書序》云：「召公爲保，周公爲師，相成王爲左右。召公不說，周公作〈君
奭〉。」〔註279〕《書序》的重點在於提出「召公不說」的事實，因此，〈君奭〉

〔註276〕蔡沈：《朱子全書外編・書集傳》，卷4，頁159。
〔註277〕蔡沈：《朱子全書外編・書集傳》，卷4，頁159。
〔註278〕董鼎：《書傳輯錄纂註》，卷4下，頁11上／406。
〔註279〕阮元校勘：《尚書正義》，卷16，頁17下／474。

之文的性質便是一篇周公向召公表明心志的書牘。但召公為何不悅？《書序》並未說明，反而只強調本篇的寫作背景，乃周公與召公分相成王左右時所作。武王駕崩時，成王尚幼，周初曾有過一段周公攝政的時期，那麼《書序》所謂周、召分相成王左右蓋即成王即政之初，亦即周公還政之後。《書序》「召公不說」的說法影響極廣，幾乎成為詮釋〈君奭〉的主要關懷問題，歷代詮釋者皆環繞此一論點並試圖解決「召公不悅」的原因，孔穎達（574～648）便疏解《書序》之說云：

> 成王即政之初，召公為保，周公為師，輔相成王為左右大臣。召公以周公嘗攝王之政，今復在臣位，其意不說。周公陳己意以告召公，史敘其事，作〈君奭〉之篇也。……案經周公之言，皆說己留在王朝之意，則召公不說周公之留也，故鄭、王皆云：「周公既攝王政，不宜復列於臣職，故不說。」〔註280〕

孔穎達首先補強《書序》的說法，提出此篇乃成王即政之後所作。而召公因周公曾攝王政，不宜復在臣位，故不悅，並引鄭玄、王肅之說以為己證。但復在臣位有何不妥？裴駰《史記集解》引馬融（79～166）之言則曰：「召公以周公既攝政，致太平，功配文武，不宜復列在臣位，故不說。以為周公苟貪寵也。」〔註281〕徐幹（170～217）《中論》〈智行篇〉亦云：「召公見周公之既反政而猶不知，疑其貪位，周公為之作〈君奭〉，然後悅。」〔註282〕則是認為周公既曾攝政，復在臣位乃貪圖榮華之舉。然這種說法並不能服人，故孔穎達又提出另一種解釋：

> 然則召公大賢，豈不知周公留意，而不說者，以周公當時留在臣職，當時人皆怪之，故欲開道周公之言，以解世人之惑，召公疑之，作〈君奭〉，非不知也。〔註283〕

如此則以召公為周公考慮的立場而言，怪周公未明言其志，以致世人誤解。可以看出，這樣的說法是為了兼顧周公、召公二人的形象，說穿了，也就是聖賢典範作為在儒者思想中「偏見」的直接體現，但若召公真欲開導周公，則召公便是明白周公心意，那麼作文昭誥天下者便應是召公，而非周公。

〔註280〕阮元校勘：《尚書正義》，卷16，頁17下～18上／474。
〔註281〕司馬遷：《史記》，卷34，頁1上／493。
〔註282〕徐幹：《中論》，卷上，頁27上～27下。
〔註283〕阮元校勘：《尚書正義》，卷16，頁18上／474。

除《書序》之說外，《史記》所載則略有差異，《史記》〈燕召公世家〉云：

　　成王既幼，周公攝政，當國踐祚，召公疑之，作〈君奭〉。君奭不說
　　周公，周公乃稱：湯時有伊尹，假于皇天；在太戊，時則有若伊陟、
　　臣扈，假于上帝，巫咸治王家；在祖乙，時則有若巫賢；在武丁，
　　時則有若甘般，卒維茲有陳保乂有殷，於是召公乃說。〔註284〕

《書序》雖為較早資料，但司馬遷卻不採《書序》說法，逕指本篇乃周公攝
政時所作，司馬遷的依據何在？觀其引〈君奭〉文本為證，且集中在殷代大
臣攝政的例子上，可以推論，太史公當是根據《書序》召公不悅及文本中提
到攝政的前例，從而得出召公不悅的時間點在於周公攝政時期，與《書序》
不同。太史公說法原本只是時間點的差異，但他卻特別指出周公「當國踐祚」，
以致召公懷疑，直接擺明周公與召公之間的不愉快與踐祚有關。太史公的說
法挑動儒者最敏感的君臣大義以及聖賢形象的問題，如《漢書》〈王莽傳〉載
莽臣欲建請王莽（前45～23）居攝時奏云：

　　周公服天子之冕，南面而朝群臣，發號施令，常稱王命。召公賢人，
　　不知聖人之意，故不說也。〔註285〕

王莽陰謀奪位，故臣屬引周公居攝之例以助其事，而其逕以召公不悅乃針對
周公之攝政稱王行為，則是接受太史公的說法。也由於王莽利用《史記》之
說，因此，太史公的詮釋頗受後世儒者挑剔，如郝敬《尚書辨解》便云：

　　司馬遷敍〈燕世家〉，遂謂周公踐祚，召公不悅，為《序》所誤矣。
　　成王幼，周公以冢宰攝政，或有之。若踐祚，則《禮記》〈明堂位〉
　　附會之說，先儒辨之已詳。〔註286〕

郝敬不信《小序》，且認為周公並無踐祚之事，從而在根本上否定《史記》之說。

　　有鑒於對這兩種詮釋都不甚令人滿意，朱子則從文本出發，他指出〈君
奭〉全文未見召公不悅之意，於是以文本為證，推論此乃召公單純欲告老歸
隱，周公挽留之作，《語類》載：

　　顯道問「召公不說」之意。曰：「召公不說，只是《小序》恁地說，
　　裡面卻無此意。這只是召公要去後，周公留他，說道朝廷不可無老
　　臣。」（《語類》，卷79，頁2059）

〔註284〕司馬遷：《史記》，卷34，頁1上～1下／493。
〔註285〕班固：《漢書》，卷99上，頁1255。
〔註286〕〔明〕郝敬：《尚書辨解》，收入《續修四庫全書》第43冊，卷7，頁230。

> 召公不說，這意思曉不得。若論事了儘未在，看來是見成王已臨政
> 便也小定了。許多事周公自可當得，所以求去。（《語類》，卷 79，
> 頁 2059）

朱子的推論純由文本而言，認為〈君奭〉並無召公不悅之意，此乃《小序》
之說，且就算有，也「曉不得」了。但朱子詮釋的重點並不在召公為何不悅，
他強調的是周公與召公的差別，〈答徐元聘〉第一通云：

> 召公不說，蓋以為周公歸政之後不當復留，而己亦老而當去，故周
> 公言二人不可不留之意曰：「嗚呼！君已！曰時我，我亦不敢寧于上
> 帝命，弗永遠念天威，越我民罔尤違。」又歷道古今聖賢倚賴老成，
> 以固其國家之事，又曰：「予不惠若茲多誥，予惟用閔于天越民。」
> 只此便見周公之心，每讀至此，未嘗不喟然太息也。（《文集》，卷
> 39，頁 1651）

朱子特別指出，需由此見周公之心。言下之意指召公即使沒有不悅，乃純粹
告老，但與周公相比，自是不及。朱子認為周公拳拳之忠，並不因年老或成
王臨政而稍減，而召公卻是見大事底定，便思求去，但周公仍然願意繼續為
周朝效命，「所謂古今聖賢倚賴老成」之意，便強調周、召二人對於輔佐成王
成為聖賢的重要性，並不因還政而有所改變。若此時即告隱而去，也等於是
任成王自生自滅，可見周公全不以自己為考量，而是全以大局為重，故朱子
言由此可見周公之心，而這也是聖人與賢人差異所在。

第六章　朱子《詩》《書》學義理思想之應用及影響

第一節　朱子對《詩》《書》義理的應用

　　《詩》、《書》是朱子經學組成的重要典籍，朱子透過《詩經》爲周初建立王道政治的理想過程提供驗證，透過《尚書》探討二帝三王以聖人義理之心治理國政的借鑒。在經過《四書》建構本心義理的過程之後，朱子藉由《詩》、《書》利用三代作爲典範的社會及政治模型，擴展本心義理向外實施，以作爲人間秩序重建的理想依據。因此，朱子對《詩》、《書》當有極深切的研究，對其內容亦極爲嫺熟，而除轉化《詩》《書》的義理性質外，朱子亦利用《詩》、《書》相關經文、概念以應用於其他學術思想或人倫關係的開展，以下試分四個層面分析朱子對《詩》、《書》價值的應用。

一、《詩》《書》於理學概念之應用

　　《詩經》反映人情，《尚書》記錄政治活動，就其性質而言，皆不屬於說理之作。但早在先秦之前，諸子即頻繁引《詩》、《書》文句以用於證成義理。《尚書》載有古代聖王言行記錄，引爲理論佐證，尚屬有據，但《詩經》乃詩歌作品，卻仍受到相當廣泛的重視，清人劉開（1781～1821）〈讀詩說下〉即云：

> 夫古聖賢立言，未有不取資於《詩》者也。道德之精微，天人之相
> 與；彝倫之所以昭，性情之所以著；顯而爲政事，幽而爲鬼神，於

《詩》无不可證，故論學論治，皆莫能外焉。〔註1〕

劉開這種觀念很明顯來自朱子。《詩》之範圍極廣，涵蓋極多人倫關係，因此能夠作爲諸子解決社會問題時的輔佐，論證《尚書》則多是聖人政事之記錄，朱子即要求識其聖人之心。而研讀《詩》、《書》之所得，必須能夠加以運用，方可謂活學，這也是古人讀經的目的之一，故朱子便屢屢引用《詩》、《書》文句以爲自身理學思想的論證。

朱子主張《詩經》是詩人情性之表現，對於抒發情性所產生而出的文學詩篇，不可以一字一理的原則來探求。但《詩經》之中仍有少數詩歌，表現出極爲崇高的詩性，令人讀後可肅然起敬，餘緒悠遠，正如朱子主張〈大雅〉可發先王之德，其意義便在於此。先王是性理完整無礙的圓滿形象，故論述先王的詩篇，便往往會涉及其崇高德性之表述，而這些詩句基本上亦往往帶有一定程度的哲學意涵，於是便爲朱子所利用，用以作爲闡述理學思想的證據。至於《尚書》所載除爲帝王言行之典範，其中亦有關涉到理學範疇的言論，也爲朱子所運用以解釋其理學概念，以下試論述之。

（一）以「上天之載，無聲無臭」形容太極之性質

無極與太極的爭議肇源自周敦頤《太極圖說》提出「無極而太極」一詞的哲學意涵。無極概念源出道家，而太極則主爲儒家《易》學的本體，就目前可見文獻來看，周敦頤首先將二者調和，創造「無極而太極」的觀念。但周敦頤原意爲何？卻因爲並未提出說明而成爲一學術公案。朱子與陸九淵兄弟曾就這個問題產生激烈討論，朱子〈答陸子靜〉第五通云：

> 周子所以謂之無極，正以其無方所，無形狀，以爲在無物之前，而未嘗不立於有物之後；以爲在陰陽之外，而未嘗不行乎陰陽之中；以爲通貫全體，無乎不在，則又初無聲臭影響之可言也。（《文集》，卷36，頁1441～1442）

〈答陸子靜〉第六通云：

> 「無極而太極」，猶曰「莫之爲而爲，莫之致而至」。又如曰「無爲之爲」，皆語勢之當然，非謂別有一物也。（《文集》，卷36，頁1448）

朱子由其理氣說出發，主張「無極而太極」是「無形而有理」，無極只是作爲太極本體的描述用語，無極與太極並沒有分別，二者本來合一，無所謂誰先

〔註1〕 〔清〕劉開：《劉孟涂文集》，收入《續修四庫全書》第1510冊，影印清道光六年姚氏檗山草堂刻本，卷1，頁14上／324。

誰後的問題。而陸九淵則提出以無極形容太極，乃是疊床架屋的行爲，〈與朱元晦〉批評朱子云：

> 某竊謂尊兄未曾實見太極，若實見太極，上面必不更加「無極」字，
> 下面必不更著「眞體」字。上面加「無極」字，正是疊床上之床，
> 下面著眞體字，正是架屋下之屋。……又謂：「極者，正以其究竟至
> 極，無名可名，故特謂之太極，猶曰舉天下之至極，無以加此云耳。」
> 就令如此，又何必更於上面加「無極」字也？〔註2〕

朱陸關於「無極而太極」的辯論，重點在於無極究竟適不適合作爲太極的形容語，朱子主張二者可以合一，那麼無極、太極就沒有先後問題；而陸九淵雖然否定朱子之說，但他在絕對本體的看法上實與朱子一致，均強調太極乃唯一的本體，只是認爲無極不足以作爲太極的形容詞，是從根本上否定無極先於或等於太極的可能。從朱陸的爭辯來看，他們均不認爲無極是可以獨立存在的實體。

　　朱子認爲無極只是太極的形容用語，而他在討論時屢引〈大雅·文王〉「上天之載，無聲無臭」作爲論證，而此句亦出現於《中庸》第三十三章。朱子於《詩集傳》注云：「然上天之事，無聲無臭，不可得而度也。惟取法於文王，則萬邦作而信之矣。」（《詩集傳》，卷16，頁654）《中庸章句》則云：「蓋聲臭有氣無形，在物最爲微妙。」〔註3〕朱子注《詩經》很明顯是順著詩句之意解釋，如孔穎達亦釋此句云：「上天所爲之事，無聲音，無臭味，人耳不聞其音聲，鼻不聞其香臭，其事冥寞，欲傚無由。」〔註4〕人不可度知上天之事，因天之所爲不可聲臭測度，但上天是眞實的存在，將這兩種概念結合，便是天雖眞實無妄，但卻無法測知，故由此遂演申爲《中庸章句》所謂微妙之形容。而這樣的概念正好也可作爲「無極而太極」的解釋注腳，〈答陸子靜〉第六通云：

> 「上天之載」，是就「有」中說「無」，「無極而太極」，是就「無」
> 中說「有」。若實見得，即說「有」說「無」，或先、或後都無妨礙。
> （《文集》，卷36，頁1448）

〈答王子合〉第十三通則云：

〔註2〕　鍾哲點校：《陸九淵集》，卷2，頁27～28。
〔註3〕　朱熹：《朱子全書·中庸章句》，頁59。
〔註4〕　阮元校勘：《毛詩正義》，卷16之1，頁14下／1087。

周子所謂「無極而太極」，非謂太極之上，別有無極也；但言太極非
有物耳，如云「上天之載，無聲無臭。」故下文云「無極之眞，二
五之精」，既言無極，則不復別舉太極也。（《文集》，卷49，頁2224）

朱子認爲上天等同太極，均爲形上本體概念，至於「無極」則並非獨立於太
極之外的另外一物，而只是太極的形容用語，也就是「無聲無臭」之謂也。〈答
江元適〉第一通又云：

且《大傳》所謂「易不可見，則乾坤息」者，乃所以明乾坤即易，
易即乾坤，乾坤無時而毀，則易無時而息爾。恐非如所引終篇之意，
乃類於老氏復歸於無物之云也。若夫《中庸》之終所謂「無聲無臭」，
乃本於「上天之載」而言，則聲臭雖無，而上天之載自顯，非若今
之所云，并與乾坤而無之也。（《文集》，卷38，頁1586）

宇宙本體即爲易，此乃天地創生之動力。而就《易經》而言，易即乾坤，就
《詩經》而言，易即上天之載。而此種創生動力雖無時而毀，無時而息，但
卻又具有無聲無臭之特性，不可以聲色求，故朱子批評以爲無聲無臭乃老氏
之無的說法。對此，朱子則傾向於接受程頤的概念，程頤云：「上天之載，無
聲無臭，其體則謂之易，其理則謂之道，其用則謂之神。」〔註5〕那麼上天之
道也就是一種活生生的創生動力，但又無跡可尋，故朱子乃引「上天之載，
無聲無臭」作爲太極與無極的註腳。

（二）以「維天之命，於穆不已」描述道體之作用

儒家的道是一種具創生作用的道，道的特質是生生不息，並無間斷，而
且它是流行充滿於宇宙之間，因此，朱子又喜歡引用〈周頌・維天之命〉「維
天之命，於穆不已」來形容之。〈維天之命〉詩乃稱頌文王之德與天道相同，
皆具有不已之特性。《詩集傳》注云：「天命，即天道也。不已，言無窮也。」
（《詩集傳》，卷19，頁723）那麼「維天之命，於穆不已」最重要的語句便
在於「不已」，「不已」表連續不間斷，而這也正是儒家天道思想及功夫論的
特質，故文王修德不已正可與天之本質相合，那麼「於穆不已」便可表現於
天道及人事兩種層面，程頤便云：

「天地設位而易行乎其中」，只是敬也。敬則無間斷，敬則無間斷。
體物而不可遺者，誠敬而已矣。不誠則無物也。《詩》曰：「維天之

〔註5〕王孝魚點校：《二程集・河南程氏遺書》，卷1，頁4。

命，於穆不已，於乎不顯，文王之德之純」，「純亦不已」，純則無間
斷。〔註6〕

程頤將純亦不已視作敬之功夫狀態，便是結合天道與人事兩種觀點所作的立
論。而朱子在引用「維天之命，於穆不已」時，亦具有這兩種傾向，首先他
直接引用此句作為天道昭昭不昧，生生不已之描述，如〈王氏續經說〉云：

> 道之在天下未嘗亡，而其明晦通塞之不同，則如晝夜寒暑之相反，
> 故二帝、三王之治，《詩》、《書》六藝之文，後世莫能及之。蓋非功
> 效語言之不類，乃其本心事實之不侔也。雖然「維天之命，於穆不
> 已」，彼所謂道者，則固未嘗亡矣。（《文集》，卷67，頁3393）

道無所不在，無時而亡，故朱子引「維天之命，於穆不已」作為佐驗之語。《語
類》又云：

> 天地之心流行只自若。「元亨利貞」，元是萌芽初出時，亨是長枝葉
> 時，利是成遂時，貞是結實歸宿處。下梢若無這歸宿處，便也無這
> 元了。惟有這歸宿處，元又從此起。元了又貞，貞了又元，萬古只
> 如此，循環無窮，所謂「維天之命，於穆不已」，說已盡了。（《語類》，
> 卷62，頁1513）

> 一，如一闔一闢謂之變。只是一陰了，又一陽，此便是道。寒了又
> 暑，暑了又寒，這道理只循環不已。「維天之命，於穆不已」，萬古
> 只如此。（《語類》，卷77，頁1970）

天地變化，週而復始，循環不已，而朱子亦引「維天之命，於穆不已」以為
佐驗。

「維天之命，於穆不已」除了可作為天道循環的驗證外，不已之特性，
亦可引用其意以落實於性理之中，〈答李伯諫〉第一通云：

> 來書云：「形有死生，真性常在。」熹謂：性無偽冒，不必言真；未
> 嘗不在，不必言在。蓋所謂性，即天地所以生物之理，所謂「維天
> 之命，於穆不已」，「大哉乾元，萬物資始」者也。（《文集》，卷43，
> 頁1871）

朱子批評佛家以「真」、「在」形容性，朱子以為性理根本不需要用這些特徵
描述，而認為只需引「維天之命，於穆不已」及「大哉乾元，萬物資始」表
述即可。

〔註6〕王孝魚點校：《二程集・河南程氏遺書》，卷11，頁118。

　　朱子除將「維天之命，於穆不已」引作對天道的描述外，他亦接受程頤將之用於人事功夫的形容上，如〈與范直閣〉第三通云：

> 「忠恕」兩字，在聖人有聖人之用，在學者有學者之用。如曾子所言，則聖人之忠恕也，無非極致。二程所謂「維天之命，於穆不已，天地變化，草木蕃」者，正所以發明此義也。（《文集》，卷 37，頁 1482）

朱子認爲「維天之命，於穆不已」可發明忠恕之義，尤其是作爲忠的描述。朱子認爲天道是忠，而人道亦爲忠，故形容天道之語便可轉爲形容忠，《語類》云：

> 問「『維天之命，於穆不已』，不其忠乎！」曰：「今但以人觀天，以天觀人，便可見。在天便是命，在人便是忠。要之，便是至誠不息。」
> （《語類》，卷 27，頁 700）

天道至誠不息，下貫於人，亦爲自強不息，故兩者可通，而其顯示於人則爲忠。忠者爲何？《語類》又云：

> 忠，只是實心，直是眞實不僞。到應接事物，也只是推這箇心去。直是忠，方能恕。若不忠，便無本領了，更把甚麼去及物！程子說：「『維天之命，於穆不已』，忠也，便是實理流行；乾道變化，各正性命」，恕也，便是實理及物。」（《語類》，卷 16，頁 358）

忠也就是實，實也就是眞實不僞，天道眞實不僞，故人秉受天理亦爲眞實不妄，此即爲忠，亦可爲人下手作功夫之處，故朱子引「維天之命，於穆不已」作爲描述，正是取其「不已」的功夫義。

（三）以「天生烝民，有物有則，民之秉彝，好是懿德」描述性理之關係

　　在朱子的理一分殊思想中，他認爲天道雖爲整體之理的總稱，但形下界之實物是可以直接秉受天道的整體之理，故理一爲天理，分殊爲性理，但天理、性理是直接的秉受，故而兩者乃相同的整體，都是理一。而朱子既然引有「上天之載，無聲無臭」、「維天之命，於穆不已」形容天道之實理，對於此理分殊於萬物的現象，朱子亦喜引〈烝民〉「天生烝民，有物有則，民之秉彝，好是懿德。」作爲理一分殊表現於現象界的註腳。〈答江德功〉第二通云：

> 夫「天生烝民，有物有則」，物者，形也；則者，理也。形者，所謂

　　　　「形而下」者也；理者，所謂「形而上」者也。(《文集》，卷 44，

　　　　頁 1968～1969)

天乃道體性理之謂，天之所以生民，並不是一種直接的傳承接生，而是指形
上理則賦予形下事物而言。天理下貫，凡爲物者皆有理，在朱子的思想中，
即使枯槁亦有理，故〈烝民〉這句「有物有則」遂被朱子一再引用作爲論證
依據，〈答黃道夫〉第一通又云：

　　　　《詩》曰：「天生烝民，有物有則。」周子曰：「無極之眞，二五之
　　　　精，妙合而凝。」所謂「眞」者，理也；所謂「精」者，氣也；所
　　　　謂「則」者，性也；所謂「物」者，形也。(《文集》，卷 58，頁 2798
　　　　～2799)

〈答陳衛道〉第一通亦云：

　　　　「天生烝民，有物有則」，只生此民時，便已是命他以此性了，性只
　　　　是理，以其在人所稟，故謂之性，非有塊然一物，可命爲性而不生
　　　　不減也。(《文集》，卷 59，頁 2899)

這兩通書信中皆引用「天生烝民，有物有則」說明世間萬物稟受天理而爲己
之性理的現象，《詩集傳》云：

　　　　天生衆民，有是物必有是則。蓋自百骸、九竅、五臟，而達之君臣、
　　　　父子、夫婦、長幼、朋友，無非物也，而莫不有法焉。如視之明，
　　　　聽之聰，貌之恭，言之順，君臣有義、父子有親之類是也。(《詩集
　　　　傳》，卷 18，頁 708)

凡有物形者，皆有其理，而此理既已秉賦於物之中，便稱爲性。性即理，非
其他塊然之物可不生不滅者。

　　　人、物、天之理均爲相通，且其本質又是至善。然物受氣質蒙蔽，難以
顯現實理；而人則具有氣質之靈，故此理於人身之表現更具有特殊的能動性，
〈古史餘論・本紀〉云

　　　　夫「天生烝民，有物有則」，君臣之義根於情性之自然，非人之所能
　　　　爲也。故謂之君，則必知撫其民；謂之民，則必知戴其君。如夫婦
　　　　之相合，朋友之相求，既已聯而比之，則其位置名號，自足以相感
　　　　而相持，不慮其不親也。(《文集》，卷 72，頁 3642)

朱子舉君臣關係爲例，他認爲君臣之義根於情性之自然，亦即君臣之義乃出
於性理之必然，故爲君者必須撫其民，爲民者必須愛戴其君，這是性理之本

質。凡為人者，必須就這些天賦性理進而發揮之，於是朱子遂繼續引用〈烝民〉「民之秉彝，好是懿德」來作為要求人必須實現德性之理的立論，〈古史餘論‧本紀〉又云：

> 夫人唯其本有禮義之心也，是以凡所作為，有所準則，而知其安與不安，所謂「民之秉彝，好是懿德」者也。（《文集》，卷72，頁3638）

〈答何叔京〉第八通云：

> 又老兄云：「人皆有是善根，故好是懿德。」欽夫說見別紙，熹則竊以為老兄此言未失，但不知好者為可欲，而以懿德為可欲，此為失耳。蓋好者，善根之發也；懿德者，眾善之名也。善根，無對之善也；眾善者，有對之善也。無對者以心言，有對者以事言。夫可欲之善，乃善之端，而以事言之，其失遠矣。（《文集》，卷40，頁1718）

性理乃人所本有之善性，是超然無對，不與惡比的。而此性理乃內賦於人心之中，故曰人之秉彝。但萬物亦秉彝，與人之秉彝相同，如此亦不足以顯現人與物之異，故朱子特別再「好是懿德」申述。《詩集傳》注「好是懿德」云：「其情無不好此美德者。」（《詩集傳》，卷18，頁708）情乃心之發，可為善亦可為惡，但由於人心乃特殊的氣質之靈，故其發又具有導向於好善的表現，故朱子強調「好是懿德」的重點應在於「好」，好乃善根之發，也就是人能向善的關鍵因素。而德乃得也，是外在之善而言，那麼好是懿德便包括本心之好善並真能落實在外在之善的表現上，故朱子認為何鎬之言雖無失，但必須特別標舉心之好善的可欲功能，那麼後面好懿德之事方有落實的可能。〈江陵府曲江樓記〉又云：

> 是則是非邪正之實，乃天理之固然，而人心之不可已者，是以雖曠百世而相感，使人憂悲愉快，勃然於胸中，恍若親見其人，而真聞其語者，是豈有古今彼此之間，而亦孰使之然哉！《詩》曰：「天生烝民，有物有則；民之秉彝，好是懿德。」登此樓者，於此亦可以反諸身而自得之矣。（《文集》，卷78，頁3913）

人為萬物之最靈，因此，人所稟受之性理雖與萬物相同，但人因具有特殊的氣質之靈，也就是心。心具有認知義理的好善功能，可讓外在義理與己心性理相合，進而排除氣質障蔽，復得完整心性之實現，故民之秉彝，好是懿德在朱子的改造之後，變成具有理學心性內涵的闡述文句。

（四）以「天敘天秩、天命天討」強調天理之真實

宋代儒學的復興主要是爲了因應佛老思想而起，而多數理學家均於年少時出入佛老，後再轉爲儒學立場，對於儒佛本質有基本認識後，始進而抨擊佛老，特別是將佛教視爲主要論敵。理學家認爲佛家講究空性思想，認爲世間萬物因緣而起，因緣而滅，故而主張超脫世俗之外。佛家由於追求心境的寧靜與安適，廣受各階層歡迎，但佛學思想與儒學主張自強不息的天道及人事運行的思想衝突極大，於是理學家往往視佛學爲思想首要論敵。

朱子青年時雖亦曾出入佛老，但後來確定儒學本質之後，便多方面與佛學思想進行論戰，如他與張栻便曾就儒佛在天理觀方面的理論討論，〈答張欽夫〉第二通中論佛家對理的看法有云：

> 釋氏擎拳豎拂、運水般柴之說，豈不見此心？豈不識此心？而卒不
> 可與入堯舜之道者，正爲不見天理而專認此心此爲主宰，故不免流
> 於自私耳（《文集》，卷30，頁1156）

朱子認爲釋氏並未體認到天理之眞實，而只以此心爲主。然而此心既無眞實天理作爲依據，自然容易流於自私，甚至流於空虛，乃至認爲世間一切皆虛假幻滅者。而朱子於同書則強調儒家的特徵爲視天理爲眞實，其云：

> 儒者之學，大要以窮理爲先，蓋凡一物有一理，須先明此，然後心
> 之所發，輕重長短，各有準則。《書》所謂「天敘天秩，天命天討」，
> 孟子所謂「物皆然，心爲甚」者，皆謂此也。若不於此先致其知，
> 但見其所以爲心者如此，識其所以爲心者如此，泛然而無所準則，
> 則其所存所發，亦何自而中於理乎？（《文集》，卷30，頁1156）

一物有一理，此理乃天之所賦，眞實無妄。而儒學便是藉由格物窮理的方式，使此心格得這天賦之理，如此一來，心便爲實，就不會泛然無所準則。而朱子於此特別引用《尚書》「天敘天秩、天命天討」作爲論證支持。

「天敘天秩、天命天討」乃節錄〈皋陶謨〉其中一段文句的綱目，全文爲：

> 天敘有典，敕我五典五惇哉；天秩有禮，自我五禮有庸哉。同寅協
> 恭和衷哉。天命有德，五服五章哉；天討有罪，五刑五用哉。

這段話是皋陶敘述天命思想的論述，《孔傳》便云：「敘典秩禮，命德討罰，無非天意者。」〔註7〕而朱子引用這段言論，則著重於敘典秩禮，命德討罪背後的實理乃自天賦，而天賦眾物皆同，唯人之心不同，故又引《孟子》「物皆

〔註7〕阮元校勘：《尚書正義》，卷4，頁22上／292。

然，心爲甚」爲證。物皆然，代表事事皆有理；心爲甚，則強調人心對於天理有攝取認知的功能，朱子於〈答詹兼善〉亦引用〈皋陶謨〉言論以論儒佛之異，其云：

> 所謂「釋氏一覺之外，更無分別，不復事事。而吾儒事事，無非天理」，此語是也。然吾儒亦非覺外有此分別，只此覺處，便有天高地下，萬物散殊，毫髮不可移易，所謂「天敘」、「天秩」、「天命」、「天討」，正在是耳。（《文集》，卷46，頁2067）

吾儒認同天理之實，事事物物其內在之理亦爲眞實，天理與物理是秉賦傳授的關係，而朱子便以「天敘天秩、天命天討」強調儒家之天理，並以此批評佛家心性無所根源，不同於儒家的特質。

二、《詩經》義理於男女人倫關係之應用

朱子強調二〈南〉詩篇皆爲正家之道，其書寫範圍均以夫婦人倫爲基調，而變〈風〉中情愛之詩，雖被朱子冠上淫奔罪名，但依舊是以男女關係爲基礎，故由〈國風〉所帶出來的教化意涵，便是需注重男女人倫關係的正常維持。而這亦爲朱子在實際情境中所應用，〈與陳師中書〉云：

> 朋友傳說令女弟甚賢，必能養老撫孤，以全柏舟之節。此事更在丞相、夫人獎勸扶植以成就之，使自明沒爲忠臣，而其室家生爲節婦，斯亦人倫之美事，計老兄昆仲必不憚贊成之也。昔伊川先生嘗論此事，以爲「餓死事小，失節事大」，自世俗觀之，誠爲迂闊；然自知經識理之君子觀之，當有以知其不可易也。（《文集》，卷26，頁1002～1003）

此書以伊川「餓死事小，失節事大」爲論，希望陳的妹妹，養老撫孤，以全「柏舟之節。」朱子此處所提到的柏舟之節，應爲〈鄘風‧柏舟〉，其詩云：

> 汎彼柏舟，在彼中河。髧彼兩髦，實維我儀。之死矢靡它。母也天只！不諒人只！
>
> 汎彼柏舟，在彼河側。髧彼兩髦，實維我特。之死矢靡慝。母也天只！不諒人只！

〈鄘風‧柏舟〉內容乃敘述女子不願接受母親強逼改嫁，誓死表達不從的態度。《詩序》指明此乃共姜之詩，並云：「衛世子共伯蚤死。其妻守義，父母欲奪而嫁之，誓而弗許，故作是詩以絕之。」〔註8〕朱子雖不太願意接受《詩

〔註8〕阮元校勘：《毛詩正義》，卷3之1，頁1上／659。

序》的說法，但對於《詩序》敢於如此挑明人名事件，朱子大概也沒有證據反駁，故《詩序辨說》云：「此事無所見於他書，序者或有所傳，今姑從之。」〔註9〕實際上《詩序》的說法除指明人物姓名外，其內容與詩意頗可相符，故即使認爲是共姜之詩亦無妨。而朱子在與陳師中的書信中，提到希望陳師中能讓其妹守柏舟之節，意思便是希望陳師中勿強迫其妹改嫁。陳師中之妹婿乃是當時朝廷上以直言聞名的鄭鑑（1145～1182），而其妹乃名相陳俊卿之女。而此處所衍生而出的問題是，「柏舟之節」的要求頗有開啓後世注重貞節之觀念，在宋儒等人說出「失節事大」、「寡婦不可再嫁」的言論時，當時仍有女子再婚再嫁，柳立言〈淺談宋代婦女的守節與改嫁〉〔註10〕一文便指出，在宋代女子守節的觀念並不普遍。而朱子雖然傾向於主張婦女應該守節，但他只是委婉提起，未在道德標準上多加束縛。而且最重要的是朱子考慮到家族名譽的問題，〈與陳師中書〉云：「伏況丞相一代元老，名教所宗，舉錯之間，不可不審。」（《文集》，卷 26，頁 1003）正因爲陳俊卿聲名顯著，若處理兒女再嫁之事一有不當，實有損及名聲的可能，言下之意，似指若無這層顧慮，再嫁與否，便可較有討論空間。葛兆光便指出，朱子在這個問題上，其實是傾向於採取妥協的思想，其云：

> 他自己在地方官任上，雖然不時發布勸俗諭俗文，但是也並沒有大
> 力提倡婦女守節，而且在《語類》一〇六〈浙東〉裡面還說到這樣
> 的話，「若是夫不才，不能育其妻，妻無以自給，又奈何？這似不可
> 拘於大義」。這裡的原因，其實就是那些大道理太新，太超前了，而
> 且不能被普遍接受，「自世俗觀之，誠爲迂闊」，他不能不有所「妥
> 協」。〔註11〕

葛兆光認爲在南宋時，提倡婦女守節不嫁是屬於一種新思維。新思維在剛提出之時，未必能一下子便爲社會接受，因此朱子採取妥協的方式。也就是說，朱子雖然有意圖提倡婦女守節，但他也知道批評聲浪必定很大，故並未特別就此點展開議論。因此他雖然引用〈鄘風‧柏舟〉詩句強調婦女在某些情況之下，有守節的必要性，但並無強制要求，亦未見他在道德上對未守節婦女予以譴責，故朱子的態度尚屬開明溫和。

〔註9〕　朱熹：《朱子全書‧詩序辨說》，頁 364。
〔註10〕　收錄於：《新史學》第 2 卷第 4 期，1991 年 12 月，頁 37～76。
〔註11〕　葛兆光：《思想史研究課堂講錄：視野、角度與方法》（北京：生活‧讀書‧
　　　　新知三聯書店，2005 年 4 月），頁 295。

中國女子在明清之後，受到極大束縛，年青女子需纏足，嫁夫從夫，夫死從子，並以貞節為名，要求女子不可改嫁，這些傳統多數被視為理學家所造成的觀念。然而今日亦有學者指出，程朱等人在女子貞節的要求上，實際並未作出後世如此多違反人性的要求，但程頤確實說出「餓死事小，失節事大」，即使他的目的並非束縛女性，但後人往往僅就其隻言片語，斷章取義，從而提倡並要求遵守。孔子曰：「始作俑者，其無後乎？」作俑以代替人身殉葬，這本是極大功德，但孔子所慮憂的是為其象人而用之，足以啓後世再度以人陪葬的惡俗。那麼程朱這些要求女子守節的言論，雖然就其本意而言，並非如此，卻成為後世推動者的根據，其間是非，難以簡單論定。

不過《詩經》中多敘男女戀情，尤其是二〈南〉更多夫婦關係的模範作品，於是朱子對於男女關係便以《詩經》為例，教化人民。〈申嚴昏禮狀〉云：

> 竊惟禮律之文，昏姻為重，所以別男女，經夫婦，正風俗，而防禍亂之源也。訪聞本縣自舊相承，無昏姻之禮，里巷之民，貧不能聘，或至奔誘，則謂之引伴為妻，習已成風。其流及於士子富室，亦或為之，無復忌憚。其弊非特乖違禮典，瀆亂國章而已。至於妬媚相形，稔成禍釁，則或以此殺身而不悔。習俗昏愚，深可悲憫。（《文集》，卷20，頁691）

朱子任同安主簿時，見當地男女盛行相誘私奔之俗，嚴重者甚至引發情殺等刑案，於是朱子檢閱《政和五禮》中士庶婚禮等相關儀式，申請執行，教化人民須經由正式婚聘禮儀而結合。朱子此時雖然尚未提出其淫奔詩的概念，但傳統刺淫奔的說法，必然也在他認知中起著作用。正由於此，朱子亦頗留心於對婦女的教育，他曾想編書作為女性教育的教材，淳熙十五年他寫信給劉清之（1139～1195），曾提出部分構想，〈與劉子澄〉第十五通云：

> 向讀《女戒》，見其言有未備及鄙淺處，伯恭亦嘗病之。間嘗欲別集古語，如《小學》之狀，為數篇，其目曰〈正靜〉，曰〈卑弱〉，曰〈孝愛〉，曰〈和睦〉，曰〈勤謹〉，曰〈儉質〉，曰〈寬惠〉，曰〈講學〉。班氏書可取者，亦刪取之，如〈正靜篇〉。即如杜子美「秉心沖沖，防身如律」之語亦可入，凡守身事夫之事皆是也。和睦，謂宜其家人；寬專，謂逮下無疾妒。凡御下之事，病倦不能檢閱，幸更為詳此目有無漏落，有即補之而輯成一書，亦一事也。（《文集》，卷35，頁1426）

《女戒》相傳爲班昭所撰，朱子認爲其中尙有不足處，因此有意重編。而觀其所列條目，其中「和睦謂宜其家人，寬專謂逮下無疾」乃是襲取〈周南‧桃夭〉及〈樛木〉詩意組合而成的概念。雖然此書並未編成，但也可看出朱子對女性的要求，是以《詩經》中女性爲參考依據。孟淑慧曾形容朱子他理想中的女性，必須能：「守身事夫，甘於卑弱，勤謹儉樸，和睦家人，不可嫉妒，御下（包括丈夫的妾）應該寬專。」〔註12〕而這其實頗有取自二〈南〉后妃形象而成的標準。

　　朱子除對女子有借用二〈南〉后妃的標準要求外，他亦透過二〈南〉文王與后妃相處和諧的正家之道，作爲家庭內夫婦相處的楷模，〈答胡伯逢〉第二通云：

> 男女居室，人事之至近，而道行乎其間，此君子之道所以費而隱也。然幽闇之中，袵席之上，人或褻而慢之，則天命有所不行矣。此君子之道，所以造端乎夫婦之微密，而語其極則察乎天地之高深也。然非知幾愼獨之君子，其孰能體之？《易》首於〈乾〉〈坤〉而中於〈咸〉〈恆〉，禮謹大昏，而《詩》以二〈南〉爲正始之道，其以此歟！（《文集》，卷46，頁2097）

夫婦之事雖爲人倫之本，但由於其關係牽涉袵席之事，存有一定程度的隱密性質，故君子更必須於此謹愼。而朱子便藉由《易經》始〈乾〉、〈坤〉，中〈咸〉、〈恆〉及二〈南〉正家之道作爲君子處理家庭事務的標準，由家庭之治出發，謹於其始，終而能夠察乎天地之高深。

三、《詩》《書》義理於勸諫君王之應用

　　《詩經》在漢代時曾作爲諫書使用，霍光（約前130～前68）廢昌邑王時，其群臣皆下獄，龔遂以曾諫王減死，《漢書》載龔遂以《詩經》爲諫：

> 大王誦《詩》三百五篇，人事決，王道備。王之所行，中《詩》一篇何等也。……陛下之《詩》不云乎：「營營青蠅，至於樊。愷悌君子，毋信讒言。」陛下左側讒人眾多，如是青蠅惡矣。宜進先帝大臣子孫親近，以爲左右，如不忍昌邑故人，信用讒諛，必有凶咎。〔註13〕

〔註12〕　孟淑慧：《朱熹及其門人的教化理念與實踐》，頁191。
〔註13〕　班固：《漢書》，卷63，頁18上～18下／788。

而王式爲昌邑王劉賀之師，審案者便問他何以無諫？王式答云：「臣以《詩》三百五篇朝夕授王，至於忠臣孝子之篇，未嘗不爲王反復誦之也。至於危亡失道之君，未嘗不流涕爲王深陳之也。臣以三百五篇諫，是以亡諫書。」〔註14〕龔遂、王式皆引《詩經》爲諫，可見當時對《詩經》多從政治角度立論。而《尚書》本爲帝王心法及政事典範，更是適合作爲帝王行事的依據。朱子便掌握住《詩》《書》的政治特質，使《詩》《書》二經一躍而成帝王治世之藍圖寶典。而朱子除對《詩》《書》進行思想意義的改造外，在上帝王的奏箚中，亦多次援引《詩》《書》經文，依其內容對帝王進行勸諫，繼續發揮《詩》《書》在政治上的實際運用效果。以下便試依朱子對南宋帝王所上封事、奏箚爲範圍，論其引用《詩》《書》的模式及意涵。

（一）引《詩》《書》以論帝業艱難

君主制度乃古代政治標準型態，傳統儒者爲維繫長治久安的社會狀態，均傾向於接受帝王存在的合理性，更有甚者，乃將君臣關係列爲天經地義的人倫關係之中。雖然儒家視帝王爲保證整個社會正常運作的關鍵，然而由於帝王具有至高無上的權威，能夠壟斷並操控整個制度，而其產生卻是由於父子相承之方式，故歷代帝王所表現出來的特質，往往與儒家所嚮往的聖人典範有著極大的落差，嚴復（1854～1921）便批評云：

> 中國自秦以來，無所謂天下也，無所謂國也，皆家而已。一姓之興，
> 則億兆爲之臣妾。其興也，此一家之興也；其亡也，此一家之亡也。
> 天子之一身，兼憲法、國家、王者三大物，其家亡，則一切與之俱
> 亡，而民人特奴婢之易主者耳，烏有所謂長存者乎？〔註15〕

嚴復認爲在君主專制體系下，人民只是帝王的臣妾，供其趨使而已。嚴復自然是受到西方思潮的影響，故有此說。然而由於尊卑、貴賤、大小等秩序規範長期累積，舊時代的儒者少有能夠正視君主是否具有存在的必要性，而較積極者則是企圖以改變帝王心性本質以提供治世實行的保障，朱子便是秉持這種思想者。余英時在《朱熹的歷史世界——宋代士大夫政治文化的研究》中曾提出所謂「哥白尼式的回轉」（Copernican revolution），針對學界長期對於朱子與理學之研究習慣集中在道德形上層面的探討作出反思，其云：

〔註14〕　班固：《漢書》，卷88，頁17上／1082。
〔註15〕　〔法〕孟德斯鳩著，嚴復譯：《孟德斯鳩法意》（北京：商務印書館，1981年11月），卷5，頁87。

長期以來，在道統「大敘事」的浸潤之下，我們早已不知不覺地將
道學或理學理解為專講心、性、理、氣之類的「內聖」之學。至於
「推明治道」的「外王」之學，雖非全不相干，但在道學或理學中
則處於非常邊緣的位置。……本書斷定宋代儒學的整體動向是秩序
重建，而「治道」──政治秩序──則是其始點。道學雖然以「內
聖」顯其特色，但「內聖」的終極目的不是人人都成聖成賢，而仍
然是合理的人間秩序的重建。〔註16〕

余英時認為宋代士大夫學術思想的重點，主要在於政治社會層面的改造，進
而提出其本質乃在於重建一個理想的人間秩序。雖然南宋士大夫普遍具有以
天下為己任的關懷，進而要求欲帝王共治天下，但他們也明白，帝王的態度
乃是實現這個目的最重要的關鍵。於是朱子在上南宋帝王的奏箚中，屢屢要
求帝王能夠正心修身，重視人民，以讓治世實現。而這首先表現為他要求帝
王必須體認身為君士的責任，戊中年（1188）所上〈延和奏箚〉第五箚中，使
引用《詩經》〈文王有聲〉及《尚書》〈說命〉文句，欲令孝宗有以深刻體認
之，其云：

> 《詩》曰：「豐水有芑，武王豈不仕？貽厥孫謀，以燕翼子。武王烝
> 哉！」矧今祖宗光明盛大之業，付在陛下，將以傳之無窮，四海之
> 內所望於陛下者，不但數世之仁而已。《書》曰：「若藥不瞑眩，厥
> 疾不瘳。」惟陛下深留聖志，痛自刻勵而力行之，使萬世之後，猶
> 可以為後聖法程，則宗社神靈永有依託，萬方黎獻永有歸往，天下
> 幸甚！（《文集》，卷14，頁444～445）

此時孝宗退位在即，朱子這封奏箚頗有欲總結孝宗從前作為的意味，但仍援
引〈文王有聲〉詩句，強調孝宗需效法聖人，勉勵行之，以啟聖王之業，以
傳後世，並舉〈說命〉「藥弗瞑眩，厥疾弗瘳」，強調忠言雖逆耳，但實具極
重要價值，不可輕忽。

孝宗退位後，光宗繼位，此時朝中輔翼大臣多為孝宗所擇，而朱子更是
當時道學界領袖，於是他曾擬上光宗封事，繼續將〈延和奏箚〉中對孝宗的
期許轉移至光宗，〈己酉擬上封事〉云：

> 夫以帝王之世，當傳付之統，上有宗廟社稷之重，下有四海烝民之
> 生，前有祖宗垂創之艱，後有子孫長久之計，而所以輔養之具，疏

〔註16〕　余英時，《朱熹的歷史世界》，頁170。

略如此，是猶家有明月之珠、夜光之璧，而委之衢路之側、盜賊之衝也，豈不危哉！《詩》曰：「豐水有芑，武王豈不仕？貽厥孫謀，以燕翼子。」惟聖明之留意焉，則天下幸甚！（《文集》，卷12，頁400）

皇權的產生雖往往帶有天授的意味，但朱子的天道是義理之本體，因此在天理的涵蓋下，帝王雖握有治權，但這不是提供帝王為所欲為的工具，而是賦予更重大的責任，即如何治理好天下。於是朱子於上光宗之封事中，便要求光宗必須體認孝宗所以將帝業託付之苦心，強調帝王傳付之統的重要性在於上有宗廟社稷，下有四海烝民，前有祖宗創業，後有子孫之計，並再引〈文王有聲〉「豐水有芑，武王豈不仕？貽厥孫謀，以燕翼子」詩句為證。《詩集傳》以此句為興，故其意義顯示便落在「貽厥孫謀，以燕翼子」之上。朱子注云：「『詒厥孫謀，以燕翼子』，則武王之事也。謀及其孫，則子可以無事矣。」（《詩集傳》，卷16，頁673）那麼朱子引此句以諫孝宗，便是欲其體認帝王世業並非及於其身而已，後世子孫更有以賴之，這當然也是特別針對南宋特殊的政治局勢而發。〈己酉擬上封事〉又云：

蓋臣聞古之聖賢，窮理盡性，備道全德，其所施為，雖無不中於義理，然猶未嘗少有自足之心，是其平居所以操存省察，而致其懲忿窒欲、遷善改過之功者，固無一念之間斷。及其身之所履有大變革，則又必因是而有以大警動於其心焉，所以謹初始而重自新也。伊尹之告太甲曰：「今王嗣厥德，罔不在初。」又曰：「今嗣王新服厥命，惟新厥德。」召公之戒成王曰：「若生子，罔不在厥初生，自貽哲命。今天其命哲，命吉凶，命歷年，知今我初服，肆惟王其疾敬德。」蓋深以是而望於其君，其意亦已切矣。（《文集》，卷12，頁393～394）

朱子繼續引用〈伊訓〉伊尹誠告太甲之言，強調君王之修德關乎國家命祚之長短，深望為君者，除修德外，亦必須謹其始而重自新，敬於政治之事，不可荒懈。

朱子在上寧宗〈乞進德箚子〉中則引〈泰誓〉「元后作民父母」勉勵之，其云：

臣竊聞周武王之言曰：「惟天地萬物父母，惟人萬物之靈。亶聰明，作元后；元后作民父母。」而孟子又曰：「堯、舜性之，湯、武反之。」蓋嘗因此一說而深思之。天地之大，無不生育，固為萬物之父母；

人於其間，又獨得其氣之正，而能保其性之全，故為萬物之靈。若
元后者，則於人類之中，又獨得其正氣之盛，而能保其全性之尤者，
是以能極天下之聰明而出乎人類之上，以覆冒而子蓄之，是則所謂
「作民父母」者也。（《文集》，卷14，頁454～455）

朱子解〈汝墳〉「父母孔邇」之父母為文王，便是以君王愛民立場而言，而此
箚中則引〈泰誓〉及《孟子》經文，認為帝王乃「作民父母」者，必須視民
如傷，愛民如子。而朱子所謂「極天下之聰明而出乎人類之上」者始可覆冒
而子蓄天下百姓，固然頗有聖人領導的思維，但重點仍在於期使帝王效法往
古聖賢，用心領導社稷。

（二）引《詩》《書》要求帝王重視修身工夫

　　朱子對孝宗有極深期許，而光宗、寧宗即位之際，支持道學的政治勢力
掌控朝政，也讓朱子得以有發揮舞臺。於是朱子便在上奏封事奏箚中屢屢自
理學角度要求帝王遵循《大學》由格物而修身的歷程，其中並引用《詩》《書》
相關義理概念作為輔說，如孝宗初即位時曾上〈壬午應詔封事〉，即舉〈大禹
謨〉危微精一之說，強調孝宗雖貴為帝王之尊，仍必須重視自我學習的作用，
其云：

臣聞之堯、舜、禹之相授也，其言曰：「人心惟危，道心惟微；惟精
惟一，允執厥中。」夫堯、舜、禹，皆大聖人也，生而知之，宜無
事於學矣；而猶曰精，猶曰一，猶曰執者，明雖生而知之，亦資學
以成之也。（《文集》，卷11，頁346）

朱子所謂「學」，便是格物致知這套系統，他又云：

蓋致知格物者，堯、舜所謂「精一」也；正心誠意者，堯、舜所謂
「執中」也。自古聖人口授心傳而見於行事者，惟此而已。至於孔
子，集厥大成，然進而不得其位以施之天下，故退而筆之，以為《六
經》，以示後世之為天下國家者，於其間語其本末終始先後之序尤詳
且明者，則今見於戴氏之《記》，所謂〈大學〉篇者是也。（《文集》，
卷11，頁347）

朱子在這封封事中將精一執中與格物致知、正心誠意連結，也是由《四書》
而《詩》《書》思維的反映。孝宗隆興元年，朱子再上〈癸未垂拱奏箚〉，其
第一箚云：

臣聞《大學》之道，自天子以至於庶人，壹是皆以脩身為本。而家

之所以齊，國之所以治，天下之所以平，莫不由是出焉。然身不可
以徒脩也，深探其本，則在乎格物以致其知而已。夫格物者，窮理
之謂也。蓋有是物，必有是理，然理無形而難知，物有跡而易睹，
故因是物以求之，使是理瞭然。心目之間而無毫髮之差，則應乎事
者，自無毫髮之繆。是以意誠、心正而身脩，至於家之齊、國之治、
天下之平，亦舉而措之耳。此所謂《大學》之道，雖古之大聖人生
而知之，亦未有不學乎此者。堯、舜相授，所謂「惟精惟一，允執
厥中」者，此也。（《文集》，卷 13，頁 409）

朱子再明言《大學》修身之道為治國之本。而修身之法則必在於格物致知，
並同樣再舉虞廷十六字心法強調聖人必重乎學。而〈垂拱奏劄〉第三劄則引
〈大禹謨〉益戒舜之言及《詩序》對〈小雅〉諸詩功能的說明作為諫告孝宗
的資料，其云：

臣聞益之戒舜曰：「儆戒無虞，罔失法度；罔遊于逸，罔淫于樂；任
賢勿貳，去邪勿疑。」而終之曰：「無怠無荒，四夷來王。」周之文、
武，亦以〈天保〉以上治內，〈采薇〉以下治外，始於憂勤，終於逸
樂。其後中微，〈小雅〉盡廢，四夷交侵，中國衰削。宣王承之，側
身脩行，任賢使能，內修政事，外攘夷狄，而周道粲然復興。（《文
集》，卷 13，頁 414）

朱子在此劄中諫告孝宗必須敬以持身，勿失法度，勿耽於逸樂，始於憂勤，
方能終於逸樂，對孝宗期許之情，溢於言表。

〈壬午應詔封事〉上奏二十餘年後，朱子於淳熙十五年六月所上〈延和
奏劄〉及十一月所上〈戊申封事〉，仍舊藉由〈大禹謨〉虞廷十六字進告孝宗
需正其身，〈延和奏劄〉第二劄云：

臣聞人主所以制天下之事者，本乎一心，而心之所主，又有天理、
人欲之異，二者一分，而公私邪正之塗判矣。蓋天理者，此心之本
然，循之則其心公而且正；人欲者，此心之疾疢，循之則其心私而
且邪。公而正者，逸而日休；私而邪者，勞而日拙。其效至於治亂
安危，有大相絕者，而其端特在夫一念之間而已。舜、禹相傳，所
謂「人心惟危，道心惟微；惟精惟一，允執厥中」者，正謂此也。（《文
集》，卷 13，頁 418）

朱子在此劄中藉由天理人欲之分，闡釋虞廷十六字內容，強調必須依循內心

本然之天理，使其心公正。〈延和奏劄〉第五劄則云：

> 舜之戒禹曰：「人心惟危，道心惟微；惟精惟一，允執厥中。」而必
> 繼之曰：「無稽之言勿聽，弗詢之謀勿庸。慎乃有位，敬脩其可願；
> 四海困窮，天祿永終。」孔子之告顏淵，既曰：「克己復禮爲仁。一
> 日克己復禮，天下歸仁焉。爲仁由己，而由人乎哉？」而又申之曰：
> 「非禮勿視，非禮勿聽，非禮勿言，非禮勿動。」既告之以損益四
> 代之禮樂，而又申之曰：「放鄭聲，遠佞人；鄭聲淫，佞人殆。」嗚
> 呼！此千聖相傳心法之要，其所以極夫天理之全而察乎人欲之盡
> 者，可謂兼其本末巨細而舉之矣。(《文集》，卷14，頁443)

朱子歷舉舜、孔子之言進諫孝宗必須依乎天理而行，而重要功夫便是要分辨
義理與人欲。同年十一月所上〈戊申封事〉則云：

> 是以人主以眇然之身，居深宮之中，其心之邪正，若不得而窺者，
> 而其符驗之著於外者，常若十日所視、十手所指，而不可掩，此大
> 舜所以有「惟精惟一」之戒，孔子所以有「克己復禮」之云，皆所
> 以正吾此心，而爲天下萬事之本也。此心既正，則視明聽聰，周旋
> 中禮，而身無不正。是以所行無過不及，而能執其中，雖以天下之
> 大，而無一人不歸吾之仁者。(《文集》，卷11，頁367)

人主之心實繫天下治亂的關鍵，雖然處深宮之中，心性邪正之顯現雖似不得
而窺者，但其風化符驗之效卻極爲迅速，因此，朱子再舉舜告禹以「惟精惟
一」之旨及孔子「克己復禮」之功夫勸諫孝宗，必須重視正心修身之效。〈戊
申封事〉自注云：

> 臣謹按：《尚書》舜告禹曰：「人心惟危，道心惟微；惟精惟一，允
> 執厥中。」夫心之虛靈知覺，一而已矣，而以爲有人心、道心之別
> 者，何哉？蓋以其或生於形氣之私，或原於性命之正，而得以爲知
> 覺者不同，是以或危殆而不安，或精微而難見耳。然人莫不有是形，
> 故雖上智不能無人心，亦莫不有是性，故雖下愚不能無道心。二者
> 雜于方寸之間，而不知所以治之，則危者愈危，微者愈微，而天理
> 之公，卒無以勝乎人欲之私矣。精則察夫二者之間而不雜也，一則
> 守其本心之正而不離也。從事於斯，無少間斷，必使道心常爲一身
> 之主，而人心每聽命焉，則危者安、微者著，而動靜云爲，自無過
> 不及之差矣。(《文集》，卷11，頁367)

這封奏箚與〈中庸章句序〉論點幾乎相同，據〈中庸章句序〉所云乃寫於己酉年三月，這封封事則寫定於前一年十一月，相差僅四個多月。而朱子在這篇封事中，幾乎等於是在為虞廷十六字下注解，最終目的依舊在於欲使孝宗體認微危精一之旨，以達成格物、正心的修養目標。

（三）引《詩》《書》籲帝王重視齊家之效

朱子對二〈南〉的詮釋，從文王修身齊家之效說起，改《詩序》重后妃之德為重文王之德。但后妃之德仍在，只是其德之闡揚乃受文王己德修養所致，歸其本仍在於君王一身。而朱子亦應用這種觀念在對時君的進諫上。朱子上孝宗〈戊申封事〉中有云：

> 然邪正之驗著於外者，莫先於家人，而次及於左右，然後有以達於朝廷而及於天下焉。若宮闈之內端莊齊肅，后妃有〈關雎〉之德，後宮無盛色之譏；貫魚順序，而無一人取恃私恩以亂典常，納賄賂而行請謁，此則家之正也。（《文集》，卷11，頁368）

朱子以家之正勸勉孝宗藉由己身之正後必須再正其家，使後宮皆有〈關雎〉之德，如此便可先於家人，及於左右，最後達於天下。

朱子除以〈關雎〉正家之道勉勵孝宗外，他也曾擬上光宗封事討論正家之道，〈己酉擬上封事〉云：

> 蓋男正位乎外，女正位乎內，而夫婦之別嚴者，家之齊也；妻齊體於上，妾接承於下，而嫡庶之分定者，家之齊也；采有德，戒聲色，近嚴敬，遠技能者，家之齊也；內言不出，外言不入，苞苴不達，請謁不行者，家之齊也。然閨門之內，恩常掩義，是以雖以英雄之才，尚有困於酒色、溺於情愛而不能自克者。苟非正心脩身，動由禮義，使之有以服吾之德而畏吾之威，則亦何以正其宮壼、杜其請託、檢其姻戚，而防禍亂之萌哉！《書》曰：「牝雞之晨，惟家之索。」
> 《傳》曰：「福之興，莫不本乎室家；道之衰，莫不始乎梱內。」惟聖明之留意焉，則天下幸甚！（《文集》，卷12，頁395～396）

〈戊申封事〉與〈己酉擬上封事〉相隔約一年，雖同樣以正家之道勸勉，但目的實有不同。從文字來看，朱子上光宗之箚，除繼續強調君王修德齊家之道外，但全文多從反面立論，甚至引用〈牧誓〉武王數落紂王寵愛妲己亂政之語，以為戒鑒，要求光宗切勿讓後宮干政。朱子這樣的說法便不得不與光宗之后李皇后作連結，《宋史》〈光宗慈懿李皇后傳〉載云：

李皇后，安陽人，慶遠軍節度使，贈太尉道中之女。……道帥湖北，
聞道士皇甫坦善相人，乃出諸女拜坦。坦見后，驚不敢受拜，曰：「此
女當母天下。」坦言於高宗，遂聘爲恭王妃。……乾道四年，生嘉
王。七年，立爲皇太子妃。性妬悍，嘗訴太子左右於高、孝二宮，
高宗不懌，謂吳后曰：「是婦將種，吾爲皇甫坦所誤。」〔註17〕

李后悍妒，甚至不把光宗放在眼裡，周密《齊東野語》〈慈懿李后〉亦有云：

貴妃黃氏有寵，后妒，每欲殺之。紹熙二年，光宗初郊，宿青城齋
宮，后乘便，遂寘之死地。或以聞，上駭且忿怒，於是遂得心疾。

及上不豫，兩宮有間言，天下寒心，皆歸過於后。〔註18〕

李后驕奢跋扈，早已遠聞，〔註19〕奈何光宗始終無法制伏李后，甚至讓她趁
機干預朝政，造成光宗與孝宗之決裂。而朱子在光宗初立之時，便上告必須
正其宮壼，以防禍亂之萌，可謂有識。

（四）引《詩》《書》以明人才治國之重要性

　　朱子主張帝王須自建皇極標準，以供臣民效法依循，對皇權的正常發揮
頗爲重視。但另一方面，朱子等士大夫又具有與天子共治天下的理想，因此
也相當重視帝王身邊人才的選擇。綜合這兩種思維，便形成〈經延留身面陳
四事箚子〉所云之理想狀況：

蓋君雖以制命爲職，然必謀之大臣，參之給舍，使之熟議，以求公
議之所在，然後揚于王庭，明出命令而公行之。是以朝廷尊嚴，命
令詳審，雖有不當，天下亦皆曉然知其謬之出於某人，而人主不至
獨任其責，臣下欲議之者，亦得以極意盡言而無所憚，此古今之常
理，亦祖宗之家法也。（《文集》，卷14，頁462）

朱子要求君王命令雖出自自我意志，但事前尚必須與大臣謀議，求公議所在

〔註17〕脫脫：《宋史》，卷243，頁24下／3138。

〔註18〕〔宋〕周密撰，張茂鵬點校：《齊東野語》（北京：中華書局，1983年11月），
卷11，頁202。

〔註19〕何忠禮云：「紹熙五年（1194）五月，壽皇病重，李后見此時的壽皇已奈何不
了他們，從此就再也不讓光宗前往慈壽宮請安。一日，左相留正等大臣一再
請求光宗前往重華宮探病，光宗顧自進入內廷，中書舍人陳傅良拉住他的衣
襟不放，並一直跟隨至御屏後。李后見狀，斥責道：『這裡甚去處？你秀才們
要斬了驢頭！』陳傅良被迫大哭返回。群臣無法，只得請嘉王赴重華宮問疾。
在宋朝歷史上，帝王父子之間的關係達到如此惡劣的地步，可謂絕無僅有。」
見何忠禮：《南宋政治史》（北京：人民出版社，2008年10月），頁266。

後再得以發布，以防個人私心專制或密室政治的形成，這也是對《論語》「爲命：裨諶草創之，世叔討論之，行人子羽修飾之，東里子產潤色之」的落實。那麼謀議之大臣便成爲輔佐的重要關鍵，於是朱子對帝王用人之道便提出許多建議，其中應用《詩》《書》概念者包括有〈壬午應詔封事〉云：

> 且古者禪授之懿，莫如堯、舜之盛，而舜承堯禪二十有八年之間，
> 其於禮樂刑政，更張多矣。其大者，舉十六相，皆堯之所未舉；去
> 四凶，皆堯之所未去。然而舜不以爲嫌，堯不以爲罪，天下之人不
> 以爲非，載在〈虞書〉，孔子錄之以爲大典，垂萬世法。(《文集》，
> 卷 11，頁 354～355)

舜能舉十六相，去四凶，這是在政壇上拔用賢能，廢置小人的作爲，孔子錄之以爲萬世典法，便是要求君王須有識人之明。但人才難識，君主深居宮中，難以明辨人才，孝宗便有好用近習之弊。近習由於得以接近帝王，若善於察言觀色，很容易得帝王歡心，往往導致士人文官集團與近習集團對立。南宋諸儒便屢屢要求孝宗不得復用近習。除了近習外，當時掌權大臣亦往往利用臺諫排擠異議分子，如，《宋史》便稱王淮「表裡臺諫，陰廢正人」，使道學集團受到莫大威，韓侂胄更是利用臺諫力量成功迫使趙汝愚下臺。因此朱子便要求帝王必須任人惟明，其於〈己酉擬上封事〉中曾建議光宗：

> 公選天下直諒敢言之士，使爲臺諫、給舍，以參其議論，使吾腹心
> 耳目之寄，常在於賢士大夫，而不在於羣小；陟罰臧否之柄，常在
> 於廊廟，而不出於私門。如此而主威不立，國勢不彊，綱維不舉，
> 刑政不清，民力不裕，軍政不脩者，臣不信也。《書》曰：「成王畏
> 相」，《語》曰：「和臣不忠」。(《文集》，卷 12，頁 400～401)

孟子便曾主張君王用賢殺惡時必須謀之國人，再出以自己的判斷，而朱子大致接受孟子的觀念，他強調臺諫人才的選用必須是公開徵選天下直諒敢言之士。朱子並舉〈酒誥〉「成王畏相」之語，《孔傳》注此語云：「保成其王道，畏敬輔相之臣，不敢爲非。」〔註20〕蔡沈則注云：「皆能成就君德，敬畏輔相。」〔註21〕所謂輔相便是人才，而朱子的畏乃敬之意，以敬謹態度用人識人並且給予一定的發揮空間，結合士大夫與帝王之力，如此方能成就君德。

〔註20〕阮元校勘：《尚書正義》，卷14，頁19上／439。
〔註21〕蔡沈：《朱子全書外編・書集傳》，卷4，頁177。

四、《詩》《書》義理於禮學思想之應用

朱子以禮名家，其禮學傳世著作主要有《家禮》及《儀禮經傳通解》，但朱子這些禮學著述卻命運多舛。《家禮》傳聞在朱子剛寫完時便遺失，後來雖然再出，但真偽莫明。而《儀禮經傳通解》乃刪錄前人禮說，朱子並未加註自己的說明，且朱子尚未修完此書便已辭世，欲由其編修刪取義例查考朱子的禮學思想也非易事。且禮學本身即具有一定程度的困難度，故歷來對於朱子禮學的研究並不熱絡。不過由朱子其他著述探討其禮學思想，也是可行作法。《詩》《書》經典本質雖與三《禮》有極大差異，但其中的記載卻偶有古禮儀式及義涵的反映，於是朱子在討論《詩》《書》內容時，亦時有針對禮學問題發表意見。以下試簡單勾勒朱子於《詩》《書》義理思想中關於禮學問題的探討及應用。

（一）依〈皋陶謨〉經文論禮自天定，可依人情修正

禮樂文明是儒家所嚮往的理想政治，透過禮樂涵養，教化百姓，使其合乎行為規範，喚起義理道德自覺感，可使天下邁向大同和樂之境界。禮樂既有如此崇高的意義，於是對其起源便有多種說法，有賦予神聖意義者，如《禮記》〈禮運〉云：「夫禮，必本於大一，分而為天地，轉而為陰陽，變而為四時，列而為鬼神。」〔註22〕有以為起於人倫關係者，如《周易》〈序卦傳〉云：「有天地然後有萬物，有萬物然後有男女，有男女然後有夫婦，有夫婦然後有父子，有父子然後有君臣，有君臣然後有上下，有上下然後禮義有所錯。」〔註23〕亦有以為起源以物質供奉鬼神之需求者，如〈禮運〉又有云：「夫禮之初，始諸飲食。其燔黍捭豚，汙尊而抔飲，蕢桴而土鼓，猶若可以致其敬於鬼神。」〔註24〕而今人多數同意禮儀的來源蓋由原始社會中相關儀式演變而成，常金倉便分析原始禮儀轉化為禮的三種方式分別為：

> 第一，禮的某些儀式最初與某種原始生活有關，但是在制禮時它的原始意義早已被人們遺忘了，徒留形式，所以後世的注釋家對這些儀式至多是隨文解義，而說不出它的幽深含義。……第二，當禮興起的時候，另一部分原始禮儀的形式被保存了下來，它的原始古義

〔註22〕　阮元校勘：《禮記正義》，卷22，頁18上～18下／3084。
〔註23〕　〔魏〕王弼、〔晉〕韓康伯注，〔唐〕孔穎達疏，〔清〕阮元校勘：《周易正義》，卷9，頁12下～13上／199～200。
〔註24〕　阮元校勘：《禮記正義》，卷21，頁9上／3062。

卻有意識地被改造了。……第三，有些原始風俗和儀式在文明社會
裡無論從內容還是形式幾乎是一仍舊貫、照抄照搬了。〔註25〕

由原始社會儀式流傳而下再經過改造而產生周代相關禮俗，這是合理的解
釋。不過朱子在這個問題上卻採取天啟概念解釋，賦予禮儀神聖性的來源。
而朱子的依據是《尚書》〈皋陶謨〉中的一段話語，其云：「天敘有典，敕我
五典五惇哉。天秩有禮，自我五禮五庸哉，同寅協和恭哉。」這段話乃記錄
皋陶命眾之言。皋陶認為五倫乃上天所訂定的秩序，人們必須謹慎奉守實行。
在此，皋陶將人倫禮法的來源歸於天啟，而這段言論也被朱子運用作為解釋
禮儀由來的證據，《語類》云：

> 「天命有德，五服五章哉！天討有罪，五刑五用哉！」若德之大者，
> 則賞以服之大者；德之小者，則賞以服之小者；罪之大者，則罪以
> 大底刑；罪之小者，則罪以小底刑，盡是「天命、天討」，聖人未嘗
> 加一毫私意於其間，只是奉行天法而已。「天敘有典，敕我五典五惇
> 哉！天秩有禮，自我五禮有庸哉！」許多典禮，都是天敘天秩下了，
> 聖人只是因而敕正之，因而用出去而已。凡其所謂冠昏喪祭之禮，
> 與夫典章制度，文物禮樂，車輿衣服，無一件是聖人自做底。都是
> 天做下了，聖人只是依傍他天理行將去。如推箇車子，本自轉將去，
> 我這裏只是略扶助之而已。（《語類》，卷78，頁2020）

朱子接受皋陶的觀念，認為典禮的形成並不是由於社會因素或古老傳統而
來，而直接歸為上天所賜，是天直接做下的，聖人只是略為扶助，未加私意，
純粹奉行天法而已，而目的則是欲使禮儀之義理價值顯明於世，以供後人遵
循。

　　朱子的天道觀雖以義理性質取代而成為一道德價值根源的義理天，但他
有時卻會接受民間信仰的說法，認為天也有意志存在。潘子善曾來書與朱子
討論《洛》出書之說云：

> 〈洪範〉之書，林氏以為「洛出《書》」之說，不可深信。謂：「『帝
> 乃震怒，不畀洪範九疇，彝倫攸斁』，猶言天奪之鑒也。『天乃賜禹
> 洪範九疇，彝倫攸敘』，猶言所謂天誘其衷也。」又云：「〈洪範〉之
> 書，大抵發明彝倫之敘，本非由數而起。」又曰：「『天乃錫禹洪範
> 九疇』，猶言天乃錫王勇智耳，不必求之太深。」某竊謂：「河出《圖》，

〔註25〕 常金倉：《周代禮俗研究》（臺北：文津出版社，1993年2月），頁12～15。

洛出《書》」，《易》中明有此説，豈得而不之信耶？未知林氏之説如
何？望折衷。（《文集》，卷 60，頁 2983～2984）

《洛書》之出，相傳乃大禹治水時，神龜背負而現，這樣的說法乃神話性質。
但朱子則答云：「便使如今天錫《洛書》，若非天啟其心，亦無人理會得，兩
說似不可偏廢也。」（《文集》，卷 60，頁 2984）朱子強調不可廢棄神話之說，
此乃本於對上天敬畏的心態，對於天是否真有意志，不敢說死。故朱子對於
天所以能做定禮儀以供世人遵循，只是約略提到乃天所賜定，但朱子並非欲
將禮儀來源賦予神祕意義，其重點還是強調禮儀的義理價值。天所定之禮儀
必是天理完備，冠昏喪祭之禮及相關典章制度、文物禮樂、車輿衣服等都具
有深刻義理內涵，但後人卻已不明其內涵，《語類》有云：

「古者禮學是專門名家，始終理會此事，故學者有所傳授，終身守
而行之。凡欲行禮有疑者，輒就質問。所以上自宗廟朝廷，下至士
庶鄉黨典禮，各各分明。漢唐時猶有此意。如今直是無人如前者。
某人丁所生繼母憂，《禮經》必有明文。當時滿朝更無一人知道合當
是如何，大家打鬨一場，後來只説莫若從厚。恰似無奈何，本不當
如此，姑徇人情從厚為之。是何所為如此？豈有堂堂中國，朝廷之
上以至天下儒生，無一人識此禮者！然而也是無此人。州州縣縣秀
才與太學秀才，治《周禮》者不曾理會得《周禮》，治《禮記》者不
曾理會得《禮記》，治《周易》者不曾理會得《周易》，以至《春秋》
《詩》都恁地，國家何賴焉！」因問張舅，聞其已死，再三稱歎，
且詢其子孫能守其家學否？且云：「可惜朝廷不舉用之，使典禮儀。
『天敘有典，自我五典五敦哉！天秩有禮，自我五禮五庸哉！』這
箇典禮，自是天理之當然，欠他一毫不得，添他一毫不得。惟是聖
人之心與天合一，故行出這禮，無一不與天合。其間曲折厚薄淺深，
莫　不恰好。這都不是聖人白撰出，都是天理決定合著如此。後之人
此心未得似聖人之心，只得將聖人已行底，聖人所傳於後世底，依
這樣子做。做得合時，便是合天理　之自然。」（《語類》，卷 84，頁
2184）

朱子感嘆今人不識禮之內涵，對於許多儀節該如何進行皆已不知，徒然打鬨
而已。他並申論典禮乃天理之當然，唯聖人能心與天合，故明白相關禮儀形
式之外的內涵。在此，朱子並未刻意強調禮自天出的概念，而是集中在於禮

乃天理的形式化，由天理所決定，而聖人依循天理，故能顯明禮儀，使其傳於後世。

然而禮儀既是天理的顯現，照理講便應具有尊崇性，是不可改變的。但朱子卻又認爲禮儀可以依於人情而變，〈答陸子壽〉第二通云：

> 先王制禮，本緣人情，吉凶之際，其變有漸，故始死全用事生之禮，既卒哭祔廟，然後神之。然猶未忍盡變，故主復于寢，而以事生之禮事之，至三年而遷于廟，然後全以神事之也。此其禮文見於經傳者不一，雖未有言其意者，然以情度之，知其必出於此無疑矣。（《文集》，卷36，頁1430）

所謂先王制禮，依朱子的觀念便是聖人以滿是義理之心而將天理所顯現的形式寫成禮儀以供世人遵循。但朱子又指出，制禮的原則是依於人情，如此一來便將導致有所謂經禮與變禮的不同。《語類》載：「禮有經，有變。經者，常也；變者，常之變也。」（《語類》，卷85，頁2194）經禮是常行之禮，變禮則是作爲特殊情況變通之用。關於經禮與變禮的衝突，朱子論述甚多，如〈答曾光祖〉第四通云：

> 所詢喪祭之禮，程、張二先生所論自不同。論正禮，則當從橫渠；論人情，則伊川之說，亦權宜之不能已者。但家間頃年居喪，於四時正祭則不敢舉，而俗節薦享，則以墨衰行之。蓋正祭三獻受胙，非居喪所可行，而俗節，則唯普同一獻，不讀祝，不受胙也。遷主，《禮經》所說不一，亦無端的儀制。竊意恐當以大祥前一日，祭當遷之主，告而遷之；然後次日撤几筵，奉新主入廟，似亦稍合人情。
> （《文集》，卷61，頁3049）

正禮雖爲常道規範，但由於屬於制式的儀節，很難能夠面面俱到，有時爲了順應人情，不得不以變禮行之，故朱子指出符合人情是變禮存在的最大原因，《語類》又載：

> 孔子令伯魚喪出母，而子上不喪者，蓋猶子繼祖，與祖爲體；出母既得罪於祖，則不得入祖廟，不喪出母，禮也。孔子時人喪之，故亦令伯魚子思喪之；子上時人不喪之，故子上守法，亦不喪之。其實子上是正禮，孔子卻是變禮也。故曰：「道隆則從而隆，道汙則從而汙。」（《語類》，卷87，頁2231）

孔子之時，眾人皆喪出母，故孔子亦令伯魚、子思喪其出母；然而子上之時，

已無喪出母之習，子上亦不違俗喪之，可見人情不但指個人情感而言，亦指世俗之潮流，故此種常禮、變禮的衝突，解決之道並非食古不化，定要遵從古禮，而須考量人情原則，可有變通之道。

綜合上述，朱子認為禮儀具有天啟性質，是天理的具體呈現，但其所以得以顯明於世，必須透過聖人扶助實行。然而禮儀一但形式化，便難以涵蓋所有的人倫關係並順應時代潮流，故在秉持天理原則，依順人情變化的情況下，變禮可以改變經禮，從而也讓禮更靈活，更適用於世。

（二）依〈顧命〉服飾之改論變禮問題

〈顧命〉乃敘述周成王將終之際，召集召公、畢公等大臣，擁立太子釗嗣位的記錄。《尚書》為何選錄〈顧命〉？時瀾《東萊書說》云：

> 堯、舜、禹、湯、文、武無顧命，而成王獨有顧命，始終授受之際，國有常典矣。成王之初，經三監之變，王室幾危，故於此正其終始特詳焉。〈顧命〉，成王所以正其終，〈康王之誥〉，康王所以正其始。
> 〔註26〕

堯舜禹湯之無顧命，自然是由於時代久遠，未必有所流傳。文王時天下未統，即使有顧命之詞，亦不得作為代表。而武王死時，成王尚幼，周公攝政，其顧命之詞自然亦屬權變之禮。那麼成王臨終，康王繼位，並無任何外在因素干擾，因此兩者的交接實代表周朝正式進入父死子繼的帝王世襲制度，意義不凡。對儒者而言，雖嚮往帝王權位藉於禪讓轉移，但前提是禪讓者與接受者必須都是聖賢，否則如燕王噲傳位於其相子之，反而會引起更大的動亂。於是〈顧命〉作為儒家教材的選擇，其意義便在於藉由父子世襲的方式，雖使天下尊於一姓，卻是可長保安康的方式。

伏生《今文尚書》僅〈顧命〉一篇，而梅賾所獻古文則析〈顧命〉為二，前半成王遺命之文依舊稱〈顧命〉，後段康王即位則稱〈康王之誥〉。朱子則傾向於兩篇合併一同閱讀，《語類》云：「伏生以〈康王之誥〉合於〈顧命〉。今除著〈序〉文讀着，則文勢自相連接。」（《語類》，卷 79，頁 2060）朱子於此篇未有注，然而在《文集》、《語類》中則頗多討論，尤其集中於康王由喪禮轉為登基的服飾問題。成王死後，康王接受冊命大典時，乃著「麻冕黼裳」，卿士邦君則著「麻冕蟻裳」。蘇軾認為這是吉服之變，蔡沈《書集傳》則引呂氏之言曰：

〔註26〕　時瀾增修：《增修東萊書說》，卷31，頁136。

麻冕黼裳，王祭服也。卿士邦君祭服之裳皆纁。今蟻裳者，蓋無事於奠祝，不欲純用吉服。有位於班列，不可純用凶服。酌吉凶之間，示禮之變也。〔註27〕

屈萬里亦云：「此非喪服，然亦非純吉。」〔註28〕雖非純吉，但終究仍屬吉服。居喪著吉服，於禮不合，故蘇軾指康王君臣等皆服冕服非禮，其云：

成王崩，未葬，君臣皆冕服，禮歟？曰：非禮也。謂之變禮可乎？曰：不可。禮變於不得已，嫂非溺，終不援也。三年之喪既成服，釋之而即吉，無時而可者。曰：先王之命，不可以不傳，既傳不可以喪服受也。曰：何爲其不可也？曰：以喪冠者，雖三年之喪可也。既冠於次，入哭，踊者三，乃出。孔曰：將冠子，未及期日而有大功、齊衰之服，則因喪服而冠。冠，吉禮也。猶可以喪服行之。受顧命，見諸侯，獨不可以喪服乎？太保使太史奉冊授王于次，諸侯入哭於路寢而見王於次，王喪服受教戒諫，哭踊答拜。聖人復起，不易斯言矣。始死方殯，孝子釋服離次，出居路門之外，受干戈、虎賁之逆，此何禮也？漢宣帝以庶人入立，故遣宗正、太僕奉迎，以顯異之。康王，元子也。天下莫不知，何用此紛紛也。《春秋傳》曰：鄭子皮如晉，葬晉平公，將以幣行。子產曰：「喪安用幣！」子皮固請以行。既葬，諸侯之大夫欲因見新君。叔向辭之曰：「大夫之事畢矣，而又命孤，孤斬焉，在衰絰之中。其以嘉服見，則喪禮未畢。其以喪服見，是重受弔也，大夫將若之何？」皆無辭以退。今康王既以嘉服見諸侯，而又受乘黃玉帛之幣。曾謂盛德之王，不若衰世之侯。召、畢公不如子產、叔向乎！使周公在，必不爲此。然則孔子何取此一書也？曰：「至矣！其父子、君臣之間，教戒深切著明者，足以爲後世法。孔子何爲不取哉！然其失禮，則不可以不論。」〔註29〕

蘇軾的這段話全爲蔡沈所引用，且蔡沈並未多加說明，那麼蔡沈的意思大概也認爲康王等服飾確實有失禮之處。但這樣的說法似乎與朱子有所衝突。

朱子〈答潘子善〉第十通云：

〔註27〕 蔡沈：《朱子全書外編・書集傳》，卷6，頁244。
〔註28〕 屈萬里，《尚書集釋》，頁240。
〔註29〕 蘇軾：《書傳》，卷17，頁14下～16上／648～649。

> 天子諸侯之禮，與士庶人不同。故孟子有「吾未之學」之語，蓋謂
> 此類耳。如〈伊訓〉元祀十二月朔，亦是新喪，伊尹已「奉嗣王祇
> 見厥祖」，固不可用凶服矣。漢、唐新主即位，皆行冊禮，君臣亦皆
> 吉服，追述先帝之命，以告嗣君。蓋易世傳授，國之大事，當嚴其
> 禮。而王侯以國爲家，雖先君之喪，猶以爲己私服也。（《文集》，卷
> 60，頁 2994～2995）

朱子認爲帝王之禮，不可以與一般狀況相提並論，國家不可一日無主，舊主
雖新亡，然新主必須立刻接位，否則容易造成政治空窗期，後患無窮，因此
在這段特殊時期內的處置必須有權變之法，〈答黃商伯〉第三通云：

> 三代之禮，吉凶輕重之間，須自有互相降厭處，如「顧命康王之誥」
> 之類，自有此等權制，禮畢却反喪服，不可爲此便謂一向釋服也。（《文
> 集》，卷 46，頁 2072）

朱子強調帝王易世傳授之禮與一般典禮不同，必須有其變易之處，不可以常
禮眼光看待。而對於爲什麼康王居喪卻要用吉服接見眾臣，《語類》有云：

> 問：「〈伊訓〉『伊尹祠于先王，奉嗣王祇見厥祖』。是時湯方在殯宮，
> 太甲於朝夕奠常在，如何伊尹因祠而見之？」曰：「此與〈顧命〉〈康
> 王之誥〉所載冕服事同。意者，古人自有一件人君居喪之禮，但今
> 不存，無以考據。蓋天子諸侯既有天下國家事體，恐難與常人一般
> 行喪禮。」（《語類》，卷 79，頁 2031）

朱子首先指出這大概是天子特殊之禮儀，但今已不存，不能知其細節及意涵。
不過朱子還是嘗試解釋，〈答余正甫〉第三通論「居喪朝服」云：

> 麻冕，乃是祭服，顧命用之者，以其立後繼統，事于宗廟故也；受
> 冊用之者，以其在廟，而凶服不可入故也。（《文集》，卷 63，頁 3169）

〈顧命〉之禮的舉行，有學者以爲在寢，有學者則以爲在廟。朱子便持在廟
說，凶服不可入廟，於是康王在此舉行顧命祭告大典，便必須釋喪服著吉服。
但朱子所重視者乃禮之內涵，而非外在形式，尤其是禮必須順應人情，〈答陸
子壽〉第二通便云：

> 來諭考證雖詳，其大概以爲，既吉則不可復凶，既神事之，則不可
> 復以事生之禮接爾。竊恐如此，非惟未嘗深考古人吉凶變革之漸，
> 而亦未暇反求於孝子慈孫深愛至痛之情也。（《文集》，卷 36，頁 1431）

朱子指出，在吉凶變革之際，固然仍應遵守一定的禮儀規範，但也必須考慮

到人情緣故，如此便超越禮儀形式，而直探其義理價值。因此，父喪本應著喪服，並以凶禮處之，但帝王必須立刻接替王位，接替王位便必須入廟告祖宗，而祖宗在形式上尊於父親，故雖逢父喪，入廟告祭行禮之時，依舊必須改換吉服。然而此時情勢特殊，吉凶接替，於是在服飾上必須有所權宜。

照這樣看來，蔡沈於此處並未採用朱子之意，許華峰即云：

> 《書集傳》用蘇軾之說，蘇軾之說本於《禮記》之〈喪服四制〉和〈曾子問〉篇。朱子則另提新說。〔註30〕

不過朱子另外也指出，若是在視朝的清況下，便不應該變服，〈答余正甫〉第三通論「居喪朝服」又云：

> 若朝服，則古者人君亮陰三年，自無變服視朝之禮，第不知百官總己，以聽冢宰，冢宰百官，各以何服蒞事耳，想不至使用玄冠黑帶也。（《文集》，卷63，頁3169）

蔡沈很可能根據朱子這裡的意思而將〈康王之誥〉最後寫到「王釋冕，反喪服」視爲康王接見眾臣的典禮，此時已出在應門之內，並非宗廟，照理講應該立即返換喪服，但康王卻是與眾臣答拜完之後再換裝，故爲蘇軾、蔡沈批評。然朱子並未明確說明其意思，僅於《語類》提到：

> 〈康王之誥〉，釋斬衰而服袞冕，於禮爲非。孔子取之，又不知如何？
>
> 設使制禮作樂，當此之職，只得除之。（《語類》，卷79，頁2060）

朱子一方面以爲服袞爲非禮，一方面又以爲有天子特殊禮儀存在，但朱子這方面論述極多，蔡沈不可能不知而逕取蘇軾之說。唯一的解釋便是朱子雖主張將〈顧命〉及〈康王之誥〉合併看，但他其實是認爲〈顧命〉祭廟著吉服是合禮的情況，而〈康王之誥〉視朝仍著吉服則便不合禮，那麼蔡沈之意實與朱子無異。

（三）會通《詩》《書》經文以證禮儀

三代禮樂文明是朱子所嚮往的政治、社會模式，然而由於時間久遠，許多行禮之細節部分已經失傳，連帶地使其所應具有的義理內涵從而不明。朱子精於禮學，除了關注《禮經》外，他對《詩》《書》相關禮儀亦頗爲重視。利用《詩》《書》記載以證古禮，這是考據學家所使用的方法，而朱子亦注意到這一部分，並嘗試會通《詩》《書》中之經文以證古代禮儀之內涵，以下試

〔註30〕許華峰：《董鼎書傳輯錄纂註研究》，國立中央大學中國文學研究所博士論文，2000年12月，頁88。

略述朱子於這方面的闡述。

1. 引「宗室牖下」以論坐向尊卑之問題

　　古代許多典籍中均提到「面東而坐」乃堂室中最尊崇的位置，除此之外，如宴飲交際、都城及帝王陵寢之布局均呈現出東向爲尊的概念，顧炎武《日知錄》〈東向坐〉即有云：

> 古人之坐以東向爲尊，故宗廟之祭，太祖之位東向。即交際之禮，亦賓東向而主人西向。《新序》：「楚昭奚恤爲東面之壇一，秦使者至，昭奚恤云：『君客也，請就上位。』」是也。《史記》〈趙奢傳〉言：「括東向而朝軍吏。」〈田單傳〉言：「引卒東鄉坐，師事之。」〈淮陰侯傳〉言：「得廣武君，東鄉坐，西鄉對，師事之。」〈王陵傳〉言：「項王東鄉坐陵母。」〈周勃傳〉言：「每召諸生說士，東鄉坐，責之趣爲我語。」〈田蚡傳〉言：「嘗召客飲，坐其兄蓋侯南鄉，自坐東鄉，以爲漢相尊，不可以兄故私撓。」〈南越傳〉言：「王太后置酒，漢使者皆東鄉。」《漢書》〈蓋寬饒傳〉言：「許伯請之，迺往。從西階上，東鄉特坐。」〈樓護傳〉言：「王邑父事護。時請召賓客，邑居樽下，稱賤子，上壽。坐者百數，皆離席伏。護獨東向正坐。宇謂邑曰：『公子貴如何？』」《後漢書》〈鄧禹傳〉言：「顯宗即位，以禹先帝元功，拜爲太傅，進見東向。」〈桓榮傳〉言：「乘輿嘗幸太常府，令榮坐東面，天子親自執業。」此皆東向之見於史者。〈曲禮〉：「主人就東階，客就西階。」自西階而升，故東鄉；自東階而升，故西鄉。而南鄉特其旁位，如廟中之昭，故田蚡以處蓋侯也。〔註31〕

顧炎武歷舉漢代相關記載，證明以東向爲尊確實應是古禮習俗。但某些典籍卻表現出以南向爲尊的概念，如《易經》〈說卦傳〉云：「聖人南面而聽天下，向明而治。」《禮記》〈明堂位〉亦云：「昔者周公朝諸侯于明堂之位，天子負斧依南鄉而立。」天子、聖人乃至尊，但面南而處與東向爲尊的習俗似乎衝突。而朱子對這個問題基本上是傾向於以東向爲尊，他在討論南宋廟制究竟該以僖祖爲始祖，或是以太祖爲始祖時便云：「尊太祖以東向者，義也；奉僖祖以東向者，恩也。」（《文集》，卷15，頁507）朱子認爲宗廟始祖必須東向，然在〈與吳晦叔〉第一通中卻云：

〔註31〕〔清〕顧炎武撰，黃汝成集釋：《日知錄集釋》（臺北：臺灣中華書局，1984年3月），卷28，頁6上～6下。

「廟必東向」，此一句便可疑。古人廟堂南向，室在其北，東戶西牖，皆南向。室西南隅爲奧，尊者居之，故神主在焉，《詩》所謂「宗室牖下」者是也。（《文集》，卷 42，頁 1815～1816）

〈答王子合〉第七通亦云：

宗廟南向，堂室皆南向。但室戶在室南壁之東，偏而南向；牖在室南壁之西，偏而南向。故以室西南隅爲奧，而爲尊者之居，所謂宗室牖下也。既以西南爲尊者之位，則室中之位，固以東鄉爲尊矣，非謂廟東鄉而太祖東向也。然亦非獨太祖也。凡廟皆南鄉，而本廟之主在其廟室中，皆東鄉。（《文集》，卷 49，頁 2216）

朱子在此分別了廟主與廟門方向的差異，廟主必須東向，而廟門則爲南向。室則在廟堂之北。而室東爲戶，西爲牖，皆南向，那麼牖下的位置便是室之西南，即奧。而奧既位於西南，西面、南面皆爲牆壁，又不可北向，自然必須向東，而朱子便依〈采蘋〉所云「宗室牖下」，作爲尊者居於室西南牖下之證據。

2. 引「既右烈考，亦右文母」以論左右尊卑之問題

自古以來，對於左右尊卑定位不一，漢代以前典籍多以右爲尊，如《史記》〈廉頗藺相如列傳〉載：「相如功大，拜爲上卿，位在廉頗之右。」〔註32〕何休注《公羊傳》亦云：「禮，嫡夫人無子立右媵，右媵無子立左媵，左媵無子立嫡姪娣。」〔註33〕右顯然尊於左。然宋代以後，左右尊卑之象徵似有改變，宋代便以左相權位高於右相，但對於貶官降職卻稱左遷、左黜。明代時，正式改尊右爲尊左，《明史》〈太祖本紀〉載：「丙午，令百官禮儀尚左。」〔註34〕正式明定以左爲尊。

朱子對左右究竟該以何方爲尊亦有討論，《語類》載：

問：「左右必竟孰爲尊？」曰：「漢初右丞相居左丞相之上，史中有言曰『朝廷無出其右者』，則是右爲尊也。到後來又却以左爲尊。而《老子》有曰：『上將軍處右，而偏將軍處左。』喪事尚左、兵凶器也，故以喪禮處之。如此，則吉事尚右矣。漢初豈習於戰國與暴秦之所爲乎！」（《語類》，卷 91，頁 2334）

〔註32〕 司馬遷：《史記》，卷 81，頁 5 上／851。

〔註33〕 阮元校勘：《春秋公羊傳注疏》，卷 1，頁 12 上／4665。

〔註34〕 〔清〕張廷玉等：《明史》，收入《百衲本廿四史》（臺北：臺灣商務印書館，1988 年 1 月，影印〔清〕乾隆武英殿本），卷 1，頁 14 下／52。

朱子據《老子》所言，提出在吉凶之下左右之尊不同，吉事尚左，凶事尚右，《老子》三十一章即云：「君子居則貴左，用兵則貴右。……吉事尚左，凶事尚右。偏將軍居左，上將軍居右，言以喪禮處之。」〔註35〕然朱子也明確指出，就一般情況而言，必須是以右爲尊，〈答余正甫〉第二通云：

> 大率古者以右爲尊，如《周禮》云：「享右祭祀。」《詩》云：「既右烈考，亦右文母。」漢人亦言「無能出其右者」，是皆以右爲尊也。（《文集》，卷 63，頁 3166～3167）

朱子對左右尊卑問題的討論，援引〈周頌·雝〉「既右烈考，亦右文母」爲證，《詩集傳》即注云：「右，尊也。《周禮》所謂享右祭祀是也。」（《詩集傳》，卷 19，頁 733）朱子藉由《詩》、《禮》之會通，進而得出古代尊右的結論。

3. 引「穆考文王」、「率時昭考」以論昭穆班次之意涵

區分昭、穆的意涵爲何？歷來可概爲二說，一爲尊卑，一爲班次。尊卑說見於皇侃《論語集解義疏》論〈八佾〉之禘袷禮，其云：

> 列諸主在太祖廟堂，太祖之主在西壁東向。太祖之子爲昭，在太祖之東而南向。太祖之孫爲穆，對太祖之子爲北向。以次東陳。在北者曰昭，在南者曰穆，所謂父昭子穆也。昭者，明也，尊父故曰明也。穆，敬也，子宜敬於父也。〔註36〕

皇侃以昭爲父爲尊，穆爲子當敬父，但這樣的說法實有極大破綻，若子爲穆當敬昭之父，然穆之子又爲昭，難道不需要敬穆之父？且此時父爲穆，又如何取昭明之意，除非每次遷廟時，必須變異其昭穆次序，但如此一來，實有紊亂禮制之憂，故皇侃之說實迂曲不通。

至於班次說，則爲朱子所主，〈答陳安卿〉第五通云：

> 昭穆但分世數，不爲分尊卑，如父爲穆，則子爲昭，又豈可以尊卑論乎？周室廟制，太王、文王爲穆，王季、武王爲昭，此可考也。（《文集》，卷 57，頁 2785）

朱子認爲昭穆不可以尊卑論，〈答陸子壽〉第二通又云：

> 據《禮》家說，昭常爲昭，穆常爲穆，故《書》謂文王爲「穆考」，《詩》稱武王爲「昭考」，至《左傳》猶謂「畢原酆郇爲文之昭，邗晉應韓

〔註35〕〔魏〕王弼注：《老子道德經注》，收入樓宇烈校釋：《王弼集校釋》（臺北：華正書局，1992 年 12 月），頁 80。
〔註36〕皇侃：《論語集解義疏》，卷 2，頁 10 上／85。

爲武之穆」，則昭穆之位，豈以新主祔廟而可變哉？但昭主祔廟，則

二昭遞遷；穆主祔廟，則二穆遞遷爾。（《文集》，卷36，頁1431）

朱子援《詩》《書》作爲證據，〈酒誥〉稱「穆考文王」，而〈載見〉詩云「率
見昭考」、〈訪落〉詩亦云「率時昭考」，朱子皆以昭考乃武王。那麼就文王、
武王關係而言，文王爲父，卻爲穆，武王爲子，卻爲昭，便與皇侃所述不同。
故朱子強調，昭穆只是宗廟之中藉以辨別廟祧之次序用，昭與昭遞遷，穆與
穆遞遷，故昭常爲昭，穆常爲穆，並不因遷廟而改異。朱子這樣的說法較受
後世學者認同。

第二節　朱子《詩》《書》義理思想對後世的影響

　　由韓侂胄所發動的慶元黨禁，於朱子死後逐漸鬆綁。寧宗嘉泰二年
（1202），韓侂胄結束僞學之禁，取消道學學者仕宦之限制。後史彌遠（1164
～1233）主政，號稱更化，開始平反道學派官僚，並恢復朱子等道學家名譽。
而在部分支持道學的士人學子之請求下，朝廷追謚「文」，並開始採用《論語
集注》和《孟子集注》爲太學教科書。理宗時，更大力崇獎朱子學術，《宋史》
載理宗於淳祐元年所詔曰：

> 朕惟孔子之道，自孟軻後不得其傳，至我朝周惇頤、張載、程顥、
> 程頤，眞見實踐，深探聖域，千載絕學，始有指歸。中興以來，又
> 得朱熹精思明辨，表裡混融，使《大學》、《論》、《孟》、《中庸》之
> 書，本末洞徹，孔子之道，益以大明于世。朕每觀五臣論著，啓沃
> 良多。今視學有日，其令學官列諸從祀，以示崇獎之意。〔註37〕

道學一派思想在理宗時獲得重視，朱子的聲望也日益高漲。但當時的政府主
要是爲表現包容政策，並非眞欲獨尊理學，周密（1232～1298）《癸辛雜識續
集》即批評云：

> 蓋師憲當國，獨握大柄，惟恐有分其勢者，故專用此一等人，列之
> 要路，名爲尊崇道學，其實幸其不才憒憒，不致掣其肘耳。以致萬
> 事不理，喪身亡國。〔註38〕

周密站在反道學立場，喜抨擊道學家及其擁護者之人格，但從他的言論也可

〔註37〕　脫脫等：《宋史》，卷42，頁15下～15上／440。
〔註38〕　〔宋〕周密撰，吳企明點校：《癸辛雜識》（北京：中華書局，1988年1月），
　　　　　卷下，頁169～170。

看出當政者推崇理學確實是別有目的，故嚴格說來，朱子學於南宋末年其實尚未能取得眞正學術統治地位，一直到眞正被立爲官方學術主體已入元朝。元人推尊朱子，特立《宋史》〈道學傳〉，確立程朱道統地位。而朱子的經解著述，亦受到權威性的推崇，《元史》〈選舉志〉載元仁宗定科舉之程式爲：

> 蒙古人、色目人：第一場經問五條：《大學》、《論語》、《孟子》、《中庸》，内設問用朱氏《章句集註》。……漢人、南人：第一場明經、經疑二問，《大學》、《論語》、《孟子》、《中庸》内出題，並用朱氏《章句集註》。……《詩》以朱氏爲主，《尚書》以蔡氏爲主，《周易》以程氏、朱氏爲主。〔註39〕

除《春秋》用胡安國（1074～1138）《春秋傳》，《禮記》仍採鄭玄之注，其餘幾乎泰半爲朱子學所壟斷。而朱明王朝亦延續元人作法，把朱子學術著作列爲最高標準、科考程式，使朱子學幾乎主宰整個明代學術思潮，這種現象一直要到清代中葉之後，朱子的聲勢才逐漸沒落。以下則試就朱子《詩》《書》二經中的義理思想之影響略作闡述。

一、朱子《詩經》學義理思想對後世的影響

　　朱子《詩集傳》於南宋之時依舊處在和呂祖謙《呂氏家塾讀詩記》對於《詩序》態度的角力下，不過基本上，呂氏的勢力由於挾持《毛詩》的傳統，在學術界的影響力略勝一疇。而接受朱子說法者多爲其弟子或後學，如輔廣、王柏等，故於南宋時，朱子《詩集傳》的影響仍處於蘊釀期，一直到入元之後，才開始一支獨秀。

　　元朝正式把朱子《詩集傳》列爲科舉考試標準本，雖然仍與舊注疏並列，但利祿之途的開啓，使習者日漸增多，也造成以朱子學的爲代表的宋學逐漸取代以鄭玄爲代表的漢學，皮錫瑞〈經學積衰時代〉即云：

> 漢學至鄭君而集大成，於是鄭學行數百年；宋學至朱子而集大成，於是朱學行數百年。懿彼兩賢，師法百禩。其巍然爲一代大宗者，非特以學術之閎通，實由制行之高卓也。以經學論，鄭學、朱子皆可謂小一統時代。〔註40〕

〔註39〕〔明〕宋濂：《元史》，收入《百衲本廿四史》，影印明洪武刊本，卷81，頁5上／996。

〔註40〕〔清〕皮錫瑞：《經學歷史》（臺北縣：漢京文化事業有銀公司，1983年9月），頁281。

甘鵬雲（1862～1941）亦云：

> 自鄭樵、周孚以後，詩家之爭端大起。紹興、紹熙間之所爭執，要
> 其派別，不出兩家。迨宋末，而古義牯亡，新學遂立。元代承之，
> 理《詩》之家，祇箋疏朱《傳》。延祐頒制，而朱《傳》遂在學官；
> 宋之兩派，至元遂一派孤行矣。〔註41〕

元代既定朱子學爲官方學術主體，故民間傳習《詩經》者開始以朱子《詩集傳》爲準則，諸多《詩經》研究著作幾乎都是以《詩集傳》爲典範而進行注釋、考訂、辨析及推演。不過由於元代科舉兼用古注疏，因此民間仍有少數講習《毛詩》者，《四庫全書總目》收錄元代《詩經》學著作凡七種，計爲許謙《詩集傳名物鈔》、劉瑾《詩傳通釋》、梁益《詩傳旁通》、朱公遷《詩經疏義會通》、朱倬《詩疑問》、劉玉汝《詩纘緒》、梁寅（1303～1398）《詩演義》，都是羽翼朱子《詩集傳》的作品，不過這可能是受到清代官方學術視野影響下的擇錄標準，《續修四庫全書》另收錄五種著作，其中以朱《傳》爲底本者僅胡一桂（1247～？）《詩集傳附錄纂疏》、羅復《詩集傳音釋》，另外如李公凱《直音傍訓毛詩句解》，仍依《詩序》闡述，可見民間習《毛詩》之風並未泯滅。

　　朱子《詩集傳》之定於一尊，一直要到明洪武十七年時，重定科舉程式，取代《毛詩正義》而成爲官方唯一承認的標準說法。元明以來，利祿之途的引誘及朱子學獨尊地位的確立，使朱子《詩集傳》逐漸壓倒《毛詩》。明成祖永樂十二年（1414）下召編纂《詩傳大全》，蒐輯歷來發明朱子《詩集傳》之各家《詩》說，於十五年纂修完成，頒行天下，朱學大盛。然物極趨反，朱《傳》在歷經學者大量研究之後，也開始遭到質疑，楊晉龍將明代《詩經》學發展分爲三期，分別爲「前期：洪武到永樂《大全》頒發（1368～1415）」、「中期：永樂《大全》頒發到正德六年陳鳳梧刊《十三經注疏》（1415～1511）」、「後期：陳鳳梧刊刻《十三經注疏》後到明亡（1511～1644）」〔註42〕。在前期中，朱子《詩集傳》雖已盛行，但引用毛、鄭者亦不乏其人，甚至於學界仍有批評朱子《詩經》學觀點的聲音，如陶安（1315～1371）批評朱子廢《序》及「叶韻」之說，其〈學詩〉詩云：「古韻自諧何用協，《序》文有受未全非；

〔註41〕 甘鵬雲：《經學源流考》（臺北：廣文書局，1996年10月），頁105。
〔註42〕 楊晉龍：《明代詩經學研究》，國立臺灣大學中國文學研究所博士論文，1997年6月，頁231～232。

考亭理趣明如日,獨此時時與願違。」〔註43〕另外如汪叡、王行(1331～1395)等亦曾對《詩集傳》提出否定意見。中期之後,朱《傳》成為科考程式,遂入高峰期,這時期的著作多以「述朱」為主要目的。然而隨著對朱子學的深入研究,有些學者也開始提出反思,楊守陳(1425～1489)〈詩私抄序〉即批評朱子採鄭樵「淫奔詩」的說法云:

> 其主夾漈而以〈鄭〉、〈衛〉諸風,盡斷為淫詩,則東萊固嘗議之,其後馬氏端臨亦嘗辯之。今雖專門舉子,尚或有疑於此者。蒙少從先祖栖芸先生授《詩》,僅聞大旨,已厭淫詩之繁而疑之矣。其後徧考諸家,益詳味之,則所疑又不止此。歷歲浹久,疑猶未能釋也。今居閒處靜,日味諸經,因詳考各家傳注,擇而鈔之以誦習。《詩》則專鈔《集傳》,獨於疑未釋者,或仍從《傳》、《箋》,或易以他說,或寫愚見附焉。〔註44〕

楊守陳雖對朱子「淫奔詩」的界定有所不滿,但他只是針對這一部分,並且將鄭樵拉入以分擔責任,可見他基本上是採取尊重朱子的態度,〈詩私抄序〉又云:「朱子之道學,無愧聖賢,何啻百世之山斗。而其為《集傳》也,貫穿古今,折衷百氏,發理精到,措辭簡明,諸家莫有能逮之者。」〔註45〕要批評朱子,卻仍得給朱子冠上大帽子,可見當時學者多數仍持尊崇朱子的基本態度。

明代後期,朱學的聲勢漸衰,但楊晉龍指出:「這期就朱《傳》而言是衰落期,就漢學而言是興盛期,惟並非漢學已超越朱《傳》之興盛,不可誤解。」〔註46〕朱學與漢學在後期雖有消漲,但基本上仍是朱學盛於漢學。而朱學之所以會衰弱的原因,主要也在於官方態度。永樂十二、十三年刊刻頒發《詩傳大全》,將朱子《詩經》學勢力推至顛峰。然隆慶(1567～1572)時,漢學漸興,正德以後,提倡漢學者愈來愈多。萬曆年間,明神宗下令重刊《十三經注疏》,重新正視漢儒《詩》說,都是漢學逐漸復興的原因。這些動搖朱《傳》地位的現象,也引起擁護朱子的學者反擊,馮琦便曾上疏明神宗,要求矯正

〔註43〕 〔明〕陶安:《陶學士集》,收入《景印文淵閣四庫全書》第1125冊,卷7,頁23下～24上／667。

〔註44〕 〔明〕楊守陳:《楊懿公文集》,收入張壽鏞輯:《四明叢書》,影印民國四明張氏約園刊本,卷5,頁5下～6上。

〔註45〕 楊守陳:《楊懿公文集》,卷5,頁6上。

〔註46〕 楊晉龍:《明代詩經學研究》,頁232。

士人不用朱說的風氣，其云：

> 臣請一取裁於聖人之言與天子之制，而定爲畫一之法。士子授受，
> 當先明經術，講書行文，以遵守宋儒傳註爲主，二三場以淹貫《性
> 鑑》正史爲主。其有決裂聖言，背違王制，一切坊間新說，皆令地
> 方官雜燒之。〔註47〕

不過據奏箚內容來看，當時新說之風正方興未艾，這也代表《詩集傳》的地
位正面臨強大挑戰。降至清朝，遂開始出現以《詩集傳》爲前典範而批評的
聲音。

清朝建立之後，定調以儒家學術作爲官方思想主軸，大力提倡尊孔讀經，
並以表彰重視倫理綱常的程朱理學，著之功令，列爲官學。科舉取士承襲明
制，順治二年所定試士之例爲：「《四書》主朱子《集註》，《易》主程《傳》、
朱子《本義》，《書》主蔡《傳》，《詩》主朱子《集傳》。」〔註48〕康熙時再編
定《性理大全》、《朱子全書》，使程朱理學成爲清初官方欽定的主流思想，昭
槤（1776～1829）《嘯亭雜錄》〈崇理學〉一條即云：

> 仁皇夙好程、朱，深談性理，所著《幾暇餘編》，其窮理盡性處，雖
> 夙儒耆學，莫能窺測。所任李文貞光地、湯文正斌等皆理學耆儒。
> 嘗出《理學眞僞論》以試詞林，又刊定《性理大全》、《朱子全書》
> 等書，特命朱子配祠十哲之列。故當時宋學昌明，世多醇儒耆學，
> 風俗醇厚，非後所能及也。〔註49〕

程朱理學在康熙皇帝的推崇下，天下學子一時之間無不群起鑽研。而另一方
面，若干士大夫檢討明亡原因，歸咎於王學末流空疏學風，強調經世實學，
並從程朱理學內在邏輯進行改造，都使得程朱之學在清初得以繼續成爲學術
思想的主幹。至於對《詩經》的整理，清聖祖康熙六十年，下詔由王鴻緒（1645
～1723）等三十餘人負責編修《欽定詩經傳說彙纂》，以朱子《詩集傳》爲綱
領，採錄漢唐以來可取之解釋，於雍正五年完書，頒行各級學校，《欽定詩經
傳說彙纂》〈凡例〉云：

〔註47〕〔清〕孫承澤：《春明夢餘錄》，收入《景印文淵閣四庫全書》第 868 冊，卷
　　　　40，頁 3 上～3 下／646。
〔註48〕趙爾巽等撰，啓功等點校：《清史稿》〈選舉三〉（北京：中華書局，1998 年 1
　　　　月），卷 108，頁 3148／849。
〔註49〕〔清〕昭槤撰，何英芳點校：《嘯亭雜錄》（北京：中華書局，1997 年 12 月），
　　　　卷 1，頁 6。

　　朱子表章聖經，惟《詩集傳》與《周易本義》爲成書，尤生平精義所屬，今標以爲宗。而自漢迄明諸儒先之解詁，采其義理精當，有裨經旨者，錄在朱《傳》之後爲「集說」。其文義小殊，彼此相備者，爲折其中；或二說各成其是，則別爲「附錄」，用資參考，一依《周易折中》之式。〔註50〕

《欽定詩經傳說彙纂》雖乃以《詩集傳》爲主要底本，但又可採取其他義理精當之說附於朱子之後，甚至於對文義有異者，或折中或附錄處理，表示《詩集傳》並非獨尊地位，伍純嫻云：

　　「以朱子爲宗」固然是《彙纂》編纂的基本原則，但爲避免重蹈明代學術「拘守門戶」的失誤，因而也廣泛收錄許多不同於朱子《詩集傳》解說的「異見」；尤其徵引《毛詩正義》的條文，雖有學術上不得不然的需要，但高達全書二成的佔有率，亦可以推知《詩集傳》雖然還是做爲清代「官學」而被推重，但顯然已經失去明代《大全》原本擁有的獨霸學術權威的那種「至高無上」的地位了。〔註51〕

清代《詩經》學確實已無明代《詩傳大全》那種獨尊《詩集傳》的氣氛，但基調仍是尊朱，而官方真正開始指出《詩集傳》存在問題者是在乾隆時。

　　由清初顧炎武等人所提倡的經世致用學風，逐漸轉變成爲考據學派，此後，乾嘉考據學一躍而爲清代學術最顯著特色，梁啓超（1873～1929）《清代學術概論》便以復古爲清代學術特色，其云：

　　綜觀二百餘年之學史，其影響及於全思想界者，一言蔽之，曰：「以復古爲解放」。第一步：復宋之古，對於王學而得解放；第二步：復漢唐之古，對於程朱而得解放；第三步：復西漢之古，對於許鄭而得解放；第四步：復先秦之古，對於一切傳注而得解放。夫既以復先秦之古，則非至對於孔孟而得解放焉不止矣。〔註52〕

有清一代之思潮包括有批判理學、經世實學、乾嘉漢學、公羊經學等，而最顯赫者莫過於乾嘉考據之學，此派以漢唐經學爲主要研究對象，朱子所提倡簡明解經之風不符合他們的期待，於是朱子經學影響力在學界聲勢日下。另外，原本官方以朱子《詩集傳》爲標準的作法也有了改變。乾隆在閱讀朱子

〔註50〕　聖祖仁皇帝欽定：《欽定詩經傳說彙纂》，卷首上，頁1上～1下／8。
〔註51〕　伍純嫻：〈《詩傳大全》與《詩經傳說彙纂》關係探論：簡析明代《詩經》官學的延續與發展〉，《中山人文學報》第20期，2005年6月，頁92。
〔註52〕　梁啓超：《清代學術概論》（上海：商務印書館，1930年4月），頁8。

《詩集傳》時曾發表意見，《御製詩集四集》有〈虹始見〉一詩云：「天地緣何淫氣行，晦翁茲語我疑生。」其下注云：

> 《毛詩》〈蝃蝀〉篇《毛傳》謂「夫婦過禮則虹氣盛，君子見戒而懼，故莫敢指。」鄭《箋》云：「虹，天地之戒，尚無敢指。」均於風人比義相合。朱子《集傳》乃以虹爲天地之淫氣，殊害於理。夫虹乃日光雨氣相薄而成，並無淫義，即如天地絪縕，萬物化生，乃陰陽二氣妙合而凝，皆正道，非淫氣也。若相合即以爲淫，是夫婦人倫之始，亦當以淫目之？〔註53〕

乾隆不能接受朱子設定虹爲天氣間淫氣結合之說法，他認爲若天地之間有淫氣存在，並表示夫婦人倫亦有可能只是因淫欲而苟合，甚至指朱子之說甚爲害理。乾隆並未掌握朱子理氣觀念的本質，朱子以爲天地之間固然有理有氣，但氣之組成則有清明、混濁之異，固然朱子視虹爲淫氣之說頗爲固陋，但乾隆趨向於以爲天地只有正氣，亦屬偏頗。不過乾隆遂由此而開展其對朱子淫奔詩的批評：

> 雖〈風雨〉之思君子，〈子衿〉之刺學校廢，〈揚之水〉之閔無臣，亦目爲淫奔，而於〈將仲子〉之刺莊公，〈山有扶蘇〉諸篇之刺忽，皆置其國事而不問，豈誦《詩》尚論之義哉？蓋朱子泥於「鄭聲淫」一語，凡〈鄭詩〉之以人言者，無不屬之淫奔，不知「鄭聲淫」乃言其聲，非言其詩也。〔註54〕

朱子《詩集傳》對漢唐注疏最大的突破有二，一是不遵《詩序》，一是以〈國風〉內有淫奔之詩。這二項內容是朱子《詩經》學最大特色，卻也是歷來最受爭議者。而乾隆既對朱子淫奔詩有意見，於是反映在官方態度上，便是逐漸改變以朱子《詩集傳》定於一尊的作法，開放採用毛鄭說法。於乾隆二十年敕編《詩義折中》，便依鄭《箋》畫分章句，以《詩序》解《詩》，並對朱子若干說法進行修正。《御纂詩義折中》前附乾隆所撰之序云：

> 《詩》之教大矣。古今言《詩》者眾矣。自《小序》而下，箋疏傳注，各名其家，各是其說，辨難糾紛，幾如聚訟。曩嘗肄業於此，流連諷咏，豁然心有所得，而考之昔人成說，往往拘牽扞格，不能

〔註53〕〔清〕乾隆：《御製詩集四集》，收入《景印文淵閣四庫全書》第1308冊，卷57，頁9上／266。

〔註54〕乾隆：《御製詩集四集》，卷57，頁9下／266。

相通。辛未秋闈，與尚書孫嘉淦論及諸經，其所見平實近理，因先
從事《毛詩》，授以大指，命之疏次其義。凡舊說之可從者從之，當
更正者正之，一無成心，唯義之適。〔註55〕

《詩義折中》的出現，雖代表朱子《詩集傳》主宰《詩經》學術思想地位逐
漸沒落，不過乾隆二十一年時舉行之科考依舊規定主朱子《詩集傳》，張蕊分
析嘉慶庚辰科徐汝鑾以〈良耜〉「或來瞻女，載筐及筥，其饟尹黍」為題而寫
作之試卷，得出如下結論：「此種《詩經》經義的寫作，除了要掌握《詩集傳》
中的解釋之外，還要按照解釋進行發揮，根據語脈敷衍成形式完美的八股文。」
〔註56〕可見《詩義折中》雖標榜可採行毛鄭之說，但應舉士子大抵仍停留在
以朱《傳》為基礎的解釋下，潮流的改變尚須時間慢慢蘊釀。

　　清代《詩經》學前期風潮，大致仍停留在代表漢學的毛鄭及代表宋學的
朱子兩者地位的爭執及消漲。而朱子《詩集傳》由於一開始為官方承認為主
幹，具有典範地位，故無論是擁護《毛詩》派的學者，或欲自創新說者，莫
不以朱子《詩集傳》為批評對象。乾嘉之後，《詩集傳》不再獨尊，以《詩集
傳》為主的批評也逐漸減少，到了清代末期，由於今文學的興盛，對三家《詩》
的研究日增，而朱子《詩集傳》則鮮少再成為討論焦點，從而結束《詩集傳》
主持學術潮流的主導地位，而成為一家之說。以下試再依朱子《詩經》學比
較重要的四項特色論述其對後世的影響。

（一）朱子不遵《詩序》的影響

　　朱子《詩經》學有別於毛鄭《詩經》學最大特色便在於朱子自出己意，
不依《詩序》解《詩》，朱子的作法乃屬突破學術典範的創造新典範運動，
但在當時有以激起朱子廢《序》之動機者，主要是來自於與呂祖謙就解《詩》
取向問題的討論。朱子不滿於呂祖謙必欲以《詩序》解《詩》的態度，從而
提出自文本而論，重新詮釋《詩》旨的方法，楊慎（1488〜1559）云：「去
《序》言《詩》，自朱文公始，而文公因呂成公太尊《小序》，遂盡變其說。
蓋矯枉過正，非平心折中之論也。」〔註57〕清人朱鶴齡（1606〜1683）亦云：

〔註55〕　〔清〕乾隆御纂：《御纂詩義折中》（長春：吉林出版集團有限責任公司，2005
　　　　　年5月，景印摛藻堂《欽定四庫全書薈要》本），御製序，頁1上〜1下／1。
〔註56〕　張蕊、俞啓定合撰：〈明清時期的《詩經》應試書〉，《歷史檔案》2009年第4
　　　　　期，頁128。
〔註57〕　〔明〕楊慎：《升菴全集》，收入王雲五編：《萬有文庫》（上海：商務印書館，
　　　　　1937年3月），卷42，頁406。

「朱子以其祖述《小序》，多所不滿。鄭衛淫奔之說，獨采漁仲。」〔註58〕楊慎等人認爲朱子是出於一時意氣而廢《序》，但這樣的說法嚴格看來並不正確。朱子若非對《詩序》早有不滿傾向，又何必受呂祖謙所激。且朱子自撰《詩集傳》，建立起另一套宋學《詩經》學系統，這也絕非激於一氣意氣所能得出的成就。朱子廢《詩序》的想法當蘊釀許久，只是正好藉由與呂祖謙的討論而引發，進而撰成不遵《詩序》，自創新說的《詩集傳》。然而《詩集傳》初出之際，實未能盡變當時學風。朱子之後，南宋時的《詩經》研究大致上仍是以呂祖謙《呂氏家塾讀詩記》遵守《詩序》，崇奉毛鄭的作法爲主，如戴溪（？～1215）撰《續呂氏家塾讀詩記》、袁燮（1144～1224）撰《絜齊毛詩經筵講義》、林岊撰《毛詩講義》、段昌武撰《毛詩集解》、嚴粲撰《詩緝》等，雖或有自己的發明，但主要仍承呂祖謙主《毛詩》之說。至於承襲朱子《詩集傳》者則主要是朱子弟子或其後學，以羽翼發揚朱子的論點爲主要目標，主要有輔廣、王柏及黃震等人。

輔廣著有《詩童子問》十卷，《四庫全書總目》稱「是編大旨主於羽翼《詩集傳》，以述平日聞於朱子之說。」〔註59〕輔廣堅持朱子不必過度尊信《詩序》的意見，立場相當鮮明，如他繼承朱子之說，反對《詩序》強調〈關雎〉后妃之德的說法，其云：

> 《序》以〈關雎〉之詩爲述后妃之德，固未有害，而不知推后妃之
> 德以本於文王，則亦未能盡此詩之義，況乎以化行國中，三分天下，
> 而亦皆以爲后妃之所致，則大害乎理。〔註60〕

此說完全是接受朱子本於文王之德的論點。又如他批評〈樛木〉序有云：「大率《小序》辭簡者多得詩意，繁者或反失之，蓋會意與穿鑿之不同故也。」〔註61〕批評《詩序》頗有穿鑿之弊。不過輔廣對朱子不採《序》說的主張亦有深刻理解，其云：

> 觀其終，既已明知《小序》之出於漢儒，而又以「其間容或眞有傳
> 授證驗而不可廢者，故既頗采以附《傳》中，而復併爲一編以還其
> 舊，因以論其得失云」之說，則其意之謹重不苟亦可見矣，豈可與

〔註58〕〔清〕朱鶴齡：《詩經通義》，收入《景印文淵閣四庫全書》第85冊，序，頁1下／2～3。

〔註59〕紀昀等：《四庫全書總目》，卷15，頁28上／343。

〔註60〕輔廣：《詩童子問》，卷首，頁12上／278。

〔註61〕輔廣：《詩童子問》，卷，頁14上／279。

先儒之穿鑿遷就者同日語哉？〔註62〕

朱子雖不採《序》說解《詩》，但並不是完全將《詩序》棄如敝履，而是取其可取，從其可信者，朱子自己也曾說《詩序》「其間容或真有傳授證驗而不可廢者」〔註63〕，因此朱子並非完全不採《詩序》，而輔廣則指其師謹重之意由此可見，能夠理解朱子對說《詩》所採取必須有所根據的態度，這與穿鑿附會者不同。黃忠愼便認爲輔廣的意見實可作爲朱子的補充，其云：

> 輔廣對於朱熹的《詩經》學的確有篤信追隨的現象，就以前舉〈芣
> 苢〉爲例，輔廣云：「先生無說者，豈以上兩篇例自可見，而後篇《序》
> 下又有可以正前篇之誤之說，故於此有不必言之者歟？」朱熹未曾
> 說到的，不代表輔廣就不能說，但輔廣依然要爲朱熹的「無說」作
> 解釋，則其尊師心態亦可由此窺知了。〔註64〕

輔廣尊崇朱子，故對於朱子無說之處亦予以解釋，而輔廣又曾受業於朱子，故這補充之處容有受過朱子所指點者，故而輔廣之說實可與朱子之說互相參照。

王柏尊奉朱子，攻駁毛鄭，而他在《詩經》學上最引人注意的舉動便是號稱延續朱子之意，進而將〈國風〉中的淫奔詩予以刪除。但也由於這種舉動太過驚世駭俗，於是受到極大的批評，《四庫全書》即將之列入存目中。另外黃震撰有《讀詩一得》，主《詩集傳》，不過偶亦折中於《小序》。另外，王應麟亦對朱子《詩集傳》採三家《詩》的作法頗爲稱許，《詩考》序云：

> 諸儒說《詩》，壹以毛鄭爲宗，未有參考三家者。獨朱文公《集傳》，
> 閎意眇指，卓然千載之上。言〈關雎〉則取匡衡；〈柏舟〉婦人之詩，
> 則取劉向；笙詩有聲無辭，則取《儀禮》；「上天甚神」則取《戰國
> 策》，「何以恤我」則取《左氏傳》，〈抑〉戒自儆，〈昊天有成命〉道
> 成王之德，則取《國語》，「陟降庭止」則取《漢書注》，〈賓之初筵〉
> 飲酒悔過，則取〈韓詩序〉，「不可休思」、「是用不就」、「彼岨者岐」，
> 皆從《韓詩》，「禹敷下土方」又證諸《楚辭》，一洗末師專己守殘之
> 固。〔註65〕

〔註62〕 輔廣：《詩童子問》，卷首，頁 53 下／298。
〔註63〕 朱熹：《朱子全書‧詩序辨說》，頁 353。
〔註64〕 黃忠愼：〈輔廣《詩童子問》新論〉，頁 336。
〔註65〕 〔宋〕王應麟：《詩攷》，收入《景印文淵閣四庫全書》第 75 冊，自序，頁 1
上～1 下／598。

王應麟雖主要對朱子願採三家《詩》說法稱頌，但三家《詩》並非朱子唯一參考，舉凡古籍中有可能爲《詩》之本事而合乎詩意者，朱子大抵採納，非獨三家而已。但王應麟評其一洗專己守殘之固確實道出朱子敢於突破毛鄭典範的勇氣及成就。

　　元代乃朱學天下，自從官方將朱子經學相關著述定爲科考程式後，其影響日益擴大，而《詩集傳》幾乎成爲當時唯一說《詩》依據，元儒郝經（1223～1275）便力捧《詩集傳》，其云：

> 晦庵先生方收伊、洛之橫瀾，折聖學而歸衷，集傳注之大成，乃爲《詩》作《傳》。近出己意，遠規漢、唐，復〈風〉〈雅〉之正，端刺美之本，糞訓詁之弊，定章句、音韻之短長差舛，辨大、小《序》之重複，而三百篇之微意，「思無邪」之一言，煥乎白日之正中也。〔註66〕

郝經批評三家《詩》說自相矛盾，以致不傳，而毛鄭或闕略，或其義不備，亦非理想說《詩》之作，唯有朱子重作《詩集傳》，能復得三百篇之微意，肯定朱子廢棄《詩序》，自出己意的作法。劉瑾《詩傳通釋》則主要以申述《詩集傳》觀點爲主，他接受朱子廢《序》思想，如劉瑾補充朱子於〈詩序辨說〉序中所提到《詩序》「非經本文，故且自爲一編，別附經後」的作法云：

> 古本《詩序》作一處，如《易大傳》及班固序傳並誰後。京師舊本揚水注其序亦摠在後。孔氏曰：《漢志》云：《毛詩》經二十九卷，《故訓傳》三十卷，是毛爲詁訓，亦與經別也。自後漢以來，始有就經爲注者。〔註67〕

舉古書之例以補充申述朱子的論點，斥後人將《小序》置在經文之前，並批評割裂《毛傳》以附經文之中的作法。

　　明人朱善（1314～1385）《詩解頤》亦爲《詩集傳》爲主，《四庫全書總目》云：「是編不載經文，但以《詩》之篇題標目。大抵推衍朱子《集傳》爲說。」〔註68〕《詩解頤》大抵依《集傳》立說，偶有未從朱子者，如朱子以〈曹風・鳲鳩〉爲美詩，不認同《詩序》爲刺詩的說法，朱善《詩解頤》則

〔註66〕 李修生主編：《全元文》第4冊，卷124，頁188。
〔註67〕 劉瑾：《詩傳通釋》，卷首，頁2上／265。
〔註68〕 紀昀等：《欽定四庫全書總目》，卷15，頁8下～9上／350～351。

依朱子之說云：

> 首章即其儀之一，而知其心之誠；二章即其服之盛，而知其德之稱，
> 三章言由其身之修，故化有以行於國；四章言由其國之治，故福有
> 以裕其身。前三章皆頌美之辭，末章「胡不萬年」，則祝願之辭也。
> 〔註69〕

〈鳲鳩〉之為美詩乃詩歌文本所顯示的意涵，若必欲從反面解釋固未為不可，
但必須有更多的證據支持。而朱子及朱善皆直接從文本字面立說，這是較為
平穩的詮釋。另外朱善亦有直接批評《詩序》者，如〈蒹葭〉序云：「未能用
周禮」，朱善則批評：「舊說以為未能用周禮者，非是。」〔註70〕又如〈無衣〉
之序以為「美晉武公也。」朱善則批評云：「武公之事，人情所不與，天理所
不容，王法所必誅，而《序》以為美之，失其旨矣。」〔註71〕這些反《序》
之說皆繼承朱子的觀點而繼續發揮。

　　自朱子倡不必尊從《詩序》之後，直到明初，多數解《詩》著述均依朱
子之說發揮。而自明代中葉起，開始有學者批評朱子的觀點，有主張對於《詩
序》應有條件、有範圍的接受者，亦有以朱子廢《序》不夠徹底，猶泥舊聞
者。前者如李先芳（1510～1594）《讀詩私記》〈論小序〉云：

> 朱文公解《詩》依古經文，附以己見，中間依《小序》者纔十之一
> 耳。馬氏曰：「〈雅〉、〈頌〉之《序》可廢，〈國風〉之《序》不可廢。」
> 蓋〈雅〉、〈頌〉詞旨亦見，故讀「文王在上」、「於穆清廟」二章以
> 下諸篇，無非文王受命之詞、享祀之典，觸類可推。于此而復敷衍
> 附會其說，誠為贅疣。若〈國風〉之〈芣苢〉以婦人樂有子為后妃
> 之美也，而其詩語不過形容采掇芣苢之情狀已。〈黍離〉之《序》以
> 為閔周室宮廟之顛覆也，而其詩語不過慨歎禾黍之苗穗而已。此詩
> 不言所作之意，而賴《序》以明者。若捨《序》以求之，則其所以
> 采掇者為何事？而慨歎者為何說乎？〔註72〕

李先芳認為〈雅〉、〈頌〉由於詩意比較明確，即使無《序》，亦可由文本探得
詩意。然而〈國風〉若無《序》從旁解說，很難清楚文本所欲表達的內容。

〔註69〕　〔明〕朱善：《詩解頤》，收入納蘭性德輯：《通志堂經解》第8冊，卷1，頁257。
〔註70〕　朱善：《詩解頤》，卷1，頁256。
〔註71〕　朱善：《詩解頤》，卷1，頁256。
〔註72〕　〔明〕李先芳：《讀詩私記》，收入《景印文淵閣四庫全書》第79冊，卷1，
　　　　　頁4下～5上／509。

明文徵明（1470～1559）《甫田集》引述王鏊（1450～1524）之說曰：

> 《詩》之《小序》，序所以作者之意，朱子一切刮去，自諷其詩而爲之說，固爲卓見。但古人作詩，必自有題，借使亡焉，國史取之，亦必著其所自。不然，千古之下，安知其微意所在？毛、鄭泥於《小序》，宛轉附會，多取言外之意，不爲無失。而朱子不泥《序》說，獨味《詩》之本旨，恐亦未爲得也。〔註73〕

則認爲朱子盡去《小序》，恐有未能得《詩》意者。然而朱子實亦有遵從《詩序》者，王鏊之論未爲中肯。清儒陳澧（1810～1882）即謂：

> 《四庫總目》提要云：「朱子從鄭樵之說，不過攻《小序》耳。」……
> 澧案：《朱子語類》云：「文武以〈天保〉以上治內，〈采薇〉以下治外，始於憂勤，終於逸樂，此四句儘說得好。」《小序》之精善，朱子未嘗不稱述之也。〔註74〕

朱子的確有接受《詩序》者，但這不是出於維護《詩序》的態度，而是採《序》說之合於己意者。又如何楷（1594～1644）《詩經世本古義》將《詩經》三百零五篇分爲二十八個段落時代，並於每一篇詩前重定其序，提示主題。而其所採擇者有《詩序》、朱子《詩集傳》或僞《子貢詩傳》及《申培詩說》等，亦非獨尊朱子之說。

至於以爲朱子廢《序》不夠徹底者則有季本〈詩說解頤序〉云：

> 惟鄭夾漈作《辯妄》以詆《小序》，而朱子取之，亦爲《辯說》，一洗《序》說之陋。而又爲《集傳》以詳解之，可謂有功於《詩》學矣。特其所見聞，猶泥舊聞，而《詩》之大意不能超然悉會於言表，則反有以起人復尋毛舊，如東萊呂氏之《讀詩記》者矣。……苟得其意，而於《詩》學少補分毫，則其爲說雖朱子亦當謂其能繼志矣，庶幾一解頤焉。〔註75〕

季本受朱子影響，以《詩序》爲陋。但他矛頭一轉，又指責朱子猶泥舊說。《詩序》與《詩集傳》兩者在《詩》旨解說上並未全然極端，因此亦有學者清醒

〔註73〕 〔明〕文徵明：《甫田集》，收入《景印文淵閣四庫全書》第1273冊，卷28，頁8上～8下／222。

〔註74〕 〔清〕陳澧：《東塾讀書記》（臺北：世界書局，1975年5月，與〔清〕桂馥：《札樸》，〔清〕孫詒讓《札迻》合刊本），卷6，頁14上／399。

〔註75〕 〔明〕季本：《詩說解頤》，收入《景印文淵閣四庫全書》第79冊，序，頁1下～2上／2～3。

指出朱子《詩集傳》並不是刻意反《詩序》，後人卻誤解其意，必欲將《序》
說全盤推翻，如明人朱朝瑛（1605～1670）《讀詩略記》便云：

> 晦翁胸中坦然夷易，無所曲折，言理則得之，言情則固有未盡者，
> 故三百篇之中，《集傳》所得者，〈國風〉十之五，〈小雅〉十之七，
> 〈大雅〉、〈頌〉十之九，而後人好異，乃欲盡舉而易之，則又過矣。
> 〔註76〕

朱朝瑛的顧慮是正確的，由明入清之後，雖然乾嘉學派的《詩經》學者重新
以《毛詩》作爲詮釋標準，並多依《詩序》解《詩》。但支持廢《序》者，卻
在朱子的基礎上更向更極端的一面，甚至反而暗諷朱子廢《序》不夠徹底者，
如崔述（1740～1816）《讀風偶識》云：

> 竊謂經傳既遠，時事難考，寧可缺所不知，無害於義。故余於論《詩》，
> 但主於體會經文，不敢以前人附會之說爲必然。雖不盡合朱子之言，
> 然實本於朱子之意。朱子復起，未必遂以余言爲妄也。〔註77〕

崔述欲繼承朱子廢《序》觀點，但他又指出朱子廢《序》尚不夠完整，崔述
繼云：

> 余獨以爲朱《傳》誠有可議，然其可議不在於駁《序》說者之多，
> 而在於從《序》說者之尚不少。〔註78〕

又云：

> 有友人謂余曰：「朱子大儒，誠有功於聖道，獨於《詩傳》余有憾焉。
> 凡《序》所稱爲刺某人、刺某人者，概不謂然；必經有明文若〈叔
> 于田〉者，方敢指爲共叔，否則必以《序》說爲非矣。」余曰：「余
> 於朱子《詩傳》亦有憾焉，顧所憾與君異：非憾朱子之不從《序》，
> 正憾朱子之猶未免於信《序》也。即如〈叔于田〉二篇，『叔』者男
> 子之字。周人尚叔，鄭之以叔稱者當不下十之五，使余爲《詩傳》，
> 必不敢謂此叔之爲共叔也。」〔註79〕

崔述舉〈叔于田〉爲例，指朱子仍拘泥叔之稱呼而認同《詩序》以爲指共叔
段之說爲非。不過崔述雖批評朱子於部分詩篇仍未能看透，但他大抵上推崇

〔註76〕〔明〕朱朝瑛：《讀詩略記》，收入《景印文淵閣四庫全書》第82冊，卷首，
　　　　頁2下／339。
〔註77〕〔清〕崔述：《讀風偶識》（臺北：學海出版社，1992年9月），自序，頁3～4。
〔註78〕崔述：《讀風偶識》，自序，頁3。
〔註79〕崔述：《讀風偶識》，卷3，頁11～12。

朱子廢《序》的思維。然而姚際恆則成為極端一派的代表,他並非批評朱子廢《序》,而是批評朱子仍然暗用《詩序》,其《詩經通論》〈自序〉云:

> 朱仲晦亦承焉,作為《辨說》,力詆《序》之妄,由是自為《集傳》,得以肆然行其說;而時復陽違《序》而陰從之,而且違其所是,從其所非焉。武斷自用,尤足惑世。[註80]

〈詩經論旨〉又云:

> 況其從《序》者十之五,又有外示不從而陰合之者,又有意實不然之而終不能出其範圍者,十之二三。故愚謂「遵《序》者莫若《集傳》」,蓋深刺其隱也。[註81]

在姚際恆的批判下,朱子幾乎裡外不是人,朱子明明主張不必太過尊信《詩序》,卻反而會冠上過尊《詩序》的罪名,而姚際恆所謂「遵《序》者莫若《集傳》」過於偏激,未能理解朱子用意。不過姚際恆能夠在批判《詩序》及朱《傳》的立場上,提出許多更合乎詩歌本意的解釋,使其書亦頗有可取之處。

廢《序》運動自宋代朱子開始,歷經元明清三朝,《詩序》地位一度浮沈,民國以後,反《詩序》運動達到高峰,顧頡剛在胡適的指導下,先後整理出版三部反《詩序》的重要著作:鄭樵《詩辨妄》、王柏《詩疑》及姚際恆《詩經通論》等,推動當時的反《序》運動。另一方面,郭沫若(1892～1978)出版《卷耳集》,以新體詩翻譯《詩經》原作,謳歌《詩經》中的愛情與自由精神,影響之下,新解運動蓬勃發展,將《詩經》定位於民歌集,重新解釋詩篇的題旨和新義。而這一切雖然多可歸於朱子之提倡,但現代學者在這個問題上早已擺脫朱子所受的束縛而走得更遠,因此朱子雖有開創之功,但影響卻已式微。

(二)朱子定義淫奔詩的影響

淫奔詩的定義是朱子《詩經》學另一特色,卻也是爭議最大的問題,不依《詩序》解說,只是否定毛鄭詩派的傳統,但設定《詩經》中存在淫邪者自作之詩篇,這等於是直接對經典內容作出挑戰,縱使朱子提出許多補救說法,但質疑者始終不絕。前面也提到,朱子《詩集傳》之所以會在乾隆時開始失去官方的寵愛,便是由於淫奔詩的問題引起帝王的疑慮,因此,淫奔詩的存在是朱子《詩經》學的重要特色,卻也是最具爭議之處。黃忠慎曾就朱

[註80]〔清〕姚際恆:《詩經通論》(臺北:廣文書局,1993年10月),自序,頁2。
[註81] 姚際恆:《詩經通論》,頁4。

子淫奔詩對後世的影響列舉四要點，分別為：「(一) 使《詩經》的本體受議」、「(二) 奠定後人直解之基礎」、「(三) 導致《詩》學產生漢宋之爭」、「(四) 成為言情小說的利用工具」〔註82〕，其中第一項與第三項彼此有極大關連，可見「淫奔詩」所引起之爭議，而以下試就接受及反對者意見略述歷代說《詩》者對淫奔詩的看法。

　　南宋時首先明確接受朱子淫奔詩定義者輔廣，他在《詩童子問》中依據朱子定義，批評淫奔詩為淫亂者之作，不具有美刺之意，如輔廣論〈桑中〉詩云：

> 觀〈牆有茨〉、〈君子偕老〉詩，謂之刺可矣，此詩則分明是淫亂者所自作，不知何從而知其為刺也。只為先儒以為聖人不應取此等詩以著於經，故特為此說。其原始於毛公，至衛宏作《序》，遂因而斷以為刺奔，後世皆從之，而不復玩詩之辭，以求其真是，非先生孰能正之。〔註83〕

這是遵從朱子的解釋，認為淫亂者所自作。而其後的王柏更在朱子基礎上，強調應刪去這些淫奔之詩，其云：

> 聖人放鄭聲一語終不可磨滅，且又言其放之之意曰「鄭聲淫」，又曰：「惡鄭聲之亂雅樂也。」愚是以敢謂淫奔之詩，聖人之所必削，決不存於雅樂也審矣！妄意以男女自相悅之詞如〈桑中〉、〈溱洧〉之類，悉削之以遵聖人之至戒，無可疑者。所去者亦不過三十有二篇，使不得滓穢〈雅〉、〈頌〉，殽亂二〈南〉，初不害其為全經也。愚敢記其目，以俟有力者請于朝而再放黜之，一洗千古之蕪穢云。〔註84〕

王柏主張刪除三十二篇淫奔之詩，他認為這些詩篇絕非孔子所存，而是後來混入《詩經》，故必須除去使不得滓穢《詩經》。但他所必須面對到的質疑是何以朱子未刪，他卻敢主張刪除？王柏解釋云：

> 然則朱子何不遂放之乎？曰：朱子始訂其詞而正其非；其所以不廢者，正南豐所謂「不去其籍乃所以善放絕」者也。今後學既聞朱子之言，真知《小序》之為謬，真知是詩之為淫，而猶欲讀之者，豈理也哉！在朱子前，《詩》說未明，自不當放。生朱子後，《詩》說

〔註82〕黃忠慎：〈貽誤後學乎？可以養心乎？——朱子「淫詩說」理論再探〉，頁105～113。
〔註83〕輔廣：《詩童子問》，卷2，頁2下／324。
〔註84〕顧頡剛點校：《詩疑》，頁27～28。

　　　　既明，不可不放！〔註85〕

王柏認為朱子主要是在正其是非，故必須留存這些詩篇以讓世人明白其理。而朱子既使淫奔詩現形之後，後人已知《詩經》中雜有這類詩篇，那麼便大可刪去而不必再留於《詩經》之中。王柏的說法根本未掌握到朱子以讀者「思無邪」的角度，承認孔子留存這些詩篇的用意，仍有風教內涵，事實上是悖離朱子的想法。

　　朱子淫奔詩的提出，在元明羽翼作品中，依舊受到推崇，而這些著述均能掌握朱子從讀者「思無邪」，勸善懲惡的角度解釋，如劉瑾云：

　　　　〈鄭風〉之有〈緇衣〉、〈羔裘〉、〈女曰雞鳴〉、〈出其東門〉數篇，乃礫中之玉也。他如〈大叔于田〉及〈清人〉詩雖無足尚，猶幸非為淫奔而作。若〈叔于田〉則亦未免有男女相悅之疑，是其二十一篇之中曉然不為淫奔而作者，五、六篇而已，故曰「淫奔之詩不翅七之五」。然自昔說《詩》者唯以〈東門之墠〉與〈溱洧〉為淫詩，今朱子乃例以淫奔斥之者，蓋即詞而得其情，正以發明放鄭聲之旨，不然則衛、齊、陳諸詩篇非無淫聲，夫子何獨以鄭聲為當放哉！〔註86〕

劉瑾以為《詩經》除〈鄭風〉外，其他詩篇如〈衛風〉、〈齊風〉、〈陳風〉亦有淫奔之詩，這他符合朱子的區分。朱公遷亦認同朱子對淫奔詩的定義，他並且對於王柏刪《詩》的作法不表認同，《詩經疏義會通》云：

　　　　《詩》之為教，懲惡勸善而已。《春秋》書亂賊之事，豈教人弒逆乎！或者乃謂宜取淫奔諸詩，悉去之，則善有可法，惡無可戒，恐非聖經本意矣。〔註87〕

朱公遷強調淫奔詩的存在具有勸善懲惡之效，不必刪除，這也是根據朱子想法所作的申論。

　　入清之後，朱子學主要作為官術學術所支持的對象，當時也產生一些理學大臣，其中李光地對淫奔詩的問題亦曾發表意見，《詩所》云：

　　　　然聲與《詩》，亦有不可不辨者。論其合，則自言志至於和聲一也。故曰：聞其樂而知其德，未有本末乖離者也。論其分，則《詩》直述情事，而樂被以音容，故曰興於詩，成於樂。〈鄭詩〉可存也，而

〔註85〕　顧頡剛點校：《詩疑》，卷1，頁32。
〔註86〕　劉瑾：《詩傳通釋》，卷4，頁53上～53下／408。
〔註87〕　朱公遷：《詩經疏義會通》，卷7，頁13下／222。

鄭聲必放，以爲道情事者，人能辨其非飾之音容，則惑焉者眾矣。⋯⋯
放鄭聲則猶之遠佞人也，存〈鄭詩〉則猶之知佞人之情狀，見而能
辨，辨而知惡者也。〔註88〕

李光地接受朱子先有詩，後有聲的看法，並認爲詩主要是直述情事，而聲則
是被樂於詩，因此放鄭聲便指鄭之樂音過於淫，然詩則可存。李光地的說法
明顯是爲接受朱子淫奔詩而建立的前理解。《詩所》又云：

大抵自古學者，以三百之刪，皆經聖手，而又有「思無邪」之一言，
不應復有鄙褻混襍其間。夫刪《詩》之義，猶之作《春秋》也，《春
秋》何嘗沒亂賊之跡哉？著之者戒之也。況又有善惡之相形，禍福
治亂之相應，《春秋》成而懼，《詩》三百而皆可以興者，此矣。無
猶毋也。思無邪，戒辭也。言學《詩》者以辨邪正爲急，猶學《春
秋》者以正名分爲先。〔註89〕

李光地亦發揮朱子勸善懲惡之說，認爲淫奔之詩正如同《春秋》著亂臣賊子
之跡的用意相同，因此學者閱讀《詩經》必須要能夠先辨正《詩經》中的邪
正之詩，將善惡詩篇互相參照，以收可以興之效。另外如惠周惕對朱子淫奔
詩並未表達反對立場，甚至認爲朱子將〈鄭風〉歸屬淫詩，「其言亦辨而正」
〔註90〕，認同朱子的思維。

　　崔述對朱子淫奔詩的概念亦有所繼承並發展，首先，他認同《詩經》中
確實有淫奔詩的存在，《讀風偶識》論〈陳風〉云：

近世說者，動謂《詩》不當存淫詩，不知政事得失，風俗盛衰，皆
於《詩》中驗中，豈容刪而不存。〔註91〕

崔述認爲淫詩的存在乃風俗盛衰之驗，豈容刪而不存。論〈鄭風〉則云：

《詩序》之謬，〈鄭風〉爲甚。〈遵路〉以後十有餘篇，《序》多以爲
刺時事者，即有以男女之事爲言者，亦必紆曲宛轉以爲刺亂。至朱
子《集傳》始駁其失，自〈雞鳴〉、〈東門〉外概以爲淫奔之詩，《詩
序辨說》言之詳矣。顧自朱子以後說者猶多從《序》而非朱子，無

〔註88〕　〔清〕李光地：《詩所》，收入《景印文淵閣四庫全書》第 86 冊，卷 2，頁 7
　　　　　上～7 下／31～32。
〔註89〕　李光地：《詩所》，卷 1，頁 37 下～38 上／22。
〔註90〕　〔清〕惠周惕：《詩說》，收入《皇清經解毛詩類彙編》，卷 191，頁 10 上
　　　　　／414。
〔註91〕　崔述：《讀風偶識》，卷 4，頁 11～12。

他，以爲《詩》皆孔子所刪，不容存此淫靡之作耳。余按，〈風雨〉
之「見君子」擬諸〈草蟲〉、〈隰桑〉之詩初無大異；即〈揚之水〉、
〈東門之墠〉，施諸朋友之間亦無不同；不以淫詞目之，可也。至於
〈同車〉、〈扶蘇〉、〈狡□（童）〉、〈褰裳〉、〈蔓草〉、〈溱洧〉之屬，
明明男女媟洽之詞，不問其意，而但橫一必無淫詩之念於其胸中，
其於說詩豈有當哉！〔註92〕

崔述認爲〈國風〉中有些詩詞明明就是男女相悅之言，若依《序》說，實爲
曲解。但他也指出朱子所定淫奔詩之篇目，有些尚可商榷，不必定要視作淫
詞之作。崔述身爲清代相當重要的考據學家，然其思維卻有別於以尊漢崇古
爲基調的乾嘉漢學，從而成爲頗具特色的獨立派。而他對淫奔詩的觀念，能
從詩歌本文直接立論，接受朱子的說法，甚至進一步認爲這些淫奔詩實即男
女愛情詩的表現，《讀風偶識》論〈鄭風〉又云：

然其詩亦未必皆淫者所自作。蓋其中實有男女相悅而以詩贈遺者，
亦有故爲男女相悅之詞，如楚人〈高唐〉、〈神女〉，唐人之〈無題〉、
〈香奩〉者。又或君臣朋友之間有所感觸，而託之於男女之際，如
後世之「舟舟孤生竹」、「上山采蘼蕪」、「君嫌鄰女醜」之類，蓋亦
有之。〔註93〕

朱子將《詩經》中男女只要略涉及情愛之表現者，幾乎定爲淫奔者，崔述則
對這種方法不甚滿意，他認爲詩中有些是詩人故作男女相悅口吻者，甚至於
因君臣朋友關係而假託者，不過崔述指出這些淫奔詩其實具有愛情詩的特
性，未必皆具淫妷之意，左松超即稱道崔述的看法不凡，其云：

朱熹雖然提出了「淫詩」的說法，他實在也體認出這些詩的「男女
愛情」的本質，只是受到道學迂腐觀念所限，認爲這種行爲是邪淫
不道德的，是淫奔之行，所以目爲「淫詩」。崔述能夠撥開迷霧，脫
掉道學的帽子，指出愛情詩的合理性與正當性，識見不凡。〔註94〕

崔述能識詩歌文學本質，將部分淫奔詩轉化爲愛情詩，這在朱子基礎上走得
更遠，也成爲現代《詩經》學的先聲。

〔註92〕 崔述：《讀風偶識》，卷3，頁20。
〔註93〕 崔述：《讀風偶識》，卷3，頁21。
〔註94〕 左松超：〈崔述《詩經》研究簡論〉，收錄於國立中山大學清代學術研究中心
主編：《清代學術論叢》第2輯（臺北：文津出版社，2001年11月），頁160。

　　淫奔詩之說雖獲得擁朱學派或眼光更為先進的學者支持，但歷來也潛藏許多批評聲浪，如明人李先芳《讀詩私記》〈朱註國風多淫奔之詞〉云：

> 夫子刪詩有取〈關雎〉之為首篇者，為其樂而不淫耳。今考〈國風〉朱註，凡為男女淫奔自敘者二十有四，如〈桑中〉、〈東門之墠〉、〈溱洧〉、〈東方之日〉、〈東門之池〉、〈東門之楊〉、〈月出〉，《序》本以為刺淫，而文公獨以為淫者自作，亦不甚謬。若〈靜女〉、〈木瓜〉、〈采葛〉、〈丘中有麻〉、〈將仲子〉、〈遵大路〉、〈有女同車〉、〈山有扶蘇〉、〈蘀兮〉、〈狡童〉、〈褰裳〉、〈風雨〉、〈子衿〉、〈揚之水〉、〈出其東門〉、〈野有蔓草〉，《序》本別指他事，首尾無一字及婦人者，而文公類以為奔詞。《小序》何諱不以直言而繫以他事，如果不出於奔詞，文公亦何所據，類坐以淫蕩無恥之事。然則孔子所刪者竟何事也？毋亦惑於鄭衛之音，執泥臆見，而使聖經為誨淫之具乎？由是俗儒不以訓後學，主司不以命題取士，遂使〈鄭〉、〈衛〉古風應讀者纔十之三耳。
> 或有指摘而明辨之者，眾未嘗不笑其迂且狂也。〔註95〕

李先芳認為若〈國風〉中真有淫奔詩，何以孔子不刪？而若有所謂勸善懲惡之目的，何以《詩序》不直言之？李先芳甚至認為淫奔詩的定義將使《詩經》成為誨淫之具。除李先芳外，何楷亦批評朱子對淫奔詩的認定為「無稽」、「邪穢」、「有害風教」等。張次仲《待軒詩記》則論〈桑中〉云：

> 晦菴據《禮記》桑間、濮上之語，謂桑間即此篇。夫桑間與桑中不同，淇上與濮上不同，詩與音不同，焉得以此詩即為〈樂記〉所錄。
> 〔註96〕

張次仲認為朱子徒然根據〈樂記〉桑中、濮上之音與孔子「鄭聲淫」一詞便連結到〈鄭風·桑中〉之詩，進而將〈鄭〉〈衛〉大部分詩篇定為淫奔之詩，證據實不夠充足。

　　入清後，對朱子的批評更為猛烈，毛奇齡（1623～1716）尤其是當時反朱學的代表分子，其《白鷺洲主客說詩》曾發表對淫奔詩的評論云：

> 唐人朱慶餘作〈閨情〉一篇獻水部郎中張籍，其詩曰：「洞房昨夜停紅燭，待曉堂前拜舅姑。粧罷低聲問夫婿，畫眉深淺入時無？」向

〔註95〕　李先芳：《讀詩私記》，卷1，頁6上～7上／510。
〔註96〕　〔明〕張次仲：《待軒詩記》，收入《景印文淵閣四庫全書》第82冊，卷2，頁6下／83。

使無獻水部一題，則偓偓數言但閨閣語耳，有能解其以生平就正賢達之意乎？又實梁賓以才藻見賞于進士盧東表，適東表及第，梁賓喜而爲詩：「曉粧初罷眼初睧，小玉驚人踏破裙。手把紅箋書一紙，上頭名字有郎君。」若掩其題則靡麗輕薄，與婦喜夫第何異？〔註97〕

毛奇齡舉唐詩爲例，強調唐人作詩便有許多故託男女之言者，若不明作詩目的，則會把本具嚴肅性質的詩篇轉變而爲靡麗輕薄之作。言下之意，他反對朱子但依詩歌本文爲詮釋標準的方法，而他所追求的仍是傳統以《詩序》爲主，由作者本意或採詩之意來取代詩歌文本所顯示的意涵。毛奇齡又云：：

〈孔子世家〉曰：「古者《詩》三千餘篇，及至孔子，去其重，取其可施于禮義者三百五篇，孔子皆弦歌之，以求合于〈韶〉、〈武〉、〈雅〉、〈頌〉之音。」是三百五篇皆可施禮義者也，皆弦歌者也。向使爲淫奔詩，則不惟禮義所絕，幾見有淫詩而可弦之歌之者？且淫詩何詩，謂可以合之舜之〈韶〉、武之〈武〉，與夫在朝在廟之〈雅〉、〈頌〉耶？〔註98〕

毛奇齡認爲《詩經》各篇皆可弦歌，那麼爲禮義所絕的淫奔之詩又豈能合樂，使其與代表先王的〈韶〉、〈武〉、〈雅〉、〈頌〉併存，因此《詩經》根本不應該存在淫奔之詩，反過來說，現存詩篇不可能有淫奔之作。毛氏更批評淫奔詩的存在根本不能收懲惡之效，反而有可能啓迪淫念，毛奇齡續云：

宋黎立武作《經論》，中有云：「少時讀箕子〈禾黍歌〉，愨然流涕。稍長讀〈鄭風・狡童〉詩而淫心生焉，出而視隣人之婦，皆若目挑心招。怪而自省，夫猶是「彼狡童兮，不與我好兮」二語，而一讀之而生忠心，一讀之而生淫心者，豈其詩有二乎？解之者之故也。然則解《詩》當慎矣。從來君臣朋友間，不相得則託言以諷之，〈國風〉多此體，而逞臆解說鍛成淫失，恐古經無邪之旨，必不若是。」此宋末儒者之言。〔註99〕

毛奇齡舉宋儒黎立武的說法，以其親身經歷驗證淫奔詩的存在根本不能收到勸懲效果，其目的也就是批評朱子所謂讀者「思無邪」根本是妄談。但毛奇齡並未能注意到朱子將這個問題利用讀經次序解決，能讀《詩經》，進而辨別

〔註97〕 〔清〕毛奇齡：《白鷺洲主客說詩》，收入《續修四庫全書》第 61 冊，頁 10 上～10 下／410。
〔註98〕 毛奇齡：《白鷺洲主客說詩》，頁 1 下～2 上／406。
〔註99〕 毛奇齡：《白鷺洲主客說詩》，頁 5 上～5 下／407。

〈國風〉雅正者，必須已經具有《四書》義理基礎，否則自然會如黎立武讀
之而生淫心，乃至於視鄰婦皆目挑心招。

（三）朱子定義比興說的影響

　　朱子對六義說有自己新的詮釋，他並指出「賦、比、興」爲三經，而「風、
雅、頌」則爲三緯，朱子這樣的定義爲後世所接受。但相當奇怪的是，後世
羽翼朱《傳》者卻有將三經、三緯所指對象顛倒者，這首先肇始於輔廣《詩
童子問》載爲：

> 先生因論詩樂而有說曰：古者〈風〉、〈雅〉、〈頌〉名既不同，其聲
> 想亦各別也。製作之體謂賦、比、興也，蓋〈風〉、〈雅〉、〈頌〉之
> 體皆用是三者以製作也。三經謂〈風〉、〈雅〉、〈頌〉，蓋其體之一定
> 也。三緯謂賦、比、興，蓋其用之不一也。〔註100〕

之後如劉瑾《詩傳通釋》、梁益《詩傳旁通》〔註101〕、《詩傳大全》等皆將風、
雅、頌稱爲三經，賦、比、興稱爲三緯，與朱子相反。那麼究竟是何處出了
問題？難道《語類》記載有誤。朱子分三經三緯的說法見於〈詩傳綱領〉、《語
類》及《詩傳遺說》，〈詩傳綱領〉的記載爲：「故大師之教國子，必使之以是
六者三經而三緯之，則凡《詩》之節奏指歸，皆將不待講說而直可吟詠以得
之矣。」〔註102〕這是朱子自己的文字，但並沒有明確說明究竟何者爲經，可
者爲緯。至於《語類》及《詩傳遺說》，則明確提到三經乃賦、比、興，三緯
爲〈風〉、〈雅〉、〈頌〉，兩處記錄者皆爲呂燾，則資料來源大概相同，與輔廣
所錄有異。然而許謙《詩集傳名物鈔》亦錄爲三經是賦、比、興，三緯是〈風〉、
〈雅〉、〈頌〉，可證這種差異並非出自後人傳抄的失誤，而是在南宋便已出現。
那麼究竟何說爲朱子眞正看法？由於皆出於二手資料，實也難簡單斷定。不
過後世論者多直接採用輔廣的分類，而未注意到《語類》有異，則大概是未
仔細精審之故也。

　　姑且不論朱子三經三緯所指究竟爲何，他對《詩經》六義的定義對於後

〔註100〕輔廣：《詩童子問》，卷首，頁 2 下／273。

〔註101〕梁益云：「賦、比、興者，作《詩》之體；〈風〉、〈雅〉、〈頌〉者，作《詩》
　　　　之名。《詩》有六義，三經而三緯之。〈風〉、〈雅〉、〈頌〉爲經，賦、比、興
　　　　爲緯。三緯之中又復錯綜焉，如興而比，賦而興之類。六義之旨，粲然明矣。」
　　　　見〔元〕梁益：《詩傳旁通》，收入《景印文淵閣四庫全書》第 76 冊，卷 1，
　　　　頁 8 上～8 下／795。

〔註102〕朱熹：《朱子全書》第 1 冊，頁 344。

世實有深刻影響。不過關於〈風〉、〈雅〉、〈頌〉的定義雖歷來紛歧頗多，無論如何定義，皆改變不了目前〈風〉、〈雅〉、〈頌〉已固定指向某些詩篇的範圍，因此關於對〈風〉、〈雅〉、〈頌〉定義的討論，實質影響並不大。至於賦、比、興則涉及對詩歌創作方法的確認，於是不同的定義便會導向對詩篇有不同的區分。尤其是比、興兩者在意義的解釋上頗有重複性質，歷來學者雖可界定出某些特徵以分別比、興，但實際運用時仍總有少數爭議之處難以論斷。而朱子在漢學簡單以美刺區別比興的作法上，提出新說，認為比是「以彼物比此物」，興則是「先言一物以引起所咏之詞」或「託物興辭」兩種說法，開展出對比興解釋更多元的探討。朱自清《詩言志辨》云：「賦比興的意義，特別是比興的意義，卻似乎纏夾得多；《詩集傳》以後，纏夾得更利害，說《詩》的人你說你的，我說我的，越說越糊塗。」〔註 103〕林葉連亦批評朱子重定「興」義後，造成「使興之定義滋生異說」的不良影響，其云：「朱子興義新解之後，新說日滋；聯想、觸情、襯韻、詠歎、戴帽……諸家定義，言之鑿鑿；然而，殆皆與周人之意不合。」〔註 104〕周人之意為何？由於《毛傳》根本也未明說，那麼所謂周人之意其實也就是詮釋者個人之意。詩人在寫作詩歌之時，不太可能已定好某些創作規則然後必欲守之而不敢違，那麼最早所以定出賦比興以界定《詩經》創作方法者，其實也是從閱讀者的立場所作的概分，那麼其定義等於也是讀者詮釋視野下所作出的界定。而從後人閱讀《詩經》的過程來看，後人的詮釋也是讀者的詮釋，那麼兩者皆處於讀者詮釋的層次，所以對朱子重新界定賦比興的說法，實也不須要拿周人之意來作為判斷標準。明乎此，對於朱子對比興定義便無所謂價值優劣、滋生異說的問題。

今人對朱子重新定義比興的內涵其實均未能掌握其要義，雖然朱子使用頗具文學意味的語言詮釋賦、比、興，但他實際運用時卻是簡單地依據意義顯示的位置直接作制式化的區別：凡意義顯示在本句者，即為賦法；而意義不在詩歌本句，必須利用詩句象徵之意再往外探求者，則為比法；意義之顯現不在本句，而顯露在接續其後之句者，則為興法。利用這樣的區別，將《詩經》三百零五篇每一章皆依賦、比、興而切割為三部分。羽翼朱《傳》者對朱子的分類多表贊同，如輔廣云：「先儒分章之誤，皆由不知比興之體、音韻

〔註103〕朱志清：《詩言志辨》（上海：開明書店，1947 年 8 月），頁 49。
〔註104〕林葉連：《詩經論文》，頁 128。

之節故也。是以先生於序說不得不辨明之。」〔註105〕又如劉玉汝《詩纘緒》
釋〈鴟鴞〉云:「《詩》有全篇興,有全篇比。此篇只為鳥言呼告鴟鴞之詞,
全不說出所事,故曰全篇比。與〈螽斯〉、〈伐柯〉同。」〔註106〕明梁寅《詩
演義》云:「凡興者,先託於物而後言所詠之事也。」〔註107〕這些均為接受朱
子的定義者。不過朱子的畫分並非盡如人意,其分類意涵亦未為後儒所明悉,
故仍有少數主朱《傳》立場者亦針對朱子的說法進行修改,如劉玉汝論〈小
毖〉便云:

> 〈大序〉「六義」三為經,三為緯。考之〈頌〉有興體者,惟〈振鷺〉;
> 有比體者,惟此篇。〈振鷺〉當為興,此篇中當有比。不然〈頌〉無
> 比興之緯,其義不備矣。〔註108〕

朱子將〈周頌〉全界定為賦,但其中〈小毖〉及〈振鷺〉二詩卻有界定上的
困難。《詩集傳》於〈振鷺〉云:「或曰興也。」言下之意似對〈振鷺〉之為
賦法仍有疑慮,但對於〈小毖〉詩則仍以賦法解釋,但劉玉汝卻認為〈小毖〉
當為比,然如此一來,便與朱子衝突,於是他又據朱子三經三緯之說,認為
〈頌〉中應該仍有比興之體,否則便不能謂之經緯。劉玉汝以賦比興為三緯,
與《語類》所載不同,但他雖然有意改正朱《傳》,卻依舊引朱子看法以自圓
其說,顯示他仍舊局限在朱子的典範之下。

　　明代中葉之後,對於朱子比興定義開始興起反省批判的浪潮。明人姚舜
牧(1543~1627)(1543~約1622)對朱子三緯之分提出質疑,並認為朱子界
定比、興方法頗有問題,《重訂詩經疑問》舉〈青蠅〉為例曰:

> 此三章皆有比、興意,必以飛聲讒言之相似謂首章之為比,則固矣。
> 又以所止周極之相反,謂後二章之為興,則迂矣。此愚謂說《詩》
> 之不必分為三緯也。〔註109〕

朱子謂〈青蠅〉首章為比,後二章為興,同樣的寫法,卻有不同的分類,固然
是為了適合朱子自己的定義,但這樣的畫分也混淆後人對朱子定義的認識,更
開啟後世對朱子比興的批評,如陳啟源《毛詩稽古編》亦論〈青蠅〉詩云:

〔註105〕輔廣:《詩童子問》,卷6,頁18下/389。

〔註106〕劉玉汝:《詩纘緒》,卷8,頁14下/655。

〔註107〕〔明〕梁寅:《詩演義》,收入《景印文淵閣四庫全書》第78冊,卷1,頁2
　　　　下/5。

〔註108〕劉玉汝:《詩纘緒》,卷17,頁24下~25上/772。

〔註109〕〔明〕姚舜牧:《重訂詩經疑問》,收入《景印文淵閣四庫全書》第80冊,卷
　　　　7,頁33上/779。

> 詩三章皆以蠅興讒人，初無兩體也。《集傳》分首章爲比，下二章爲
> 興，劉瑾釋之，謂首青蠅對君子，下章以對讒人，故比興不同。案：
> 斯乃晦菴創立之論。詩人之比興，元不如此。詩言君子無聽，則讒
> 人之構亂可知；言讒人罔極，則君子之不宜聽可知。興者，興其意
> 乎？抑徒興其詞乎？〔註110〕

陳啓源可謂掌握朱子比、興的重點。朱子的興法重點必須將意義顯示在起興
句之下句，而陳啓源之意乃批評朱子徒然以興起其詞便歸爲興法，反而無法
與詩人之意有明確連結。

　　朱子認爲興法重點在於引出下句，故對於起興句的意涵不須太過重視，
甚至於只要諷詠讀過，藉以興起下句即可，反映在訓詁上，便是對起興句僅
作簡單的訓釋，甚至只是再按詩句略添幾字解說而已，這樣的作法亦起嚴虞
惇（1650～1713）的批評，其《讀詩質疑》論云：

> 昔明道先生善言《詩》，並未嘗章解句釋，只轉却一兩字，點撥地讀
> 過，便教人省悟，雖匡鼎解頤，不過如此。文公《詩集註》亦有見
> 於此，故往往於比興之辭，但就本文添一二字，不別加訓釋，於〈關
> 雎〉首章、〈殷其靁〉三章之類，皆涵泳唱嘆，最得《詩》旨。他如
> 〈鄭風·揚之水〉：「則不流束楚矣。終鮮兄弟，則維予與女矣。」
> 〈秦風〉：「山則有苞櫟矣，隰則有六駁矣。未見君子，則憂心靡樂
> 矣。」〈唐風·園有桃〉：「則其實之殽矣。心有憂則我歌且謠矣。」
> 〈小雅〉：「薄言采芑，則于彼新田矣。方叔蒞止，則其車三千矣。」
> 諸如此類，但以則字、矣字點撥成文，而比興之義全無所發明，上
> 下文理亦未見貼合，是求簡易而失之疎脱，去支離而入於顢頇，反
> 不如章解句釋之足以旁通而曲暢也。〔註111〕

嚴虞惇認爲朱子對於某些詩句的解釋僅就本文添一二字，不特別再加以訓
釋，如此雖頗能掌握住匡鼎解頤、明道說《詩》的特色。但有時過度濫用此
法，對於某些需要稍加注釋的詩句亦僅以「則」字、「矣」點撥成文，並未多
作說明，如此則是求之簡易而失之疏脱。嚴虞惇更將朱子過於簡與毛鄭過深
作對比，其云：

〔註110〕陳啓源：《毛詩稽古編》，卷74，頁15上／152。
〔註111〕〔清〕嚴虞惇：《讀詩質疑》，收入《景印文淵閣四庫全書》第87冊，卷首4，
　　　　頁7下～8上／76～77。

> 大抵毛鄭於比興求之過深，而朱子於比興取之太簡。毛鄭多以比爲
> 興，朱子多以興爲賦，學者當知所別擇云。〔註112〕

朱子說《詩》或有過度簡易之習，但這是由於朱子自己標榜就文本諷咏而得詩意的主張而來；對於興句不加訓釋，也是基於他認爲不必求起興句之意而作出的詮釋。批評者須先掌握朱子的讀《詩》立場，才能針對朱子的問題指出改進之處。

朱子在《語類》中曾道〈關雎〉、〈麟趾〉爲興兼比，論〈北門〉爲賦而比，但在《詩集傳》中則採截然三分之法處理賦比興，雖然亦有作出兩種以上方法的判定，如〈漢廣〉「興而比」、〈頍弁〉「賦而興又比也」，但這是定位在全章不同句子上所作的判定，此於本論文第肆章中已清楚說明，故朱子基本上對詩句的判定是不採取有所謂「兼」的判定，《語類》的說法只是一時之論，恐難對《詩集傳》的定義作出全盤推翻。然而由於朱子自己並未清楚說明他採取「興而比」、「賦而興」等「而」字的意涵爲何，於是亦有學者對此提出質疑，如顧鎭《虞東學詩》〈標興詩〉便云：

> 三者之中，興爲微妙，而與比相鄰，易滋回惑，故毛氏首標之。其專言興者，或比或賦，文義燦如，無容著別。康成求義太迫，以興爲喻，往往於《傳》所不言亦意爲興，致使比興混淆，不分區宇，其昧風人之義而失毛氏之指遠矣。朱子病其淆也，遂謂興有全不取義，但取一二字相應者，則又矯枉而過之。又謂〈關雎〉兼比，〈綠衣〉兼興，〈氓〉蚩三義錯陳，〈簡兮〉兩端並設，如斯之類，不可枚舉。〔註113〕

顧鎭認爲賦、比、興定義不應混淆，而朱子正是病於鄭玄求義太迫，而使後人無法清楚辨別比興之異同，於是重新界定，但卻又矯枉過之。且又謂有興兼比、比兼興的現象，兩端並設，亦讓讀者無所適從。顧鎭的批評雖未點出朱子比興定義的要害，但朱子自己在這個部分說明不夠清楚，確實足以造成後人對其比興定義的錯誤理解。

（四）朱子以二〈南〉爲王道之本的影響

朱子將正《詩》依二〈南〉、二〈雅〉及〈周頌〉三部分建構了一分周代王道政治實現的完整歷程，也從而爲儒家所一再主張的王道政治提供驗證的

〔註112〕嚴虞惇：《讀詩質疑》，卷首6，頁9上／87。
〔註113〕〔清〕顧鎭：《虞東學詩》，收入《景印文淵閣四庫全書》第89冊，詩說，頁12下～13上／380。

眞實紀錄。傳統《詩經》學雖也主張《詩經》有教化功能，但所述較爲零散，而朱子則將之系統化、標準化，依詩人情性的表現，落實其教化思想於《大學》修身治國條目的開展之中，提一步提昇《詩經》爲政治服務的教化作用，而朱子這部分的構想特別表現爲將二〈南〉詩篇作爲文王內聖外王的王道藍圖。這樣的詮釋，也成爲羽翼朱學者所遵奉的說法，如劉瑾即特別強調二〈南〉爲正〈風〉的性質，《詩傳通釋》云：

> 此言〈國風〉之體而有正變也。蓋二〈南〉之詩，皆得性情之正，如〈關雎〉一篇，樂不淫，哀不傷，全體兼備。他如〈卷耳〉、〈汝墳〉、〈草蟲〉、〈行露〉、〈殷其雷〉、〈摽有梅〉、〈小星〉、〈江有汜〉之類，亦皆哀而不傷。如〈樛木〉、〈螽斯〉、〈桃夭〉、〈芣苢〉、〈漢廣〉、〈羔羊〉、〈何彼穠矣〉之類，又皆樂而不淫。故二篇獨爲正〈風〉。其餘自〈邶〉至〈豳〉十三國之詩，雖亦有得性情之正者，而君臣民庶之間，不能如二〈南〉風俗之純，故雖〈邠風〉亦不得爲正也。〔註114〕

朱子極重視二〈南〉，而劉瑾而亦認二〈南〉詩人皆得情性之正，獨爲正〈風〉，至於十三國之詩雖亦有情性之正者，但不具普遍性，並不如二〈南〉之正。

明朱善則更加強調二〈南〉是完整修身、齊家、治國、平天下的歷程，《詩解頤》〈周南總論〉云：

> 由〈關雎〉而〈螽斯〉，其詩作於宮中，此身修家齊之效也。〈桃夭〉、〈兔罝〉、〈芣苢〉，其詩作於國中，此家齊國治之效也。〈漢廣〉、〈汝墳〉，其詩作於南國，此國治、平天下之漸也。若〈麟趾〉，則又王者之瑞也，故以是終焉。〔註115〕

朱善將〈周南〉依各詩篇所作地點依序畫分，並將《大學》八條目融合進來，〈二南總論〉又云：

> 讀聖賢之書，必自《大學》始，誦三百篇之《詩》，必自二〈南〉始。二〈南〉之與《大學》實相表裡。蓋《大學》是言修齊治平之理，二〈南〉是言聖人修齊治平之事。《大學》是聖人立法以教人，如射之必至於彀，大匠必用乎規矩。二〈南〉是聖人躬行心得于上，而化行俗美於下，乃羿之發而必中，大匠之巧用規矩，以其成其室屋

〔註114〕 劉瑾：《詩傳通釋》，序，頁 3 上／262。
〔註115〕 朱善：《詩解頤》，卷 1，頁 249。

　　者也。然則讀《大學》者，固不可不知二〈南〉，而學二〈南〉者，

　　又豈徒可誦其文，而不考聖人行事之實哉！〔註116〕

朱善認爲《大學》可與二〈南〉相爲表裡，這與朱子求學進程相合，《大學》
是聖人立法教人之綱領，而二〈南〉則是聖人化行天下的示範，朱善更強調
讀《大學》者必須知二〈南〉，言下之意是把二〈南〉作爲《大學》的實踐，
而這完全是接受朱子觀念而作的闡述。

　　季本《詩說解頤》雖對朱子有所批評，但他亦接受程朱從修身、正家觀
點詮釋二〈南〉，其云：「二〈南〉，王化之本，於修身、正家爲尤切，故以爲
〈風〉之首，而學者所宜盡心焉。」〔註117〕又如明人朱謀㙔亦宗漢學，與朱
《傳》頗有異同，不過他亦相當強調二〈南〉之正，其《詩故》論〈野有死
麕〉云：「二〈南〉之詩，有美而無刺，其述風化事行，往往在乎景象之間，
不因言語文字而盡之。學《詩》者所當知焉。俗儒不通斯旨，至謂此詩爲淫
奔而欲刪之，如其愚，如其思！」〔註118〕俗儒乃指王柏，王柏欲刪〈野有死
麕〉，這與朱子視二〈南〉爲正〈風〉的觀念牴牾，而朱謀㙔則強調二〈南〉
王道教化立場：「造王業之本莫如〈周南〉，成王業之效莫如〈召南〉。」〔註119〕
故否定王柏欲刪〈野有死麕〉的作法。朱謀㙔這些思維當有以受朱子影響。

　　朱子強調二〈南〉不應過度注重后妃之德，應歸本於文王修身之效，這
樣的說法亦引起廣泛認同，如許謙《詩集傳名物鈔》即認爲〈關雎〉之爲宮
人思得賢女以配君子便是主受文王德化影響，其云：「夫以宮中之妾御，欲爲
君子得配以爲我之內主，而思之如此其切，是絕無妒忌之萌。是時宮中未被
后妃之化，非文王之德有以化之，能如是乎！」〔註120〕這是在朱子基礎上所
作的申論。梁寅《詩演義》亦云：「舊《序》曰：『美后妃之德也。』《傳》曰：
『乃深以見文王之德也。』蓋文王之興，雖由內助。大姒者，固聖女，然妻
道無成，豈得專美？」〔註121〕朱子改重后妃之德爲重文王之德，這是從王者
教化立場所作的分析，然在朱子提出二〈南〉以文王之德爲重後，仍有部分

〔註116〕朱善：《詩解頤》，卷1，頁250。
〔註117〕季本：《詩說解頤》，總論卷1，頁23下／15。
〔註118〕〔明〕朱謀㙔：《詩故》，收入《景印文淵閣四庫全書》第79冊，卷1，頁10
　　　　上／554。
〔註119〕朱謀㙔：《詩故》，卷1，頁1上／550。
〔註120〕〔元〕許謙：《詩集傳名物鈔》，收入納蘭性德輯：《通志堂經解》第8冊，卷
　　　　1，頁148。
〔註121〕梁寅：《詩演義》，卷1，頁2上～2下／5。

反對朱學者依舊從后妃之德申論，如李先芳《讀詩私記》〈讀詩總論〉云：

> 按：二〈南〉以〈關雎〉后妃爲首經，則知周室王業之所自，〈大雅〉
> 以〈瞻卬〉、〈召旻〉爲末簡，則知周室衰亂之所歸。文王以一后妃
> 之賢而正是四國，幽王專一褒姒之寵而身死犬戎，吁！亦可畏哉。
> 故十五〈國風〉凡言婦德邪正八十餘篇，殆居全經之半，而二〈雅〉
> 極贊太任、太姒之賢，備道哲婦傾城之戒，及頌亦右文母之典，無
> 非發二〈南〉之所藏，表全經之大旨也。〔註122〕

二〈南〉確實多女子之詩，但若從王道教化立場而將之歸爲美后妃之詩，頗
爲不倫。不過即使在朱學極盛的明代，仍然有不少學者反對朱子的論點。

清人對於二〈南〉的教化之說依舊頗有接受者，如王夫之（1619～1692）
《四書訓義》云：

> 聖人之教，其言甚近，其旨甚遠，深思而實體之，其切於身心者甚
> 至。故夫子謂伯魚曰：女學《詩》也，則〈周南〉、〈召南〉其先者
> 也。讀其文，求其義，譜之於弦歌，則得其唱嘆之情，此所以學二
> 〈南〉也。其言閨門之化，有爲化之本者，潔清雍睦以通志而成務。
> 〔註123〕

王夫之雖是由《論語》孔子欲伯魚學習〈周南〉、〈召南〉而申論二〈南〉爲
教化之本的重要性，但朱子亦是由《論語》開展他對二〈南〉的重視。王夫
之雖未提到朱子的影響，但以二〈南〉爲作教化之本的論述，多少仍帶有朱
子的影子存在。李光地認爲經書的思想，都是在發揮修身、齊家、治國、平
天下的道理，如《榕村語錄》論《詩》、《書》性質云：

> 諸經多將首二篇包括全書之義，〈乾〉、〈坤〉兩卦，括盡《易》理；
> 二〈典〉、二〈南〉，亦括盡《詩》、《書》中道理，總未有不從脩身、
> 齊家說起者。冢宰管到宮闈瑣細，俗儒疑端，以此爲首。不知此乃
> 脩齊之要，正治天下之本。〔註124〕

又云：

> 《詩經》道理，不出齊家、治國、平天下。二〈南〉從齊家起，〈雅〉
> 則治國平天下，〈頌〉則天地位，萬物育，郊焉而天神格，廟焉而人

〔註122〕 李先芳：《讀詩私記》，卷1，頁11下～12上。
〔註123〕 王夫之：《船山全書》第7冊，頁915。
〔註124〕 陳祖武點校：《榕村語錄》，卷1，頁2。

　　　　鬼享。然其理不外於修身、齊家，大指如此。〔註125〕

李光地這些概念都是直接繼承朱子而來，將正《詩》部分，依〈南〉、〈雅〉、〈頌〉將朱子王道政治的理想落實在從齊家到平天下的開展。

　　乾隆欽定《詩義折中》，雖意在取漢宋之折中，但對於朱子以二〈南〉爲王化之本的論述則深信不疑，其論〈關雎〉詩便云：

　　　　〈關雎〉，文王之本也。天下之本在國，國之本在家，家之本在身。
　　　　格物致知、正心誠意，皆所以修身也。窈窕好逑，惟取其德，則貞
　　　　淫辨而好惡之源清，格致之要道也；寤寐思服，不慕其色，則理欲
　　　　嚴而幽獨之幾謹，誠正之實功也；琴瑟友之，衽席之上德業相資而
　　　　天命常行，此修身以齊其家也。鐘鼓樂之，起宮闈達於朝廟，有以
　　　　奉神靈之統而理萬物之宜，此齊家以治其國，而天下可平也。事不
　　　　越夫婦之際，而天德王道之始終備焉。故用之閨門，用之鄉黨，用
　　　　之邦國，自天子至於庶人，不可一日而不爲此也。〔註126〕

乾隆畢竟將學術視爲政治服務的工具，他雖然批判朱子淫奔詩的說法，但二〈南〉主張文王之德，強調修身治國之效，這正合乎統治者的胃口，故《詩義折中》對於二〈南〉王道之化則主於朱子的立場。

　　民國以後，隨著西方思潮的進入，學者不再以舊視野詮釋經典，導致無論是以《詩序》爲主的舊注疏系統，或是以朱子《詩集傳》爲中心的注解系統均被打入冷宮，《詩經》不再被當成教化倫理的工具書，夏傳才云：

　　　　通過20年代的詩經學討論，明顯地反映出傳統詩經學到現代詩經學
　　　　的本質性變化。學者們不再把《詩經》當作「經夫婦、成孝敬、厚
　　　　人倫、美教化、移風俗」的經書，而把它看作古代一部歌謠來研究；
　　　　學者們以反封建的民主思想，向封建說教輪番發動猛烈的進攻，推
　　　　動了社會發展，也推動了學術進步。〔註127〕

排除經典的教化作用是否便代表學術思想的進步，固然尚有可議之處，但卻也反映出無論是以《詩序》爲代表的漢學系統，或以朱子《詩集傳》爲代表的宋學系統，均在此時一同被打爲舊時代影響進步的產物。固然仍有少數學者如錢穆或王禮卿等人仍堅持以《序》解《詩》，但傳統所重視的《詩》教及

〔註125〕陳祖武點校：《榕村語錄》，卷13，頁221。
〔註126〕乾隆御纂：《詩義折中》，卷1，頁3下～4上／7～8。
〔註127〕夏傳才：《二十世紀詩經學》（北京：學苑出版社，2005年7月），頁111。

朱子所強調教化藍圖，均鮮少受到關注，這些思維均被視爲落後的封建倫理思想，跟不上時代潮流，而朱子所提倡《詩經》所蘊藏王道教化的脈絡也幾乎遭到廢棄，代表朱子《詩集傳》的影響力愈來愈趨薄弱，只成爲《詩經》學史上曾經發生過的現象而已。

二、朱子《尚書》學義理思想對後世的影響

朱子《尚書》學並無專門著述傳世，而是由蔡沈以朱子遺命之由撰作《書集傳》，後世遂以之作爲朱子《尚書》學說的代表。自元代起，科舉考試均以蔡《傳》爲《尚書》一門之科考標準，從而在《尚學》史上具有重要地位並產生相當大影響。然而蔡《傳》畢竟不同於朱子親著，朱子可見的《尚書》遺說不多，而蔡沈更耗費十餘年心力著書，兩者不可能輕易畫上等號，金履祥便云：

> 朱子傳注諸經略備，獨《書》未及。嘗別出《小序》，辨正疑誤，指其要領，以授蔡氏，而爲《集傳》。諸說至此，有所折衷矣。而書成於朱子既沒之後、門人語錄未萃之前，猶或不無遺漏放失之憾。〔註128〕

蔡沈《書集傳》標榜朱子遺命所作，自然受有朱子極大影響，但畢竟非出自一手，其間容有差異。故宋元之際，便有許多學者如張葆舒作《尚書蔡傳訂誤》、黃景昌作《尚書蔡氏傳正誤》、程直方作《蔡傳辨疑》、余芑舒作《讀蔡傳疑》等，群起對蔡沈《書集傳》進行訂正辨誤之工作。甚至明太祖曾批評《書集傳》「天與日月皆左旋」看法與朱子不合，故詔令劉三吾等人撰作《書傳會選》，並認爲蔡沈「其書成於朱子既歿之後，有不能無可議者。」〔註129〕這些著述均表示蔡《傳》與朱子之間未必完全相符合，但這些差異畢竟只是小部分，蔡沈基本上少有改異朱子看法者。然而由於《書集傳》與朱子觀點有極大的相似度，因此若欲以朱子《尚書》義理思想爲主進而討論分析其影響，便必須特別剔除可能是由於《書集傳》所產生的影響成分。朱子之說頗無系統，蔡沈雖有成書，然其對後世影響又是建立在朱子學術之上，那麼兩者之間極易混淆，因此本論文只能就朱子較具有特殊見識的《尚書》觀點分析其對後世的影響。蔡師根祥曾指出朱子《尚書》學的影響及成就，包括辨

〔註128〕 金履祥：《尚書表注》，序，頁283。
〔註129〕 〔明〕劉三吾等：《書傳會選》，收入《景印文淵閣四庫全書》第63冊，序，頁1上／3。

古文之僞及命蔡沈作《書傳》，進而成爲科場準式，並分析歷代評價，所述多
集中於朱子疑辨古文的成果，而蔡方鹿則另外補充朱子闡述十六字心傳的哲
學內容，亦對後世產生極重大影響，其云：

> 由於《尚書》流傳和演變的情況比起其他儒家經典來更爲複雜，不
> 僅有今古文之分，而且存在著僞《古文尚書》及僞《孔傳》、僞〈孔
> 序〉等問題，所以朱熹在對這些問題進行認眞研究的過程中，堅持
> 獨立思考，不迷信前人成説，提出了許多有啓發、有價值的考辨意
> 見；另一方面，朱熹治《尚書》，不僅以經説經，探求經文之本義，
> 而且以義理説《尚書》，直把求二帝三王之心作爲治《尚書》的首要
> 之義。由此他推重《古文尚書》〈大禹謨〉，從中發揮堯、舜、禹一
> 脈相傳的「十六字心傳」説，爲建構其理學道統論作論證，表明他
> 對僞古文既疑且用。以上兩方面即是朱熹《尚書》學的基本內容。
> 這兩方面對中國經學和宋明理學的發展均產生了重要影響，在《尚
> 書》學史和宋明理學史上占有重要地位。〔註130〕

蔡方鹿就疑《書》問題及及十六字心傳兩個層面論述朱子《尚書》學對後世
作用，而除了這兩個方向外，朱子延續程頤強調閱讀《尚書》須識二帝三王
之用心以及他對「皇極」有別於傳統注疏的詮釋，也對後世《尚書》學解讀
產生影響，故以下試就此四方面論述之。

（一）疑《書》思想的啟發

朱子究竟有沒有疑《古文尚書》？今日學界經劉人鵬指出朱子未曾疑過
《古文尚書》之後，朱子的眞正想法又引起諸多討論。而本論文雖得出朱子
曾於早年有過疑《古文尚書》來源的結論，但朱子後來確實放棄了繼續深入
這個議題的嘗試，而轉向於分析《尚書》存在兩種體裁的特殊性。不過朱子
之後，疑《書》的見解愈趨成熟，傅兆寬曾就自唐宋開始疑《古文尚書》相
關學者勾勒出一條簡單脈絡，其云：

> 古文尚書之疑，章氏太炎論經史實錄不應無故懷疑云：「劉知幾抱孤
> 墳而作史通，據竹書紀年以疑尚書。」雖然劉氏之説有誤，但疑尚
> 書，則劉氏於唐初已言之。吳汝綸尚書後記亦云：「韓氏退之稱虞夏
> 書亦曰渾渾，於商於周獨取其詰曲聱牙者。詩曰，惟其有之，是以

〔註130〕蔡方鹿：〈朱熹《尚書》學的影響和地位〉，《天府新論》2003 年第 4 期，頁
11。

似之，信哉。其徒李漢敍論六藝又曰：「書禮剔其僞，書之僞，蓋自
此發。」蓋劉氏知幾、韓氏愈等皆疑古文尚書，但未涉及經文，然
其言亦未成說，更未蔚成辨僞疑經之風，逮趙宋，疑經之風，才正
式形成。但古文尚書二十五篇眞僞之辨，至南宋吳棫始疑之，朱熹
助之，申論其說者有蔡沈、趙汝談、陳振孫等，至元代有熊朋來、
趙孟頫、王充耘諸儒力攻其僞，然迄明梅鷟著尚書考異一書，專攻
二十五篇之僞，至清閻若璩尚書古文疏證、惠棟尚書古文考出，而
僞古文遂成定讞。〔註131〕

檢視這條脈絡中，眞正對疑《書》問題有重大啓發者應該以朱子爲是。朱子
明確疑《書序》及《孔傳》原創的眞實性，幾乎已爲疑《古文尚書》經文清
除了障礙，因此即使朱子未明確論道《古文尚書》可能爲僞，但其開創及提
示作用卻爲後來學者提供極爲重要的論證支持。朱子學自宋理宗後逐漸取得
主宰官方學術的地位，那麼對於敢疑《古文尚書》的學者而言，疑經固然是
一種忌諱，但當時學術典範的最高代表自己也曾說出類似的話來，這無疑是
最有力的強心針，也使這個問題得以在朱子典範的涵蓋下持續發展，因此後
世將疑《古文尚書》議題視爲朱子《尚書》學的影響，亦無可厚非。

然而究竟是誰開啓這個議題並將朱子納入，從而讓朱子在這個領域佔有
舉足輕重的影響。蔡沈在今古文問題上僅於每篇開頭標明此篇屬今文或屬古
文，但他的方式是標爲「今文古文皆有」或「今文無古文有」，並未涉及眞僞
問題。而南宋末陳振孫則考定各篇該屬今文或古文，趙孟頫（1254～1322）
則依今文古文分編，提供今古文分別闡釋及開始疑《古文尚書》的途徑。元
人始對疑《書》問題開始有廣泛討論，王充耘《讀書管見》〈禹謨古文之辨〉
則疑〈大禹謨〉的可靠性，其云：

〈禹謨〉一篇出於孔壁，深有可疑。蓋禹與皐陶、舜三人答辭，自
具見於〈皐陶謨〉、〈益稷〉篇中，如「予思日孜孜，帝慎乃在位。」
此即禹所陳之謨矣，安得又有〈大禹謨〉一篇？且〈堯典〉、〈舜典〉
雖紀事不一，而先後布置皆有次序，〈皐陶〉、〈益稷〉雖各自陳說，
而首尾答問一一相照，獨〈禹謨〉一篇雜亂無敍。〔註132〕

〔註131〕 傅兆寬：《梅鷟辨僞略說及尚書考異證補》（臺北：文史哲出版社，1988 年 7
月），頁 3～4。
〔註132〕 〔元〕王充耘：《讀書管見》，收入《通志堂經解》第 7 冊，卷上，頁 171。

王充耘指出〈大禹謨〉經文雜亂無敘，並斷定乃漢儒傅會之書，這與朱子對
〈大禹謨〉的態度不同。〈大禹謨〉乃《尚書》義理思想相當重要的一篇經文，
今人乃有以爲朱子之所以不敢疑《古文尚書》，便是怕倒了他思想體系相當重
要的「十六字心傳」的架構，而王充耘雖未提及朱子這方面的看法，但其說
《書》率宗朱子、蔡沈，或亦有以受朱子疑《書》論點所啓發也。

　　元人疑《書》有具體成果者當推吳澄（1249～1333）爲首，其《書纂言》
專釋《今文尚書》，不注古文篇章，並斷定〈泰誓〉爲僞。吳澄所以不釋古文，
便是因爲疑《古文尚書》非眞，而他在〈四經敘錄〉自敘心得時便大量引用
朱子之語作爲自己推論的證據，其云：

> 及梅賾二十五篇之《書》出，則凡傳記所引《書》語，諸家指爲逸
> 《書》者，收拾無遺。既有證驗，而其言率依於理，比張霸僞書遼
> 絕矣。析伏氏《書》二十八篇爲三十三，雜以新出之《書》，通爲五
> 十八篇，并《書序》一篇，凡五十九篇。有孔安國《傳》及〈序〉，
> 世遂以爲眞孔壁所藏也。唐初諸儒從而爲之疏義，自是漢世大小夏
> 侯、歐陽氏所傳《尚書》止有二十九篇者，廢不復行，惟此《孔傳》
> 五十八篇孤行於世。伏氏《書》既與梅賾所增混淆，誰復能辯？竊
> 嘗讀之，伏氏《書》雖難盡通，然辭義古奧，其爲上古之《書》無
> 疑。梅賾所增二十五篇，體製如出一手，采集補掇，雖無一字無所
> 本，而平緩卑弱，殊不類先漢以前之文。千年古書，最晚乃出，而
> 字畫略無脱誤，文勢略無齟齬，不亦大可疑乎？吳才老曰：「增多之
> 《書》皆文從字順，非若伏生之《書》詰曲聱牙。夫四代之《書》，
> 作者不一，乃至一人之手而定爲二體，其亦難言矣！」朱仲晦曰：
> 「《書》凡易讀者皆古文，豈有數百年壁中之物，不訛損一字者。」
> 又曰：「伏生所讀皆難讀，如何伏生徧記其所難，而易者全不能記也。」
> 又曰：「孔《書》至東晉方出，前此諸儒皆未可見，可疑之甚。」又
> 曰：「《書序》伏生時無之，其文甚弱，亦不是前漢人文字，只似後
> 漢末人。」又曰：「《小序》絶非孔門之舊，安國〈序〉亦非西漢文
> 章。」又曰：「先漢文字重厚，今〈大序〉格致極輕。」又曰：「孔
> 安國是魏晉間人作，托孔安國爲名耳。」又曰：「《孔傳》并〈序〉
> 皆不類西漢文字氣象，與《孔叢子》同是一手僞書，蓋其言多相表
> 裡，而訓詁亦多出《小爾雅》也。夫以吳氏及朱子之所疑者如此，

顧澄何敢質斯疑，而斷斷然不敢信此二十五篇之爲古書，則是非之
心不可得而昧也。〔註133〕

吳澄列舉許多朱子言論以作爲朱子不信《古文尚書》的例證，再加上他不注
古文的作法，於是自吳澄起，朱子便被改造爲早具慧眼，對《古文尚書》極
度懷疑的學者，但這應該只是吳澄自己的見解，劉小嬿有云：

吳澄身爲元代經學大師，他的諸經纂言在元代經學的發展史上，
佔有重要的地位，其《尚書》學，更是繼承宋學的影響，以義理
解經；又在宋代吳棫與朱熹疑辨的基礎上，對《今文尚書》與古
文《尚書》做了決定性的分別，超越朱熹只疑不敢棄的作法，斷
然只以《今文尚書》爲眞《尚書》，開啓了《尚書》學史的只釋今
文之風。〔註134〕

吳澄是繼承並超越朱子只疑而不敢棄的作法，而且實際上他所引朱子疑《書》
相關言論主旨亦未必眞如其所理解。但可以說，自吳澄起，朱子便正式被納
入疑《書》的陣營之中，這樣的作法等於是訴諸權威，從而也讓朱子以其典
範地位，影響著後世對《古文尚書》辨僞的發展。

明人著述接續對《古文尚書》提出諸多僞作論證者首推梅鷟（約 1483～
1553）《尚書考異》。吳澄只是在朱子的基礎上，據今古文的難易作出區分，
但他並未對古文有深入的辨僞之說，未能一一盡核其實。而梅鷟則提出許多
辨僞方法，〔註135〕且在自敘啓發淵源時，亦如吳澄，詳列朱子疑《書》言論
以爲佐驗，並云：

吳氏（棫）、朱子、吳先生（澄）三大儒之論如此，凡皆迥出常情，

〔註133〕〔元〕吳澄：《書纂言》，收入納蘭性德輯：《通志堂經解》第 6 冊，頁 459。
〔註134〕劉小嬿：《吳澄尚書學研究》，國立高雄師範大學經學研究所碩士論文，1996
年 7 月，頁 247。
〔註135〕傅兆寬歸納梅鷟辨僞之法有二十二項原則，分別爲(一)以史書志目辨僞，(二)
以篇次之編排辨僞，(三)以篇數篇名辨僞，(四)以史例辨僞，(五)以古人
撰書義例辨僞，(六)以古人行文之慣例辨僞，(七)以古人引書之義例辨僞，
(八)以引援舊文失實辨僞，(九)以不合前人慣用之文字辨僞，(十)以文
字之演進原則辨僞，(十一)以古書音韻辨僞，(十二)以歷代文體辨僞，(十
三)以文理辨僞，(十四)以句讀辨僞，(十五)以文辭辨僞，(十六)以訓詁
辨僞，(十七)以時代先後辨僞，(十八)以時代思想辨僞，(十九)以禮制辨
僞，(二十)以地名設置先後辨僞，(二十一)以前曰「佚文」、「逸書」、或「今
亡」辨僞，(二十二)以史學之比較法辨僞。見傅兆寬：《梅鷟辨僞略說及尚
書考異證補》，頁 28～36。

洞燭眞僞，無所因襲之見，此所以爲豪傑聖賢也。〔註136〕

可見梅鷟將朱子視爲開啓他辨僞思想的源頭。梅鷟的考辨對閻若璩辨僞思維頗有影響，《四庫全書》提要云：「國朝閻若璩《古文尚書疏證》出，條分縷析，益無疑義，論者不能復置一詞。然剙始之功，實鷟爲之先也。」〔註137〕就梅鷟及吳澄等人而言，他們都是將朱子視爲疑《書》思想的先驅者。然而由於《古文尚書》性質非同小可，反對論其爲僞作者亦不在少數，陳第（1541～1617）《尚書疏衍》便批評云：

孔安國古文二十五篇，至東晉始顯，唐人疏之，始大行于世。世未有議其爲僞者。宋吳才老始曰：「安國所增多之《書》，皆文從字順，非若伏生之《書》詰曲聱牙，至有不可讀者。」朱考亭因之曰：「安國《書》至東晉時方出，前此諸儒，皆未見，可疑之甚。」吳草盧又因之曰：「二十五篇采緝補綴，無一字無所本，而平緩卑弱，殊不類秦漢以前之文。」噫！三子言出，疑古文者紛然矣。愚竊以爲過矣！〔註138〕

在考據學的高度發展下，《古文尚書》眞僞的討論進入清代之後達到另一高峰。關於《古文尚書》眞僞問題，後儒藉由朱子的權威身分，確保了疑《書》思維得以持續發展，最後至清代閻若璩發表《尚書古文疏證》判定爲僞，數百年來，雖偶有反對者，但基本上都動搖不了閻氏的結論。雖然直到今日，學界開始出現許多質疑閻若璩考證方法的批判。關於目前學界對《古文尚書》討論之大致細節，可參考丁鼎〈「僞《古文尚書》案」平議〉一文，而其結論亦云：

閻若璩等人將傳世本《古文尚書》判定爲僞書的結論已經發生了動搖。雖然目前徹底推翻閻氏的結論爲時尚早，但起碼說明閻氏的結論遠非定論，是可以繼續探討的；而毛奇齡等人對閻若璩等人的駁難以及傳世本《古文尚書》所作的論證和辯護日益顯示出其學術價值，是難以簡單否定的。〔註139〕

〔註136〕〔明〕梅鷟：《尚書考異》，收入〔清〕孫星衍輯：《平津館叢書》，影印〔清〕嘉慶早戌孟秋蘭陵孫氏校刊本，卷1，頁11上～11下。

〔註137〕〔明〕梅鷟：《尚書考異》，收入《景印文淵閣四庫全書》第64冊，提要，頁3上／2。

〔註138〕〔明〕陳第：《尚書疏衍》，收入《景印文淵閣四庫全書》第64冊，卷1，頁3下～4上／732～733。

〔註139〕丁鼎：〈「僞《古文尚書》案」平議〉，《古籍整理研究學刊》2010年3月第2期，頁8。

這樣的結論對於已習慣接受閻氏說法，並斥毛奇齡為強辭奪理的學者而言，確實是極大的震憾，結論有可能會被改變，雖然目前仍然未發展至再次確立《古文尚書》性質的成熟階段，但隨著後出轉精，這個千年疑題可能將再次遭到破解。2008 年大陸清華大學自境外購得一批竹簡，據傳有部分《尚書》篇章，或許能對《古文尚書》相關問題再掀波瀾。那麼由此回頭來看朱子的態度，早年的朱子確實曾對《古文尚書》來源感到疑惑，但隨著時間及看法的深入，並未再繼續深化此見，一方面固然也可能憂慮動搖聖經根本將造成難以收拾的思想浩劫，一方面也因為實無任何證據可讓朱子發揮。那麼相較於清代考據學派的論斷，朱子的態度仍是較為審慎的。

除對《古文尚書》之疑有開啓之功外，朱子對於《書序》及《孔傳》則非常明確斥為偽作，而這種論點亦受到多數學者認同，如王柏云：「朱子雖取此〈序〉於《書傳》之首，謂其言本末之頗詳，且取其掃《小序》自為一篇，而不殽雜於經文之上，亦未嘗不言其非西京文字，固已洞矚其偽矣。」〔註140〕認為朱子雖仍將〈大序〉置於《書集傳》前，但實已認定其與《小序》皆為偽作，而這也影響後世學者對《書序》的看法。《欽定書經傳說彙纂》引金履祥之言曰：「方漢初時，〈泰誓〉且有偽書，何況《書序》之類。且《孔傳》、古文，其出最後，則為齊魯諸儒次第附會而作，《序》亦可知也。」〔註141〕《經義考》引陳櫟之言則云：「今考序文，於見存之篇雖頗依文立義，而識見淺陋，無所發明，其間至有與經相戾者。於已亡之篇，則依阿簡略，尤無所補，其非孔子所作明甚。」〔註142〕顧炎武《日知錄》〈書序〉云：「益都孫寶侗仲愚謂《書序》為後人偽作，逸《書》之名，亦多不典。至如《左氏傳》定四年，祝陀告萇弘，其言魯也，曰命以〈伯禽〉，而封於少皡之虛。其言衛也，曰命以〈康誥〉，而封於殷虛。其言晉也，曰命以〈唐誥〉，而封於夏虛。是則〈伯禽之命〉、〈康誥〉、〈唐誥〉，〈周書〉之三篇，而孔子所必錄也。今獨〈康誥〉存而二書亡，為《書序》者，不知其篇名，而不列於百篇之內，疏漏顯然。是則不但《書序》可疑，並百篇之名，亦未可信矣。」〔註143〕方

〔註140〕〔宋〕王柏：《書疑》，收入納蘭性德輯：《通志堂經解》第 6 冊，卷 1，頁 152。

〔註141〕〔清〕聖祖仁皇帝欽定：《欽定書經傳說彙纂》（長春：吉林出版集團有限責任公司，2005 年 5 月，影印摛藻堂《欽定四庫全書薈要》本），卷首下，頁 24 下～25 上／70。

〔註142〕朱彝尊：《經義考》，卷 73，頁 407。

〔註143〕黃汝成：《日知錄集釋》，卷 2，頁 36 下。

苞（1668～1749）云：「《書》說之謬悠，莫如〈君奭〉篇《序》稱「召公不悅」，及周公代成王作誥而弟康叔。自唐以後，眾以爲疑，朱子出，其論始定。」〔註144〕清人程廷祚（1691～1767）《晚書訂疑》卷中亦認爲《書序》：「殆周秦間爲《尚書》之學者，記其所聞而作也。」〔註145〕種種說法，均受朱子影響，認爲《書序》乃周秦之間學者所輯。

《書序》雖然經過朱子論定爲僞作，但仍有少數學者不肯接受，如朱彝尊（1629～1709）《經義考》云：「周官外史，達《書》名於四方。此《書》必有《序》。而今百篇之《序》，即外史所以達四方者，其由來古矣。」〔註146〕莊述祖（1750～1816）〈大誥序說〉云：「讀〈大誥〉序，而知非聖人不能作也。」〔註147〕這些仍秉守著漢學傳統，主張《書序》爲聖人所傳，不接受朱子及閻若璩的論點。

朱子亦斷言《尚書孔氏傳》乃後漢以後所出之僞作，但他僅從文章風格論述，並未揭出明確證據，雖然眼光銳利但難以服眾，因此學者引用其說時亦較爲謹慎，如《經義考》引金履祥之言云：「《孔傳》、古文，其出最後，則附會之作，有所不免。」〔註148〕董鼎《書傳輯錄纂註》序云：「惜夫安國之《傳》，不無可疑。」〔註149〕皆表達對《孔傳》的懷疑，但卻無有力證據。王應麟則引《論語》注及《孔傳》相比，《困學紀聞》有云：

> 「雖有周親，不如仁人。」孔安國注《論語》言：「雖有管、蔡爲周
>
> 親，不如箕子、微子之仁人。」與注《尚書》異。〔註150〕

《論語》注及《尚書孔氏傳》兩者皆號稱出自孔安國，但卻有說解上的差異。而王應麟學宗朱子，雖僅舉出其差異，蓋亦認同朱子斷《孔傳》爲僞，只是證據不夠充分，亦未敢直下斷言。

《孔傳》的問題也在閻若璩手中確定爲僞，但《孔傳》雖非眞出自孔安國手筆，仍屬魏晉古注，自有其價值存在，清焦循（1763～1820）〈群經補疏

〔註144〕〔清〕方苞：《方苞集》（上海：上海古籍出版社，1983 年 5 月），頁 3。

〔註145〕〔清〕程廷祚：《晚書訂疑》，收入《續修四庫全書》第 44 冊，卷中，頁 1 上／17。

〔註146〕朱彝尊：《經義考》，卷 73，頁 408。

〔註147〕〔清〕莊述祖：《珍埶宧文鈔》，收入《續修四庫全書》第 1475 冊，影印中國科學院圖書館藏清刻本，卷 3，頁 17 上／41。

〔註148〕朱彝尊：《經義考》，卷 73，頁 407。

〔註149〕董鼎：《書傳輯錄纂註》，序，頁 3 下／200。

〔註150〕王應麟：《困學紀聞全校本》，卷 2，頁 215。

自序‧尚書孔氏傳〉便云：

> 東晉晚出《尚書孔傳》，至今日稍能讀書者，皆知其僞。雖然，其增
> 多之二十五篇，僞也；其〈堯典〉以下至〈泰誓〉二十八篇，固不
> 僞也。則試置其僞作之二十五篇，而專論其不僞之二十八篇，且置
> 其爲假託之孔安國，而論其爲魏晉間人之傳，則未嘗不與何晏、杜
> 預、郭璞、范甯等先後同時。晏、預、璞、甯之傳注，可存而論，
> 則此傳亦何不可存而論？〔註151〕

陳澧亦曰：

> 僞孔善於鄭注者，焦氏所舉之外，尚頗有之，今不必贅錄。蓋僞孔
> 讀鄭注，於其義未安者則易之，此其所以不可廢也。若不僞稱孔安
> 國而自爲書，如鄭《箋》之易毛，則誠善矣。〔註152〕

眞僞之斷定只是作者歸屬權的問題而已，而其注解仍有一定的價值，不可廢
除。這也與朱子雖斷《孔傳》爲僞，但在注釋時仍不免引用的立場相近。

（二）闡述虞廷十六字義理的影響

朱子將〈大禹謨〉「人心惟危，道心惟微，惟精惟一，允執厥中」之言視
爲堯舜相傳的帝王心法，並建構其成爲道統說的理論依據，這是朱子以理學
思維解釋《尚書》的特色。後世從朱學者，對於人心道心的問題幾乎皆不免
著墨一番。蔡沈便恪守朱子之說，《書集傳》云：

> 心者，人之知覺，主於中而應於外者也。指其發於形氣者而言，
> 則謂之人心。指其發於義理者而言，則謂之道心。人心易私而難
> 公，故危；道公難明而易昧，故微。惟能精以察之，而不雜形氣
> 之私；一以守之，而純乎義理之正，道心常爲之主，而人心聽命
> 焉。則危者安，微者著，動靜云爲，自無過不及之差，而信能執
> 其中矣。〔註153〕

蔡沈幾乎全依朱子立說，僅稍改易文辭而已。陳大猷《書集傳或問》亦云：

> 或問心之知覺，一耳，發之於人欲，則爲人心；發之於道義，則爲
> 道心，而所以爲心則一，如何？曰：譬猶水火，用之於灌漑熟飪，

則是道心；用之於漂蕩延燎，則是人心，然所以爲水火則非有二也。

譬之人之強勇，用於爲善則爲道義之勇，用於忿鬪則爲血氣之勇，

然豈有二勇哉！但人心之說，不如晦菴之全耳。〔註154〕

人心道心應用在朱子理學最大問題便是心只有一，但何以會有人心道心之異？朱子最後以一心之公私爲分，發於形氣者爲私，爲人心；根於性命者爲公，爲道心。而蔡沈、陳大猷亦由心之知覺而論，皆是承襲朱子之說。

朱子對人心、道心之說乃從其心性論立說，而金履祥更以理一分殊的觀念補充之，其言云：

堯之授舜曰允執其中，此授之以治天下之則也。一人之治天下，惟在於持此無過不及之則，以裁天下之事，使之各得而已爾。舜之授禹也而益之以三言，則又授之執中之則也。天地一理，運而爲陰陽五行之氣，其化生斯人也，氣以成形而理亦賦焉。而心者，則理氣之會而知覺焉者也。人心者，知覺之生乎氣，如耳目鼻口四肢，與凡攻取之欲是也；道心者，知覺之生乎理，如惻隱、羞惡、辭讓、是非之端，蓋管乎耳目鼻口四肢者也。生乎氣者固亦理之所有，而易流於欲，故危；原乎理者，攝乎氣之中而不充則晦，故微。先言人心而後言道心，蓋道心之所以微，亦以人心之危有以微之也。精則察此念之發爲人心，爲道心也；一則守道心之正而不貳也，如此則自吾心而達之天下，凡所云爲，皆有以得其中矣，中即道之用也。〔註155〕

金履祥認爲人心乃生於分殊者，而由分殊以歸攝於理一，則人心即道心也。

元朝之後，祖述朱子、蔡《傳》者，亦皆繼續就於人心與道心不可以爲二心立論，如陳悅道《書義斷法》云：

心一而已。人心則指其發於形氣而言，道心則指其根於義理而言也。人心難公，道心易昧，故必精以察之，一以守之，使道心常爲之主，而人心聽命焉。然後動靜云爲，信能執其中，而無過不及之差矣。然無稽之言，弗詢之謀，又妨政害治之大者，故言勿聽、勿庸，以示禁止之意。蓋存心出治之本，聽言處事之要，二者竝行而不悖，

〔註154〕〔宋〕陳大猷：《書集傳或問》，收入納蘭性德輯：《通志堂經解》第6冊，卷上，頁176。

〔註155〕〔宋〕金履祥：《資治通鑑前編》，收入《景印文淵閣四庫全書》第332冊，卷2，頁26上～26下／51。

而內外之所以相資,治道之所以無弊也。〔註156〕

許謙亦云:

> 人心可善可惡,理欲皆可包在裏許。目視、耳聽、鼻臭、口味、四
> 肢之奉,皆是道心,則一于理而不雜以私,惻隱、羞惡、辭讓、是
> 非是也。精則于凡人心之所接處,事事察之,極精而知理欲分曉,
> 一則專守于理,而不使一毫私欲間于其間,其及于事物,信能執其
> 中矣。精是知得到,一是守得堅,中是行得及,如此即純是道心,
> 然亦未嘗出于人心之外。〔註157〕

陳師凱《書蔡氏傳旁通》對於「道心」、「人心」則分別闡述,其釋「人心」
曰:

> 如寒欲衣,飢欲食,目欲色,耳欲聲,口欲味,鼻欲臭,四肢欲安
> 佚之類,皆從形氣上來,此人字非人己之人,如天人之人,以其皆
> 屬自家身己上事,故曰人心。〔註158〕

釋「道心」曰:

> 如渴不飲盜泉水,餓不受嗟來食,見孺子入井而怵惕之類,皆從義
> 理上來,即知覺之得其正者,以其合於事物當然之理,故曰道心。
> 〔註159〕

心只有一,人心可包得道心,道心則為人心之主,人心源於形氣,道心則根
於道義,這些都是祖述朱學者所堅持的立場。

明人對於虞廷十六字心法的看法多數仍圍繞在朱子的觀點下發揮,然而
羅欽順(1465~1547)對朱子「道心」的解說則提出質疑。羅欽順學宗朱子,
但他對於朱子主張道心為已發有所不滿,其云:

> 「凡言心者皆是已發」,程子嘗有是言,既自以為未當而改之矣。朱
> 子文字,猶有用程子舊說未及改正處,如《書傳》釋人心道心,皆
> 指為已發,〈中庸序〉中「所以為知覺者不同」一語,亦皆已發之意。

〔註156〕〔元〕陳悅道:《書義斷法》,收入《景印文淵閣四庫全書》第62冊,卷1,
　　　　頁16下～17上/520。
〔註157〕〔元〕許謙:《讀書叢說》,收入《金華叢書》,影印〔清〕同治永康胡氏退補
　　　　齋本,卷3,頁3下～4上。
〔註158〕〔元〕陳師凱:《書蔡氏傳旁通》,收入納蘭性德輯:《通志堂經解》第6冊,
　　　　卷1下,頁540。
〔註159〕陳師凱:《書蔡氏傳旁通》,卷1下,頁540。

愚所謂「未定于一」者，此其一也。〔註160〕

羅欽順指出朱子已看出程子凡言心者皆爲已發有不當處，進而開展出心統性
情的學說，以性爲心之體。然而在論述道心時卻依舊著眼於已發層面論道心，
故他強調道心應是未發之性，〈答陳靜齋都憲〉有云：

> 然生之認道心爲未發，非欲與朱子異也，蓋潛心體認，爲日久矣，
> 於是證以《中庸》之說，其理甚明。若人心、道心一概作已發看，
> 是爲語用而遺體。……且朱子序《中庸章句》有云：「天命，率性，
> 則道心之謂也。」註解有云：「大本者，天命之性，天下之理皆由此
> 出，道之體也。」夫既以大本爲天命之性，以天命之性爲道心，則
> 道心明是未發，而又以爲「其指發於義理者而言，則謂之道心。」
> 是原未有一定之論也。〔註161〕

羅欽順對人心道心的判定乃採朱子早期之說，以人心已發，道心爲未發，
這本是觀點不同所形成之差異，但羅欽順卻指出朱子〈中庸章句序〉前後
所云對道心的判定有所差異，便以爲朱子自己亦有所混淆，不過林月惠則
云：

> 整菴認爲依據〈中庸章句序〉前段「所以爲知覺者不同」，則道心爲
> 「已發」之心；但根據後段「『天命率性』，則道心之謂也」，道心爲
> 「未發」之性。故整菴指出朱子於同一文本中，前後說法矛盾。整
> 菴根據朱子《中庸》的註解而推論，「天命之性」意謂「未發之中」，
> 是天下之「大本」；而「天命之性」也是「道之體」（道體、本體），
> 亦即是「道心」。故「未發之中」、「天命之性」、「道心」，三者意涵
> 相同，故「道心」是「未發」之性。實則，若朱子〈中庸章句序〉
> 的文本爲「天命之性，則道心之謂也」，那麼，整菴的質疑與推論可
> 以成立。但是，朱子明言「天命率性，則道心之謂也」，則「天命率
> 性」意謂「天命之謂性」與「率性之謂道」，前者從「性即理」言，
> 後者就「循性」來說，因「心」之「虛靈知覺」作用，二者才得以
> 聯結。因此，「『天命率性』，則道心之謂也」彰顯的仍是「心」的「虛
> 靈不昧」，故能知覺理。據此，「道心」依舊是「已發」之心。由此

〔註160〕〔明〕羅欽順著，閻韜點校：《困知記》（北京：中華書局，1990 年 8 月），
　　　　卷上，73 章，頁 23。
〔註161〕閻韜點校：《困知記》，附錄，頁 127。

可見，不是朱子文本自相矛盾，而是整菴誤讀文本。〔註162〕
林月惠指出這是羅欽順自己誤讀文本所致，實則朱子並無此誤，不過也可看
出朱子人心道心之說在學術界具有相當重要的指標並引來極廣泛的討論。顧
炎武〈與友人論學書〉批評今之君子「舍多學而識，以求一貫之方，置四海
困窮不言，而終日講危微精一之說。」〔註163〕可見朱子危微精一之說在明末
學界仍有相當大的影響力。

入清之後，《古文尚書》真偽問題獲得閻若璩關鍵性的判定，進而使〈大
禹謨〉論定為偽作，這對於作為道統基礎的虞廷傳心之說打擊甚大，閻若璩
便云：

> 有宋程朱輩出，始取而推明演繹，日以加詳，殆真以為上承堯統，
> 下啓孔教者在此。蓋以其所據之地甚尊，而所持之理原確也。噫，
> 抑孰料其乃為偽也乎？〔註164〕

閻若璩基本上是位虔誠的理學信徒，但其花費一生心血之著述，竟把程朱理
學思想相當重要的關鍵予以摧毀，於是他曾設問云：

> 或難余曰：「虞廷十六字為萬世心學之祖，子之辭而闢之者，不過以
> 荀卿書所引偶易為道經，而遂槩不之信。吾見其且得罪於聖經而莫
> 可逭也！」余曰：「唯唯！否否！堯曰：『咨爾舜，允執其中！』傳
> 心之要盡于此矣。豈待虞廷演為十六字而後謂之無遺蘊與？〔註165〕

朱子將虞廷十六字演繹為自《論語》〈堯曰〉所載「允執其中」，後發展為虞
廷十六字，再演變為《中庸》道統論。然閻若璩強調即使虞廷十六字靠不住
了，但〈堯曰〉所言卻無懈可擊，依舊足以盡虞廷傳心之心法。黃宗羲（1610
～1695）在接受閻若璩之說，為《尚書古文疏證》作序時，便將人心、道心
的討論剔除於理學之外，其云：

> 過去「允執厥中」本之《論語》，「惟危」、「惟微」本之《荀子》。《論
> 語》曰：「舜亦以命禹。」則舜之所言者，即堯之所言也。若於堯之
> 言有所增加，《論語》不足信矣。人心、道心正是荀子性惡宗旨。惟
> 危者以言乎性之惡，惟微者，此理散殊，無有形象，必擇之至精而

〔註162〕 林月惠：〈朱子與羅整菴的「人心道心」說〉，收錄於蔡振豐編：《東亞諸子學
的詮釋與發展》（臺北：國立臺灣大學出版中心，2009年7月），頁126。
〔註163〕 華忱之點校：《顧亭林詩文集》，卷3，頁40。
〔註164〕 閻若璩：《尚書古文疏證》，卷2，頁58下／248。
〔註165〕 閻若璩：《尚書古文疏證》，卷2，頁57下／246。

後始與我一。故矯飾之論生焉,後之儒者於是以心之所有,唯此知
覺,理則在於天地萬物。穹天地萬物之理以合於我心之知覺,而後
謂之道,皆人心道心之說所誤也。夫人只有人心,當惻隱自能惻隱,
當羞惡自能羞惡,辭讓是非,莫不皆然。然不失本心,無有移換,
便是允執厥中,故孟子言求放心,不言求道心,其失其本心,不言
失其道心。夫子之從心所踰不踰矩,只是不失人心而已。然則此十
六字者,其爲理學之蠹甚矣。〔註166〕

黃宗羲雖認爲虞廷十六字乃理學之蠹,但從其論述也可知,此專指「人心惟
危,道心惟微」這一部分,「允執厥中」由於有孔子直接的保證,是不可能遭
到棄置。於是,閻若璩等人雖破壞了虞廷十六字的基礎,但他們依舊在理學
強大的典範勢力下,爲朱子所重視道統心法另尋依據。

　　雖然閻若璩推翻虞廷傳心文本的可靠度,並嘗試回歸《論語》而繼續證
實道統傳心的眞實性,但也有學者指出,即使《古文尚書》爲僞,就義理表
現而言,依舊有其價值存在,實也不必因其爲僞書而否定之,如宋鑒(1727
～1790)《尚書考辨》便云:

夫言苟合道,芻蕘可詢,何必出于荀子者,必無與于聖道?書雖僞,
無害于其言之醇也;言雖精,無救于其書之僞也。〔註167〕

近人熊十力(1885～1968)亦云:

僞孔傳《古文尚書》「人心惟危」四句(熊按:見僞〈大禹謨〉)爲
宋儒所宗。宋儒雖已疑其僞,而卒不肯直斥之。清人始明斷其僞,
遂謂宋學所宗者已失其據。不知,僞書依「執中」一詞,而採道書
之言,以相發揮。(熊按:《荀子·解蔽篇》引道書曰:「人心之危,
道心之微」。此僞書所本也。然義實相通。中,即道心。執中,即道
心常存。不能執中,即私意私欲起,而謂之人心矣。)辭有增入,
而義無誣妄也。僞書其可輕排乎?佛家大乘經,本非佛說,而以不
背釋迦教義故,皆得視爲佛說。凡僞書名言法語,以爲出自古聖賢,
無不可也。〔註168〕

〔註166〕閻若璩:《尚書古文疏證》,頁2下～3上／4～5。

〔註167〕〔清〕宋鑒:《尚書考辨》,收入《續修四庫全書》第44冊,影印〔清〕嘉慶
四年刻本,卷4,頁2上／194。

〔註168〕熊十力:《讀經示要》(臺北:明文書局,1984年10月),頁921～922。

不過這些說法依舊抵擋不住僞《書》所帶來的震憾。《古文尙書》一旦被排除在聖經之外，學者研讀的興趣便大減，從而也影響對朱子人心道心說的討論，而道統說也逐漸無疾而終。

（三）以「皇極」為君主建立標準之說的影響

朱子對〈洪範〉並無注釋流傳，但他對皇極一疇的意義改造卻影響深遠。傳統注疏以皇極爲大中，而朱子則訓皇爲君。雖仍以中訓極，但又強調非正中不移之意，而是作爲標準解釋。朱子此說提出之後，幾乎完全改變後來《尙書》學者對皇極的解釋，南宋末錢時《融堂書解》便云：

> 爲君之道，宜莫先于建極，而其次卻何以居九疇之五？蓋皇極一疇，專爲歛福錫民而設也。敬用五事，正是建極功夫。五事不敬，極何由建？八政不厚，五紀不合，福何以錫？皇極之次在四疇之後，其旨深矣。建，立也。人皆有此中，皆當用此中，惟不能，是以冥冥妄行，日用而不知耳。非君建極于上，人心安所適從？〔註169〕

錢時受學於楊簡（1141～1226），乃陸九淵再傳門人，然對於「皇極」的解釋卻採朱子之說以調和陸九淵的見解，可見朱子說法確有吸引魅力。又如趙善湘（？～1242）《洪範統一》解皇極云：「皇乃皇皇上帝之皇，大之不可名言也。」〔註170〕仍以大釋皇，卻又云：「皇極之道，有非大中之所能盡也。」〔註171〕似以大中之訓不足以盡皇極之意，《四庫全書總目》則評云：

> 考朱子與陸九淵論皇極之義，往復辨難，各持一說。此書以大中釋皇極，本諸注疏，與陸氏合。復謂九疇皆運於君心，發爲至治，又合於朱子建極之旨。蓋能通懷彼我，兼取兩家之說者。〔註172〕

《總目》認爲趙善湘乃兼取二家之說，而事實上這也表明朱子的解釋確實是頗符合君主制度下的需要，故服膺朱子的學者便完全接受朱子對「皇極」的詮釋，如陳大猷《書集傳或問》便云：

> 或問孔氏以皇極爲大中，諸儒多祖其說。晦菴祖〈五行志〉謂皇者，君之稱，或謂人君立極也，二說如何？曰：中道固大，而大

〔註169〕〔宋〕錢時：《融堂書解》，收入《叢書集成初編》第 3582 冊（上海：商務印書館，1936 年 12 月），卷 10，頁 106～107。

〔註170〕〔宋〕趙善湘：《洪範統一》，收入《景印文淵閣四庫全書》第 59 冊，頁 5上／651。

〔註171〕趙善湘：《洪範統一》，頁 5 上／651。

〔註172〕紀昀等：《欽定四庫全書總目》，卷 11，頁 27 上～27 下／275。

亦中之體也。然謂中爲天下之大本則可，謂爲大中之道，則義訓
未爲穩暢，故《六經》、《語》、《孟》言中多矣，而未嘗有大中之
說。夫以皇極爲大中猶可也，以皇建有極爲大建其極猶可也，以
皇則受之爲大則受之猶可也，至於惟皇作極爲惟大作極，時人斯
其惟皇之極爲惟大之極，則非辭矣。故知晦菴取《漢志》之說爲
當然。〔註173〕

陳大猷認同朱子皇極爲君之準則，並認爲作大中解在文句解釋上有不通順之
處，這都是順朱子之意而有所發揮。

元代以後，朱子以君訓皇的詮釋幾乎成爲眾家皆採取的說法，所差異者
僅在於極之爲中，其取義範圍該如何解釋。吳澄《書纂言》云：

皇，君也；極，屋棟之名，高上之至，無能過之也。尊爲天子，德
爲聖人，人倫之至，四方瞻仰而取則焉，是之謂皇極。……皇極居
天下之中，《洛書》之五亦居中，故以皇極配數之五。〔註174〕

吳澄以君訓皇，但似乎過於強調皇極爲天下正中的意涵。朱子雖不否認皇極
居於天下之中，但他更重視的是中應具有可供瞻仰效法的標準之意。不過吳
澄在其文集中則有提到他對中的詮釋，《吳文正集》有云：

夫《易》之卦有〈節〉焉，《書》之篇有〈範〉焉。《易》之〈節〉
曰：「節以制度。」《書》之〈範〉曰：「彝倫攸敘。」節，如竹之有
節；而度者，分寸尺丈之則也。範，如金之有範；而倫者，先後次
第之序也。一言一行，不踰乎界限之外，斯中度矣；一言一行，必
由乎模楷之內，斯中倫也。〔註175〕

中必須不踰界線，必須合乎楷模，那麼此中除天下正中之外，亦有標準之意，
故吳澄可說是完全接受朱子的詮釋。

相關接受者尚有如元王充耘《書義矜式》云：「〈洪範〉九疇而皇極居五。
五爲天地之中數，而極者人君之要道也。人君中天下而立，定四海之民，其
道豈有他哉？亦建其有極而已。」〔註176〕元朱祖義《尚書句解》注云：「次五

〔註173〕陳大猷：《書集傳或問》，卷下，頁 189～190。
〔註174〕吳澄：《書纂言》，卷 4，頁 491。
〔註175〕李修生主編：《全元文》第 14 冊（南京：江蘇古籍出版社，1999 年 10 月），
卷 496，頁 684。
〔註176〕〔元〕王充耘：《書義矜式》，收入《景印文淵閣四庫全書》第 68 冊，卷 4，
頁 17 上／510。

謂君欲有所建立以示民，不可不用大中之道。」〔註177〕明王樵《尙書日記》
云：「皇極自漢以來，不得其訓。至朱子而其訓始明，其義大明。」〔註178〕
清王夫之《尙書稗疏》云：「若夫皇極，則君之極也。」〔註179〕清李光地《尙
書七篇解義》云：「皇建其有極，言王者作君作師，爲天下表也。」〔註180〕
這些人均是以朱子詮釋作爲主要參考而說明者。

其他較爲特殊者則有明人黃道周（1585～1646）《洪範明義》云：「皇，
天也；極，君也。」〔註181〕黃道周極爲強調天人感應及五行災異，故他將皇
極改造爲上天與帝王的關係，《洪範明義》又云：

> 人君雖尊，猶如帝星繞極而動，當思皇天所建之極以爲極主，故上
> 曰建用皇極者，人君之事；此曰皇建其有極者，上天之事也。〔註182〕

黃道周等於是結合並改造董仲舒和朱子的說法，但基本上應是受到朱子以皇
極爲君主建立標準說法的影響才產生這種特殊的詮釋。又清人朱鶴齡《尙書
埤傳》云：

> 五居中央爲八數之中，縱橫以成十五之變。蓋土之冲氣，所以管攝
> 四時，故爲皇極焉。則人君居至尊之位，立至理之準，使四方之面
> 内環觀者皆于是取則，所以總攝萬類也。〔註183〕

朱鶴齡結合河洛五行說法，強調皇極具有管攝四時的作用。然而他認爲人君
立至理之準，可供四方取則，則亦爲接受朱子之說。清人孫星衍（1753～1818）
《尙書今古文注疏》則云：

> 《漢書》〈五行志〉：「《傳》曰：皇之不極，是謂不建……皇，君
> 也；極，中；建，立也。人君貌、言、視、聽、思、心五事皆失，
> 不得其中，則不能立萬事。」是皇極爲君道之中。皇建有極爲君

〔註177〕〔元〕朱祖義：《尙書句解》，收入納蘭性德輯：《通志堂經解》第7冊，卷7，
頁15。
〔註178〕〔明〕王樵：《尙書日記》，收入《景印文淵閣四庫全書》第64冊，卷9，頁
43上／480。
〔註179〕船山全書編輯委員會編校：《船山全書‧尙書稗疏》，卷4上，頁134。
〔註180〕〔清〕李光地：《尙書七篇解義》，收入《景印文淵閣四庫全書》第68冊，卷
2，頁33上／136。
〔註181〕〔明〕黃道周：《洪範明義》，收入《景印文淵閣四庫全書》第64冊，卷上之
上，頁5下／807。
〔註182〕黃道周：《洪範明義》，卷上之下，頁1下／816。
〔註183〕〔清〕朱鶴齡：《尙書埤傳》，收入《景印文淵閣四庫全書》第66冊，卷10，
頁11上～11下／862。

立其中也。〔註 184〕

孫星衍刻意避開朱子的詮釋而直尋訓詁的源頭，以《漢書》〈五行志〉所載立說，但其詮釋依舊是朱子的系統。孫星衍這種暗用方式也表現出清代漢學家有意反對朱子的思維。

（四）求《尚書》聖人之心的影響

《尚書》向來被認為是二帝三帝書誥詔令政事記錄，《漢書》〈藝文志〉曾謂《尚書》功能在於「《書》以廣聽，知之術也」〔註 185〕，這是從增廣政事見聞的角度論析《尚書》的價值。然而程頤提出閱讀《尚書》應以求二帝三王之心為首要事務，但何以只需求二帝三王之心，而不必專注三代制度的考察？程頤並未清楚說明。朱子則認為《尚書》所載唐虞三代事浩大闊遠，難以看出其中的世變原由，且其中的典章制度皆已不明，與其耗費心力於此，不若採取程頤的建議，直求二帝三王之心。因此他強調閱讀《尚書》重點在於求聖人之心。聖人即是《尚書》所載堯舜禹湯文武周公等聖賢，聖賢區處天下之事時，其所依循的義理內涵，即是朱子欲藉由閱讀《尚書》所求得的聖人之心的內容。因此，朱子基本上將《尚書》關於歷史記錄的部分剝離出來，進而強調義理成分，並運用理學思想解釋《尚書》，如注〈舜典〉「五教」有云：

> 蓋五者之理，出於人心之本然，非有強而後能者。自其拘於氣質之偏，溺於物慾之蔽，始有昧於其理，而不相親愛、不相遜順者。（《文集》，卷 65，頁 3272～3273）

以心、理等概念解釋《尚書》文句，這是將經學理學化的重要步驟。而朱子的這種思維直接為蔡沈所繼承並發揮。蔡沈解說《尚書》承襲朱子性理思想，突出理學命題，他亦刪除《尚書》中所包含的歷史成分，刻意深化性理的特定領域，如〈書集傳序〉云：

> 後世人主有志於二帝三王之治，不可不求其道；有志於二帝三王之道，不可不求其心。求心之要，舍是書何以哉！……文以時異，治以道同。聖人之心見於《書》，猶化工之妙著於物，非精深不能識也。是傳也，於堯、舜、禹、湯、文、武、周公之心，雖未必能造其微，

〔註 184〕〔清〕孫星衍：《尚書今古文注疏》（臺北：臺灣中華書局，1988 年 3 月據冶城山館本校刊），卷 12 下，頁 1 上。
〔註 185〕班固：《漢書》，卷 30，頁 12 下／441。

於堯、舜、禹、湯、文、武、周公之書，因是訓詁，亦可得其指意之大略矣。〔註186〕

蔡沈之治《書》，接受朱子識「二帝三王」聖人之心的觀念，強調求其心，將心性之理入經，從而將《尚書》與古史區隔開來，成為探求聖人之心的經學典範。

朱子、蔡沈這種求聖人之心的概念亦深刻影響後世視《尚書》為帝王之學的學者，如王柏《書疑》論禹之道統心傳，載於〈洪範〉，其云：

此書王者繼天立極之大典也，其綱目為最明，其義理為最密，其功用所關者為最廣，其歸宿樞機為最精。朱子謂此是人君為治之心法也。……自五皇極，皇建其有極二句之下，宜即接無偏無陂，前三韻語所以會其有極也；後三韻語所以歸其有極也。曰會曰歸，所以為建極之功也。前後四極字包六韻語，文勢既極縝密，字義備於形容，使人悠揚吟詠，意思尤覺深長，此宜為皇極之經。先儒亦有謂此乃帝王相傳之訓，非箕子之言，是也。〔註187〕

王柏雖立新說，但基本上仍是從朱子求聖人之心的方法入手。又如陳經〈尚書詳解序〉便云：

帝王之書，帝王之行事也。帝王之行事，帝王之心也。帝王以是心見諸行事而載之典謨訓誥誓命。〔註188〕

陳經標榜閱讀《尚書》要「求心」，這也是受程朱的影響。宋末金履祥〈尚書表注序〉亦云：

《書》者，二帝三王，聖賢君臣之心。所以運量警省，經論通變，敷政施命之文也。君子於此考跡以觀其用，察言以求其心，以誠諸身，以措諸其事。大之用天下國家，小之為天下國家用。〔註189〕

二帝三王之心即聖賢之心，君子於此考察，由求其心而誠諸身，進而措諸事，由內聖而求諸外王，體現的是朱子修身治國，由內聖而外王之思維。明胡廣等奉勅撰《書經大全》時，曾於〈書說綱領〉中引用諸多理學家見解，以求聖人之道，識聖人之心作為《尚書》綱領，如開篇便引程子所言：「看《書》

〔註186〕 蔡沈：《朱子全書外編・書集傳》，序，頁1～2。

〔註187〕 王柏：《書疑》，卷5，頁160。

〔註188〕 〔宋〕陳經：《尚書詳解》，收入《景印文淵閣四庫全書》第59冊，原序，頁1上／3。

〔註189〕 金履祥：《尚書表注》，序，頁283。

須要見二帝三王之道,如二〈典〉即求堯所以治民,舜所以事君。」〔註190〕
又引朱子所言:「世變難看,唐虞三代事,浩大濶遠,何處測度,不若求聖人
之心。」〔註191〕又引程去華所言:「前輩謂讀書要識聖賢氣象。某謂讀《尚書》
亦當識唐虞三代氣象。」〔註192〕這些言論都是將《尚書》定位為聖賢義理價
值的反映。

　　《尚書》作為帝王之學的典範,除學者以之作為三代聖王言行心性的考
察證據外,歷代帝王亦有留意於此者,如康熙〈日講書經解義序〉便云:

> 蓋治天下之法,見於虞、夏、商、周之《書》,其詳且密如此,宜其
> 克享天心而致時雍、太和之效也。所以然者,蓋有心法以為治法之
> 本焉,所謂敬也、誠也、中也。〔註193〕

康熙對朱子相當推崇,他完全認同朱子閱讀《尚書》要求聖人之心的方式,
認為治理天下之法無不見於《尚書》之中,並勾勒其主要心法為敬、誠、中
等概念,可以說是在朱子的基礎上引申而成。而《欽定書經傳說彙纂》小有
清世宗雍正之序云:

> 朕思六經皆治世之書,而帝王之大經大法,昭垂萬古者,惟《尚書》
> 為最備。蓋自繼天立極,精一執中,二帝三王之心法遞相授受,而
> 治法亦因之以傳。〔註194〕

雍正認為二帝三王治世之心法備於《尚書》之中,並引朱子〈中庸章句序〉
概念,將虞廷十六字作為此心法之實際內容,這是繼承朱子的概念而發揮。

三、朱子《詩》《書》義理對日、韓漢學界的影響

　　朱子思想在中國學術史上乃宋代義理學術體系之主要代表人物,以朱子
為中心的程朱理學,影響元明清思想界極深。而隨著傳播方式改進及對外交
流的頻繁,朱子學也漸次傳入周邊諸國,如韓國、日本及越南等,並對於這
些國家的學術同樣產生重大影響。韓國、日本等國向來以中國文化為學習典
範,對於朱子學術的吸收與推崇甚至不輸給中國,關於朱子學對日、韓學術

〔註190〕〔明〕胡廣等:《書經大全》,收入《景印文淵閣四庫全書》第 63 冊,書說綱
　　　　領,頁 1 上／186。
〔註191〕胡廣:《書經大全》,書說綱領,頁 2 下／187。
〔註192〕胡廣:《書經大全》,書說綱領,頁 8 下～9 上／190。
〔註193〕〔清〕庫勒那等:《日講書經解義》,收入《景印文淵閣四庫全書》第 65 冊,
　　　　序,頁 1 下／1。
〔註194〕聖祖仁皇帝:《欽定書經傳說彙纂》,御製序,頁 1 上／22。

文化所產生的影響，頗多相關論文分析，而本論文則再就日韓兩國對於朱子《詩》、《書》義理思想的接受與改造略述梗概。

（一）韓國

中韓兩國地理位置相接，早在漢代之際經學便已傳入韓國。而在高麗末葉，約當元世祖忽必烈（1260～1293）在位時，朱子學傳入朝鮮。朱子學東傳韓國的重要關建人物，或謂安珦（1241～1306），或謂白頤正（1247～1323）。安珦曾使元出朝兩次，對朱子極為推崇，晚年更自號晦軒。白頤正為安珦弟子，曾滯留大都十餘年，專研朱子學術，並攜回朱學典籍，使得朱子學開始於韓國萌芽。而至十四世紀末，韓國李朝建立，當時鄭道傳（1342～1398）在政治上支持李成桂（1335～1408），並助其登基為王，成為朝鮮建國的重要功臣。由於鄭氏主張以儒教立國，並排斥佛理，其所取資多為《朱子大全》及《朱子語類》，從而使朱子性理思想正式走向官學化，並推尊朱子學為正統思想，進而縶根於朝鮮朝的政治、社會、文化等各方面，使朱子學主持韓國學術長達約五百餘年時間。

朱子學在朝鮮李朝持續發展，世宗（1419～1449）在位年間，頒布明朝所修訂之《四書大全》及《五經大全》於國中，成為科舉考試之標準。《大全》皆尊朱子著述，故朱子學的發展益趨向顛峰，並出現多名學宗朱子的大儒，尤以明宗（1546～1566）朝為最盛。其間大家如李滉（1501～1571）、曹植（1501～1572）、李恆（1499～1576）、金麟厚（1510～1560）、奇大升（1527～1572）、柳希春（1513～1577）、盧守慎（1515～1590）、李珥（1536～1584）、成渾（1535～1598）等，尤以李滉及李珥最為重要。這兩名學者均曾主導有關「四端七情」及「人心道心」的辯論，影響朝鮮學界甚深。

朱子學既主宰朝鮮李朝之學術思想，朱子《詩集傳》與蔡沈《書集傳》也一度成為朝鮮解說《詩》《書》的典範，唯《書集傳》非朱子親撰，未可輕易完全等同朱子的《尚書》學思想，而依本論文所分析之朱子《尚書》學相關觀點，在朝鮮學界引起最大討論者當為人心道心之說，以下試依此範圍論述「人心道心」在朝鮮學界所引起的回響。

1. 朱子《尚書》學「人心道心」思想對韓國的影響

「人心道心」主要是由朱子《尚書》學所開展的概念，而朝鮮學界對這個問題亦極感興趣，特別著重於討論由羅欽順對朱子詮釋所提出以「道心為性，人心為情」的異說，如權近云：

> 其發原於性命者，謂之「道心」，而屬乎情，其初無有不善，其端微
> 而難見，故曰「道心惟微」，必當主敬以擴充之。其生於形氣者，謂
> 之「人心」，而屬乎意，其幾有善有惡，其勢危而欲墜，故曰「人心
> 惟危」，尤必當主敬以克治之。〔註195〕

權近分別情與意，皆爲心之已發，而道心屬乎情，人心屬乎意，這種說法與
朱子貌合神離。李彥迪（1491～1553）亦有云：

> 人心，耳目口鼻之欲也；道心，仁義禮智之發也。……人心固不可
> 無，但道心常爲一身之主，而人心每聽命焉，則耳目口鼻之欲合乎
> 天理者也。〔註196〕

朱子以爲人心不可單純指爲人欲，而是形氣之私，主要指向主觀的知覺作用，
而李彥迪以人心爲耳目口鼻之欲，雖說法過於簡單，但其實亦未悖離朱子；
至於仁義禮智在朱子的哲學思維中乃爲性理之分殊，而李彥迪以道心爲其
發，似亦與朱子於〈大禹謨〉注所云「發於義理之公者」的說法相合。其他
如盧守愼則完全接受羅欽順的看法，否定朱子道心爲已發之說。而由這些學
者所引對人心道心的討論，到了李滉與李珥時則進入高峰。

　　李滉，字退溪，乃十六世紀時朝鮮李朝朱子學大家，他繼承並發展朱子
的哲學。李退溪之學朱子，亦步亦趨，其學問規模與要領以於六十八歲時進
呈宣祖的《聖學十圖》最具代表性，十圖包括有：周敦頤太極圖、程復心據
張載所作之西銘圖、李退溪作之朱子小學圖、權近作之大學圖、李退溪作之
朱子白鹿洞規圖、心統性情圖、朱子仁說圖、程復心作之心學圖、王柏作之
朱子敬齋箴圖、李退溪作之陳南塘夙興夜寐圖。

　　李退溪曾與奇高峰進行「四端七情」的辯論，當時人心道心尚未成爲論
辯主題，但李退溪卻提出「人心，七情是也；道心，四端是也」〔註197〕之說，
反而成爲日後李栗谷與成牛溪辯論的主題。以下先述李退溪對人心道心的看
法。李退溪極推崇朱子人心道心之立說，而其所論多本於朱子〈中庸章句序〉，
如他論人心云：

〔註195〕〔韓〕權近：《入學圖說》，收入《韓國儒學資料集成》上冊（首爾：延世大
　　　　學校出版部，1996年8月），頁6。
〔註196〕轉引自林月惠：《異曲同調——朱子學與朝鮮性理學》（臺北：國立臺灣大學
　　　　出版中心，2010年5月），頁243。
〔註197〕〔韓〕李滉：《退溪集》II，收入《韓國文集叢刊》第30輯（首爾：景仁文
　　　　化社，1996年12月），卷36，頁310。

人心者，人欲之本。人欲者，人心之流。夫生於形氣之心，聖人
亦不能無，故只可謂人心，而未遽爲人欲也。然而人欲之作，實
由於此，故曰人欲之本。陷於物欲之心，眾人循天而然，故乃名
爲人欲，而變稱於人心也。是知人心之初，一正一邪，不可以輕
重言也。〔註198〕

李退溪雖以爲人心乃人欲之本，但又指出聖人不能無人心，故此人心便非可
與人欲單純畫上等號。人欲之作由於人心，但人心並不等於人欲，人欲已受
物欲影響，乃爲邪者，而人心則具備或善或惡的導向，這是接受朱子以於人
心乃源於形氣之私的說法。形氣之私代表氣質之性，而氣質有清有濁，表現
於生物乃其需求本能，此之謂人心。而人心發用，不能決定善惡，如果流於
物欲，陷溺其心，則爲人欲，人欲則全爲惡。

　　對道心之看法，李退溪亦依朱子立說，以道心爲義理之心，並將四端納
入道心，而人心則需聽命於道心，其云：

人心之名，已與道心相對而立，乃屬自家體段上私有底。蓋既曰私
有，則已落在一邊了，但可聽命於道心而爲一，不得與道心渾淪爲
一而稱之。至如七情，則雖云發於氣，然實是公然平正之名，非落
在一邊底。故如〈樂記〉、《中庸》、〈好學論〉中，皆包四端在其中，
渾淪而爲說。是以子思謂「喜怒哀樂之未發謂之中，發而皆中節謂
之和」則可。若曰「人心之未發謂之中」云云則不可。程子曰：「其
中動而七情出焉」則可。曰：「其中動而人心出焉」則不可。若夫道
心之與四端，雖與人心七情之說不同。然道心以心言，貫始終而通
有無。四端以端言，就發見而指端緒，亦不能無少異。〔註199〕

李退溪解釋道心最大特色是將四端與道心連結。而朱子以爲仁義禮義乃分殊
之理，故爲性之本質，那麼便屬未發。而四端則是由仁義禮智之性所發之端
緒，而道心既爲根於性命之正，發於義理之公者，故可與四端連結。然李退
溪也指出，道心之心可貫有無，亦即可統性情，然而四端則以端言，故指向
於已發層面，此其略有不同處。

　　李栗谷於三十七歲時曾致書成牛溪討論理氣、四端之情及人心道心的問
題，開啓韓國儒學史上第二次「四七之辨」。四十七歲時，李栗谷更撰〈人心

〔註198〕〔韓〕李滉·《退溪集》II，卷40，頁391。
〔註199〕〔韓〕李滉：《退溪集》II，卷37，頁343。

道心說〉，對其思脈作出更清楚的說明。他認爲李退溪等學者對朱子人心道心之說有所誤解，反對李退溪「四端七情理氣互發」說，認爲整個學界對這個問題必須通盤再加檢討。雖然李粟谷針對李退溪而發，但他依舊以〈中庸章句序〉爲主，而其基本主張爲人心主氣，道心主理之說。李粟谷認爲理不活動，必須掛搭於氣之上，強調氣發而理乘，由此種觀點出發，他提出「源一流二」之說：

> 道心雖不離乎氣，而其發也爲道義，故屬之性命。人心雖亦本乎理，
> 而其發也爲口體，故屬之形氣。方寸之中，初無二心；只於發處，
> 有此二端。故發道心者，氣也，而非性命則道心不生。原人心者，
> 理也，而非形氣則人心不生。此所以或原或生、公私之異也。〔註200〕

李粟谷認爲道心、人心都是本于理，其源相同，只是在已發之處，方有此二端，李明輝便分析他批評李退溪的邏輯結構爲：

> 性或爲一，或爲二。唯有在「二性」的前提下，退溪方可主張有異
> 質的「二情」，即作爲「理之發」的四端與作爲「氣之發」的七情，
> 因而可言「理氣互發」。同樣地，在「二性」的前提下，由於退溪承
> 認「四端／七情」、「道心／人心」這兩組概念之間的平行性，他勢
> 必要以道心爲出于本然之性，以人心爲出于氣質之性。但這不僅違
> 背朱子的「一性」觀，也違背其「道心、人心只是一心」的觀點。
> 反之，若是退溪承認朱子的「一性」觀，則退溪所理解的「道心」
> 固然是「自性而出者」，而他所理解的「人心」卻成了「無性而自出
> 者」，這無異否定「理」（性）的普遍性，而違背了朱子的理氣論。
> 總之，無論退溪持「一性」觀還是「二性觀」，都會與朱子的基本觀
> 點相抵牾。這是辯論中常見的「雙刀論法」。對粟谷而言，無論是道
> 心還是人心，俱是「自性而出者」，即均是「原于理」，這便是他所
> 謂的「源一流二」。〔註201〕

朱子究竟是一元論還是二元論，這是極爲爭議的問題。朱子明確提到理氣二元，但卻又強調理先氣後，然理能否生氣？也大有問題，若理不能生氣，氣

〔註200〕 〔韓〕李珥：《粟谷全書》I，收入《韓國文集叢刊》第44輯，卷14，頁284。

〔註201〕 李明輝：〈李玄逸的四端七情論與「道心、人心」問題〉，收錄於吳震主編：《宋代新儒學的精神世界──以朱子學爲中心》（上海：華東師範大學出版社，2009年6月），頁256。

又從何而來。這些都是朱子說明未盡完善所留下的疑問。不過朱子的理氣之間確實有極爲密切的依賴互補的關係，而李明輝明確指出在李粟谷的批評下，李退溪學說的弱點無論是承認朱子的一性論或二性論，皆無法自圓其說。

朝鮮對於朱子《尚書》學的討論除了延續並深化人心道心的問題外，在辨證今古文眞僞方面則有丁若鏞（1762～1836）取得較爲傑出的成就。丁若鏞，號茶山，乃韓國十八、十九世紀相當重要的一位思想家。十九世紀的中日韓各國均面臨西方思想強大的挑戰。清朝方面則有經世致用主義之再起，這股實學思潮並傳入朝鮮，影響到當時偏重於空談性理朱子學的地位。而此時韓國主張經世致用最重要的思想家便是丁若鏞，他不僅精通百家技術及文物制度，對儒家《五經》經典亦甚爲嫺熟，在《尚書》學方面著作撰有《梅氏尚書平》，專門考辨東晉梅賾所獻《古文尚書》眞僞的問題，結果發現梅賾所獻與孔壁古文大相徑庭，崔冠華歸納丁若鏞的考辨邏輯計有五種觀點，分別爲「（一）梅賾獻《書》之事不見于今本《晉書》」、「（二）梅賾獻《書》與孔壁《古文尚書》篇數不符」、「（三）孔安國爲《古文尚書》作傳的說法沒有根據」、「（四）《古文尚書》不存私傳問題」、「（五）〈舜典〉篇爲梅賾等人僞造」。〔註202〕雖然丁若鏞是在清代考辨《古文尚書》的基礎上發論，但他卻自云乃受朱子啓發，盛稱朱子眼力獨到，於經典眞僞燭照。而《梅氏尚書平》則是對朱子所以起疑之端平心訂議，他甚至稱後人得以考證出古文之僞，全因朱子之慧眼，丁若鏞云：「今人都能辨別，此一種靈慧之識，其源皆出於朱子。」〔註203〕由於受有朱子極深影響，但他也有自出己意猜測的情況，《梅氏尚書平》附有討論《書集傳》疑《書》的篇章，其中有云：

> 朱子釋二〈典〉至〈大禹謨〉「正月朔日，受命于神宗，率百官若帝之初」而絕筆焉，斯豈偶然，意倦而止之乎？〈大禹謨〉中征苗一節最不合理，朱子於此蓋嘗反復紆思而深覺其僞，故弛然掩卷而罷耳。若〈金縢說〉、〈召誥〉、〈洛誥解〉、〈武成日月譜〉，此是平日試筆，非於〈禹謨〉絕筆之後又作此註也。〔註204〕

〔註202〕 崔冠華：〈丁若鏞考辨古文《尚書》的基本理路——《梅氏書平》的邏輯觀點〉，《湖南大學學報・社會科學版》第23卷第3期，2009年5月，頁41。

〔註203〕 〔韓〕丁若鏞：《洌水全書・梅氏尚書平》（「韓國經學資料系統」網站，2004年），上網日期：民國100年5月10日，網址：http://koco.skku.edu/CHN/。

〔註204〕 〔韓〕丁若鏞：《洌水全書・梅氏尚書平》（「韓國經學資料系統」網站，2004年），上網日期：民國100年5月10日，網址：http://koco.skku.edu/CHN/。

丁若鏞完全未考察朱子晚年從事注《書》的眞實情況，竟以爲朱子因看破古文之僞，倦然而止。若果如此，朱子便不會把注《書》工作交付蔡沈。不過丁若鏞對《古文尚書》的考辨在中韓《尚書》史上皆應佔有重要一席。

2. 朱子《詩經》學對韓國的影響

《詩經》傳入韓國甚早，相傳高句麗琉璃明王（前 19～17）便曾賦黃鳥歌：「翩翩黃鳥，雌雄相依。念我之獨，誰其與歸。」句式頗類《詩經》。三國時立大學，講授《五經》，《詩經》以《毛詩》爲主。百濟於梁武帝時曾遣使要求派毛詩博士來韓，《梁書》〈諸夷傳〉有云：「大通六年、大同七年，累遣使獻方物，并請涅盤等經義、毛詩博士并工匠畫師等，敕並給之。」〔註 205〕後李朝建立，推尊朱子學，經學研究由章句轉而注重義理，不過對於朱子《詩集傳》的研討並不多，李再薰云：

> 朝鮮王朝五百年，可謂理學時代，上自君王，下至士子，皆習程朱
> 之學，汪重研究朱子《四書集註》及《易本義》，而《詩經》則雖讀
> 朱子《詩集傳》，僅爲舉業而習，不作研究對象，視《四書集註》及
> 《易本義》，研習者爲少。〔註 206〕

雖然研習《詩集傳》較朱子《四書》學及《易》學爲少，但《詩集傳》依舊爲官方所認可之學術。宣祖（1568～1608）即曾命學者撰《詩經諺解》，以韓文翻譯《詩集傳》，而大儒李滉亦曾以韓文翻譯《詩經》，並以朱子《詩集傳》意見爲主，對於推廣朱子《詩經》學之傳布有相當重要功用。

約自十七世紀以後，韓國學者對朱子《詩集傳》之論點逐漸出現異議聲音，包括對於朱子反《詩序》的看法不表認同，如尹鑴（1617～1680）即主張保留《詩序》首句，其云：

> 程子曰：「〈詩大序〉孔子所爲，非子夏所能言也。《小序》國史所記，
> 非後世所能知也。」又曰：「《詩》前序必是當時人所傳，〈大序〉則
> 仲尼所作，其餘未必然。……故晦翁《集傳》以後，諸儒亦多以是
> 爲言者，非其故爲異論，蓋惜其不可廢也。今此所定，一以大序爲
> 主，而間參考攷以申序《集傳》以爲一家之言。至若衛之《小序》

〔註 205〕〔唐〕姚思廉：《梁書》，收入《百衲本廿四史》，影印宋蜀大字本，卷 54，
　　　　　頁 31 上～31 下／466。

〔註 206〕〔韓〕李再薰：《朱子詩經學要義通證》，國立臺灣大學中文研究所碩士論文，
　　　　　1982 年 6 月，頁 252。

則其間實有短拙模糊足以起後人之疑者，今只取其可以發明經意者
而附之。〔註207〕

尹鑴乃採蘇轍之說，採用《詩序》首句立說，而他認為《詩序》雖有部分令
人可疑者，但亦有可發明經意處，故他採取《詩集傳》申《序》之說以為補
充，可見他對朱子的新說頗為反感。尹鑴並舉程頤之說以攻朱子，強調朱子
雖主張廢《序》，但學者多不敢從，因此《詩序》實不可廢。尹鑴反對朱子學
說，並曾於經筵主張勿讀朱子之注，這對於高度接受朱子學的朝鮮李朝而言
難以接受，黃景源（1709～1781）〈安義縣學記〉曾批評尹鑴云：「近世有尹
鑴者，敢毀文公，乃別為《中庸》新注，傳于學者，而其辭比諸王氏，又益
詖焉。彼其心，侮聖人也無疑矣。」〔註208〕尹鑴後來以斯文亂賊之罪被刑，
可見當時中央擁護朱子學的立場。

不過繼尹鑴之後，開始批評朱子《詩集傳》者不乏其人，朴世堂（1629
～1703）亦表示《詩序》在毛公之前便存在，其云：

朱子常以《詩序》為後人所作，然詳毛鄭之所承用守持，則知其不
然，當毛公之前已有之，但為之者，非子夏耳。〔註209〕

朴世堂著有《思辨錄》，集錄他批評朱子《四書章句集註》、《詩集傳》和蔡沈
《書集傳》之言論，一般認為他受有王陽明心學影響，故不認同朱子〈詩集
傳序〉將情歸屬於性之欲的說法，而以為情出於心，《思辨錄》云：

註：「情者之感於物而動者也。」此當云：「情者，心之感於物而動
者。」今不曰心，而必曰性者，殆用「人生而靜，天之性也。感於
物而動，性之欲也。」一語為此義故爾。然此一語質之諸經，固不
免有牴牾不合，蓋其意似專明動靜之理，初非論性情之實，故其言
如此。不然曰靜云者，豈足以盡乎性之德也。至其曰性之欲者，尤
可疑。人心之感物而動者，固有善惡之不一，其善者如孟子所言四
端，謂為性之欲可也；若其不善者，則不可謂為性之欲亦明矣。《書》
曰：「人心惟危，道心惟微。」夫人心者，情也，而喜怒哀樂是已；

〔註207〕〔韓〕尹鑴：《古詩經攷‧故詩大序‧古詩》（「韓國經學資料系統」網站，2004
年），上網日期：民國 100 年 5 月 18 日，網址：http://koco.skku.edu/CHN/。

〔註208〕〔韓〕黃景源：《江漢集》，轉引自網址：http://hamyang.org/anhak.htm，上網
日期：民國 100 年 5 月 12 日。

〔註209〕〔韓〕朴世堂：《思辨錄——詩經》（「韓國經學資料系統」網站，2004 年），
上網日期：民國 100 年 5 月 18 日，網址：http://koco.skku.edu/CHN/。

道心者，性也，而仁義禮智是已。不當以人心爲道心之動與爲其欲
也。蓋喜怒哀樂，中乎其節，則是爲能率性而合乎仁義禮智矣！不
中乎節，則是不合乎仁義禮智而爲不能率性矣！然則情之動，其非
皆出於性者可見。今之云云者，無乃於義或未盡協乎！且情動於中
一語明白坦易，人所易知者，而著一性字便使學者恍惑未明其義，
不知何爲而爲此。此豈非深可疑者哉！〔註210〕

陽明學在韓國並未掀起太大熱潮，而朴世堂雖似採用心學概念以批評朱子性
情之關係，但基本上並非完在站在陽明立場批判朱子者。朱子於〈詩集傳序〉
所謂情爲性之欲的說法基本上是早期未成熟的理論殘留，而朴世堂指朱子以
情爲性之欲無法解釋不善的產生來源，這是正確的。然而他舉道心爲性，則
亦未明確認識朱子在〈中庸章句序〉之後已改造的理論。

　　韓人對朱子《詩集傳》批評而能自立一說者，當屬李瀷（1681～1763）
之《詩經疾書》，白承錫云：

十六世紀以來，一些兩班出身的進步學者開始懷疑陳舊的傳統儒家
思想，難以解決當時迫切的現實問題。加之當時通過燕京使節團介
紹的西歐科學文明和清朝新學風的影響，他們開始反對脫離現實的
朱子學空談性理之風，而提出「實事求是」、「經世致用」、「利用厚
生」等主張，這就是反對當時儒學弊端而提出來的新思潮——實學
思想。李瀷就生活在這種政治、社會經濟混亂和儒家思想轉變的背
景下。他雖然盡力學習而推崇朱熹，說過：「朱子之學，可謂大中至
正也。」但他本身是當時政治、社會的受害者，又在新思潮的影響
下，因而較爲自覺認識到研究學術問題時不應忽略經世致用的重要
性。於是他著《藿憂錄》而探討經世治民之術；接著又著《星湖僿
說》論及經濟與時弊。他的這種經世致用的思想，亦影響到對儒家
基本經典「四書五經」的態度，而試作全面性的新解釋。這就是李
瀷的代表性著作《詩經疾書》。

《詩經疾書》是在朱子學所代表的舊學系統與新傳入之實學系統相互衝擊
下的成果。李瀷基本上推尊朱子，但又在新學風的影響下提出較爲新穎的
見解。李瀷贊同反對《詩序》的看法，但對朱子的詮釋則有不認同之處，

〔註210〕　〔韓〕朴世堂：《思辨錄——詩經》（「韓國經學資料系統」網站，2004 年），
　　　　　上網日期：民國 100 年 5 月 18 日，網址：http://koco.skku.edu/CHN/。

另外他也批判了朱子的六義說及淫奔詩看法，《詩經疾書》於〈關雎〉篇有云：

> 六義之說，出於《周禮》。經緯之論，自朱子始。若然，《周禮》何故先風，次賦、比、興，次雅、頌，與經緯不合乎？興若是先言他物以興起此物，則如〈小星〉、〈揚之水〉之類，只取文字之相應，此何緊要？有何所補？況此即作詩以後之說，非作者之意也。又如〈小雅・頍弁〉，不過取伊、何字，而第三章無比，猶且謂興，何也？有賦而興與比，無興比而賦其例，亦似不整齊也。〈關雎〉比也，〈柏舟〉比也，其下直陳者均是賦也，而只以字句之應不應，謂一興一比，無甚意義。此類極多，亦似可疑。〔註211〕

李瀷對朱子六義說提出質疑，他認為三經三緯說與《周禮》次序不合。而興法的定義有傾向於簡單採用文字相應而已，而且朱子自己對於詩篇各章賦比興的定義往往有不甚合理，矛盾之處。朱子對於比興的定義自然有其內在思維，惟說明不夠清楚，後世學者往往徒受《詩集傳》中對賦比興帶有文學描述用語的定義影響，而未能真正分析朱子界定的實際方法，李瀷所云，其實亦是對未能清楚釐清朱子概念者，從而認為朱子在比興界定上，意義錯亂，頗有可疑之處。

朱子認為〈國風〉中存有許多民間歌謠，為人民情感的表達，而重點在由此以觀政教之美惡，如朱子認為〈芣苢〉乃化行俗美之詩。然朱子雖由政教態度論《詩》，但強調的是詩歌所顯示的背景，並不計較字句意涵，如〈芣苢〉之內容雖為採掇芣苢，但這只是表現和樂景象，文字並無深意。然李瀷卻不滿這樣的說法，《詩經疾書》云：

> 余讀〈采蘩〉、〈泂酌〉之詩，而得〈芣苢〉之義矣。夫以澗溪池沼之毛，潢污行潦之水，可以薦鬼神而羞王公，進賢之道，其有既乎？芣苢，菜之□卑，生於行道之旁，至賤之地，時過則不可食者也。采采之方，各有其宜，盡心盡力，惟恐不得。君子於是知及時求賢，莫之或遺也。此本閭閻婦女之事，而善觀者目擊道存，如孺子之滄浪也。采則始擇而取也，有則取為已有也，掇則益求多得也，捋則盡沒取之也，袺則惟恐有失也，襭則收藏益固也。知此義，則寧有有國無人之

〔註211〕〔韓〕李瀷著，白承錫校註：《詩經疾書校註》（南京：江蘇教育出版社，1999年12月），頁3。

嘆？此讀詩之正法。將以〈鴟鴞〉考之，恐非取子。〔註212〕

李瀷對於朱子有時過度簡單以文本敘述爲主的作風不甚滿意，他以〈芣苢〉爲例，認爲此詩乃比喻君子應該要及時求賢。又如他論〈有女同車〉云：

> 此以下，惟〈出其東門〉一篇之外，《集傳》皆謂淫奔之詩。然「佩玉瓊琚」，非倡冶游女之飾。而孟姜，貴族也，德音，善言也，義亦不著。〈丰〉之棄之，分明是惡其文著，彼艷妝麗服，寧有尚棄之心？又況〈野有蔓草〉，聖人嘗引以自況，君子口吻，此可忍耶？以此推之，鄭六卿所賦，亦皆非淫褻之詞也。凡詩或悅或怨，而每多君臣之際，託諷之詞也。此篇即君悅臣之作。當時鄭亦多賢，如子皮、子產之屬。此恐是君得賢佐，卻以男女託言者也。如二雅亦多天子答臣民之詩，何以異例？〔註213〕

李瀷主張「有女同車」並非淫奔者的自敘之詞，而是君悅臣，得賢佐之詩。李瀷認爲《詩》之文字皆有深意，不當僅就文本立論，這些思維均表現出他並不認同朱子對思無邪及淫奔詩的定義。

朝鮮正祖李祘（1752～1800）標榜崇儒重道，其於儒家聖賢，最推尊朱子，嘗云：「學者欲得正，必以朱子爲準的。」〔註214〕正祖之際，朱子學已開始受到嚴厲挑戰，然而正祖以帝王之尊，推崇朱子學，對於朱子學術地位之穩固本應有相當大的作用，但正祖對於朱子《詩經》學觀念卻也提出疑問，並嘗試重新解釋，無形之中對於朱子學反而形成沈重打擊，沈慶昊有云：

> 到了朝鮮後期，受到元明的新注修訂、明清的新注批判，以及三家詩重新發掘等影響，固有的文獻考證方法開始有了新的發展。然而並未放棄將經文「微義」以類比的方式聯繫到現實問題的「義理」之學，對詩篇義理的重新闡釋工作反而成爲後期《詩經》學的中心課題。這項工作最龐大的一項，是由以正祖爲中心的奎章閣抄啓文臣所展開的。尤其是辛亥條問對（以己酉、庚戌年間選拔的抄啓文臣爲對象所頒發的條問和文臣的條對）的《詩經講義》，不僅對詩篇的字句與語言重新進行解釋，並針對賦比興的修辭方法、小序的評

〔註212〕白承錫校註：《詩經疾書校註》，頁16。
〔註213〕白承錫校註：《詩經疾書校註》，頁133。
〔註214〕轉引自李再薰：《朱子詩經學要義通證》，頁269。

價、義理的解釋等，進行了廣泛綜合的探討。〔註215〕
隨著清代實學傳入朝鮮，以談論性理爲主的朱子學地位開始動搖。正祖身旁
有一批主張經世致用之學的學者，如丁若鏞等，這對於正祖在傳統儒學上有
所變化的主張當有一定程度影響。

正祖之《詩》說，見於《經史講義》中，這是正祖與抄啓文臣之間的對
答記錄。正祖共進行過五次對於《詩經》的問答，參與講義的抄啓文臣極多，
然今《弘齋全書》中所存之《詩經講義》則經過洪仁浩、徐有榘、金熙朝等
人編次，基本上只取一家之說，未能反映全面討論的實際狀況。而據金文植
將《詩經講義》中正祖所提問之問題歸納後，共有七項，分別爲：

（一）、關於《詩序》作者之問題。（二）、關於淫詩之問題。（三）、
關於刪詩之問題。（四）、詩與樂之問題。（五）思無邪之問題。（六）
《詩經》傳承之問題。（七）、其他對於《詩經》作品之疑問、訓解、
地理、名物等之個別問題。〔註216〕

由此可以看出，正祖所關心之議題多數仍是從朱子視域所引發的討論，張寶
三則根據《詩經講義》正祖之提問分析其對朱子《詩集傳》的態度有六種狀
況：「（一）僅據朱《傳》之說以設問，未加以評論」、「（二）指出朱子解《詩》
自相歧異之現象」、「（三）引他與朱《傳》相較，未論其優劣，而以之設問」、
「（四）引他說與朱《傳》相較，謂朱《傳》爲優，且以之設問」、「（五）引
他說與朱《傳》相較，批評朱《傳》之說，且以之設問」、「（六）直指朱《傳》
之說可疑，並以之設問」。〔註217〕正祖基本上對於漢宋之爭感到難以調解，他
曾說《詩》最難解之處在於「惟詩中美刺之事，有異同是非爲難解，舊說之
可考據者有《小序》，而先儒之取捨從違不同，當何所折衷而憑信哉？此其最
難解者也。」〔註218〕正祖雖主張以《集傳》爲本，但又深感《詩序》未必皆
不可信，如何調停取捨，實爲難題。由於對《詩》旨感到不知如何取捨，也
導致他對朱子之說不盡認同，如他對思無邪指讀者無邪的觀點便表示懷疑，

〔註215〕〔韓〕沈慶昊著，金海鷹譯：〈丁若鏞的《詩經》論與清朝學術的關係：以繼
　　　　承、批判毛奇齡學說爲例〉，收錄於黃俊傑編：《東亞視域中的茶山學與朝鮮
　　　　儒學》（臺北：國立臺灣大學出版中心，2006 年 11 月），頁 132。
〔註216〕轉引自張寶三：〈朝鮮正祖《詩經講義》論考〉，收入《東亞《詩經》學論集》
　　　　（臺北：國立臺灣大學出版中心，2009 年 7 月），頁 435。
〔註217〕張寶三：〈朝鮮正祖《詩經講義》論考〉，頁 439～456。
〔註218〕〔韓〕正祖：《弘齋全書·經史講義——詩》（「韓國經學資料系統」網站，2004
　　　　年），上網日期：民國 100 年 5 月 15 日，網址：http://koco.skku.edu/CHN/。

《經史講義——論語》有云：

> 此云思無邪者，指作《詩》者之思無邪耶？指學《詩》者之思無邪
> 耶？抑指教《詩》者之思無邪耶？李延平謂「詩人興刺，必止乎禮
> 義」，則此以作《詩》者言也。朱夫子謂「只要讀《詩》者思無邪」，
> 則此以學《詩》者言也。又謂「聖人言《詩》之立教如此」，則此以
> 教《詩》者言也。當以何說爲正？〔註219〕

雖然洪履健答以仍應尊朱子讀者無邪之說，但正祖其實未必遵從朱子之說，
他指出淫奔詩的存在有可能導人以邪思，其云：「安知不挑撥人之邪思，而反
其所以勸其惡哉？」〔註220〕由此可知，正祖確實懷疑朱子《詩經》學觀點。
而他以提問方式出之，似也反映當時學界對朱子《詩集傳》相關爭議所產生
的疑問，不過正祖自己並未下斷語，也讓爭議繼續蔓衍，到丁若鏞的應答時，
則明確反對朱子的觀點。

丁若鏞爲了批判朱子學空談性理的弊病，主張返求原始儒家的洙泗之
學，但他並非一味守舊者，李簇衡云：

> 就如近世之初西歐啓蒙主義者爲了否定中世紀古典哲學提倡古代希
> 臘思想一樣，茶山也爲了克服東洋中世紀思辨的性理學的觀念主
> 義，提出了原初儒學的孔孟儒學。對朱子爲首的性理學者們在經典
> 注釋中所提到的「非洙泗之舊」、「其與洙泗之論，或相牴牾」，「其
> 在古經，絕無此語」，就是此例。茶山如此提倡並不是回歸於洙泗
> 學。在把朱子學推到表面，以其作維持權利工具的當時社會，爲了避免
> 受「斯文亂賊」的討伐，就不得不依靠孔孟的權威。〔註221〕

丁若鏞早年爲天主教徒，後放棄而回歸儒學，但又深受實學思潮影響，興趣
相當廣泛，對哲學、歷史、文學、地理、政治、經濟及語言等都進行過研究。
故所謂返回先王之道探求儒學眞諦的主張，其實乃是作爲經世致用之學的藉
口。

丁若鏞曾於甲辰年（1784）參與正祖對《詩經講義》的問答，丁若鏞《與

〔註219〕　〔韓〕正祖：《弘齋全書‧經史講義——論語》（「韓國經學資料系統」網站，
　　　　　2004 年），上網日期：民國 100 年 5 月 15 日，網址：http://koco.skku.edu/CHN/。
〔註220〕　〔韓〕正祖：《弘齋全書‧經史講義——論語》（「韓國經學資料系統」網站，
　　　　　2004 年），上網日期：民國 100 年 5 月 15 日，網址：http://koco.skku.edu/CHN/。
〔註221〕　〔韓〕李簇衡：〈茶山丁若鏞的經學〉，收錄於中國實學研究會編：《中韓實學
　　　　　史研究》（北京：中國人民大學出版社，1998 年 9 月），頁 286。

猶堂集》錄有《詩經講義》十二卷，即是當時應答的記錄。丁若鏞雖然推崇朱子，但他基本上承襲並發揮正祖對《詩集傳》的質疑，其中尤以對淫奔詩極不表認同，《論語古今注》云：

> 思無邪者，謂作《詩》之人，其心志所發無邪僻也。若以其歸趣功用謂之無邪，則「思」一字不可訓也。司馬遷謂三百篇皆聖賢所作，此有承之言也然。故孔子刪而正之以爲聖經，若作《詩》者原是淫邪之人，何得其言名之曰聖經，必不然矣！〔註222〕

丁若鏞認爲朱子以讀者思無邪的說法是不正確的。《詩經》既爲聖經，經孔子刪編，豈能收入淫邪之詩！於是他對於朱子判定爲淫奔之詩篇一概提出反駁，《詩經講義》云：

> 〈鄭風〉無淫詩。其有男女之說者，皆刺淫之詩也。「《詩》三百，一言以蔽之，曰思無邪。」則《詩》三百，一言以蔽之，曰：賢人之作也。狹邪奸醜之徒，相悅相贈之詞，豈可以被之管弦，奏之房中，奏之鄉黨哉！無是理也！《詩》之美刺，《春秋》之褒貶也，故曰：「《詩》亡而《春秋》作」，若云淫詩可列聖經，則弒逆之臣可作《春秋》乎？〔註223〕

丁若鏞以孔子來壓朱子，認爲孔子所言思無邪即是指作者皆爲賢人。而他對於朱子舉《春秋》著善懲惡之例說明淫奔詩確實可能經孔子留存的說法亦提出批評，他認爲《春秋》與《詩經》不同，《詩》主美刺，《春秋》則主褒貶，若淫奔詩可列於《詩經》，則代表弒逆之臣亦可作《春秋》。丁若鏞的論證其實並不具太大說服力，不過他爲了貫徹自己的論點，對於朱子所定《詩》旨亦予以否定並重新解釋。

　　丁若鏞爲了維護自己對《詩經》無淫奔詩的主張，他對朱子的淫奔詩皆有不同的解釋，如他以〈將仲子〉爲刺淫之詩，解釋〈山有扶蘇〉之子都、子充則坐實其人：「當時公孫閼字曰子都，即射殺潁考叔者也。子充之名不見經傳，或曰祭足是也。充者，足也。要之此詩必非淫詩。」〔註224〕以子都爲

〔註222〕 〔韓〕丁若鏞：《論語古今注》（「韓國經學資料系統」網站，2004年），上網
　　　　　日期：民國100年5月18日，網址：http://koco.skku.edu/CHN/。
〔註223〕 〔韓〕丁若鏞：《詩經講義》（「韓國經學資料系統」網站，2004年），上網日
　　　　　期：民國100年5月18日，網址：http://koco.skku.edu/CHN/。
〔註224〕 〔韓〕丁若鏞：《詩經講義》（「韓國經學資料系統」網站，2004年），上網日
　　　　　期：民國100年5月18日，網址：http://koco.skku.edu/CHN/。

公孫闕，已屬妄配，又以子充爲祭足，則是毫無根據的說法，這樣的解釋其實正犯了朱子指責《詩序》徒然根據謚號而對號入座的說法相同。丁若鏞認爲《詩經》各篇皆有正大光明的主旨，不可能有淫邪人之作，其言貌似淫語者，其實都暗藏諷刺之意。但他也遇到說不通處，如他對於〈狡童〉詩實無自圓其說之辭時則謂：「此等處闕疑爲善也。」〔註225〕雖然闕疑比較符合客觀精神，但這是表現在丁若鏞辭窮之後的說法，而非他眞欲秉持的態度。

（二）日本

朱子學如何傳入日本，衆說紛紜，有以爲經過朝鮮而傳入，亦有認爲乃經由僧儒禪師之間的交流所引進。日僧圓爾辨圓（1202～1280）於嘉禎元年（1235）來宋朝師事佛鑒禪師，後攜朱子所著典籍及語錄歸日，爲目前日本引進宋學最早記錄。不過戴瑞坤則云：

> 朱子學傳入日本究於何時？由所人所傳，衆說紛云：或謂垂水廣信、或謂玄慧、或謂岐陽、或謂俊仍、或謂圓爾、或謂一山……莫衷一是。況朱子學之傳入，非唯二、三僧儒之功，以自然、漸次廣播，蓋可斷言。〔註226〕

自然漸次傳廣大概是較爲合理的說法，而朱子學在日本的發展一直到江戶時代（1603～1867）達於極盛，德川幕府提倡儒學，廣蒐中國典籍，明定朱子學術爲官學，歷代天皇更敕版刊行《四書》、《孝經》，或進講《論語》、《孟子》，所重用者皆爲朱子學的體系。而當時學界亦多推崇朱子，並形成諸多學派。朱謙之《日本的朱子學》一書區分此時期派別計有：京師朱子學派、海西朱子學派、海南朱子學派、大阪朱子學派、寬政以後朱子學派、水戶學派等六派。政府推崇儒學，而儒者亦爲政府服務，伊豆公夫《日本歷史講話》便云：

> 由大陸上傳來的儒教，尤其是朱子學說，是擁護這種身分制度的，所以它成爲幕府的御用學說，下對上，子對父，弟妹對兄姊，妻對夫，都要絕對服從，而且只以這個爲惟一的美德。這種奴隸的服從思想，在三〇〇年的長時期滲透了日本社會。〔註227〕

〔註225〕〔韓〕丁若鏞：《詩經講義》（「韓國經學資料系統」網站，2004年），上網日期：民國100年5月18日，網址：http://koco.skku.edu/CHN/。

〔註226〕戴瑞坤：《中日韓朱子學陽明學之研究》（臺北：文史哲出版社，2002年7月），頁238。

〔註227〕〔日〕伊豆公夫：《日本歷史講話》五十年代社版，頁66。轉引自朱謙之：《日本的朱子學》（北京：人民出版社，2000年12月），頁132。

這樣的說法固然局限於朱子學術的思想優點，但卻也回歸最現實的問題，朱子學之所以被執政者所支持，主要仍是著眼於這套學術思想是有利於社會秩序的建立。以下則略述朱子《詩》《書》學對日本的影響。

1. 朱子《詩經》學對日本的影響

日本對《詩經》的研究在朱子《詩集傳》傳入之前，主要以《毛詩》為主。《毛詩》約間接由百濟傳入，至遲在日本文武天皇大寶二年（702）規定「大學寮」中必須講授《毛詩》，並列為中經。江戶時代，朱子學開始興盛，採用朱子《詩》說者大增，如藤原惺窩（1561～1619）曾撰《四書五經倭訓》，其中《詩經》便是採用朱子《詩集傳》作為底本。日本研究朱子《詩經》學者，除發揮朱子觀點外，也嘗試將朱子《詩集傳》轉譯為日文，並應用於童蒙教學，如中村惕齋（1629～1702）便將《詩集傳》翻譯成日語，作為示蒙的教科書，增田謙之有云：

> 惕齋先生嘗有憂焉，是以賴朱子《集傳》為演《示蒙句解》一篇，揭舉原文，以國字釋之，使其篇章辭句之情委曲明暢，審密詳盡，而至于草木鳥獸，亦知詩所謂某物即為本邦某物。是故讀者不待深思強索而欣欣騃騃能通其意，雖丱角之童，茹蘆之婦，而一聽其說焉，則怡然解頤，所謂興、觀、群、怨、忠、孝之益，亦庶幾得之于此矣，然則以夫子之詩之教施之于本邦者。豈淺狹乎哉！〔註228〕

中村充分為學童設想，對朱子的注解文字盡量使用假名，便於閱讀理解。而中井履軒（1732～1817）撰《詩雕題》，以理學說《詩》，亦由《大學》誠意、正心、修齊治平之道論《詩》，不過他採王柏之說，主刪去淫奔之詩，並認為淫奔之詩不利於童蒙教育，其云：

> 今夫童子，淳質未漓，情欲未開，或于誦習講說之中，反有導其邪思，非所以為訓。且學者吟哦甚醜惡，于唇齒間，尤非雅尚，讀書而不讀淫詩，未為缺典。況夫子答為邦之問，而此句拳拳于四代禮樂之後，恐非小事也。愚敢記期以候有力者，請于朝而黜之，一洗千古之蕪穢。〔註229〕

〔註228〕 〔日〕早稻田大學出版部編：《漢籍國字解全書》第5卷，早稻田大學出版部，1940年，頁1～2。轉引自王曉平：《日本詩經學史》，（北京：學苑出版社，2009年9月），頁107。

〔註229〕 〔日〕大阪大學懷德堂文庫復刻刊行會監修：《詩雕題》（東京：吉川弘文館，1995年3月），頁318。

中井幾乎完全接受王柏的看法，不過他擬刪去之詩並無〈野有死麕〉，與王柏不同，大概是受朱子對二〈南〉詩推崇的影響。除淫奔詩外，中井認爲〈魯頌〉爲僭詩，亦需刪去，這也是立足於朱子對〈魯頌〉的見解而作的發揮。

德川時期程朱理學穩坐思想界核心地位，朱子地位難以動搖，而此時朱子《詩經》學影響日本最深的觀念是其勸善懲惡之說。朱子認爲《詩經》中好詩惡詩參雜，讀者需以「思無邪」方法閱讀《詩經》，從而收到勸善懲惡之效。而日本對朱子這個議題之討論，超越了詩歌研究領域，而成爲當時整個學術思想最通行的口號，甚至影響到當時文壇，均主張朱子重道輕文的文學主張，王曉平便云：

> 在文學方面，〈詩集傳序〉也成爲當時權威的詩歌理論教科書，漢學者著重領會的是朱熹聖人立教授詩的思想，抱著賴以「考其得失，善者師之，而惡者改焉」的虔誠態度去學詩讀詩。江戶初期的文壇基本上是由朱子學重道輕文的文學觀所統治。漢詩自不必說，甚至有些歌人也接過理學的口號。俳壇總師松永貞德談到俳諧，先說是「抒發性情之一端」，但馬上又接著說「乃載道之器也」。〔註230〕

經學影響到文壇，使朱子文道觀統治著當時的學術思想，如藤原惺窩（1561～1619）即主張道外無文，文外無道之文道合一觀，林羅山（1583～1657）則主張道本文末，這是都是受有朱子論《詩》影響的論述。

雖然朱子的《詩經》觀念影響極深，但亦有學者開始批評朱子思想，伊藤仁齋（1627～1705）即由其主張人情的《詩經》觀，表達對宋學的懷疑，其《語孟字義》有云：

> 讀詩之法，善者可以感發人之善心，惡者亦可以懲創人之逸志，固也；然而詩之用，本不在作者之本意，而在讀者之所感如何。蓋詩之情，千匯萬態，愈出愈無窮，高者見之，則爲之高，卑者見之，則爲之卑。爲圓爲方，隨其所遇，或大或小，從其所見。〈棠棣〉之詩，淫奔之辭也，夫子取之，以明道之甚邇；〈旱麓〉之詩，咏歌文王之德也，子思引之，以明道之無所不在；「憂心悄悄，慍于群小」，衛莊姜之怨不獲于其君也，孟子引之，以爲孔子之事；「他人有心，予忖度之」，大夫傷于讒而訴于天也，齊宣王引之，以嘉孟子之能察己之心也。學者觀此，可以悟讀詩之法。夫子特許子貢、子夏，以

〔註230〕王曉平：《日本詩經學史》，頁169。

始可言夫詩已者矣，蓋以非二子穎悟文學，不足以盡詩之情也，是
讀詩之法也。若《鄭箋》、《朱傳》，徒著作詩之來由，而不知本之于
古人讀詩之一法，惜哉！〔註231〕

伊藤強調《詩經》之作，重點並不在探求作者本意，而應注重讀者如何運用，
他舉孔子、子思、孟子等人引《詩》之例，強調讀《詩》之法在於讀者之接
受、運用，由此批評朱子及鄭玄過度探求作者之意。朱子主張思無邪是讀者
之無邪，這雖然是從讀者接受論的觀點出發，但落實在《詩》旨的詮釋上時，
確實又偏重於從文本及時世探求詩歌本意，伊藤的批評不爲無據。不過也可
看出伊藤仁齋基本上是仍是接受朱子勸善懲惡之說及其淫奔詩的觀點，只是
更強調讀《詩》要活學活用。

對朱子《詩集傳》批評最激烈者當屬太宰春臺，太宰春臺（1680～1747）
相當不滿宋儒以理學心法解釋六經，支持漢儒解經有其依據，認爲宋儒好臆
解，然如此一來將使經典原意喪失。撰有《朱氏詩傳膏肓》，對朱子《詩集傳》
作了全面批評，楊心怡《太宰春臺對朱熹《詩集傳》的批評》一文分析其意
見包括有「批評朱子解經多議論」、「批評朱子訓詁之失」、「批評朱子不懂詩
篇換韻之理」、「批評朱子以宋儒心法解《詩》」〔註232〕可謂極其全力抨擊朱子，
其〈讀朱氏詩傳〉有云：

甚矣！仲晦之昧于詩也！夫詩者，何也？人情之形於言者也。人元
不有情，而情各不同。……君子不知人情，不可以蒞民；爲政不知
人情，必有不行。是故古之君子患不知人情而必欲知之，然人情難
知。人情之所以難知者，蓋以自王公以下，至于家人父子男女之間，
爲情各殊，必也身處其地，親爲其事，然後有以知其情。……今夫
詩者，人情之形于言者也，三百篇其盡之矣。天下之情，于何不有？
君子誦詩，不出戶庭，可以知天下人情；知天下人情，然後可以施
政蒞民，此詩之所以有用于政事。而知人情者，爲政之大經也。六
經之有詩以此。仲晦乃以天道人事，皆備于此，而無一理之不具，
豈不謬哉！……所謂正變者，此詩人所處順逆爲言也，仲晦乃以邪
正是非言之，豈不謬哉！……仲晦必以勸懲言之，夫懲惡勸善者，《春

〔註231〕〔日〕吉川幸次郎，清水茂校注：《日本思想大系》第33輯《伊藤仁齋·伊
藤東涯》（東京：岩波書店，1971年6月），頁153～154。
〔註232〕楊心怡：《太宰春臺對朱熹《詩集傳》的批評》，臺北大學古典文獻研究所碩
士論文，2008年7月，頁51～150。

秋》之旨也。《春秋》者，實錄也，故善惡皆書之，惟仲尼因而修之，
明褒貶，行賞罰，以勸懲之，所以立王法之大經也。仲晦乃以是說
詩，豈不謬哉！〔註233〕

太宰春臺強烈批評朱子不懂《詩經》乃人情之作，卻以天道人事解說，又
妄加以邪正是非之分別，造出所謂勸善懲惡之《詩》說，這是他所不能接
受的。而他亦批評朱子自稱做《春秋》之例辨正淫奔詩的說法。朱子曾援
引孔子作《春秋》善惡同錄之例，以證明自己主張聖經存在淫奔詩的可能。
而太宰春臺則批評朱子勸善懲惡之說，是完全混淆《春秋》立王法大經的
創作用意。

太宰春臺對朱子《詩集傳》的批評象徵江戶時代推崇朱子學思想正式進
入反動時期，與其同時則另有崛景山（1688～1757）著有《不盡言》，亦對朱
子思無邪之說提出批評。崛景山認為「邪」乃「斜」，與正相反，乃不橫不豎
的狀態，而思無邪乃指直截明白表達內心之意，若末能將思中所想明白直接
說出，便是思有斜。然堀景山強調《詩經》是詩人人情的直接表達，而男女
之欲乃真實人情反映，故而他認同朱子對淫奔詩的界定。但問題在於若欲藉
由淫奔詩而企圖達到教化目的，相當困難，因此他對朱子的勸善懲惡說便有
所懷疑。

2. 朱子《尚書》學疑辨《古文尚書》精神對日本的影響

朱子的《尚書》學思想被蔡沈《書集傳》所取代，故而在缺乏實際著作
的流傳下，日本所能接受到的主要仍是以蔡沈《書集傳》為主。首先攜《書
集傳》入日者當為日僧岐陽，天文七年（1538）日本向朝鮮求朱子所注經書，
《書集傳》亦為日本所力求者。江戶時代，德川幕府大倡宋儒朱子之學，《尚
書》方面，學者依蔡《傳》立說的著作相繼出現。此後，又受到疑辨《古文
尚書》著作的影響，攻偽及守偽兩派著作亦分別出現，而立論者大致均以朱
子疑辨古文思想作為起源探討。

劉起釪概括日本中世紀以降至十九世紀關於《尚書》著作共有七類，分
別為：「傳統『明經世家』之作（十五至十七世紀）」、「承宋學新注之作（十
七至十九世紀）」、「倡復古學古注之作（十七、十八世紀）」、「考辨校訂古文
本之作（十八世紀）」、「攻偽、守偽之作（十八、十九世紀）」、「解說《尚書》
單篇之作（十八、十九世紀）」、「仿照《尚書》的日本詔令集（十九世紀纂輯）」。

〔註233〕 轉引自王曉平：《日本詩經學史》，頁 190。

〔註 234〕而由於朱子《尚書》義理思想較爲零碎，難以歸納出眞正影響層面，故以下僅依劉起釪所分就日本《尚書》學討論《古文尚書》眞僞問題分析朱子的影響。

　　日本《尚書》學對《古文尚書》的探討有分攻僞及守僞兩派。攻僞派包括有伊藤仁齋，他雖務宗漢學，但認同《古文尚書》爲僞，反對採用，因而對於蔡沈《書集傳》仍釋古文篇章的作法有所不滿。後其子伊藤長堅所撰《書反正》則繼承他反古文的意志，書前自序有云：「余奉陳朱、吳之餘論，紹先人之遺志，並其不當分，去後之僞妄。」〔註 235〕朱吳即朱子及吳棫，這是攻僞派所共推的起源，尤以朱子爲重。皆川愿則撰《古文尚書辨僞》，此書主要針對毛奇齡《古文尚書冤詞》而論，他認爲毛氏所引大有可議，力反其說。他並自謂：「余既作《尚書繹解》，所謂古文皆斥去不注。而門人有請其故者，于是更繼元明諸儒所辨，而正毛引據論說之非。」〔註 236〕雖然他僅以元明所儒所辨爲源頭，但元明諸儒皆以朱子所論爲宗，故皆川愿當亦受朱子所影響。至於反對疑《古文尚書》者，則有佐藤坦撰《尚書欄外書》，其書先略釋蔡沈《書集傳》，接著申論朱子不疑古文，從而把朱子排除在疑《古文尚書》之列。另外尚有不確定作者之《焚書收燼》一書，亦反對疑《古文尚書》，其中有論云：

　　　　今行五十八篇《書》，至東晉始出，是以諸儒多疑之。故余爲初學者
　　　　舉議者之言以解其惑，庶幾使來學不目眩其疑焉。〔註 237〕
擁護《古文尚書》的立場相當鮮明。另外尚有山本信撰《古文尚書勤王師》，據其書名可知亦爲守僞一派，其書專駁閻若璩、惠棟等人之論證。

〔註 234〕劉起釪：《日本的尚書學與其文獻》（北京：商務印書館，1997 年 6 月），頁
　　　　　184～207。
〔註 235〕轉引自劉起釪：《日本的尚書學與其文獻》，頁 200。
〔註 236〕轉引自劉起釪：《日本的尚書學與其文獻》，頁 202。
〔註 237〕轉引自劉起釪：《日本的尚書學與其文獻》，頁 204。

第七章　結　論

　　朱子一生鑽研義理之學，重訂經學組成，釐清並建立理學完整體系，實為宋代學術影響後世最為重要之人物。學術界對朱子之研究一直以來皆處於相當熱絡之狀態，然而多偏重於探討朱子哲理思想，對其經學方面之研究仍顯不足。不足之因大致可歸究於朱子經學體系太過龐大，令學者較難下手。基於此，本論文乃以朱子對《詩經》、《尚書》兩部經典所關注之義理內涵進行研究。雖然朱子思想較為開明，對《詩》、《書》提出不少新的概念，甚至屢被研究者視為開創文學研究《詩經》的先趨。然而本論文認為，義理始終是朱子的首要關懷，由內在本心義理內聖基礎建構完成之後，由此推而擴之，開展外王之學，重建理想人世秩序，一直是朱子為學的目的，這也是朱子企圖賦加於《詩》《書》的價值。而綜合本論文對朱子《詩》《書》義理思想的相關研究，共可得出下列幾點結論：

一、定位《詩》《書》為《四書》之後，《五經》之首的閱讀次序

　　朱子視經學為一完整獲取義理價值的經書體系，而本論文勾勒朱子對《四書》、《五經》等典籍所採取的閱讀次序，定出朱子以《四書》為義理建構之基礎，而其閱讀次序為《大學》、《論語》、《孟子》、《中庸》。經由閱讀《四書》以獲取本心具體而微的義理認知之後，便可再進入對《五經》的閱讀，而《五經》之次序則為《詩》、《書》、《禮》、《易》、《春秋》。《五經》的閱讀次序有類於《四書》由形下漸推形上的過程，故《五經》之次序可視為對《四書》義理再度深化的閱讀階段。由《四書》、《五經》分別經過兩次對義理的探索迴圈之後，理論上便可使本心趨近完整的義理體系，由此便可擴張而進入以義理為應用的讀史階段。

　　而《詩》《書》於朱子讀經體系乃居於中間位置，前有《四書》作爲義理基礎，因此分析朱子對於《詩》《書》義理價值詮釋內涵時，必須以《四書》義理基本概念作爲分析原則。《四書》乃定規模、立大本的基礎，朱子屢屢強調《詩》《書》之閱讀必須接續於《四書》之後，故本論文便藉由這個概念開展，指出朱子《詩》《書》之詮釋概念乃是建立在由《四書》而擴展的體系之中。《詩經》被朱子視爲人倫義理總和之表現，三百五篇詩歌包含有天道、人事之廣泛關係，故朱子於《詩經》的詮釋，便是《四書》義理落實在人際關係中的開展。而《尚書》乃政事典範，宋代儒者普遍具有欲重建以三代世界爲標準的人間秩序之理想，故朱子將之接續於《四書》、《詩經》之後，便有欲將爲學焦點關注在政治之上的傾向。《詩》之人倫廣闊，而《書》則專一於君臣治理國事之倫上，故由《詩》而《書》便是由博而約，由普遍人倫秩序之建立，歸返至君臣爲本的關係之上。

二、運用《四書》所建構觀點閱讀《詩》《書》

　　《詩》《書》乃孔門教學教材，故《四書》中載有許多孔、孟及弟子討論及應用《詩》《書》之例，而儒學基本上乃奠基於以孔孟爲典範的學術體系，故朱子對於《詩》《書》相關概念便依據《四書》基本概念而發。然由於《四書》乃四本性質不甚相同的經書，其中《論語》、《孟子》載有孔子、孟子對《詩》《書》基本的認知概念，朱子便依孔孟之論建立成自身《詩》《書》學的詮釋觀點，其中繼承《四書》所建構之《詩經》學觀點，經本論文分析包括有：「改造『思無邪』概念以作爲閱讀《詩經》之綱領」、「接受孔子『興觀群怨』觀點作爲學習《詩經》之法則」、「採用孟子『以意逆志』之法作爲詮釋原則」、「強調二〈南〉在《詩經》中的關鍵地位」。而朱子繼承《四書》所建構的《尚書》學觀點經本論文分析包括有：「確立《尚書》於《大學》條目中屬政治開展的層次」、「確立對唐虞三代盛世的推崇心態」、「提供虞廷傳心的理論依據」、「透過舜之言行建立聖王標準形象」、「確立『盡信《書》則不如無《書》』的闕疑態度」。

　　朱子對《四書》中關於《詩》、《書》的相關概念主要經由《論語》及《孟子》攝取，而《大學》及《中庸》則多爲純粹引用《詩》、《書》經文引證義理，而所引經文亦往往與所欲闡述義理有密切關係，故朱子對於《學》、《庸》所引《詩》、《書》之詮釋便不須再顧慮語境問題，而可以依《學》、《庸》本身義理內涵而對引文作義理之解釋。

三、將《詩經》解釋成政治教化下情性反映的詩篇

朱子強調正式閱讀《詩經》之前，必須先認識六義之說。他提出三經三緯之概分，並且對〈風〉、〈雅〉、〈頌〉之界定提出新解。朱子認為〈國風〉存有里巷小人之作，否定〈大序〉所云國史哀刑政之苛而諷刺的說法，並強調〈雅〉、〈頌〉的禮樂功能。朱子雖然對〈風〉、〈雅〉、〈頌〉的定義有自己的看法，但整體而言仍傾向於接受傳統正變之分及世次之說。如朱子依聖人教化原則處理《詩經》正變問題，他主張二〈南〉、正〈雅〉及周〈頌〉乃周初王道實行的典範詩篇，其時聖人在位，風化流行，故而百姓情性端正。而變《詩》則為自西周中期政教衰微之後所產生的詩篇，其時教化已衰，百姓流於氣質之欲，故而產生各類詩篇。

（一）以意義顯示之位置界定賦、比、興

朱子對賦、比、興皆有不同於漢儒之定論，而目前學界多數傾向於強調朱子對賦、比、興的新解具有文學眼光，乃啟迪後世文學研究《詩經》之先趨。然而本論文經由對《詩集傳》文本仔細紬繹朱子的詮釋重點後，發現朱子乃以詩句意義之顯現位置以判定賦、比、興之歸屬。賦為意義之顯示落於本句之中，直接閱讀詩句便可探得詩人所欲表達之內容；而比則是以詩句所敘事物為媒介，必須透過比擬之事物，藉由聯想，對外引申而出方可獲取其意，故比法之意義顯現乃在詩句之外；興法則必須畫分起興句與被興句二組句子，起興句可分有義之興與無義之興，但基本上皆不是關注重點，句子真正的意義仍是顯示在被興句之中，而起興句只是發揮藉由興發獲知被興句意義內涵的功能，在對詩旨的理解上並不具指導作用。

藉由釐清朱子對六義的定位外，朱子的讀《詩》方法便可有新的理解方式。傳統均依朱子自己所標榜「以《詩》解《詩》」作為朱子詮釋路數。但朱子並非完全落實在以文本為主的詮釋中，而是先藉由時世關係大致界定其詩之美惡，再透過詩句文本，利用賦、比、興法求得其意義。

（二）設定正《詩》為表現王道治化的情性典範

朱子將《詩經》詮釋成周初王道施行的實現歷程，首先設定二〈南〉為由齊家之本通往王道大成的展示藍圖。朱子接受傳統之說，視二〈南〉為正〈風〉，並設定其時代為文王之時。且朱子採《大學》次序詮釋〈周南〉文王德化的流行歷程，表現出文王由修身所開展而出的齊家、治國、平天下之擴

展，其中〈關雎〉爲〈周南〉綱領，強調男女夫婦爲人倫關係得以維持並開展的關鍵之本。〈葛覃〉、〈卷耳〉、〈樛木〉、〈螽斯〉則爲文王齊家之治，化及后妃，澤及子孫之詩篇。〈桃夭〉則跨越家庭門檻，由家至國，開展文王化及其國的政治教化。〈兔罝〉則化及野人。〈芣苢〉爲化行俗美之稱頌。〈漢廣〉變易游女淫亂情性，化及南國，表示治天下之開展。〈汝墳〉則改易紂俗惡習。〈麟之趾〉則爲文王德澤教化之應。朱子依修齊治平論述〈周南〉詩篇的意涵後，亦套用此意落實在對〈召南〉詩旨的詮釋，表現爲諸候接受文王德化並循其教化百姓的模式進繼開展其齊家、治國的歷程，其中〈鵲巢〉爲〈召南〉之綱領，如同〈關雎〉，亦以男女人倫爲本。〈采蘩〉、〈草蟲〉、〈采蘋〉則爲諸侯化及夫人及大夫妻之詩，爲諸侯、大夫等執政者齊家之治的顯現。〈行露〉、〈摽有梅〉、〈野有死麕〉、〈江有汜〉則爲諸侯推行教化，變惡入善之詩。〈羔羊〉、〈殷其靁〉、〈小星〉、〈何彼襛矣〉則爲諸侯德澤流遍社會各階層之顯示，最後並以〈騶虞〉表現諸侯德化之應。

朱子認爲正〈雅〉乃闡述周初禮樂文明內涵之詩篇，爲周代禮明文明之標誌。他接受《詩序》之說，區別正〈小雅〉具有治內及治外之作用，治內之詩具有和諧人倫關係的功能，如〈鹿鳴〉之三可和諧君臣關係，〈常棣〉、〈伐木〉則能和諧宗族、朋友關係，〈天保〉則爲臣報其君，亦表現君臣關係之和諧；治外之詩則專就軍事而言，藉由〈采薇〉、〈出車〉、〈杕杜〉強調君主必須能通將帥軍民之情，表視出視民如傷的精神；而正〈小雅〉其餘詩篇多爲通用之樂，則是表現至誠和樂，王道政治實現的最高理想。朱子另設定正〈大雅〉爲周代政治集會場合時，透過詩歌以啓發後人對先王德業之感佩，進而興發效法之心，屬於人格改造教育的方法。朱子特別強調文王之德，他以文王爲中心詮釋正〈大雅〉諸詩，並論述文王「性與天合」、「持敬功夫」，並再次強調文王修齊治平的治國開展。朱子亦接受傳統說法，設定〈周頌〉多爲周公及後王所作，他認爲〈周頌〉普遍表現出康莊和樂的基調，是周公以文武功成之後，藉由祭祀之典稱頌周朝王化終得實現之詩篇。朱子特別重視後王對文武德業之傳承，強調〈周頌〉爲王道政治、理想社會的眞實記錄。

（三）強調變《詩》具懲治人心的效果

朱子認爲變《詩》存在價值主要在於可觀政治美惡下百姓情性之變化，並由此以作爲施政者之借鑑參考。依本論文所分，朱子對變〈風〉的區分可包括怨詩、刺詩、美詩及淫奔之詩。怨詩爲政治衰微之後，詩人對人倫關係

不能符合期望及需求下所產生的詩篇，但朱子接受《詩經》溫柔敦厚的教化思維，強調怨詩雖怨，但仍不失其情性之正。至於刺詩則爲怨詩再進一步的抒發，藉由諷刺明確目標，爲怨憤情感尋找發洩管道，而〈國風〉刺詩包括有刺朝政及刺時俗兩大類，均是作爲時代衰微之標誌。美詩爲朱子對〈國風〉的特有詮釋，《詩序》亦承認部分詩篇可爲頌美之詩，但卻傾向於視其爲陳古刺今之作，故雖美但本質卻爲刺，但朱子不認同這種看法，他強調依詩人情性來看，若只是一味諷刺當世，則詩人情性不得以溫柔敦厚稱之，故朱子認爲〈國風〉中存在詩人美時之詩，不必一律以藉古諷今詮釋之。最後朱子接受並發揮鄭樵之說，強調〈國風〉存在大量淫奔者自作之詩，稱爲淫奔詩。朱子認爲世俗風化衰微之後，詩人情性亦必有趨於以淫亂氣質情欲爲主導者，故而寫作淫奔之詩。

朱子對「淫奔詩」的界定爭議極大，他是採用讀者思無邪角度解釋孔子仍留存這些亂俗之作的原因。朱子認爲淫奔詩作雖爲淫邪之詩，但讀者在閱讀時不可以淫眼光視之，必須以無邪之思讀之，由此以懲治淫惡之心，便可得情性之正。但歷代學者對朱子最大質疑在於該如何確認讀者會有無邪之思讀之，而這是未正確掌握朱子主張讀者思無邪的眞義。依本論文所分析，朱子對《詩經》的閱讀必須建立在《四書》基礎之上，而讀者在閱讀完《四書》之後，便能建構本心義理基礎，此時觀淫奔之詩，便能藉由本心義理以勸善懲惡，如此方可謂思無邪。

四、設定《尚書》爲三代聖人之心的展現

朱子視《尚書》爲記錄三代政事典範之經典，強調閱讀《尚書》須識聖人之心。他對《尚書》的關注雖是經學體系中較爲不足之一經，但基本上仍可作爲其義理思想落實在治國層面的開展及運用。而本論文分析朱子《尚書》以識人之心爲基礎的義理架構後，計可得出下列幾點結論：

（一）釐清朱子晚年編修《書傳》的活動事跡

朱子一直到晚年才開始關注《尚書》，並有重作注解的計畫，然而卻於臨終前遺託蔡沈完成，於是學者多視蔡沈爲朱子《尚書》學傳人。然歷代對朱、蔡之異同亦頗多考證之作，顯示二者之間不盡等同。而本論文則考察分析朱子所以遲不注《尚書》的原因，提出朱子認爲《尚書》部分篇章費解可疑，而即使解明這些難解之篇對義理修養亦無甚作用。然而晚年時由於態度略有

改變，於是又重啓注《書》計畫。朱子曾欲尋求合適弟子協助《書集傳》之纂修，然而一直沒有理想人選。直到蔡沈扶喪回歸，修書與朱子討論《尚書》，才讓朱子萌生召集蔡沈負責編修的念頭。而本論文則經過詳細縷析，得出朱子至少是在慶元五年冬天，也就是朱子逝世前半年左右才確定召蔡沈負責編修《書集傳》。

（二）辨析朱子疑《書》相關思維及問題

朱子懷疑《書序》，認爲《書序》爲秦漢間經師所作，而傳統均認爲朱子乃受吳棫之啓發。然本論文經過考察在朱子閱讀吳棫《書裨傳》的時間點之前，已經提出過對《書序》懷疑的言論，並且援引胡宏之說以爲論證。故而眞正啓發朱子懷疑《書序》者實爲胡宏，並非吳棫。

朱子對《書序》之懷疑非常確定，他不相信〈書大序〉爲孔安國作，並質疑《小序》內容有不合義理之處，並且懷疑孔安國《尚書傳》不類漢人文字風格，其中部分說解內容亂道，亦不合義理要求。朱子對《書序》的否定引發後世學者在這個問題上更一步探討，從而完全否定《書序》及《孔傳》爲漢代以前著作的眞實性。傳統疑古文《尚書》爲僞作者均視朱子爲辨僞思潮之濫觴。然而仍有部分學者持懷疑立場，今人劉人鵬更認爲朱子根本未曾懷疑過古文《尚書》的眞實性。而本論文則對照《朱子語類》中余大雅所載錄之兩條記錄，提出朱子曾對古文《尚書》既出自壁中，然文字卻未訛損之現象感到費解，而這段言論是統攝在朱子自己孔安國《書》是假書的命題之下，從而得出朱子確實曾對古文《尚書》的來源感到疑惑，但由於證據不足以支持朱子這個論點的發展，於是假書之命題便未見朱子再提出。

（三）析論朱子對《尚書》義理的開展重點

朱子親自注解《尚書》之篇章雖不多，但依舊可分析出朱子討論《尚書》的義理重點，本論文則歸納六項爲要點，分別爲：

第一、朱子對聖人心傳義理價值的完備：探討朱子對人心道心觀念的建構，並針對目前學界普遍以〈中庸章句序〉爲朱子定論的說法提出異議，認爲〈大禹謨〉注與〈中庸章句序〉相差近十年，當以最後完成之〈大禹謨〉注爲對人心道心的定論爲是。而朱子在〈大禹謨〉注文中改變人心道心有可能相雜的說法，而特別強調公私之分，較之〈中庸章句序〉的說法更爲簡捷完備。

第二、朱子對〈洪範〉「皇極」的義理改造：朱子改變傳統以「大中」解釋「皇極」的說法，而主張皇爲君，極爲標準，皇極乃君主建立標準，以供天下依循。朱子此說的提出具有十足的政治動機，余英時認爲朱子主要是針對王淮提出「皇極」作爲國是口號的批判。朱子並且鑒於高宗秦檜相權亂政的現象而要求孝宗必須建立公正準則，避免國政發展過度偏向皇權專制或權相誤國。

第三、聖人通貫體用之持敬功夫：朱子認爲《尙書》聖賢皆以能敬自持，他分析〈堯典〉欽明文思乃敘堯之能敬，而舜亦能承堯之敬，謹於政事，並透過《大學》、《中庸》愼獨觀念，結合《尙書》「儆戒無虞」之言，建立舜愼獨於敬的形象。

第四、聖人修身治世的義理規模：朱子認爲《尙書》落實在《大學》條目中乃屬於治國、平天下之層面，他並依此觀點分述堯舜於這兩項條目中的開展，由此以突顯《尙書》作爲政事典範的義理價值。

第五、聖人德刑並重的義理治世法則：朱子除強調義理之心作爲治世的教化原則外，他亦主張在尙未全面達致理想治世之時，刑法亦爲不可或缺的制度。他依〈舜典〉分別論述舜在教化方面的五倫教法及禮樂之教，並依〈大禹謨〉載舜用刑之法，探討五刑之意，強調德刑相輔乃聖人治理之法。

第六、探究聖人順應天理時勢的義理作爲：本論文依朱子所析《尙書》載有聖人作爲引起後世疑慮之解釋，包括「舜誅四凶」之誅，並非死罪之殺，而是流放之刑；武王並無觀兵孟津之事；周公居東非避居東都，而是待罪於國之東；〈君奭〉並非召公不悅周公踐祚，而是純粹欲告老退休。

五、對自身學術及後世經學思想產生重大影響

朱子《詩》《書》學除就本經作出申述之外，他亦應用《詩》《書》相關文意或概念於其他領域之中，如朱子援引《詩》《書》相關文句用以解釋其理學相關概念，並透過《詩經》強調男女人倫的觀念，應用於對夫婦人倫的要求。他亦曾援引《詩》《書》文句，要求帝王重視修身齊家之效及人才治國的重要性。他並就《詩》《書》所載而應用於禮學思想中，利用《詩》《書》經文論述自己對禮來源的認識，並會通《詩》《書》以證禮儀。

朱子《詩》《書》學義理思想對後世影響甚大，元、明、清三代均以朱子學作爲官方正式承認的學術主體，而本論文則各就四個層面討論朱子於《詩

經》、《尚書》所開展之義理對後世的影響，其中《詩經》方面分析朱子不遵
《詩序》、界定淫奔詩、重新定義比興手法及以二〈南〉爲王道教化之本等觀
點對後世之影響。《尚書》方面則分析朱子疑《書》思想、闡述虞廷十六字義
理、以皇極爲君主建立標準、求《尚書》聖人之心等論析其對後世的影響。
除了對中國學術的影響外，本論文已分別就海外部分，分析朱子《詩》《書》
義理對日、韓兩國的影響。

　　朱子《詩》《書》學之詮釋乃建立在以《四書》爲本的基礎之上，由《四
書》而《詩》《書》，融合宋代理學思潮及《大學》修齊治平綱領，從而建立
起以義理爲主的《詩》《書》體系。由《詩》而《書》則是從人倫關係的全面
開展再回歸到君王治理國政的專門層面。這樣的歷程表現在修身至平天下對
外在世界的推擴，也是對《四書》之理的引申運用。雖然朱子對《詩》《書》
的分析仍屬於對經典文本的詮釋，乃紙上作業，尚未眞正落實在對外的開展。
但三代政治社會一直是儒者的典範理想，朱子既由這種途徑詮釋《詩》《書》
義理價值，便代表具有強烈願望復現三代理想於南宋社會，故經由本論文對
朱子《詩》《書》學義理思想的探討之後，更能確立余英時所提出強調宋儒主
張以重建秩序的首要關懷的內聖外王之學，這也才是朱子等儒者所眞正所關
懷的重點。

參考書目

一、傳統文獻

（一）朱熹相關著述

1. 〔宋〕朱熹著，陳俊民校訂：《朱子文集》，臺北：德富文教基金會，2000年2月。
2. 〔宋〕朱熹：《詩序辨說》，收入朱傑人編《朱子全書》第1冊，上海：上海古籍出版社，2002年12月。
3. 〔宋〕朱熹：《詩集傳》，收入朱傑人編：《朱子全書》第1冊，上海：上海古籍出版社，2002年12月。
4. 〔宋〕朱熹：《中庸章句》，收入朱傑人編：《朱子全書》第6冊，上海：上海古籍出版社，2002年12月。
5. 〔宋〕朱熹：《論語集注》，收入朱傑人編：《朱子全書》第6冊，上海：上海古籍出版社，2002年12月。
6. 〔宋〕朱熹：《孟子集注》，收入朱傑人編：《朱子全書》第6冊，上海：上海古籍出版社，2002年12月。
7. 〔宋〕朱熹：《大學章句》，收入朱傑人編：《朱子全書》第6冊，上海：上海古籍出版社，2002年12月。
8. 〔宋〕朱熹：《論語或問》，收入朱傑人編《朱子全書》第6冊，上海：上海古籍出版社，2002年12月。
9. 〔宋〕朱熹：《孟子或問》，收入朱傑人編：《朱子全書》第6冊，上海：上海古籍出版社，2002年12月。
10. 〔宋〕朱熹：《大學或問》，收入朱傑人編《朱子全書》第6冊，上海：上海古籍出版社，2002年12月。
11. 〔宋〕朱熹：《中庸或問》，收入朱傑人編《朱子全書》第6冊，上海：上海古籍出版社，2002年12月。

12.〔宋〕朱熹:《論語精義》,收入朱傑人編:《朱子全書》第 7 冊,上海:
上海古籍出版社,2002 年 12 月。

13.〔宋〕朱熹:《孟子精義》,收入朱傑人編:《朱子全書》第 7 冊,上海:
上海古籍出版社,2002 年 12 月。

14.〔宋〕朱熹:《伊洛淵源錄》,收入朱傑人編:《朱子全書》第 12 冊,上海:
上海古籍出版社,2002 年 12 月。

15.〔宋〕朱熹:《延平答問》,收入朱傑人編:《朱子全書》第 13 冊,上海:
上海古籍出版社,2002 年 12 月。

16.〔宋〕朱熹、呂祖謙編:《近思錄》,收入朱傑人編:《朱子全書》第 13 冊,
上海:上海古籍出版社,2002 年 12 月。

17.〔宋〕朱熹:《楚辭集注》,收入朱傑人編:《朱子全書》第 19 冊,上海:
上海古籍出版社,2002 年 12 月。

18.〔宋〕黎靖德編,王星賢點校:《朱子語類》,北京:中華書局,2004 年 5
月。

19.〔宋〕朱鑑:《詩傳遺說》,長春:吉林出版集團有限責任公司,2005 年 5
月,影印摛藻堂《欽定四庫全書薈要》,與朱熹《詩經集傳》合刊本。

20.〔清〕聖祖仁皇帝敕纂:《御纂朱子全書》,長春:吉林出版集團有限責任
公司,2005 年 5 月,影印摛藻堂《欽定四庫全書薈要》本。

21.〔宋〕朱熹撰,〔明〕陳選集註:《御定小學集註》,收入《景印文淵閣四
庫全書》第 699 冊,臺北:臺灣商務印書館,1985 年 2 月。

(二)古典文獻

1.〔漢〕毛亨傳、鄭玄箋,〔唐〕孔穎達正義,〔清〕阮元校勘:《毛詩正義》,
臺北:大化書局,1989 年 10 月,影印〔清〕嘉慶二十年重刊宋本。

2.〔漢〕伏生:《尚書大傳》,收入《叢書集成初編》第 3569 冊,上海:商
務印書館,1937 年 12 月。

3.〔漢〕公羊壽傳,〔漢〕何休解詁,〔唐〕徐彥疏,〔清〕阮元校勘:《春秋
公羊傳注疏》,臺北:大化書局,1989 年 10 月,影印〔清〕嘉慶二十年
重刊宋本。

4.〔漢〕司馬遷:《史記》,收入《百衲本廿四史》,臺北:臺灣商務印書館,
2001 年 1 月,影印宋慶元黃善夫刊本。

5.〔漢〕焦延壽:《焦氏易林》,臺北:藝文印書館,1983 年 6 月,校宋本
重雕。

6.〔漢〕劉向撰,〔宋〕曾鞏輯:《新序》,影印北京圖書館藏宋刻本。

7.〔漢〕高誘注,〔清〕畢沅校:《呂氏春秋新校正》,收入《新編諸子集成》
第 7 冊,臺北:世界書局,1972 年 10 月。

8. 〔漢〕班固:《漢書》,收入《百衲本廿四史》,臺北:臺灣商務印書館,1996 年 12 月,影印宋景祐刊本。

9. 〔漢〕鄭玄注,〔唐〕孔穎達正義,〔清〕阮元校勘:《禮記正義》,臺北:大化書局,1989 年 10 月,影印〔清〕嘉慶二十年重刊宋本。

10. 〔漢〕鄭玄注,〔唐〕賈公彥疏,〔清〕阮元校勘:《周禮注疏》,臺北:大化書局,1989 年 10 月,影印〔清〕嘉慶二十年重刊宋本。

11. 〔漢〕徐幹:《中論》,收入《景印文淵閣四庫全書》第 696 冊,臺北:臺灣商務印書館,1985 年 2 月。

12. 〔三國‧吳〕韋昭注:《國語韋氏解》,臺北:世界書局,1975 年 7 月,影印〔清〕嘉慶庚申讀未見書齋重雕天聖明道本。

13. 〔魏〕王弼、〔晉〕韓康伯注,〔唐〕孔穎達疏,〔清〕阮元校勘:《周易正義》,臺北:大化書局,1989 年 10 月,影印〔清〕嘉慶二十年重刊宋本。

14. 〔魏〕何晏集解,〔宋〕邢昺疏,〔清〕阮元校勘:《論語注疏》,臺北:大化書局,1989 年 10 月,影印〔清〕嘉慶二十年重刊宋本。

15. 〔晉〕杜預注,〔唐〕孔穎達疏,〔清〕阮元校勘:《春秋左傳正義》,臺北:大化書局,1989 年 10 月,影印〔清〕嘉慶二十年重刊宋本。

16. 〔魏〕王肅注:《孔子家語》,收入《新編諸子集成》第 2 冊,臺北:世界書局,1972 年 10 月。

17. 〔魏〕王弼注:《老子道德經注》,收入樓宇烈校釋:《王弼集校釋》,臺北:華正書局,1992 年 12 月。

18. 〔晉〕郭象注,〔唐〕成玄英疏,〔清〕郭慶藩集釋:《莊子集釋》,收入《新編諸子集成》第 3 冊,臺北:世界書局,1972 年 10 月。

19. 〔晉〕郭璞注,〔宋〕邢昺疏,〔清〕阮元校勘:《爾雅注疏》,臺北:大化書局,1989 年 10 月,影印〔清〕嘉慶二十年重刊宋本。

20. 〔晉〕陸璣撰,〔清〕丁晏校正:《毛詩草木鳥獸蟲魚疏》,收入《續修四庫全書》第 71 冊,上海:上海古籍出版社,1995 年 3 月。

21. 〔南朝‧宋〕范曄,〔唐〕李賢注:《後漢書》,收入《百衲本廿四史》,臺北:臺灣商務印書館,2000 年 8 月,影印宋紹興刊本。

22. 〔南朝‧梁〕皇侃疏:《論語集解義疏》,臺北:廣文書局,1991 年 9 月,影印〔清〕乾隆嘉慶間鮑廷博刻《知不足齋叢書》本。

23. 〔南朝‧梁〕蕭統撰,〔唐〕李善等註:《增補六臣註文選》,臺北:華正書局,1980 年 9 月,影印中央研究院歷史語言研究所藏宋末刊本。

24. 〔南朝‧梁〕劉勰著,范文瀾註:《文心雕龍註》,北京:人民文學出版社,2001 年 5 月。

25. 〔南朝‧梁〕鍾嶸:《詩品》,收入〔清〕何文煥輯:《歷代詩話》,北京:中華書局,1981 年 4 月。

26. 〔北魏〕酈道元注,陳橋驛校證:《水經注校證》,北京:中華書局,2007年7月。

27. 〔唐〕楊倞注,〔清〕王先謙集解:《荀子集解》,收入《新編諸子集成》第2冊,臺北:世界書局,1972年10月。

28. 〔唐〕陸德明:《經典釋文》,收入納蘭性德編輯:《通志堂經解》第16冊,揚州:江蘇廣陵古籍刻印社,1993年11月。

29. 〔唐〕姚思廉:《梁書》,收入《百衲本廿四史》,臺北:臺灣商務印書館,1988年1月,影印宋蜀大字本。

30. 〔唐〕韓愈、李翱撰:《論語筆解》,影印〔清〕嘉慶十四年張海鵬刻《墨海金湖》本。

31. 〔唐〕韓愈撰,〔清〕馬其昶校注:《韓昌黎文集校注》,臺北:頂淵文化事業有限公司,2005年11月。

32. 〔唐〕成伯璵:《毛詩指說》,收入納蘭性德輯:《通志堂經解》第7冊,揚州:江蘇廣陵古籍刻印社,1993年11月。

33. 〔宋〕李昉等:《太平御覽》,臺北:臺灣商務印書館,1997年7月,影印《四部叢刊》本。

34. 〔宋〕孫復:《孫明復小集》,收入《景印文淵閣四庫全書》第1090冊,臺北:臺灣商務印書館,1985年9月。

35. 〔宋〕劉敞:《公是先生七經小傳》,收入納蘭性德輯:《通志堂經解》第16冊,揚州:江蘇廣陵古籍刻印社,1993年11月。

36. 〔宋〕晁說之:《景迂生集》,收入《景印文淵閣四庫全書》第1118冊,臺北:臺灣商務印書館,1985年9月。

37. 〔宋〕劉敞:《春秋權衡》,收入納蘭性德輯:《通志堂經解》第8冊,揚州:江蘇廣陵古籍刻印社,1993年11月。

38. 〔宋〕歐陽修:《詩本義》,收入納蘭性德輯:《通志堂經解》第7冊,揚州:江蘇廣陵古籍刻印社,1993年11月。

39. 〔宋〕司馬光:《傳家集》,收入《景印文淵閣四庫全書》第1094冊,臺北:臺灣商務印書館,1985年9月。

40. 〔宋〕周敦頤:《周敦頤集》,北京:中華書局,2009年2月。

41. 〔宋〕王安石:《臨川先生文集》北京:中華書局,1959年1月。

42. 〔宋〕張載:《張載集》,臺北:漢京文化事業有限公司,2004年3月。

43. 〔宋〕程顥、程頤著,王孝魚點校:《二程集》,北京:中華書局,2004年2月。

44. 〔宋〕蘇軾:《蘇軾文集》,北京:中華書局,1999年7月。

45. 〔宋〕蘇軾：《書傳》，收入《景印文淵閣四庫全書》第 54 冊，臺北：臺灣商務印書館，1983 年 8 月。

46. 〔宋〕蘇軾：《東坡全集》，收入《景印文淵閣四庫全書》第 1108 冊，臺北：臺灣商務印書館，1985 年 9 月。

47. 〔宋〕蘇轍：《詩集傳》，影印宋淳熙七年蘇詡筠州公使庫刻本。

48. 〔宋〕蘇轍撰，陳宏天、高秀芳點校：《蘇轍集》，北京：中華書局，2004 年 5 月。

49. 〔宋〕楊時：《龜山集》，《景印文淵閣四庫全書》第 1125 冊，臺北：臺灣商務印書館，1985 年 9 月。

50. 〔宋〕黃庭堅，劉琳等點校：《黃庭堅全集》，成都：四川大學出版社，2001 年 5 月。

51. 〔宋〕鄭樵：《六經奧論》，臺北：臺北市閩南同鄉會，1976 年 3 月，據國立中央圖書館特藏組舊抄本影印。

52. 〔宋〕鄭樵：《通志》，北京：中華書局，1987 年 1 月，影印《萬有文庫》十通本。

53. 〔宋〕鄭樵著，顧頡剛點校：《詩辨妄》，北平：樸社，1933 年 7 月。

54. 〔宋〕陳祥道：《論語全解》，收入《景印文淵閣四庫全書》第 196 冊，臺北：臺灣商務印書館，1983 年 12 月。

55. 〔宋〕葉夢得：《石林詞》，宣統辛亥仲秋葉氏觀古堂刊本。

56. 〔宋〕胡宏：《胡宏集》，北京：中華書局，2009 年 2 月。

57. 〔宋〕林之奇：《尚書全解》，收入《通志堂經解》第 5 冊，揚州：江蘇廣陵古籍刻印社，1993 年 11 月。

58. 〔宋〕林之奇：《拙齋文集》，收入《景印文淵閣四庫全書》第 1140 冊，臺北：臺灣商務印書館，1985 年 9 月。

59. 〔宋〕陸九淵著，鍾哲點校：《陸九淵集》，北京：中華書局，2008 年 9 月。

60. 〔宋〕薛季宣：《浪語集》，收入《景印文淵閣四庫全書》第 1159 冊，臺北：臺灣商務印書館，1985 年 9 月。

61. 〔宋〕薛季宣：《書古文訓》，收入《續修四庫全書》第 42 冊，上海：上海古籍出版社，1995 年 3 月。

62. 〔宋〕史浩：《尚書講義》收入張壽鏞輯：《四明叢書》，影印民國四明張氏約園刊本。

63. 〔宋〕范處義：《詩補傳》，收入納蘭性德輯：《通志堂經解》第 8 冊，揚州：江蘇廣陵古籍刻印社，1993 年 11 月。

64.〔宋〕李樗、黃櫄撰:《毛詩集解》,收入納蘭性德輯:《通志堂經解》第7冊,揚州:江蘇廣陵古籍刻印社,1993年11月。

65.〔宋〕呂祖謙:《東萊集》,收入《景印文淵閣四庫全書》第1150冊,臺北:臺灣商務印書館,1985年9月。

66.〔宋〕呂祖謙撰,時瀾增修:《增修東萊書說》,收入《通志堂經解》第6冊,揚州:江蘇廣陵古籍刻印社,1993年11月。

67.〔宋〕呂祖謙:《呂氏家塾讀詩記》,臺北:新文豐出版股份有限公司,1984年6月。

68.〔宋〕呂喬年:《麗澤論說集錄》,收入《續金華叢書》,影印民國甲子春永康胡宗楙校鋟本。

69.〔宋〕陳大猷:《書集傳或問》,收入納蘭性德輯:《通志堂經解》第6冊,揚州:江蘇廣陵古籍刻印社,1993年11月。

70.〔宋〕呂大臨等撰,陳俊民輯校:《藍田呂氏遺著輯校》,北京:中華書局,1993年11月。

71.〔宋〕夏僎:《夏氏尚書詳解》,收入《景印文淵閣四庫全書》第56冊,臺北:臺灣商務印書館,1983年8月。

72.〔宋〕程大昌:《考古編》,收入《景印文淵閣四庫全書》第852冊,臺北:臺灣商務印書館,1985年2月。

73.〔宋〕葉適:《習學記言序目》,北京:中華書局,1977年10月。

74.〔宋〕李呂:《澹軒集》,收入《景印文淵閣四庫全書》第1152冊,臺北:臺灣商務印書館,1985年9月。

75.〔宋〕蔡元定:《西山公集》,收入《蔡氏九儒書》,影印同治戊春重鐫三餘書屋藏板。

76.〔宋〕蔡沈:《九峰公集》,收入《蔡氏九儒書》,影印同治戊春重鐫三餘書屋藏板。

77.〔宋〕蔡沈:《書集傳》,收入朱傑人編《朱子全書外編》第1冊,上海:華東師範大學出版社,2010年9月。

78.〔宋〕周必大:《文忠集》,收入《景印文淵閣四庫全書》第1148冊,臺北:臺灣商務印書館,1985年9月。

79.〔宋〕黃度:《尚書說》,收入《通志堂經解》第6冊,揚州:江蘇廣陵古籍刻印社,1993年11月。

80.〔宋〕趙善湘:《洪範統一》,收入《景印文淵閣四庫全書》第59冊,臺北:臺灣商務印書館,1983年8月。

81.〔宋〕王柏:《書疑》,收入納蘭性德輯:《通志堂經解》第6冊,揚州:江蘇廣陵古籍刻印社,1993年11月。

82.〔宋〕王柏著，顧頡剛校點：《詩疑》，北平：樸社，1935 年 8 月。

83.〔宋〕李幼武：《宋名臣言行錄外集》，收入《景印文淵閣四庫全書》第
449 冊，臺北：臺灣商務印書館，1984 年 7 月。

84.〔宋〕朱鑑：《詩傳遺說》，長春：吉林出版集團有限責任公司，2005 年 5
月，影印摛藻堂《欽定四庫全書薈要》，與朱熹《詩經集傳》合刊本。

85.〔宋〕輔廣：《詩童子問》，收入《景印文淵閣四庫全書》第 74 冊，臺北：
臺灣商務印書館，1983 年 8 月。

86.〔宋〕邵博撰，劉德權、李劍雄點校：《邵氏聞見後錄》，北京：中華書局，
1983 年 8 月。

87.〔宋〕滕珙編：《經濟文衡》，收入《景印文淵閣四庫全書》第 704 冊，臺
北：臺灣商務印書館，1985 年 2 月。

88.〔宋〕陳淳：《北溪大全集》，收入《景印文淵閣四庫全書》第 1168 冊，
臺北：臺灣商務印書館，1985 年 9 月。

89.〔宋〕胡寅撰，容肇祖點校：《崇正辯‧斐然集》，北京：中華書局，1993
年 12 月。

90.〔宋〕王質：《詩總聞》，臺北：新文豐出版股份有限公司，1984 年 6 月。

91.〔宋〕張栻撰，朱熹編：《南軒先生文集》，收入朱傑人編《朱子全書外編》
第 4 冊，上海：華東師範大學出版社，2010 年 9 月。

92.〔宋〕洪邁：《容齋隨筆》，上海：上海古籍出版社，1998 年 3 月。

93.〔宋〕葉夢得：《石林燕語》，收入朱易安等編：《全宋筆記》第 2 編第 10
冊，鄭州：大象出版社，2006 年 1 月。

94.〔宋〕黃榦：《黃勉齋先生文集》，臺北：青山書屋，1957 年 5 月。

95.〔宋〕錢時：《融堂書解》，收入《叢書集成初編》第 3582 冊，上海：商
務印書館，1936 年 12 月。

96.〔宋〕陳亮：《陳亮集》，北京：中華書局，1974 年 12 月。

97.〔宋〕葉大慶：《考古質疑》，上海：上海古籍出版社，1985 年 8 月，與
〔宋〕袁文《甕牖閒評》合刊本。

98.〔宋〕陳振孫：《直齋書錄解題》，上海：上海古籍出版社，1987 年 12 月。

99.〔宋〕吳曾：《能改齋漫錄》，上海：上海古籍出版社，1979 年 11 月。

100.〔宋〕王應麟，〔清〕翁元圻等注，樂保群等校：《困學紀聞全校本》，上
海：上海古籍出版社，2008 年 12 月。

101.〔宋〕王應麟：《詩攷》，收入《景印文淵閣四庫全書》第 75 冊，臺北：
臺灣商務印書館，1983 年 8 月。

102.〔宋〕王應麟：《漢藝文志考證》，收入《景印文淵閣四庫全書》第 675 冊，
臺北：臺灣商務印書館，1984 年 10 月。

103. 〔宋〕陳經:《尚書詳解》,收入《景印文淵閣四庫全書》第 59 冊,臺北:臺灣商務印書館,1983 年 8 月。

104. 〔宋〕周密撰,張茂鵬點校:《齊東野語》,北京:中華書局,1983 年 11 月。

105. 〔宋〕周密撰,吳企明點校:《癸辛雜識》《癸辛雜識續集》,北京:中華書局,1988 年 1 月。

106. 〔宋〕度正:《性善堂稿》,收入《景印文淵閣四庫全書》第 1170 冊,臺北:臺灣商務印書館,1985 年 9 月。

107. 〔宋〕真德秀:《西山文集》,《景印文淵閣四庫全書》第 1174 冊,臺北:臺灣商務印書館,1985 年 9 月。

108. 〔宋〕嚴粲:《詩緝》,臺北:廣文書局,1989 年 8 月,影印明嘉靖間趙府味經堂刻本。

109. 〔宋〕黃震:《黃氏日抄》,收入《景印文淵閣四庫全書》第 707 冊,臺北:臺灣商務印書館,1985 年 2 月。

110. 〔宋〕晁公武:《昭德先生群齋讀書志》,收入《四部叢刊三編》,影印北平故宮博物院圖書館藏宋淳祐袁州刊本。

111. 〔宋〕金履祥:《尚書表注》,收入納蘭性德輯:《通志堂經解》第 6 冊,揚州:江蘇廣陵古籍刻印社,1993 年 11 月。

112. 〔宋〕金履祥:《資治通鑑前編》,收入《景印文淵閣四庫全書》第 332 冊,臺北:臺灣商務印書館,1984 年 3 月。

113. 〔元〕許謙:《讀書叢說》,收入《金華叢書》,影印〔清〕同治永康胡氏退補齋本。

114. 〔元〕許謙:《詩集傳名物鈔》,收入納蘭性德輯:《通志堂經解》第 8 冊,揚州:江蘇廣陵古籍刻印社,1993 年 11 月。

115. 〔元〕陳師凱:《書蔡氏傳旁通》,收入納蘭性德輯:《通志堂經解》第 6 冊,揚州:江蘇廣陵古籍刻印社,1993 年 11 月。

116. 〔元〕馬端臨:《文獻通考》,北京:中華書局,1986 年 9 月,影印萬有文庫十通本。

117. 〔元〕吳澄:《書纂言》,收入納蘭性德輯:《通志堂經解》第 6 冊,揚州:江蘇廣陵古籍刻印社,1993 年 11 月。

118. 〔元〕王充耘:《讀書管見》,收入納蘭性德輯:《通志堂經解》第 7 冊,揚州:江蘇廣陵古籍刻印社,1993 年 11 月。

119. 〔元〕王充耕:《書義矜式》,收入《景印文淵閣四庫全書》第 68 冊,臺北:臺灣商務印書館,1983 年 8 月。

120. 〔元〕朱祖義:《尚書句解》,收入納蘭性德輯:《通志堂經解》第 7 冊,揚州:江蘇廣陵古籍刻印社,1993 年 11 月。

121.〔元〕梁益:《詩傳旁通》,收入《景印文淵閣四庫全書》第 76 冊,臺北:臺灣商務印書館,1983 年 8 月。

122.〔元〕劉瑾:《詩傳通釋》,收入《景印文淵閣四庫全書》第 76 冊,臺北:臺灣商務印書館,1983 年 8 月。

123.〔元〕陳櫟:《書集傳纂疏》,長春:吉林出版集團有限責任公司,2005 年 5 月,影印摛藻堂《欽定四庫全書薈要》本,與〔宋〕程大昌:《禹貢山川地理圖》合刊本。

124.〔元〕陳悅道:《書義斷法》,收入《景印文淵閣四庫全書》第 62 冊,臺北:臺灣商務印書館,1983 年 8 月。

125.〔元〕劉玉汝:《詩纘緒》,收入《景印文淵閣四庫全書》第 77 冊,臺北:臺灣商務印書館,1983 年 8 月。

126.〔元〕脫脫等修:《宋史》,《百衲本二十四史》,臺北:臺灣商務印書館,1988 年 1 月,影印元至正刊本。

127.〔元〕董鼎:《書傳輯錄纂注》,長春:吉林出版集團有限責任公司,2005 年 5 月,影印摛藻堂《欽定四庫全書薈要》本。

128.〔元〕朱公遷:《詩經疏義會通》,收入《景印文淵閣四庫全書》第 77 冊,臺北:臺灣商務印書館,1983 年 8 月。

129.〔明〕宋濂:《元史》,收入《百衲本廿四史》,臺北:臺灣商務印書館,1988 年 1 月,影印明洪武刊本。

130.〔明〕劉三吾等:《書傳會選》,收入《景印文淵閣四庫全書》第 63 冊,臺北:臺灣商務印書館,1983 年 8 月。

131.〔明〕胡廣等:《書經大全》,收入《景印文淵閣四庫全書》第 63 冊,臺北:臺灣商務印書館,1983 年 8 月。

132.〔明〕梅鷟:《尚書考異》,收入〔清〕孫星衍輯:《平津館叢書》,影印〔清〕嘉慶早戌孟秋蘭陵孫氏校刊本。

133.〔明〕朱謀㙔:《詩故》,收入《景印文淵閣四庫全書》第 79 冊,臺北:臺灣商務印書館,1983 年 8 月。

134.〔明〕陳第:《尚書疏衍》,收入《景印文淵閣四庫全書》第 64 冊,臺北:臺灣商務印書館,1983 年 8 月。

135.〔明〕王守仁撰,吳光等編校:《王陽明全集》,上海:上海古籍出版社,1992 年 12 月。

136.〔明〕王樵:《尚書日記》,收入《景印文淵閣四庫全書》第 64 冊,臺北:臺灣商務印書館,1983 年 8 月。

137.〔明〕章潢:《圖書編》,收入《景印文淵閣四庫全書》第 971 冊,臺北:臺灣商務印書館,1985 年 6 月。

138.〔明〕羅欽順著,閻韜點校:《困知記》,北京:中華書局,1990 年 8 月。

139. 〔明〕姚舜牧：《重訂詩經疑問》，收入《景印文淵閣四庫全書》第 80 冊，臺北：臺灣商務印書館，1983 年 8 月。

140. 〔明〕何喬新：《椒邱文集》，收入《景印文淵閣四庫全書》第 1249 冊，臺北：臺灣商務印書館，1985 年 12 月。

141. 〔明〕陳邦瞻：《宋史紀事本末》，北京：中華書局，1977 年 5 月。

142. 〔明〕凌迪知：《萬姓統譜》，收入《景印文淵閣四庫全書》第 957 冊，臺北：臺灣商務印書館，1985 年 6 月。

143. 〔明〕李先芳：《讀詩私記》，收入《景印文淵閣四庫全書》第 79 冊，臺北：臺灣商務印書館，1983 年 8 月。

144. 〔明〕楊守陳：《楊懿公文集》，收入張壽鏞輯：《四明叢書》，影印民國四明張氏約園刊本。

145. 〔明〕文徵明：《甫田集》，收入《景印文淵閣四庫全書》第 1273 冊，臺北：臺灣商務印書館，1985 年 12 月。

146. 〔明〕黃道周：《洪範明義》，收入《景印文淵閣四庫全書》第 64 冊，臺北：臺灣商務印書館，1983 年 8 月。

147. 〔明〕季本：《詩說解頤》，收入《景印文淵閣四庫全書》第 79 冊，臺北：臺灣商務印書館，1983 年 8 月。

148. 〔明〕朱善：《詩解頤》，收入納蘭性德輯：《通志堂經解》第 8 冊，揚州：江蘇廣陵古籍刻印社，1993 年 11 月。

149. 〔明〕朱朝瑛：《讀詩略記》，收入《景印文淵閣四庫全書》第 82 冊，臺北：臺灣商務印書館，1983 年 8 月。

150. 〔明〕張次仲：《待軒詩記》，收入《景印文淵閣四庫全書》第 82 冊，臺北：臺灣商務印書館，1983 年 8 月。

151. 〔明〕歸有光撰，周本淳點校：《震川先生集》，上海：上海古籍出版社，1989 年 9 月。

152. 〔明〕梁寅：《詩演義》，收入《景印文淵閣四庫全書》第 78 冊，臺北：臺灣商務印書館，1983 年 8 月。

153. 〔明〕郝敬：《毛詩原解》，臺北：新文豐出版股份有限公司，1984 年 6 月，影印清光緒趙尚輔校刊湖北叢書本。

154. 〔明〕陶安：《陶學士集》，收入《景印文淵閣四庫全書》第 1125 冊，臺北：臺灣商務印書館，1985 年 9 月。

155. 〔明〕楊慎：《升菴全集》，收入王雲五編：《萬有文庫》，上海：商務印書館，1937 年 3 月。

156. 〔明〕郝敬：《尚書辨解》，收入《續修四庫全書》第 43 冊，上海：上海古籍出版社，1995 年 3 月。

157. 〔清〕黃宗羲撰:《宋元學案》,收入沈善洪主編:《黃宗羲全集》第 4 冊,杭州:浙江古籍出版社,2005 年 1 月。

158. 〔清〕顧炎武撰,黃汝成集釋:《日知錄集釋》,臺北:臺灣中華書局,1984 年 3 月。

159. 〔清〕顧炎武撰,華忱之點校:《顧亭林詩文集》,北京:中華書局,1983 年 5 月。

160. 〔清〕王夫之:《詩廣傳》,收錄於船山全書編輯委員會編校:《船山全書》第 3 冊,長沙:嶽麓書社,1998 年 11 月。

161. 〔清〕王夫之:《尚書稗疏》,收錄於船山全書編輯委員會編校:《船山全書》第 2 冊,長沙:嶽麓書社,1998 年 11 月。

162. 〔清〕王夫之:《詩經稗疏》,收入《續經解毛詩類彙編》,臺北:藝文印書館,1986 年 6 月,影印《皇清經解續編》本。

163. 〔清〕閻若璩:《尚書古文疏證》,上海:上海古籍出版社,1987 年 12 月,影印乾隆十年眷西堂刻本。

164. 〔清〕姚際恆:《詩經通論》,臺北:廣文書局,1993 年 10 月。

165. 〔清〕陳啓源:《毛詩稽古編》,收入《皇清經解毛詩類彙編》,臺北:藝文印書館,1986 年 6 月,影印《皇清經解》本。

166. 〔清〕惠周惕:《詩說》,收入《皇清經解毛詩類彙編》,臺北:藝文印書館,1986 年 6 月,影印《皇清經解》本。

167. 〔清〕張廷玉等:《明史》,收入《百衲本廿四史》,臺北:臺灣商務印書館,1988 年 1 月,影印〔清〕乾隆武英殿本。

168. 〔清〕紀昀等:《欽定四庫全書總目》,臺北:藝文印書館,1997 年 9 月。

169. 〔清〕毛奇齡:《白鷺洲主客說詩》,收入《續修四庫全書》第 61 冊,上海:上海古籍出版社,1995 年 3 月。

170. 〔清〕全祖望著,朱鑄禹彙校集注:《全祖望集彙校彙注》,上海:上海古籍出版社,2000 年 12 月。

171. 〔清〕聖祖仁皇帝欽定:《欽定書經傳說彙纂》,長春:吉林出版集團有限責任公司,2005 年 5 月,影印摛藻堂《欽定四庫全書薈要》本。

172. 〔清〕聖祖仁皇帝欽定:《欽定詩經傳說彙纂》,長春:吉林出版集團有限責任公司,2005 年 5 月,影印摛藻堂《欽定四庫全書薈要》本。

173. 〔清〕庫勒那等:《日講書經解義》,收入《景印文淵閣四庫全書》第 65 冊,臺北:臺灣商務印書館,1983 年 8 月。

174. 〔清〕乾隆御纂:《御纂詩義折中》,長春:吉林出版集團有限責任公司,2005 年 5 月,景印摛藻堂《欽定四庫全書薈要》本。

175. 〔清〕乾隆:《御製詩集四集》,收入《景印文淵閣四庫全書》第 1308 冊,臺北:臺灣商務印書館,1985 年 12 月。

176.〔清〕王先慎校注:《韓非子集解》,收入《新編諸子集成》第 5 冊,臺北:世界書局,1972 年 10 月。

177.〔清〕陸隴其:《古文尚書考》,收入《叢書集成初編》,上海:商務印書館,1936 年 12 月。

178.〔清〕王懋竑撰,何忠禮點校:《朱熹年譜》,北京:中華書局,1998 年 10 月。

179.〔清〕昭槤撰,何英芳點校:《嘯亭雜錄》,北京:中華書局,1997 年 12 月。

180.〔清〕崔述:《讀風偶識》,臺北:學海出版社,1992 年 9 月。

181.〔清〕戴震:《毛詩補傳》,收錄於張岱年主編《戴震全書》第 1 冊,合肥:黃山書社,1994 年 7 月。

182.〔清〕翁方綱:《石洲詩話》,北京:人民文學出版社,1981 年 1 月,與〔清〕趙執信:《談龍錄》合刊本。

183.〔清〕孫承澤:《春明夢餘錄》,收入《景印文淵閣四庫全書》第 868 冊,臺北:臺灣商務印書館,1985 年 2 月。

184.〔清〕孫星衍:《尚書今古文注疏》,臺北:臺灣中華書局,1988 年 3 月據冶城山館本校刊。

185.〔清〕孫希旦撰,沈嘯寰、王星賢點校:《禮記集解》,臺北:文史哲出版社,1987 年 8 月。

186.〔清〕王聘珍撰,王文錦點校:《大戴禮記解詁》,北京:中華書局,1983 年 12 月。

187.〔清〕王先謙:《詩三家義集疏》,臺北:明文書局,1988 年 10 月。

188.〔清〕王先謙輯:《續文古辭類纂》,收入《續修四庫全書》第 1610 冊,上海:上海古籍出版社,1995 年 3 月,據清光緒八年王氏盧受堂刻本影印。

189.〔清〕阮元:《揅經室集》,臺北:世界書局,1982 年 3 月。

190.〔清〕嚴虞惇:《讀詩質疑》,收入《景印文淵閣四庫全書》第 87 冊,臺北:臺灣商務印書館,1983 年 8 月。

191.〔清〕顧鎮:《虞東學詩》,收入《景印文淵閣四庫全書》第 89 冊,臺北:臺灣商務印書館,1983 年 8 月。

192.〔清〕畢沅:《續資治通鑑》,臺北:洪氏出版社,1987 年 5 月。

193.〔清〕蘇輿撰,鍾哲點校:《春秋繁露義證》,北京:中華書局,1992 年 12 月。

194.〔清〕袁枚:《小倉山房文集》,收入《續修四庫全書》第 1432 冊,上海:上海古籍出版社,1995 年 3 月,影印〔清〕乾隆刻增修本。

195. 〔清〕楊守敬撰，王重民輯：《日本訪書志補》，收入《續修四庫全書》第
930 冊，，上海：上海古籍出版社，1995 年 3 月。

196. 〔清〕劉開：《劉孟涂文集》，收入《續修四庫全書》第 1510 冊，收入《續
修四庫全書》第 930 冊，上海：上海古籍出版社，1995 年 3 月，影印清
道光六年姚氏檗山草堂刻本。

197. 〔清〕劉毓崧：《尚書舊疏考正》，收入《續經解尚書類彙編》，臺北：藝
文印書館，1986 年 6 月，影印《皇清經解續編》本。

198. 〔清〕李光地著，陳祖武點校：《榕村語錄》，北京：中華書局，1995 年 6
月，與《榕村續語錄》合刊本。

199. 〔清〕李光地：《尚書七篇解義》，收入《景印文淵閣四庫全書》第 68 冊，
臺北：臺灣商務印書館，1983 年 8 月。

200. 〔清〕李光地：《詩所》，收入《景印文淵閣四庫全書》第 86 冊，臺北：
臺灣商務印書館，1983 年 8 月。

201. 〔清〕朱彝尊：《經義考》，北京：中華書局，1998 年 11 月，影印上海中
華書局《四部備要》木。

202. 〔清〕朱鶴齡：《尚書埤傳》，收入《景印文淵閣四庫全書》第 66 冊，臺
北：臺灣商務印書館，1983 年 8 月。

203. 〔清〕朱鶴齡：《詩經通義》，收入《景印文淵閣四庫全書》第 85 冊，臺
北：臺灣商務印書館，1983 年 8 月。

204. 〔清〕方玉潤：《詩經原始》，臺北：藝文印書館，1981 年 2 月，影印雲
南叢書本。

205. 〔清〕陳澧：《東塾讀書記》，臺北：世界書局，1975 年 5 月，與〔清〕
桂馥：《札樸》、〔清〕孫詒讓《札迻》合刊本。

206. 〔清〕惠周惕：《詩說》，收入《皇清經解毛詩類彙編》，臺北：藝文印書
館，1986 年 6 月，影印《皇清經解》本。

207. 〔清〕莊述祖：《毛詩周頌口義》，收入《續經解毛詩類彙編》第 1 冊，臺
北：藝文印書館，1986 年 6 月，影印《皇清經解續編》本。

208. 〔清〕莊述祖：《珍埶宧文鈔》，收入《續修四庫全書》第 1475 冊，上海：
上海古籍出版社，1995 年 3 月，影印中國科學院圖書館藏清刻本。

209. 〔清〕段玉裁：《古文尚書撰異》，收入《段玉裁遺書》上冊，臺北：大化
書局，1977 年 5 月，影印經韻樓叢書刊本。

210. 〔清〕陳奐：《詩毛氏傳疏》，收入《續經解毛詩類彙編》第 1 冊，臺北：
藝文印書館，1986 年 6 月，影印《皇清經解續編》本。

211. 〔清〕馬瑞辰：《毛詩傳箋通釋》，收入《續經解毛詩類彙編》第 2 冊，臺
北：藝文印書館，1986 年 6 月，影印《皇清經解續編》本。

212. 〔清〕胡承珙：《毛詩後箋》，收入《續經解毛詩類彙編》，臺北：藝文印書館，1986 年 6 月），影印《皇清經解續編》本。

213. 〔清〕程廷祚：《晚書訂疑》，收入《續修四庫全書》第 44 冊，上海：上海古籍出版社，1995 年 3 月。

214. 〔清〕宋鑒：《尚書考辨》，收入《續修四庫全書》第 44 冊，上海：上海古籍出版社，1995 年 3 月，影印〔清〕嘉慶四年刻本。

215. 〔清〕焦循：《雕菰集》，收入《續修四庫全書》第 1489 冊，上海：上海古籍出版社，1995 年 3 月，影印中科學院圖書館藏清道光四年阮福嶺南節署刻本。

216. 〔清〕張崇蘭：《古文尚書私議》，收入杜松柏編：《尚書類聚初集》，臺北：新文豐出版公司，1984 年 10 月，影印清光緒二十三年陳克劬刻本。

217. 〔清〕徐松：《宋會要輯稿》，北京：中華書局，1957 年 11 月，影印民國北平圖書館校勘本。

218. 〔清〕皮錫瑞：《經學歷史》，臺北縣：漢京文化事業有銀公司，1983 年 9 月。

219. 〔清〕皮錫瑞：《經訓書院自課文》，收入《師伏堂叢書》，影印光緒癸巳師伏堂刊本。

220. 〔清〕魏源：《詩古微》，收入《續經解毛詩類彙編》，臺北：藝文印書館，1986 年 6 月，影印《皇清經解續編》本。

221. 荊門市博物館編：《郭店楚墓竹簡》，北京：文物出版社，2005 年 4 月。

222. 不題撰人：《愛日齋叢鈔》，收入《叢書集成初編》，上海：商務印書館，1936 年 12 月。

223. 梁啟超：《清代學術概論》，上海：商務印書館，1930 年 4 月。

224. 趙爾巽等撰，啟功等點校：《清史稿》，北京：中華書局，1998 年 1 月。

225. 甘鵬雲：《經學源流考》，臺北：廣文書局，1996 年 10 月。

226. 張純一校注：《晏子春秋》，收入《新編諸子集成》第 6 冊，臺北：世界書局，1972 年 10 月。

227. 李修生主編：《全元文》第 14 冊，南京：江蘇古籍出版社，1999 年 10 月。

二、近人論著

（一）專書著作（依姓氏筆畫排序）

1. 王靜芝：《詩經通釋》，臺北縣：輔仁大學文學院，1991 年 10 月。

2. 王汎森：《中國近代思想與學術的系譜》，臺北：聯經出版事業股份有限公司，2003 年 8 月。

3. 王巍，《相對主義：從典範、語言和理性的觀點看》，北京：清華大學出版社，2003 年 4 月。

4. 王倩：《朱熹詩教思想研究》，北京：北京大學出版社，2009 年 11 月。

5. 田浩：《朱熹的思維世界》，臺北：允晨文化實業股份有限公司，2008 年 3 月。

6. 牟宗三：《心體與性體》，臺北：臺灣學生書局，1996 年 5 月。

7. 朱志清：《詩言志辨》，上海：開明書店，1947 年 8 月。

8. 朱廷獻：《尚書研究》，臺北：臺灣商務印書館，1987 年 1 月。

9. 朱維錚編：《周予同經學史論著選集》，上海：上海人民出版社，1996 年 7 月。

10. 朱謙之：《日本的朱子學》，北京：人民出版社，2000 年 12 月。

11. 朱漢民、蕭永明著：《曠世大儒——朱熹》，石家莊：河北人民出版社，2001 年 1 月。

12. 朱漢民、蕭永明：《宋代《四書》學與理學》，北京：中華書局，2009 年 12 月。

13. 光澤縣地方志編纂委員會編：《光澤縣志》，北京：群眾出版社，1994 年 9 月。

14. 汪暉：《現代中國思想的興起》，北京：生活‧讀書‧新知三聯書店，2008 年 3 月。

15. 余英時：《朱熹的歷史世界——宋代士大夫政治文化的研究》，臺北：允晨文化實業股份有限公司，2003 年 5 月。

16. 李威熊：《中國經學發展史論》上冊，臺北：文史哲出版社，1988 年 12 月。

17. 李申：《易圖考》，北京：北京大學出版社，2001 年 2 月。

18. 李建盛：《理解事件與文本意義》，上海：上海譯文出版社，2002 年 3 月。

19. 李冬梅：《蘇轍《詩集傳》新探》，成都：四川大學出版社，2006 年 1 月。

20. 束景南：《朱子大傳》，福州：福建教育出版社，2000 年 11 月。

21. 束景南：《朱熹年譜長編》，上海：華東師範大學出版社，2001 年 9 月。

22. 何忠禮：《南宋政治史》，北京：人民出版社，2008 年 10 月。

23. 屈萬里：《尚書集釋》，臺北：聯經出版事業公司，2001 年 3 月。

24. 金春峰：《朱熹哲學思想》，臺北：東大圖書股份有限公司，1998 年 5 月。

25. 林葉連：《詩經論文》，臺北：臺灣學生書局，1996 年 5 月。

26. 林葉連：《中國歷代詩經學》，臺北：臺灣學生書局，2002 年 9 月。

27. 林維杰：《朱熹與經典詮釋》，臺北：國立臺灣大學出版中心，2008 年 10 月。

28. 林月惠：《異曲同調──朱子學與朝鮮性理學》，臺北：國立臺灣大學出版中心，2010 年 5 月。

29. 周天令：《朱子道德哲學研究》，臺北：文津出版社，1999 年 11 月。

30. 孟淑慧：《朱熹及其門人的教化理念與實踐》，臺北：國立臺灣大學出版委員會，2003 年 8 月。

31. 洪湛侯：《詩經學史》，北京：中華書局，2004 年 9 月。

32. 馬承源編：《上海博物館藏戰國楚竹書（一）》，上海：上海古籍出版社，2001 年 11 月。

33. 姜廣輝編：《中國經學思想史第三卷上》，北京：中國社會科學出版社，2010 年 11 月。

34. 唐君毅：《中國哲學原論──原性篇》，臺北：臺灣學生書局，2006 年 11 月。

35. 夏傳才：《詩經研究史概要》，臺北：萬卷樓圖書有限公司，1994 年 11 月。

36. 夏傳才、董治安主編：《詩經要籍提要》，北京：學苑出版社，2003 年 8 月。

37. 夏傳才：《二十世紀詩經學》，北京：學苑出版社，2005 年 7 月。

38. 徐有富：《鄭樵評傳》，南京：南京大學出版社，1998 年 12 月。

39. 徐公喜：《朱熹理學法律思想研究》，南昌：江西人民出版社，2004 年 12 月。

40. 陳榮捷：《朱學論集》，臺北：臺灣學生書局，1988 年 4 月。

41. 陳榮捷：《近思錄詳註集評》，臺北：臺灣學生書局，1992 年 8 月。

42. 陳榮捷：《朱熹》，臺北：東大圖書股份有限公司，2003 年 3 月。

43. 陳榮捷：《朱子門人》，上海：華東師範大學出版社，2007 年 7 月。

44. 陳子展：《詩經直解》，臺北：書林出版有限公司，1992 年 8 月。

45. 陳志信：《朱熹經學志業的形成與實踐》，臺北：臺灣學生書局，2003 年 2 月。

46. 陳逢源：《朱熹與四書章句集注》，臺北：里仁書局，2006 年 9 月。

47. 陳來：《朱子書信編年考證》，上海：生活‧讀書‧新知三聯書店，2007 年 9 月。

48. 陳來：《朱子哲學研究》，上海華東師範大學出版社，2008 年 5 月。

49. 陳明義：《朱熹《詩經》學與《詩經》漢學傳統異同之研究》，臺北縣：花木蘭文化出版社，2008 年 9 月。

50. 張健：《朱熹的文學批評研究》，臺北：臺灣商務印書館，1973 年 9 月。

51. 張立文：《朱熹思想研究》，臺北縣：谷風出版社，1986 年 10 月。

52. 張祝平：《朱熹詩經學論稿》，長春：吉林人民出版社，2000 年 6 月。

53. 張啓成：《詩經研究史論稿》，貴陽：貴州人民出版社，2003 年 2 月。

54. 張松輝、周曉露著：《《論語》《孟子》疑義研究》，長沙：湖南大學出版社，2006 年 12 月。

55. 郭齊：《朱子學新探》，成都：四川大學出版社，2008 年 7 月。

56. 常金倉：《周代禮俗研究》，臺北：文津出版社，1993 年 2 月。

57. 莫勵鋒：《朱熹文學研究》，南京：南京大學出版社，2000 年 5 月。

58. 傅兆寬：《梅鷟辨偽略說及尚書考異證補》，臺北：文史哲出版社，1988 年 7 月。

59. 傅斯年：《傅斯年全集》，長沙：湖南教育出版社，2003 年 9 月。

60. 勞思光：《新編中國哲學史》，臺北：三民書局，1995 年 8 月。

61. 程元敏：《三經新義輯考彙評（·）——尚書》，臺北：國立編譯館，1986 年 7 月。

62. 程元敏：《三經新義輯考彙評（二）——詩經》，臺北：國立編譯館，1986 年 9 月。

63. 程元敏：《書序通考》，臺北：臺灣學生書局，1999 年 4 月。

64. 黃忠慎：《南宋三家詩經學》，臺北：臺灣商務印書館，1988 年 8 月。

65. 黃忠慎：《朱子《詩經》學新探》，臺北：五南圖書出版股份有限公司，2003 年 3 月。

66. 黃彰健：《武王伐紂年新考並論《殷曆譜》的修訂》，臺北：中央研究歷史語言研究所，1999 年 5 月。

67. 黃懷信：《古文獻與古史考論》，濟南：齊魯書社，2003 年 6 月。

68. 黃懷信：《上海博物館藏戰國楚竹書詩論解義》，北京：社會科學文獻出版社，2004 年 8 月。

69. 游均晶：《蔡沈《書集傳》研究》，臺北縣：花木蘭文化出版社，2010 年 3 月。

70. 葉國良、夏長樸、李隆獻合著：《經學通論》，臺北：大安出版社，2005 年 8 月。

71. 葛兆光：《中國思想史》，上海：復旦大學出版社，2001 年 12 月。

72. 葛兆光：《思想史研究課堂講錄：視野、角度與方法》，北京：生活·讀書·新知三聯書店，2005 年 4 月。

73. 鄒其昌：《朱熹詩經詮釋學美學研究》，北京：商務印書館，2004 年 7 月。

74. 楊燕：《《朱子語類》經學思想研究》，北京：東方出版社，2010 年 8 月。

75. 熊十力：《讀經示要》，臺北：明文書局，1984 年 10 月。

76. 劉述先：《朱子哲學思想的發展與完成》，臺北：臺灣學生書局，1995 年 8 月。

77. 劉起釪：《尚書學史》，北京：中華書局，1989 年 6 月。

78. 劉起釪：《日本的尚書學與其文獻》，北京：商務印書館，1997 年 6 月。

79. 劉美紅：《先秦儒學對「怨」的診斷與治療》，廣州：中山大學出版社，2010 年 3 月。

80. 蔡仁厚：《宋明理學——南宋篇》，臺北：臺灣學生書局，1989 年 3 月。

81. 蔡方鹿：《朱熹經學與中國經學》，北京：人民出版社，2004 年 4 月。

82. 蔡根祥：《宋代尚書學案》，收入《中國古典文獻研究輯刊三編》第 11 冊，臺北縣：花木蘭文化出版社，2006 年 9 月。

83. 蔡茂松：《朱子學》，臺南：大千世界出版社，2007 年 12 月。

84. 錢穆：《宋明理學概述》，臺北：臺灣學生書局，1992 年 1 月。

85. 錢穆：《朱子學提綱》，北京：生活‧讀書‧新知三聯書局，2002 年 8 月。

86. 錢穆：《朱子新學案》，北京：九州出版社，2011 年 1 月。

87. 戴維：《詩經研究史》，長沙：湖南教育出版社，2001 年 9 月。

88. 戴瑞坤：《中日韓朱子學陽明學之研究》，臺北：文史哲出版社，2002 年 7 月。

89. 檀作文：《朱熹詩經學研究》，北京：學苑出版社，2004 年 9 月。

90. 龍協濤：《文學閱讀學》，北京：北京大學出版社，2005 年 6 月。

（二）外國學者專著

1. 〔美〕Thoman S. Kuhn 著，王道還等譯：《科學革命的結構》，臺北：遠流出版事業股份有限公司，1998 年 2 月。

2. 〔奧〕維特根斯坦著，李步樓譯：《哲學研究》，北京：商務印書館，2008 年 9 月。

3. 〔德〕Wahrheit Und Methode 著，洪漢鼎譯，《真理與方法》，上海：上海譯文出版社，2004 年 7 月。

4. 〔德〕庫爾特‧考夫卡著，黎煒譯：《格式塔心理學原理》，杭州：浙江教育出版社，1999 年 1 月。

5. 〔瑞士〕Carl G.Jung 著，龔卓軍譯：《人及其象徵》，臺北：立緒文化事業有限公司，2005 年 5 月。

6. 〔法〕孟德斯鳩著，嚴復譯：《孟德斯鳩法意》，北京：商務印書館，1981 年 11 月。

7. 〔韓〕李瀷著，白承錫校註：《詩經疾書校註》，南京：江蘇教育出版社，1999 年 12 月。

8. 〔韓〕權近：《入學圖說》，收入《韓國儒學資料集成》上冊，首爾：延世大學校出版部，1996 年 8 月。

9. 〔韓〕李滉：《退溪集》Ⅱ，收入《韓國文集叢刊》第 30 輯，首爾：景仁文化社，1996 年 12 月。

10. 〔韓〕李珥：《栗谷全書》Ⅰ，收入《韓國文集叢刊》第 44 輯，首爾：景仁文化社，1996 年 12 月。

11. 〔韓〕丁若鏞：《洌水全書》《梅氏尚書平》，「韓國經學資料系統」網站，2004 年。

12. 〔韓〕尹鑴：《古詩經攷·故詩大序·古詩》，「韓國經學資料系統」網站，2004 年。

13. 〔韓〕朴世堂：《思辨錄──詩經》，「韓國經學資料系統」網站，2004 年。

14. 〔韓〕正祖：《弘齋全書》《經史講義─詩》，「韓國經學資料系統」網站，2004 年。

15. 〔韓〕丁若鏞：《論語古今注》，「韓國經學資料系統」網站，2004 年。

16. 〔韓〕黃景源：《江漢集》，http://hamyang.org/anhak.htm。

17. 〔日〕大阪大學懷德堂文庫復刻刊行會監修：《詩雕題》，東京：吉川弘文館，1995 年 3 月。

18. 〔日〕吉川幸次郎，清水茂校注：《伊藤仁齋·伊藤東涯》，收入《日本思想大系》第 33 輯，東京：岩波書店，1971 年 6 月。

（三）學位論文 （依時間順序排列）

1. 〔韓〕李再薰：《朱子詩經學要義通證》，臺北：國立臺灣大學中文研究所碩士論文 1982 年 6 月。

2. 蔣秋華：《二程詩書義理求》，臺北：國立臺灣大學中國文學研究所博士論文，1991 年 7 月。

3. 楊晉龍：《明代詩經學研究》，臺北：國立臺灣大學中國文學研究所博士論文，1997 年 6 月。

4. 許華峰：《董鼎書傳輯錄纂註研究》，桃園：國立中央大學中國文學研究所博士論文，2000 年 12 月。

5. 包麗虹：《朱熹《詩集傳》文獻學研究》，杭州：浙江大學博士論文，2004 年 7 月。

6. 陳戰峰：《宋代《詩經》學與理學──關於《詩經》學的思想學術史考察》，西安：西北大學博士論文，2005 年 4 月。

7. 陳良中：《朱子《尚書》學研究》，上海：華東師範大學博士論文，2007年7月。

8. 劉小嬿：《吳澄尚書學研究》，高雄：國立高雄師範大學經學研究所碩士論文，2007年7月。

9. 曹海東：《朱熹經典解釋學研究》，武漢：華中師範大學博士論文，2007年8月。

10. 楊靜：《理學背景下的《詩集傳》闡釋學研究》，蕪湖：安徽師範大學碩士論文，2008年4月。

11. 簡澤峰：《宋代《詩經》學新說研究》，彰化：國立彰化師範大學國文研究所博士論文，2008年5月。

12. 楊心怡：《太宰春臺對朱熹《詩集傳》的批評》，臺北：臺北大學古典文獻研究所碩士論文，2008年7月。

13. 郝永：《朱熹《詩經》解釋學研究》，杭州：浙江大學博士論文，2009年7月。

14. 張建民：《宋代《尚書》學研究》，西安西北大學博士論文，2009年7月。

15. 胡金旺：《王安石的哲學思想與《三經新義》》，上海：上海師範大學哲學學院博士論文，2010年5月。

（四）**單篇論文**（依作者姓氏筆畫排列）

1. 丁鼎：〈「偽《古文尚書》案」平議〉，《古籍整理研究學刊》第2期，2010年3月。

2. 王國栓：〈析《詩集傳》與《毛詩序》的異同〉，《廣東技術師範學院學報》第11期，2007年。

3. 王龍：〈朱熹《詩集傳》賦比興標詩探微〉，《貴州大學學報‧社會科學版》第26卷第1期，2008年1月

4. 王春林：〈朱熹疑偽《古文尚書》一說考辨〉，《福建論壇‧人文社會科學版》第8期，2009年。

5. 左松超：〈崔述《詩經》研究簡論〉，收錄於國立中山大學清代學術研究中心主編：《清代學術論叢》第2輯，臺北：文津出版社，2001年11月。

6. 江乾益：〈鄭玄「風雅正變說」申〈毛詩序〉探論〉，《興大中文學報》第27期，2010年6月。

7. 朱傑人：〈朱子《詩傳綱領》研究〉，收錄於鍾彩鈞主編：《朱子學的開展——學術篇》，臺北：漢學研究中心，2002年6月。

8. 朱傑人：〈朱子《詩集傳》引文考〉，收錄於蔣秋華、馮曉庭編：《宋代經學國際研討會論文集》，臺北：中央研究院中國文研究所，2006年10月。

9. 朱孟庭：〈《詩經》與取義析論〉，《東吳中文學報》第 10 期，2004 年 5 月。

10. 伍純嫻：〈《詩傳大全》與《詩經傳說彙纂》關係探論：簡析明代《詩經》官學的延續與發展〉，《中山人文學報》第 20 期，2005 年 6 月。

11. 〔日〕江口尚純著、馮曉庭譯：〈劉敞《七經小傳》略述——以〈詩經小傳〉的論說爲例〉，《中國文哲研究通訊》第 12 卷第 3 期，2002 年 9 月。

12. 杜海軍：〈呂祖謙的《詩》學觀〉，《浙江社會科學》2005 年第 5 期，2005 年 9 月。

13. 吳正嵐：〈朱熹涵泳《詩經》的方法論意義〉，《江蘇社會科學》2001 卷第 4 期，2001 年 7 月

14. 李學勤：〈朱子的《尚書》學〉，收錄於李學勤撰：《古文獻論叢》，上海：上海遠東出版社，1996 年 11 月。

15. 李明輝：〈李玄逸的四端七情論與「道心、人心」問題〉，收錄於吳震主編：《宋代新儒學的精神世界——以朱子學爲中心》，上海：華東師範大學出版社，2009 年 6 月。

16. 李明輝：〈朱子對「道心」、「人心」的詮釋〉，收錄於蔡振豐編：《東亞朱子學的詮釋與發展》，臺北：國立臺灣大學出版中心，2009 年 7 月。

17. 〔韓〕李麓衡：〈茶山丁若鏞的經學〉，收錄於中國實學研究會編：《中韓實學史研究》，北京：中國人民大學出版社，1998 年 9 月。

18. 李家樹：〈南宋朱熹、呂祖謙『淫詩說』駁議述評〉，《河北師範大學學報 · 哲學社會科學版》第 28 卷第 1 期，2005 年 1 月。

19. 李士金：〈朱熹《詩集傳 · 國風》思想研究的深刻政治意蘊〉，《廣西社會科學》第 12 期，2006 年。

20. 李如冰：〈宋代藍田四呂著述考〉，《古籍整理研究學刊》第 5 期，2010 年 9 月。

21. 〔韓〕沈慶昊著，金海鷹譯：〈丁若鏞的《詩經》論與清朝學術的關係：以繼承、批判毛奇齡學說爲例〉，收錄於黃俊傑編：《東亞視域中的茶山學與朝鮮儒學》，臺北：國立臺灣大學出版中心，2006 年 11 月。

22. 林慶彰：〈朱子對傳統經說的態度——以朱子《詩經》著述爲例〉收錄於鍾彩鈞編：《國際朱子學會議論文集》，臺北：中央研究院中國文哲研究所籌備處，1993 年 5 月。

23. 林慶彰：〈朱子《詩集傳 · 二南》的教化觀〉，收錄於鍾彩鈞編：《朱子學的開展——學術篇》，臺北：漢學研究中心，2002 年 6 月。

24. 林慶彰：〈鄭樵的《詩經》學〉，收錄於蔣秋華、馮曉庭主編《宋代經學國際研討會論文集》，臺北：中央研究院中國文哲研究所，2006 年 10 月。

25. 林慶彰：〈中國經學史上的回歸原典運動〉，《中國文化》第 30 期，2009 年。

26. 林月惠：〈朱子與羅整菴的「人心道心」說〉，收錄於蔡振豐編：《東亞諸子學的詮釋與發展》，臺北：國立臺灣大學出版中心，2009 年 7 月。

27. 季旭昇：〈雨無正解題〉，《古籍整理研究學刊》第 3 期，2002 年 5 月。

28. 柳立言：〈淺談宋代婦女的守節與改嫁〉，《新史學》第 2 卷第 4 期，1991 年 12 月。

29. 姜龍翔：〈論孟子聖人觀念的二元系統〉，《東華漢學》第 9 期，2010 年 6 月。

30. 洪文雄：〈劉敞《七經小傳‧毛詩》在唐宋《詩經》學轉變的地位探析〉，《興大中文學報》第 23 期，2008 年 6 月。

31. 韋丹：〈朱熹「鄭詩淫」辨析〉，《上海師範大學學報‧社會科學版》第 27 卷第 1 期，1998 年 3 月。

32. 姚海燕：〈論朱熹《詩集傳》之「淫詩說」〉，《懷化學院學報》第 23 卷第 4 期，2004 年 8 月。

33. 高柏園：〈論朱子對四書之理解態度──以格物致知與盡心知性為核心之討論〉，收錄於國立臺灣師範大學國文學系主編：《經學論叢》，臺北：洪葉文化事業有限公司，2003 年 12 月。

34. 孫利：〈朱熹「十六字心訣」釋義〉，《河北大學學報‧哲學社會科學版》第 26 卷第 2 期，2001 年。

35. 徐公喜：〈朱熹十六字心傳道統思想形成論〉，《宜賓學院學報》第 1 期，2004 年。

36. 馮友蘭：〈略論道學的特點、名稱和形式〉，收入《三松堂全集》《哲學文集下》，鄭州：河北人民出版社，2001 年 1 月。

37. 張宏生：〈朱熹《詩集傳》的特色及貢獻〉，收錄於林慶彰主編：《中國經學史論文選集》下冊，臺北：文史哲出版社，19932 年 3 月。

38. 張祝平：〈論朱熹讀《詩》方法論及其理學桎梏〉，《貴州文史叢刊》第 2 期，2002 年。

39. 張寶三：〈朝鮮正祖《詩經講義》論考〉，收入《東亞《詩經》學論集》，臺北：國立臺灣大學出版中心，2009 年 7 月。

40. 張蕊、俞啓定合撰：〈明清時期的《詩經》應試書〉，《歷史檔案》第 4 期，2009 年。

41. 陳國平：〈關於朱熹反《毛詩序》問題的探討〉，《常州技術師範學院學報》第 2 卷第 1 期，1996 年 5 月。

42. 陳榮開：〈朱子的《中庸》說：《中庸章句‧序》中有關道心、人心問題的看法〉，收錄於《朱傑人主編：《邁入 21 世紀的朱子學──紀念朱熹誕辰 870 周年逝世 800 周年論文集》，上海：華東師範大學出版社，2001 年 11 月。

43. 陳志信:〈理想世界的形塑與經典詮釋的形式——以朱熹《詩集傳》對〈二南〉的詮釋爲例〉,《漢學研究》第 21 卷第 1 期,2003 年 6 月。

44. 陳英姿、沈芳:〈比較分析《毛傳鄭箋》與《詩集傳》對比興認識的歧異〉,《樂山師範學院學報》第 21 卷第 7 期,2006 年 7 月。

45. 陳良中:〈論朱子《尚書》學章句義理之得失〉,《重慶師範大學學報·哲學社會科學版》第 3 期,2009 年。

46. 梅廣:〈語言科學與經典詮釋〉,收錄於葉國良編:《文獻及語言知識與經典詮釋的關係》,臺北:國立臺灣大學出版中心,2004 年 6 月。

47. 許華峰:〈「朱熹集」卷六十五中與「尚書」相關諸篇之寫作時間考〉,《國立中央大學人文學報》第 23 期,2001 年 6 月。

48. 崔冠華:〈丁若鏞考辨古文《尚書》的基本理路——《梅氏書平》的邏輯觀點〉,《湖南大學學報·社會科學版》第 23 卷第 3 期,2009 年 5 月。

49. 崔海峰:〈興觀群怨說——從孔子到王夫之〉,《船山學刊》2009 年第 4 期。

50. 彭維杰:〈朱子「學詩之本」說發微〉,《國文學誌》第 2 期,1998 年 6 月。

51. 彭維杰:〈朱子詩傳舊說探析〉,《彰師大國文學誌》第 3 期,1999 年 6 月。

52. 彭維杰:〈朱熹「淫詩說」理學釋義〉,《彰師大國文學誌》第 11 期,2005 年 12 月。

53. 黃永武:〈從詩經二南看修齊治平之道〉,收入《詩經研究論集》,臺北:黎明文化事業股份有限公司,1981 年 1 月。

54. 黃俊傑:〈朱子對中國歷史的解釋〉,收錄於鍾彩鈞主編:《國際朱子學會議論文集》,臺北:中央研究院中國文哲研究所籌備處,1993 年 5 月。

55. 黃玉順:〈詩「比興」說——朱熹詩學思想批判〉,收錄於蔡方鹿主編:《新視野視詮釋——朱熹思想與現代社會》,成都:四川大學出版社,2007 年 12 月。

56. 黃忠慎:〈輔廣《詩童子問》新探〉,《臺大中文學報》第 32 期,2010 年 6 月

57. 程元敏:〈朱熹蔡沈弟子書序辨說版本徵孚〉,《經學研究論叢》第 4 輯,臺北:臺灣學生書局,1995 年 10 月。

58. 景海峰:〈儒家詮釋學的三個時代〉,收入於李明輝編:《儒家經典詮釋方法》,上海:華東師範大學出版社,2008 年 5 月。

59. 楊晉龍:〈朱熹《詩序辨說》述義〉,《中國文哲研究集刊》第 12 期,1998 年 3 月。

60. 楊晉龍:〈〈中國經學史上的回歸原典運動〉簡評〉,《中國文哲研究通訊》第 16 卷第 3 期,2006 年 9 月。

61. 楊新勛：〈呂祖謙《呂氏家塾讀詩記》在《詩經》學史上的意義〉,《南京師大學報・社會科學版》第 6 期,2008 年 11 月。

62. 楊靜：〈朱熹《詩》學闡釋方法論〉,《濰坊學院學報》第 9 卷第 3 期,2009 年 6 月。

63. 董芬：〈朱熹《詩集傳》闡釋方法分析〉,《江蘇大學學報・社會科學版》第 7 卷第 5 期,2005 年 9 月。

64. 蔡曉芹：〈《詩集傳》中朱子的理想社會〉,《社會科學輯刊》第 2 期,2009 年。

65. 劉人鵬：〈論朱子未嘗疑「古文尚書」爲僞作〉,《清華學報》第 22 卷第 4 期,1992 年 11 月。

66. 劉文強：〈衛莊姜論〉,《文與哲》第 11 期,2007 年 12 月

67. 劉原池：〈朱熹之《詩》學解釋學〉,《人文社會科學研究》第 3 卷第 1 期,2009 年 3 月。

68. 劉述先：〈宋明理學的精神世界——以朱子爲中心〉,收錄於吳震主編:《宋代新儒學的精神世界——以朱子學爲中心》,上海：華東師範大學出版社,2009 年 6 月。

69. 蔡方鹿：〈朱熹《尚書》學的影響和地位〉,《天府新論》第 4 期,2003 年。

70. 蔣年豐：〈從朱子與劉蕺山的心性論分析其史學精神〉,收錄於鍾彩鈞主編：《國際朱子學會議論文集》,臺北：中央研究院中國文哲研究所籌備處,1993 年 5 月。

71. 蔣國保：〈朱熹《大學》研究之創見與迷失〉,收錄於蔡方鹿主編:《新視野新詮釋——朱熹思想與現代社會》,成都：四川大學出版社,2007 年 12 月。

72. 黎志添：〈宗教經典或哲學詮釋學：中西宗教文化的比較觀點〉,收錄於黃俊傑編:《中國經典詮釋傳統（一）：通論篇》,上海：華東師範大學出版社,2008 年 6 月。

73. 檀作文：〈朱熹對《詩經》文學性的深刻體認〉,《首都師範大學學報・社會科學版》第 1 期,2004 年。

74. 檀作文：〈朱熹廢《詩序》詳考〉,收入《中國詩歌研究》第 2 輯,2003 年 8 月。

75. 謝曉東：〈尋求眞理：朱子對「道心人心」問題的探索〉,《河北大學學報・哲學社會科學版》第 30 卷第 3 期,2005 年。

76. 嚴金東：〈評朱熹對「思無邪」的解說〉,《重慶社會科學》第 10 期,2007 年。

三、網站資源

1. Airiti Library 華藝線上圖書館：http://www.airitilibrary.com/
2. 寒泉：http://libnt.npm.gov.tw/s25/
3. 臺灣博碩士論文知識加值系統：http://ndltd.ncl.edu.tw/
4. 臺灣期刊論文索引系統：http://readopac.ncl.edu.tw/
5. 中國知識資源總庫：http://cnki50.csis.com.tw/
6. 萬方數據知識服務平臺：http://www.wanfangdata.com.cn/
7. 韓國經學資料系統：http://koco.skku.edu/CHN/。